Prescrição, Decadência e Vícios Ocultos

Prescrição, Decadência e Vícios Ocultos

A RESPONSABILIDADE NEGOCIAL DO EMPREITEIRO

2021

Willian Nunes Rossato

PRESCRIÇÃO, DECADÊNCIA E VÍCIOS OCULTOS
A RESPONSABILIDADE NEGOCIAL DO EMPREITEIRO
© Almedina, 2021
AUTOR: Willian Nunes Rossato

DIRETOR ALMEDINA BRASIL: Rodrigo Mentz
EDITORA JURÍDICA: Manuella Santos de Castro
EDITOR DE DESENVOLVIMENTO: Aurélio Cesar Nogueira
ASSISTENTES EDITORIAIS: Isabela Leite e Larissa Nogueira

DIAGRAMAÇÃO: Almedina
DESIGN DE CAPA: FBA

ISBN: 9786556271750

Fevereiro, 2021

Dados Internacionais de Catalogação na Publicação (CIP)
(Câmara Brasileira do Livro, SP, Brasil)

Rossato, Willian Nunes
Prescrição, decadência e vícios ocultos : a responsabilidade negocial do empreiteiro
/ Willian Nunes Rossato. -- São Paulo : Almedina, 2021.

Bibliografia.
ISBN 9786556271750

Índice:
1. Decadência (Direito) 2. Empreiteiros 3. Prescrição (Direito)
4. Relação de consumo - Brasil 5. Responsabilidade civil I. Título.

20-50451   CDU-347.51

Índices para catálogo sistemático:

1. Responsabilidade civil : Direito civil 347.51
Cibele Maria Dias - Bibliotecária - CRB-8/9427

Este livro segue as regras do novo Acordo Ortográfico da Língua Portuguesa (1990).

Todos os direitos reservados. Nenhuma parte deste livro, protegido por copyright, pode ser reproduzida, armazenada ou transmitida de alguma forma ou por algum meio, seja eletrônico ou mecânico, inclusive fotocópia, gravação ou qualquer sistema de armazenagem de informações, sem a permissão expressa e por escrito da editora.

EDITORA: Almedina Brasil
Rua José Maria Lisboa, 860, Conj.131 e 132, Jardim Paulista | 01423-001 São Paulo | Brasil
editora@almedina.com.br
www.almedina.com.br

AGRADECIMENTOS

Este trabalho, não o escrevi sozinho.

Débora Alves Nunes Rossato e Romualdo Rossato, meus pais, obrigado por acreditarem em mim quando, por diversas vezes, eu mesmo não acreditava. Seu amor incondicional e seu constante estímulo foram indispensáveis para conclusão desta empreitada.

Leonardo Nunes Rossato, meu irmão. Precisaria violar a etiqueta para lhe prestar os devidos e mais meritosos elogios. Você é uma das figuras mais fortes, inteligentes e inspiradoras que já tive o prazer de conhecer. Sem sua presença não trilharia os caminhos que trilho hoje e este trabalho, certamente, sequer se iniciaria.

Bruna Salm Moreira, meu amor. Suas contribuições foram as mais relevantes para este trabalho. De debatedora à revisora cruel, minha amiga e namorada, sem você nada disso faria sentido. Foi em seus abraços que me fiz fortaleza para superar os desafios que se apresentaram no curso dessa jornada. Obrigado por todo carinho, compreensão e companhia. A você dedico as passagens mais inspiradas desta dissertação.

Professor Rafael Peteffi da Silva, suas orientações iniciaram ainda ao tempo da graduação. Que o tempo me permita conduzir os meus trabalhos com ao menos um terço da sua elegância e desenvoltura no desenvolvimento das suas aulas. Este trabalho não seria o mesmo sem seus comentários cirúrgicos e suas profundas reflexões.

Por fim, a todos os meus amigos, obrigado por se fazerem presentes mesmo na minha ausência.

Meus caríssimos, este trabalho escrevi com vocês.

APRESENTAÇÃO

Eu tive a grata oportunidade de orientar Willian Nunes Rossato, junto ao PPGD/UFSC, durante a realização da dissertação de mestrado que resultou no presente trabalho. A dedicação e a inteligência demonstradas pelo autor, durante o período de pesquisa e redação, foram, felizmente, traduzidas nesta bem estruturada obra, cuja apresentação eu possuo a agradável missão de realizar.

Pré-requisito lógico para o correto tratamento do tema, as tortuosas distinções entre a prescrição e a decadência foram tratadas de maneira corajosa, no primeiro capítulo da obra. O leitor notará que a doutrina clássica sobre o assunto foi enfrentada de maneira aprofundada, servindo, entretanto, para sustentar inovadora visão do autor, capaz de gerar capítulo importante do Direito Civil Contemporâneo.

Ainda no primeiro capítulo, as interconexões sistemáticas realizadas representam um dos pontos altos da obra. O autor apresenta as variadas tutelas que podem ser manejadas por aqueles afetados pelos efeitos dos vícios construtivos ocultos, dependendo da qualificação jurídica da relação observada entre empreiteiro e dono da obra, com especial destaque para o Código de Defesa do Consumidor.

No segundo capítulo, fugindo de soluções simplistas e mediante sério labor hermenêutico e sistemático, o autor elabora roteiro seguro para que o operador do direito consiga guiar-se dentro do emaranhado eficacial representado pela incidência das garantias de solidez e segurança, dos vícios e fatos do produto ou do serviço, das ações edilícias: estimatórias e redibitórias e, finalmente, da pretensão geral pelo cumprimento imperfeito da prestação, nos termos do artigo 389 do Código Civil.

Desincumbindo-se brilhantemente de seu mister, o autor brinda a comunidade jurídica com obra de inegável valor para o Direito Civil Brasileiro.

Florianópolis, dezembro de 2020.

RAFAEL PETEFFI DA SILVA
Professor Associado da Universidade Federal de Santa Catarina

PREFÁCIO

Os estudos do direito da construção chegam a uma nova fase em nosso País. Desde a primeira obra dedicada exclusivamente ao tema (após o Código Beviláqua), ainda na década de 1930, numerosos foram os ensaios, artigos e capítulos de manuais produzidos entre nós sobre o contrato de obra e suas vicissitudes. Em reduzido número, contudo, figuravam os estudos de maior profundidade. Esse panorama começou a mudar nos últimos 10 anos, com a fundação do Instituto Brasileiro de Direito da Construção (IBDiC) e a subsequente publicação de coletâneas de textos pelos advogados que militam nos setores da edificação imobiliária e da construção pesada, um verdadeiro chamado às armas em prol da modernização das análises disponíveis. Hoje, em um novo desdobramento desse esforço coordenado dos últimos anos, assistimos a uma franca e vigorosa retomada dos estudos do direito da construção, com o surgimento de dissertações e teses abordando os intrincados problemas jurídicos inerentes à execução das obras públicas e privadas. São trabalhos que aliam a melhor orientação acadêmica e a experiência prática de seus autores, e que rapidamente têm sido divulgados pelo IBDiC, atento a seus propósitos institucionais.

A presente obra é prova dessa nova fase que alcançou o estudo do direito da construção e traz um olhar inédito sobre aquele que talvez seja o seu tema mais debatido em nosso País: a responsabilidade do empreiteiro pelos defeitos construtivos ocultos. A abrangência do conteúdo dessa responsabilidade, seus limites temporais, entre diversas outras questões, suscitaram, desde sempre, acesas controvérsias entre nossos juristas e intérpretes da lei, que pareciam aplacadas depois de décadas de estudos, artigos e um sem-número de decisões judiciais.

Com a promulgação do Código Civil vigente, no entanto, os mares já então remansosos voltaram a se levantar, sobretudo ante a introdução pelo legislador de um novo prazo a ser respeitado pelos donos de obra para o exercício dos seus direitos no que toca à garantia legal do construtor (CC, art. 618, parágrafo único). Um prazo, contra todo o professado anteriormente pelas mais autorizadas vozes, de natureza decadencial, ostensivamente incompatível com a ação para fazer aquela garantia legal, que todos sempre julgavam sujeita à prescrição.

A interpretação de qual venha a ser a natureza desse novo prazo vem se mostrando um nó górdio para a doutrina nacional. E é o desenlace desse nó a *raison d'être* da presente obra e o desafio a que se lançou WILLIAN NUNES ROSSATO. Para tanto, empreendeu seu autor inestimável pesquisa histórica da legislação brasileira e passou em revista grande parte da doutrina pátria existente sobre a garantia legal do construtor. Indo além, efetuou exauriente exame da jurisprudência das cortes superiores, permitindo que, com análises sempre rentes à realidade jurídica nacional, fossem propostas exegeses corajosamente independentes. O resultado é uma significativa atualização do tema da responsabilidade dos construtores, de sua evolução no País, e uma ampla perspectiva dos remédios franqueados aos donos de obra para eliminar os defeitos ocultos revelados em suas construções.

Em meio a tudo isso, o autor ainda enfrenta um dos mais conturbados temas do direito civil, a distinção hodierna dos prazos de prescrição e decadência na legislação civil, não mais pautada, segundo demonstra, na tipologia do provimento jurisdicional a ser buscado. Uma forma de distinção, aliás, que não é inédita, valendo lembrar, um por todos, a opção legislativa de Portugal, onde se abandonou o chamado critério tradicional, clássico, para seguir o chamado critério formal, em que não entram em jogo o tipo de direito a ser exercido para diferenciar a prescrição da decadência.

É esse trabalho, produto de aprofundado estudo do autor na Universidade Federal de Santa Catarina, que agora temos a satisfação de ver publicado e submetido à prova de fogo máxima imposta a qualquer raciocínio teórico: seu sucesso na prática. O direito da construção ganha imensamente com esse retorno ao clássico tema da responsabilidade civil dos construtores e progride rumo a um entendimento atualizado dos problemas enfrentados pelos profissionais da área.

Florianópolis, Santa Catarina

MARCELO ALENCAR BOTELHO DE MESQUITA

SUMÁRIO

Introdução   13

1. Prescrição, Decadência e Prazos de Garantia: Delimitações Conceituais Necessárias para a Compreensão da Responsabilidade por Vícios Construtivos Ocultos no Tempo   17

1.1   A Prescrição   18

     1.1.1   Ação, Pretensão e Prestação: Um Delineamento Operacional Necessário   26

     1.1.2   O Início dos Prazos   34

     1.1.3   Causas Impeditivas, Suspensivas e Interruptivas   46

     1.1.4   Pretensões Negociais vs. Pretensões Aquilianas: Controvérsias quanto à Extensão dos Prazos   51

1.2   A Decadência   65

     1.2.1   Prescrição ou Decadência? Critérios para a Definição dos Prazos   73

1.3   A Sistemática dos Prazos Extintivos Conforme o Código de Defesa do Consumidor   87

     1.3.1   Causas Obstativas dos Prazos e dos Direitos que se Busca Reivindicar   98

     1.3.2   Diálogo e Conflito entre os Prazos Previstos no Código Civil de 2002 e no Código de Defesa do Consumidor   108

1.4   Dos Direitos de Garantia e seus Respectivos Prazos   120

     1.4.1   Os Prazos de Garantia Legal e a Decadência no Código Civil   128

     1.4.2   Os Prazos de Garantia Legal e as Tutelas Previstas no Código de Defesa do Consumidor   134

     1.4.3   Garantia Contratual nas Relações Cíveis e Consumeristas   141

PRESCRIÇÃO, DECADÊNCIA E VÍCIOS OCULTOS

2. A Responsabilidade Negocial do Empreiteiro por Vícios Construtivos Ocultos e o Tempo — 149

2.1 O Contrato de Empreitada e a Responsabilidade Civil do Empreiteiro — 150

2.1.1 A Empreitada e seus Diversos Tipos — 156

2.2 Vícios Construtivos Ocultos — 165

2.3 Prescrição, Decadência e Vícios Construtivos Ocultos: A Responsabilidade Civil do Empreiteiro e o Tempo — 176

2.3.1 A Garantia por Vícios de Solidez e Segurança — 181

2.3.2 As Ações Edilícias: As Tutelas Estimatórias e Redibitórias — 226

2.3.3 Os Vícios e Fatos do Produto ou Serviço — 234

2.4 Considerações Finais sobre a Responsabilidade Negocial do Empreiteiro no Tempo — 238

Conclusões — 245

Referências — 251

Jurisprudência Consultada — 267

Introdução

Anomalias construtivas são fenômenos comuns em obras de engenharia de qualquer natureza. Sejam edifícios residenciais mais simplórios ou complexos industriais de maior envergadura, fato é que semelhantes empreendimentos sucumbirão aos desgastes do tempo, o que pode suceder de maneira mais ou menos célere a depender da qualidade dos trabalhos realizados, da periodicidade e efetividade dos serviços de manutenção prestados bem como da sorte de agentes degradantes que concorrem para sua deterioração.

Acontece, todavia, que vícios construtivos ocultos podem se manifestar a qualquer momento e das mais variadas formas, compreendendo desde infiltrações propagadas em um edifício em seus primeiros meses de uso até problemas estruturais graves que ameacem a integridade de uma usina antiga, arriscando tudo e todos que se encontram em sua volta.

Nessas condições, questiona-se em que circunstâncias e por quanto tempo o empreiteiro, essa figura jurídica a que o ordenamento atribuiu competência e responsabilidades próprias para a execução de obras, permanece obrigado a reparar os danos provocados por sua imperícia, assim como as tutelas conferidas aos particulares vitimados por esses mesmos vícios ocultos.

Sobre o tema, desde muito doutrina e jurisprudência digladiam-se. E, de fato, são compreensíveis as razões de tamanha controvérsia. De um lado, têm-se a prescrição e a decadência, institutos que motivam há séculos discussões quanto a sua natureza, ao seu objeto, a sua funcionalidade e a sua distinção. De outro, a própria disciplina dos vícios construtivos ocultos e de solidez e segurança, cuja matéria vive em constante revisão pelas cortes e pela academia brasileira, notadamente em razão dos prazos e das tutelas estendidas às vítimas do cumprimento imperfeito da empreitada, sem se perder de vista as intromissões da legislação consumerista e a variedade de opiniões ostentadas pelos profissionais que discorrem sobre o tema.

Quanto à prescrição e à decadência, por mais expressivos que tenham sido os esforços do legislador pátrio em fazer dissociar referidos prazos por meio de um critério operacional topológico e definindo a pretensão como objeto dos prazos prescricionais, fato é que doutrina e jurisprudência ainda se mostram demasiadamente refratárias ao reconhecimento desses parâmetros. Com efeito, insiste-se na reprodução de métodos de distinção positivamente superados e mesmo a tão celebrada autonomia da ação parece perder forças e retornar à era clássica quando as discussões relativas à definição dos prazos e das garantias legais surgem. Mais, mesmo tendo sido distribuídos de forma pontual os prazos prescricionais ao longo dos artigos 205 e 206 do Código Civil de 2002, ainda hoje se encontra muita dificuldade em discernir qual a extensão dos prazos relacionados às pretensões negociais, sendo-lhes atribuída ora a duração de três anos, ora o limite de dez anos, não obstante essa discussão pareça ter sido encerrada com o julgamento do EREsp 1.280.825/RJ pelo Superior Tribunal de Justiça.

No que toca à disciplina dos vícios construtivos ocultos, quatro são os empecilhos que embaraçam a sua plena compreensão: a indeterminação do direito tutelado pelo parágrafo único do artigo 618 do Código Civil de 2002; a possibilidade ou impossibilidade de se pretender a reparação pelos prejuízos advindos dos vícios de solidez e segurança surgidos após a consumação do prazo de garantia previsto no *caput* do artigo 618 do Código Civil; o delineamento dos prazos e das garantias estabelecidos pelo ordenamento jurídico brasileiro em razão de vícios construtivos que não comprometam, efetivamente, a higidez estrutural da obra construída; e o comportamento desses prazos e dessas garantias todas quando o litígio se resolve sobre uma relação de consumo.

Como desde já se pode perceber, muitas das dúvidas concernentes à disciplina dos vícios construtivos ocultos e à responsabilidade do empreiteiro no tempo decorrem da interpretação do artigo 618 do Código Civil assim como do parágrafo único que o acompanha.

INTRODUÇÃO

De fato, para muitos juristas o direito assegurado no aludido artigo deve ser interpretado em sua literalidade, correspondendo-o à garantia conferida ao dono da obra para responsabilização do empreiteiro pelos vícios constatados. Para outros, influenciados pela doutrina da dissociação dos prazos formulada por Agnelo Amorim Filho, esse mesmo direito se assemelharia às garantias edilícias estabelecidas no artigo 445 do Código, distinção essa que, como se perceberá no desenrolar do trabalho, repercute de modo bastante notório sobre a extensão dos prazos e sobre a diversidade de tutelas conferidas ao empreitante para satisfação de seus interesses.

Por outro lado, ante a brevidade dos prazos estabelecidos no artigo 618, e à míngua de outros dispositivos que disciplinem a responsabilidade do empreiteiro em função de vícios que não afetem a solidez e a segurança da construção, tanto doutrina quanto jurisprudência vêm-se forçadas a formular soluções jurídicas mais efetivas e condizentes para correção ou compensação de patologias que não se enquadram no tipo legal e/ou que só venham a se manifestar tardiamente. Nesse sentido, por vezes se relega a garantia estabelecida no artigo 618 a segundo plano e se aplica o prazo prescricional de dez anos estabelecido no artigo 205 do Código Civil ou o prazo de três anos previsto no artigo 206, §3º, V, do mesmo diploma; noutras, interpreta-se extensivamente o termo "vícios de solidez e segurança", de maneira a também contemplar patologias relacionadas às condições de habitabilidade e salubridade da edificação construída; isso sem contar as diversas vezes em que a doutrina e a jurisprudência entenderam por sincretizar essas duas elucubrações de maneira a melhor salvaguardar o dono da obra em função dos vícios detectados a destempo. Dificuldade essa que se torna ainda mais complexa quando se tem em mira uma relação de consumo, haja vista todos os prazos e tutelas distintas oferecidas pelo Código de Defesa do Consumidor assim como a dificuldade de harmonizá-las com aquelas estabelecidas no Código Civil de 2002.

Feitas essas breves considerações, é sobre tais incertezas que se busca debruçar para se construir um mosaico minimamente coerente a respeito da responsabilidade civil do empreiteiro em razão do tempo, evidenciando os méritos e deméritos das elucubrações propostas pela doutrina e jurisprudência sobre o assunto.

Para tanto, procurou-se compilar consistente material bibliográfico com os melhores e mais diversos exemplares da doutrina nacional, sem perder de vista o posicionamento de notáveis doutrinadores estrangeiros sobre o tema da prescrição e dos vícios construtivos ocultos. Ademais, a fim de garantir uma base sólida aos comentários e às críticas que se busca realizar, constituiu-se extenso banco de dados com os entendimentos jurisprudenciais relativos ao objeto desta pesquisa, sobretudo àqueles formulados pelo Superior Tribunal de Justiça.

Adverte-se, por oportuno, que para fins de delimitação temática, esse trabalho não possui a pretensão de adentrar nas especificidades inerentes à responsabilidade do construtor em ajustes especialíssimos, à semelhança dos modelos de contratação EPC (*engineering, procurement and construction*), EPCM (*engineering, procurement, construction and management*), chave na mão (*turn key*) ou de gerenciamento de obra (*construction management*). Com efeito, somente a discussão relativa à recondução desses contratos ao tipo da empreitada ou à sua consagração dentre os contratos atípicos já serviria à realização de monografias inteiras. Daí porque se preferiu uma abordagem mais discreta e geral sobre o tema, concentrada nas disposições relativas aos contratos de empreitada do Código Civil e nas normas relacionadas aos vícios e defeitos do produto e do serviço do Código de Defesa do Consumidor, sem prejuízo de se utilizar das proposições formuladas nesse trabalho para fins de integração dos modelos de contratação referidos, quando assim permitido negocialmente.

Esclarece-se, por fim, que o presente estudo se encontra estruturado em dois capítulos. Em um primeiro momento (capítulo 1), buscar-se-á delimitar prescrição, decadência e garantia, demonstrando a maneira como esses prazos operam de forma geral e especificamente no âmbito dos contratos de empreitada. Em seguida (capítulo 2), tratar-se--á de particularizar os contratos de empreitada e os diversos vícios que podem advir do cumprimento imperfeito da obra, relacionando-os aos direitos e às pretensões conferidas ao dono da obra e estes aos correspondentes prazos extintivos e de garantia estabelecidos por lei. Por fim, o trabalho se encerrará com as conclusões formuladas por este autor quanto ao tema.

1. Prescrição, Decadência e Prazos de Garantia: Delimitações Conceituais Necessárias para a Compreensão da Responsabilidade por Vícios Construtivos Ocultos no Tempo

O estudo da responsabilidade do empreiteiro no tempo pressupõe, necessariamente, uma nítida compreensão a respeito do que sejam os prazos de prescrição, de garantia e de decadência, assim como da maneira como esses foram operacionalizados pelo ordenamento jurídico brasileiro, segundo a legislação vigente. Isso porque, como se verá no curso desse trabalho, muitas das controvérsias concernentes ao tema decorrem de alguns "mitos" criados pela doutrina e pela jurisprudência relacionados a esses termos.

Fala-se, à título exemplificativo, do mito segundo o qual a prescrição poria fim a uma ação de caráter condenatório, enquanto a decadência estaria relacionada a uma ação de cunho constitutivo – entendimento esse que levou boa parte da doutrina a assemelhar o direito estabelecido no artigo 618 do Código Civil de 2002 à garantia por vícios redibitório prevista no artigo 445 desse mesmo diploma; do mito de que o termo inicial para contagem da prescrição certifica-se com a violação de um direito – nada obstante, no caso de vícios construtivos ocultos, esse só se inicie a partir do conhecimento do vício ou do momento em que o contratante não poderia ignorá-lo; assim como do mito de que uma mesma situação fática não poderia dar origem a direitos diversos, cada qual subordinado a prazos diferentes – embora não exista qualquer disposição legal que discipline semelhante restrição.

A depuração dos aludidos "mitos", nessas condições, revela-se indispensável para que se possa conferir o aprofundamento necessário ao estudo da responsabilidade negocial do empreiteiro no tempo e mesmo para que se possa entender a integral extensão do problema que se busca solucionar. Em outras palavras, e sob o risco de se passar a impressão de que se está a fugir do objeto principal desse trabalho: é preciso desconstruir os "mitos" relacionados à prescrição, à decadência e aos prazos de garantia bem como estabelecer seus reais objetos, pressupostos e a forma como foi definida suas sistematizações pela legislação vigente, para, a partir de então, concentrar-se na problemática proposta.

Feitos estes breves apontamentos, comunica-se que esse segundo capítulo encontra-se estruturado em quatro partes: uma primeira (Subcapítulo 1.1), na qual se definirá o que seja a prescrição, seu objeto e a maneira como está se realiza, conforme disposto no Código Civil de 2002; uma segunda (Subcapítulo 1.2), em que se buscará delimitar o conceito da decadência, minudenciar a controvérsia existente a respeito da diferenciação dos prazos extintivos bem como identificar o critério utilizado pelo legislador do Código Civil de 2002 para dissociação dos prazos de prescrição e de decadência; uma terceira (Subcapítulo 1.3), centrada nos parâmetros estabelecidos pelo Código de Defesa do Consumidor para sistematização dos prazos assim como nos critérios formulados pela doutrina e pela jurisprudência para harmonização das normas estipuladas nesse diploma relativamente àquelas definidas no Código Civil de 2002, e, por fim; uma quarta (Subcapítulo 1.4), na qual serão conceituados os prazos de garantia legal e voluntário, sem perder de vista sua correlação com os prazos de prescrição e de decadência, em atenção ao previsto no Código Civil de 2002 e no Código de Defesa do Consumidor.

1.1 A Prescrição

Durante muito tempo, a prescrição foi instituto estranho ao direito romano. Até a fase da *cognitio extraordinaria,* a perpetuidade das ações era a regra, comportando algumas poucas exceções no caso das ações não previstas no direito honorário e, mesmo assim, de forma muito assis-

PRESCRIÇÃO, DECADÊNCIA E PRAZOS DE GARANTIA

temática e discricionária, posto que sua existência e temporariedade dependiam do reconhecimento assertivo do pretor que julgava a causa.[1] De fato, à época cabia ao pretor, por força da Lei Æbutia, constituir e, se fosse o caso, conferir um prazo para o exercício de referidas ações. Com o passar dos anos e o desenvolvimento do direito, a perpetuação indefinida das ações passou a ser considerada ela própria a causa de diversas injustiças, não se admitindo mais que ações longamente esquecidas pelo tempo voltassem a perturbar devedores já desobrigados ou que confiavam, legitimamente, jamais serem cobrados ao alongar dos anos. As iniquidades e incertezas resultantes do não exercício prolongado de determinadas faculdades jurídicas suscitaram, assim, a formulação de meios eficientes para assegurar maior estabilidade e confiança aos usos e às práticas do tráfico jurídico.

Dessa forma, investidos dos poderes que lhe foram atribuídos por força da lei e motivados por um sentimento mais apurado de justiça, os pretores introduziram o hábito de fixar, na parte preliminar e acessória à fórmula, prazos específicos para essas ações, tendo-se originado, assim, as chamadas ações temporárias e, com elas, a *praescriptio*: fragmento anterior à fórmula,[2] cuja expressão latina significa, justamente, escrever antes ou no começo.[3]

Perceba-se, pois, que, em termos etimológicos, o vocábulo prescrição precede o próprio surgimento do instituto. Em suas origens, a *praescriptio* encerrava-se na simples denominação dada ao registro anterior à fórmula. Seu conteúdo e eventuais limitações temporais eram abstraídas do seu conceito, sendo obra do tempo a sua evolução de pura

---

[1] CÂMARA LEAL, Antônio Luiz da. **Da prescrição e da decadência.** 3ª ed. Rio de Janeiro: Forense, 1978, p. 4.

[2] Segundo Nélson Luiz Pinto, de forma simplória, a fórmula era "um documento escrito onde se fixava o ponto litigioso e se outorgava, ao juiz popular, poder para condenar ou absolver o réu, conforme ficasse provada, ou não, a pretensão do autor". (PINTO, Nélson Luiz. O fundamento da pretensão processual como objeto da prescrição e da decadência. In: **Doutrinas Essenciais de Direito Civil.** Vol. 5. Out/2010. Disponível em: https://revistadostribunais.com.br/maf/app/resultList/document?&src=rl&srguid=i0ad82d9a0000016a0e51a735f1727095&docguid=Id8828aa0f25511dfab6f010000000000&hitguid=Id8828aa0f25511dfab6f010000000000&spos=1&epos=1&td=864&context=27&crumb-action=append&crumb-label=Documento&isDocFG=true&isFromMultiSumm=true&startChunk=1&endChunk=1. Acesso em: 01.01.2019.

[3] MOREIRA ALVES, José Carlos. **Direito Romano.** 18ª ed. Rio de Janeiro: Forense, 2018, p. 254.

forma à substância e de conteúdo à exceção peremptória substancial que conhecemos.[4]

Efetivamente, foi só a partir do Código de Teodósio II que o instituto passou a integrar, de forma positiva, o ordenamento jurídico clássico.[5] Na ocasião, tratou-se de atribuir às ações perpétuas um prazo fixo de trinta anos,[6] contados a partir do momento em que o titular efetivamente pudesse intentar a ação e sem perder de vista as causas de suspensão e interrupção dos prazos já existentes à época.[7] Ademais, por força da reforma legislativa, mesmo as ações nascidas na vigência do código anterior foram afetadas pela *praescriptio long temporis,* tendo-se outorgado-lhes o mesmo prazo conferido às originadas após a entrada em vigor da nova lei. Para estas, cumpre observar, ajustou-se que o prazo prescricional seria contado desde seu nascimento, mas de tal forma que a tutela jurídica emprestada ao seu titular e interessado jamais se extinguisse em menos de dez anos a partir da vigência da nova lei.[8]

Provinda da necessidade de tutelar a estabilidade das relações duradouramente constituídas pelo tempo, a partir de então, o instituto ganhou mais e mais força, garantindo sua autonomia como o instrumento em função do qual a eficácia das ações era eliminada do mundo jurídico.

Do início dos tempos ocidentais até o momento, verdade seja dita, pouco se alterou quanto à essência da matéria. Não obstante o passar dos anos e as inovações legislativas tenham contribuído para o surgimento de controvérsias quanto ao seu fundamento, a sua estrutura, aos seus pressupostos, ao seu objeto bem como ao seu início e a sua extensão, a finalidade da prescrição conservou-se em grande medida a mesma: "Uma regra de ordem, de harmonia e de paz imposta pela necessidade de certeza nas relações jurídicas."[9]

---

[4] CÂMARA LEAL, 1978, p. 4.

[5] SAVIGNY, Friederich Carl. **Traité de Droit Romain: Tome VIII**. Traduzido do alemão por M. Ch. Guenoúx. 2ª Ed. Paris: Firmin Didot Frères, 1845, p. 421-422.

[6] Excepcionavam esta regra as ações do fisco para a cobrança do imposto sobre bens imóveis, que continuaram perpétuas, e as ações da Igreja ou das piae causae, cujo termo se encerrava em 40 anos. (MOREIRA ALVES, 2018, p. 503).

[7] MOREIRA ALVES, 2018, p. 503.

[8] SAVIGNY, 1845, p. 422.

[9] BEVILAQUA, Clóvis. Teoria Geral do Direito Civil. V.I. 2ª ed. Rio de Janeiro: Francisco Alves, 1921, p. 424.

PRESCRIÇÃO, DECADÊNCIA E PRAZOS DE GARANTIA

Em verdade, não fosse a prescrição, a estabilidade de toda e qualquer relação obrigacional se encontraria absolutamente comprometida, pois mesmo o devedor que salda adequadamente seus débitos jamais estaria seguro contra a cobrança de dívidas já satisfeitas. Seja em razão da destruição voluntária do comprovante de pagamento, seja em virtude da deterioração natural de referido documento, fato é que, em mais ou menos tempo, o devedor careceria dos meios de prova necessários para demonstrar que se liberou da relação obrigacional, permanecendo, por isso, perpetuamente exposto a cobranças indevidas realizadas extemporaneamente.[10] Nessas condições, caso não se permitisse a estabilização das relações jurídicas no tempo, o devedor ver-se-ia obrigado a acondicionar, impecavelmente, todos os comprovantes de pagamento das obrigações que assumiu ao longo de sua vida – o que, por óbvio, atenta contra a própria ordem que o direito busca velar.[11]

Sob outra perspectiva, não se pode perder de vista que, na maioria dos casos, a prescrição toma como ponto de partida a violação de algum direito subjetivo passível de reivindicação, sendo por força do tempo que seu exercício se torna irregular e compelido pelo direito.[12] Não que a prescrição purgue a antijuridicidade das práticas que viabilizaram o surgimento das pretensões e ações correspondentes; tampouco que, a partir de determinado momento, o exercício destas mesmas tutelas torne-se antijurídico; mas porque a perpetuação de aludidas ações e pretensões revelam-se mais prejudiciais ao direito do que a estabilização de um ilícito em função do tempo.[13]

A prescrição assume, assim, os mais diversos matizes, não sendo incomum que divirja a doutrina quanto aos seus fundamentos ou mesmo os autores que lhe atribuem duas ou mais funções. Não se deve confundir, contudo, utilidade por função. Esta compreende a razão primária do

---

[10] BAUDRY-LACANTINIERER, Gabriel; TISSIER. Albert. **Traité théorique et pratique de droit civil. De la Prescription.** 3ª ed. Paris: L. Larose, 1895, p. 21.

[11] JÚNIOR, Marcos Ehrhardt. **Direito Civil: LICC e Parte Geral.** Salvador: JusPodium, 2009. V. 1, p. 462.

[12] CARVALHO SANTOS, João Manoel de. **Código Civil brasileiro interpretado.** V.3. 14ª ed. Rio de Janeiro: Freitas Bastos, 1991, p. 443.

[13] Aureliano Guimarães in (a prescrição extintiva) FRANCO, Ary de Azevedo. **A prescrição Extintiva no Código Civil Brasileiro** (Doutrina e Jurisprudência). 3ª Edição, revista e aumentada. Rio de Janeiro: Forense, 1956, p. 16-17.

PRESCRIÇÃO, DECADÊNCIA E VÍCIOS OCULTOS

estabelecimento do instituto, o motivo que levou o legislativo a positivá-la. Aquela corresponde às conveniências e benesses que se revelem mais tarde, a partir de sua criação.[14]

Assim, dentre as várias concepções admitidas,[15] duas merecem maior destaque em razão de sua proeminência no cenário jurídico nacional. São as aqui denominadas doutrinas subjetivas e objetivas,[16] cuja distinção reside, essencialmente, na maior ou menor importância atribuída à inércia do particular que deixa de se valer do direito no tempo oportuno ou ao interesse social em assentar fatos jurídicos já esquecidos pelo passado.

Quanto àqueles que ostentam a prescrição como uma sanção civil aos indivíduos que negligenciam a defesa dos seus direitos diuturnamente, alinham-se respeitadíssimos nomes da doutrina nacional e estrangeira, como Judith Martins Costa,[17] Miguel Maria de Serpa Lopes,[18] Washington de Barros Monteiro,[19] Charles Aubry e Charles Rau.[20] Doutro modo,

---

[14] CÂMARA LEAL, 1978, p. 15.

[15] Exemplificativamente, João Mendes de Almeida Jr. sintetiza os variados fundamentos que se pode revestir a prescrição da seguinte maneira: (i) a necessidade de fixar as relações de direito incertas, suscetíveis de dúvidas e contestações, impõe a conveniência de encerrar a incerteza em um lapso de tempo determinado; (ii) a presunção de estar extinto o direito protegido pela ação resultante da natural suspeita de que o titular do direito tenha deixado por tanto tempo de exercer sua ação, se o próprio direito já não estivesse extinto por qualquer maneira cuja prova não existe mais; (iii) a punição da negligência do autor, razão esta que Savigny considera não como motivo positivo da prescrição, mas como uma resposta à alegação de injustiça da instituição; (iv) é justo evitar que o autor adiando por tanto tempo a sua ação, possa aumentar as dificuldades da defesa e provas do réu. (ALMEIDA JR, João Mendes. Direito Judiciário Brasileiro. 5ª ed. Rio de Janeiro: Freitas Bastos, 1960, p. 158 in: CAHALI, Yussef Said. **Prescrição e Decadência**. 2. ed. São Paulo: Revista dos Tribunais, 2012, p. 23)

[16] CHAVES, Antonio. **Tratado de Direito Civil**: parte geral 1 Tomo 2. São Paulo: Revista dos Tribunais, 1982, p. 167-1618.

[17] MARTINS COSTA, Judith. O "princípio da unicidade da interrupção": notas para a interpretação do inciso I do art. 202 do Código Civil. In: BODIN DE MORAES, Maria Celina; GUEDES, Gisela Sampaio da Cruz; SOUZA, Eduardo Nunes de. **A juízo do tempo**: estudos atuais sobre prescrição. Rio de Janeiro: Processo, 2018, p. 186.

[18] SERPA LOPES, Miguel Maria de. **Curso de Direito Civil**: introdução parte geral e teoria dos negócios jurídicos. 7ª Ed. Rio de Janeiro: Freitas e Barros, 1989, p. 497.

[19] MONTEIRO, Washington de Barros. **Curso de Direito Civil**. V.1. 26ª ed. São Paulo: Saraiva, 1986, p. 289.

[20] AUBRY, Charles. RAU, Charles-Frédéric. **Cours de Droit Civil Français**. tome. 2. Paris: Marchal et Billard, 1869, p. 324.

PRESCRIÇÃO, DECADÊNCIA E PRAZOS DE GARANTIA

com relação àqueles que fundam precipuamente a prescrição no anseio coletivo de fazer cessar a exposição dos seus patrimônios em função de atos cujos títulos se perderam e cuja lembrança já se foi, advogam autores não menos expressivos,[21] como Friederich Von Savginy,[22] Ambroise Colin e Henri Capitant,[23] Giuseppe Monateri,[24] Humberto Theodoro Júnior,[25] Gustavo Tepedino,[26] Pontes de Miranda[27] e Agnelo Amorim,[28] fundador da mais influente doutrina a respeito da distinção dos prazos prescricionais e decadenciais no ordenamento pátrio até os dias de hoje.

Veja-se, contudo, que a predileção autoral por uma ou outra vertente não necessariamente implica a absoluta refutação da outra. Há, sim, autores como Pontes de Miranda, que afirmam categoricamente o equívoco de se conferir caráter sancionatório à prescrição.[29] No entanto, predominam os entendimentos dirigidos ao reconhecimento da dupla função do instituto. Agnelo Amorim Filho[30] e Judith Martins Costa[31] são exemplos disso. Ainda que seus posicionamentos sejam diametralmente

[21] RODRIGUES, Silvio. **Direito Civil**: Parte Geral. 34ª Ed. São Paulo: Saraiva, 2003, v. 1, p. 327.

[22] SAVIGNY, Friederich Carl. **Traité de Droit Romain**: Tome III. Traduzido do alemão por M. Ch. Guenoúx. Paris: Firmin Didot Frères, 1845, p. 397.

[23] COLIN, Ambroise; Capitant, Henri. **Cours Élémentaire de Droti Civil Français**. Tome 2. Paris: Dalloz, 1915, p. 144.

[24] MONATERI. Giuseppe. **La prescrizione**. In: SACCO, Rodolfo. Trattato de diritto civile. La Parte Generale del Diritto Civile, vol. V. Torino: UTET, 2009, p. 28.

[25] THEODORO JÚNIOR, Humberto. **Prescrição e Decadência**. 1ª Ed. Rio de Janeiro: Forense, 2018, p. 16.

[26] TEPEDINO, Gustavo; BARBOZA, Heloisa Helena; MORAES, Maria Celina Bodin de. **Código Civil Interpretado**: Parte Geral e Obrigações (arts. 1º a 420). 2. ed. São Paulo: Renovar, 2007, p. 359-360.

[27] PONTES DE MIRANDA, Francisco Cavalcanti. Tratado de Direito Privado. T. VI. São Paulo: Revista dos Tribunais, 1955, p. 100.

[28] AMORIM FILHO, Agnelo. **Critério Científico para Distinguir a Prescrição da Decadência e para Identificar as Ações Imprescritíveis. Revistas dos Tribunais**, vol. 300, São Paulo: Revista dos Tribunais, 1960. Disponível em: https://www.revistadostribunais.com.br/maf/app/resultList/document?&src=rl&srguid=i0ad82d9a0000016a116919913f7d78e8&docguid=I79fc2ce044c311e699b0010000000000&hitguid=I79fc2ce044c311e699b0010000000000&spos=2&epos=2&td=3&context=103&crumb-action=append&crumb-label=Documento&isDocFG=false&isFromMultiSumm=&startChunk=1&endChunk=1. Acesso em: 01.06.2018.

[29] PONTES DE MIRANDA, 1955, p. 100.

[30] AMORIM FILHO, 1960.

[31] MARTINS COSTA, 2018, p.186-187.

opostos – sendo esta adepta da teoria subjetivista e aquele da teoria objetivista –, ambos admitem a função acessória e complementar de sua contraparte, e mesmo há quem defenda, vale notar, uma equivalência entre esses dois fundamentos. Esse é o caso de Silvio Rodrigues, que, embora pareça verdadeiramente inclinado a assumir a vertente objetivista no transcorrer de sua obra, encerra suas exposições afirmando o caráter subjetivo inderrogável da prescrição, concluindo mesmo que, "para a prescrição se consumar, indispensável se faz a atitude inerte do titular de direito."[32]

Quanto à estrutura do prazo e sua integração no mosaico dos atos e fatos jurídicos, esta não se deixa abalar pelas funções que cada autor confere à prescrição e aos seus respectivos fundamentos. Com efeito, não é porque se afirma a prescrição como sanção civil, e portanto se lhe atribui um forte caráter subjetivo, que ela deva modular-se dentre os atos jurídicos, da mesma forma que um autor tendencialmente objetivista não necessariamente categorizará a prescrição dentre os fatos jurídicos, existindo fatores outros que interferem no enquadramento do instituto numa ou noutra moldura.

A própria forma com que a doutrina desenha e sistematiza as diversas categorias dos fatos jurídicos pode implicar qualificações diversas. E que se dirá dos caminhos traçados por aqueles que admitam a prescrição como simples fenômeno temporal ou exceção peremptória dependente de um agir humano para se operar? A prescrição oscila, assim, dos atos voluntários à passagem anônima do tempo, de atos a fatos jurídicos *stricto sensu*,[33] havendo mesmo quem a defina como ato-fato ao interpretá-la como um ato humano voluntário que dispensa a vontade para sua configuração.[34]

Por fim, vale destacar que a identificação dos fundamentos da prescrição não tem por hábito perturbar a conformação do seu suporte fático. De fato, a despeito da doutrina objetivista ser imperante nos dias de hoje, boa parte dos seus defensores costuma integrar ao suporte fático da prescrição o fator inércia ou culpa, nada obstante ambos estejam associados à conduta omissiva do titular que deixa esvaziar seu

---

[32] RODRIGUES, Silvio. **Direito Civil**: Parte Geral. 34ª Ed. São Paulo: Saraiva, 2003, v. 1, p. 328.

[33] CÂMARA LEAL, 1978, p. 8.

[34] PONTES DE MIRANDA, Francisco Cavalcanti. **Tratado de Direito Privado**. T. VI. 3ª Ed. Rio de Janeiro: Borsoi, 1970, p. 122.

PRESCRIÇÃO, DECADÊNCIA E PRAZOS DE GARANTIA

direito ao léu. Assim faz, por exemplo, Câmara Leal,[35] que vê na inação prolongada do titular do direito e no transcurso do tempo as condições elementares para a configuração da prescrição, uma vez reconhecida a existência de uma ação exercitável;[36] de modo semelhante, Orlando Gomes, que indica como pressupostos da prescrição: (i) a existência de um direito atual suscetível de ser pleiteado em juízo; (ii) a violação desse mesmo direito; (iii) a inércia do titular em defender seu direito; e (iv) o decurso do tempo, muito embora seja adepto da doutrina objetiva.[37]

Hodiernamente, todavia, parece que a legislação nacional não comporta mais espaço para a discussão sobre a teoria subjetiva ou mesmo sobre a inserção da inércia e da violação de um direito ao suporte fático da prescrição. Da leitura do artigo 189 do Código Civil,[38] não se depreende qualquer indicação à culpa ou inação, ao passo que são diversas as hipóteses positivadas pelo ordenamento em que os prazos prescricionais se iniciam sem qualquer atuação comissiva ou omissiva do titular do direito prejudicado – conforme se evidencia nos enunciados dos incisos II, IV e V, do § 1º, § 2º, VI, VII e VIII do § 3º, no § 4º, e no inciso II do § 5º do artigo 206 do Código Civil.[39] E, mesmo a pretensão, posição

---

[35] CÂMARA LEAL, 1978, p. 15.

[36] CÂMARA LEAL, 1978, p. 11.

[37] GOMES, Orlando. **Introdução ao direito civil**. 19ª Ed. Rio de Janeiro: Forense, 2007, p. 444.

[38] Art. 189. Violado o direito, nasce para o titular a pretensão, a qual se extingue, pela prescrição, nos prazos a que aludem os arts. 205 e 206.

[39] Art. 206. Prescreve: § 1º Em um ano: II – a pretensão do segurado contra o segurador, ou a deste contra aquele, contado o prazo: a) para o segurado, no caso de seguro de responsabilidade civil, da data em que é citado para responder à ação de indenização proposta pelo terceiro prejudicado, ou da data que a este indeniza, com a anuência do segurador; b) quanto aos demais seguros, da ciência do fato gerador da pretensão; IV – a pretensão contra os peritos, pela avaliação dos bens que entraram para a formação do capital de sociedade anônima, contado da publicação da ata da assembléia que aprovar o laudo; V – a pretensão dos credores não pagos contra os sócios ou acionistas e os liquidantes, contado o prazo da publicação da ata de encerramento da liquidação da sociedade. § 2º Em dois anos, a pretensão para haver prestações alimentares, a partir da data em que se vencerem. § 3º Em três anos: VI – a pretensão de restituição dos lucros ou dividendos recebidos de má-fé, correndo o prazo da data em que foi deliberada a distribuição; VII – a pretensão contra as pessoas em seguida indicadas por violação da lei ou do estatuto, contado o prazo: a) para os fundadores, da publicação dos atos constitutivos da sociedade anônima; b) para os administradores, ou fiscais, da apresentação, aos sócios, do balanço referente ao exercício em que a violação tenha sido praticada, ou da reunião ou assembléia geral que dela deva tomar conhecimento;

subjetiva definida pelo código como o objeto da prescrição, dispensa qualquer antijuridicidade ou violação de direito para se configurar, conforme se aprofundará no subcapítulo seguinte.

No atual estado da arte da legislação nacional, a prescrição assume, assim, contornos nitidamente objetivos, formada à base do decurso do tempo diante de uma pretensão já nascida. A prescrição se consuma porque a obrigação é exigível e nenhuma pretensão fora exercida dentro do prazo admitido em direito. E isso basta.

1.1.1 Ação, Pretensão e Prestação: Um Delineamento Operacional Necessário

Um ponto muitíssimo delicado relativo ao estudo da prescrição concerne ao seu objeto e à identificação dos vários fatores indispensáveis a sua compreensão – notadamente a ação, a pretensão e o direito a uma prestação.

Trata-se essa de longeva controvérsia e que hoje passa a assumir maior relevância, haja vista sua influência sobre o termo inicial para a contagem da prescrição, os reflexos sistemáticos de ordem material e processual e a repercussão sobre as tutelas emprestadas aos particulares cujos direitos foram violados e não reivindicados no tempo oportuno.

Alerta-se, desde já, que não se busca aqui resolver a matéria ou esgotar as diversas teorias formuladas pelos autores de renome nacional e internacional que já trataram sobre o assunto, mas apresentar um esboço das variadas acepções jurídicas emprestadas à ação, pretensão e ao direito de prestação, de modo a indicar as razões que nos levam a preferir uma ou outra forma de interpretação do próprio instituto, sempre em conformidade com as normas e diretrizes impostas pelo ordenamento jurídico brasileiro.

Durante muitos anos, a divergência quanto ao objeto da prescrição se justificava em razão da irrepetibilidade do débito após a consumação

---

c) para os liquidantes, da primeira assembléia semestral posterior à violação; VIII – a pretensão para haver o pagamento de título de crédito, a contar do vencimento, ressalvadas as disposições de lei especial; § 4º Em quatro anos, a pretensão relativa à tutela, a contar da data da aprovação das contas. § 5º Em cinco anos: II – a pretensão dos profissionais liberais em geral, procuradores judiciais, curadores e professores pelos seus honorários, contado o prazo da conclusão dos serviços, da cessação dos respectivos contratos ou mandato.

dos prazos,[40] bem como para se esclarecer os próprios efeitos da prescrição no mundo.

Para os romanos, conforme sucintamente explicado no subcapítulo anterior, a prescrição poria fim à própria ação, mantendo-se incólume o direito de crédito emprestado ao titular que deixou de exercê-lo no termo ajustado.[41-42] Na Alemanha, a prescrição se encerra no direito de exigir doutra pessoa a realização ou a não realização de um ato,[43] entendimento esse que é acompanhado pela doutrina.[44] Na doutrina italiana, muito embora o texto legal seja expresso ao afirmar que a prescrição poria fim ao próprio direito,[45] há autores que assim o defendem[46] e outros que persistem na indicação da ação como objeto do prazo extintivo.[47] Em Portugal, que também toma o direito como objeto da prescrição,[48] chega-se mesmo a afirmar "a prescrição como uma hipótese de transformação da obrigação civil em obrigação natural."[49] Na França, por sua vez, a doutrina tende a estender os efeitos da pres-

---

[40] SOUZA, Eduardo Nunes de; SILVA, Rodrigo da Guia. Incapacidade civil e discernimento reduzido como causas obstativas da prescrição e da decadência. In: BODIN DE MORAES, Maria Celina; GUEDES, Gisela Sampaio da Cruz; SOUZA, Eduardo Nunes de. **A juízo do tempo:** estudos atuais sobre prescrição. Rio de Janeiro: processo, 2018, p. 59.

[41] PINTO, 2010.

[42] MARINONI, Luis Guilherme. **Curso de Processo Civil:** teoria geral do processo. 1ª ed. em e-book baseada na 6ª edição impressa. São Paulo: Revista dos Tribunais, 2012, V.I, Item 1.1: A época em que a ação se confundia com o direito material.

[43] *Section 194 (1) The right to demand that another person does or refrains from an act (claim) is subject to limitation.*

[44] ZIMMERMANN, Reinhard. **The New German Law of Obligations**: Historical and Comparative Perspectives. New York: Oxford University Press, 2005, p. 128.

[45] Art. 2934 **Estinzione dei diritti**: Ogni diritto si estingue per prescrizione, quando il titolare non lo esercita per il tempo determinato dalla legge.

[46] RUGGIERO, Roberto de. **Instituições de direito civil:** direito das pessoas. Tradução da 6ª edição italiana, com notas remissivas aos Códigos Civil Brasileiro e Português pelo Dr. Ary dos Santos. 3ª ed. São Paulo: Saraiva, 1971, v. 1, p. 285.

[47] GAZZONI, Francesco. **Manuale di diritto privato.** 17. Ed. Napoli: ESI, 2015, p. 110.

[48] Artigo 298º(**Prescrição, caducidade e não uso do direito**) 1. Estão sujeitos a prescrição, pelo seu não exercício durante o lapso de tempo estabelecido na lei, os direitos que não sejam indisponíveis ou que a lei não declare isentos de prescrição.

[49] LEITÃO, Luíz Manuel Tele de Menezes. **Direito das obrigações.** 12ª Ed. Vol. II. Lisboa: Almedina, 2018, p. 109.

PRESCRIÇÃO, DECADÊNCIA E VÍCIOS OCULTOS

crição unicamente às ações,[50] não obstante o ordenamento indique a ação[51] e o direito[52] como seus objetos. No Brasil, da mesma forma, a contrariedade dos discursos relativos ao objeto da prescrição é grande. Tanto mais durante a vigência do Código Civil de 1916, que reuniu sob um mesmo capítulo e tipo prazos prescricionais e decadenciais sem lhes delimitar as diferenças ou conferir-lhes um objeto.

À época, pouquíssimos autores, como Orlando Gomes,[53] ousavam alinhar-se com a doutrina ítalo-portuguesa, alicerçando sobre o direito o objeto dos prazos prescricionais. Cada qual com sua própria fundamentação, era entendimento da maioria que a prescrição extinguiria a ação, como defendido por Clóvis Bevilaqua,[54] Wahington de Barros Monteiro,[55] Antônio Chaves[56] e Câmara Leal.[57]

Em comum, advogam os autores que a simples inércia não é suficiente para perturbar o direto, pois, uma vez adquirido, torna-se este indiferente ao tempo, podendo-se conservar longamente inativo sem perder com isso sua eficácia. O não exercício revela-se ele mesmo um exercício negativo do direito, sem prejuízo a sua conservação. O problema da prescrição é outro. O que não se admite é que o titular de um direito permaneça inerte frente à violação de um direito que é seu. Só então a estabilidade das relações jurídicas é transtornada, e é a partir desse marco que se permite ao seu titular opor a ação correspondente. Eis porque a prescrição poria fim à ação e só indiretamente ao direito que busca resguardar, em razão do desaparecimento da tutela legal.

De pronto se percebe que a teoria formulada por esses autores afasta-se sutilmente da concepção romana a respeito da prescrição e da

---

[50] AYNÉES, Laurent; MALAURIE, Philippe; STOFFEL-MUNCK, Philippe. **Droit des obligation.** 10ª Ed. Paris: LGDJ, 2018, p. 705.

[51] Article 2224: *Les actions personnelles ou mobilières se prescrivent par cinq ans à compter du jour où le titulaire d'un droit a connu ou aurait dû connaître les faits lui permettant de l'exercer.*

[52] Article 2219: *La prescription extinctive est un mode d'extinction d'un droit résultant de l'inaction de son titulaire pendant un certain laps de temps.*

[53] GOMES, 2007, p.443-444.

[54] BEVILAQUA, Clóvis. **Código Civil dos Estados Unidos do Brasil.** V. 1. 2ª Ed. Livraria Francisco Alves: Rio de Janeiro, 1921, p. 423.

[55] MONTEIRO, 1986, p. 288.

[56] CHAVES, Antônio. **Tratado de Direito Civil.** V.1. Tomo 2. 3ª Ed. Revista dos Tribunais: São Paulo, 1982, p. 1.618.

[57] CÂMARA LEAL, 1978, p. 9-11.

PRESCRIÇÃO, DECADÊNCIA E PRAZOS DE GARANTIA

ação e, porque não dizer, da teoria civilista da ação. Com efeito, o conceito de ação apresentado não assume matizes clássicos, assemelhando-se ao próprio direito material subjetivo a reagir contra sua ameaça ou violação. Embora intimamente vinculada ao direito, a ação com este não se confunde e dele se afasta, sendo este o motivo de o direito subsistir por meio da obrigação natural mesmo após a prescrição.[58]

Ao seu tempo e modo, Pontes de Miranda também contribuiu com formulações exclusivas acerca da ação e da extinção dos prazos por força da prescrição. Em suas considerações, ele defende que a prescrição não colocaria termo só à ação, tampouco que ela seria mero instrumento anexo subordinado ao correspondente direito material. A prescrição corresponde à ação e à pretensão,[59] não se podendo confundir o exigir inerente à pretensão com o agir ínsito à ação, tanto menos o direito prestacional violado com a ação judicial que se utiliza pra reivindicá-lo. Para o autor, pretensão é a posição subjetiva de se poder exigir o cumprimento de uma prestação positiva ou negativa. O correlato de um dever ou obrigação premível, o tencionar, o exigir dirigido à satisfação de um direito.[60] A ação, por mais tautológico que pareça ser, é agir – seja por mão-própria, em sentido material, como admitido pelo direito nas hipóteses de compensação e tutelas possessórias contemporâneas ao esbulho ou a turbação, seja por meio da coerção do estado, em sentido processual, através da ação judicial.[61] Prescrição é, assim, defesa do presente em oposição às ações e pretensões não exercidas no passado: (i) contra as ações quando violada uma pretensão geral de abstenção decorrente de um direito absoluto pessoal ou real;[62] (ii) e pretensões, para pôr fim à exigibilidade de crédito diuturnamente vencido.[63]

Ainda que de forma bastante confusa, já reconhecia o autor, à época, a autonomia da ação em sentido processual e a relativa dissociação entre direito, pretensão e ação, tanto que possível a dedução em juízo

---

[58] Chaves, 1982, p. 1.622.

[59] Pontes de Miranda, 1955, p. 111-112.

[60] Pontes de Miranda, Francisco Cavalcanti. **Tratado de Direito Privado**. T. V. 4ª Ed. São Paulo: Revista dos Tribunais, 1983, p. 451-453.

[61] Pontes de Miranda, 1983, p. 478-479.

[62] Pontes de Miranda, 1983, p. 116.

[63] Pontes de Miranda, 1983, p. 115

PRESCRIÇÃO, DECADÊNCIA E VÍCIOS OCULTOS

de ações materialmente inexistentes, cujo direito se desconhecesse.[64] Segundo o jurista, pode haver direito e ação sem pretensão, ao se exercer direitos puramente formativos;[65] pretensão sem titularização de um direito, como nas hipóteses de cessão de pretensão em interesse próprio, via mandato;[66] ainda que pretensão sem ação seja impossível, pois toda pretensão corresponde a uma ação que a assegure.[67]

O termo pretensão, na forma empregada por Pontes de Miranda, todavia, não é o único existente, menos ainda o predominante entre os acadêmicos e juristas de sua época. Efetivamente, seu significado nunca foi objeto de consenso doutrinário, havendo mesmo aqueles que justificam a pretensão em sentido processual e outros tantos que enxergam nela uma acepção exclusivamente civil,[68] sendo intensas as divergências existentes no campo material. Entre os civilistas, definem-na ora como o direito subjetivo autônomo direcionado à exigência de uma prestação,[69] ora como a faculdade estendida ao particular de intentar um procedimento judicial em defesa de seus direitos, à semelhança da *actio* romana.[70] E, entre idas e vindas conceituais, o estudo e a sistematização da prescrição se esvai.

[64] PONTES DE MIRANDA, Francisco Cavalcanti. **Tratado das Ações**. T. I. 2ª Ed. São Paulo: Revistas dos Tribunais, 1972, p. 114.

[65] PONTES DE MIRANDA, 1972, p. 115.

[66] PONTES DE MIRANDA, 1972, p. 45-46.

[67] PONTES DE MIRANDA, 1972, p. 109.

[68] BODIN DE MORAES, Maria Celina; GUEDES, Gisela da Sampaio da Cruz. A prescrição e o problema da efetividade dos direitos. In: BODIN DE MORAES, Maria Celina; GUEDES, Gisela Sampaio da Cruz; SOUZA, Eduardo Nunes de. **A juízo do tempo:** estudos atuais sobre prescrição. Rio de Janeiro: processo, 2019, p. 17.

[69] AMORIM FILHO, Agnelo. **As ações constitutivas e os direitos potestativos.** In: Doutrinas Essenciais de Processo Civil. Vol. 2. Out/2012. Disponível em: https://revistados tribunais.com.br/maf/app/resultList/document?&src=rl&srguid=i0ad82d9a0000016 a0e53b79b70fdf34c&docguid=I79fc2ce044c311e699b0010000000000&hitguid=I79 fc2ce044c311e699b0010000000000&spos=2&epos=2&td=3&context=64&crumb-action=append&crumb-label=Documento&isDocFG=false&isFromMultiSumm=&startCh unk=1&endChunk=1. Acesso em: 01.01.2019.

[70] PEREIRA, Caio Mário da Silva; MORAES, Maria Celina Bodin de. **Instituições de direito civil:** teoria geral de direito civil. 29. ed. rev. e atual. Rio de Janeiro: Forense, 2016, v. 1, p. 571-572.

PRESCRIÇÃO, DECADÊNCIA E PRAZOS DE GARANTIA

A doutrina processual, em sua grande maioria,[71] qualifica pretensão de maneira mais uniforme, caracterizando-a como simples afirmação de um direito coincidente com os pedidos inscritos no corpo da petição inicial. Dissocia-se a noção de pretensão do direito subjetivo que, supostamente, justificaria o seu exercício. Pretensão, assim, não é direito nem posição jurídica de demandar, acionar ou exigir prestação de direito material. Pretensão é apenas opinião independente de direito e, no mais das vezes, anterior a este.[72]

Para José Manoel de Arruda Alvim, por exemplo, a pretensão, tal como a ação, independe de qualquer consideração a respeito da existência ou eficácia do direito material que busca resguardar. Em verdade, ainda que se admita a existência de uma dimensão substancial às pretensões, como efetivamente faz o autor,[73] conclui este, conjuntamente com outros tantos juristas,[74] que as pretensões deduzidas em juízo representam senão "o retrato, existente no processo, do direito, que o

---

[71] Embora boa parte da doutrina processualista alinhe-se com as concepções delineadas nos parágrafos seguintes a respeito do que seja pretensão jurídica, cumpre destacar que referida compreensão não é unânime, havendo mesmo grandes processualistas que adotam uma perspectiva mais material, para definição de semelhante conceito, à semelhança de Ovídio Batista da Silva, cujas lições acerca do direito de ação muito se assemelham àquelas dadas por Pontes de Miranda (SILVA, Ovídio A. Baptista da. Direito subjetivo, pretensão de direito material e ação. In: **Ajuris**: Porto Alegre, v. 29, 1983).

[72] FREIRE, Homero. Estudos de Direito Processual in Memoriam do Min. Costa Manso. In: SANTOS, Antonio Carlos Viana. Prescrição e Decadência – teorias existentes. sua crítica. análise do problema conjuntamente com a teoria da ação. Revista de Processo. Vol. 18. Abr-jun/1980. Disponível em: https://www.revistadostribunais.com.br/maf/app/resultList/document?&src=rl&srguid=i0ad82d9a0000016a1165cad82a3301c4&docguid=Icf4f74d02d4111e0baf30000855dd350&hitguid=Icf4f74d02d4111e0baf30000855dd350&spos=1&epos=1&td=1&context=16&crumb-action=append&crumb-label=Documento&isDocFG=false&isFromMultiSumm=&startChunk=1&endChunk=1. Acesso em: 01.01.2019.

[73] ARRUDA ALVIM, José Manoel de. **Curso de Direito Processual Civil.** vol. I. São Paulo: Revista dos Tribunais, 1971, p. 397.

[74] Entre muitos, cita-se: (FRANCESCHINI. José Gaspar Gonzaga. **Prescrição e Decadência:** análise do problema conjuntamente com a teoria da ação. In: Revista de Processo. Vol. 16. Out-dez/1979. Disponível em: https://www.revistadostribunais.com.br/maf/app/resultList/document?&src=rl&srguid=i0ad82d9b0000016a11664d26666f322d&docguid=Ic4436fa0f25511dfab6f010000000000&hitguid=Ic4436fa0f25511dfab6f010000000000&spos=2&epos=2&td=2&context=32&crumb-action=append&crumb-label=Documento&isDocFG=false&isFromMultiSumm=&startChunk=1&endChunk=1. Acesso em: 02.02.2019); (PINTO, 2010); (MOACYR AMARAL, 1988, p. 153-155);.

PRESCRIÇÃO, DECADÊNCIA E VÍCIOS OCULTOS

autor faz do direito que afirma ser seu [...] o fato de afirmação de um direito."[75] Este mesmo o alvo da prescrição.[76]

Partindo dessa mesma definição de pretensão, Nélson Luiz Pinto dispensa o direito substantivo reivindicado para sua operação e inova ao afirmar que, mesmo a pretensão processual se mantém incólume com o término dos prazos, pois ela não deixa de ser apreciada pelo juízo após sua consumação. "Atingido o fundamento da pretensão, esta permanece intacta, pois subsiste o dever de o juiz proferir uma decisão, mesmo em sentido contrário ao pleiteado pelo autor, mas decidindo-a, resolvendo a lide."[77] Nessas condições, o cerne do problema e verdadeiro objeto da prescrição residiria nos fundamentos mesmo da ação: sua causa de pedir, que deixa de ser apreciada pelo órgão judicante em razão do transcurso da prescrição.

Como se pode notar, essas concepções são em tudo alinhadas com a modernamente predominante teoria abstrata da ação, que afirma na ação o direto subjetivo genérico dirigido contra o estado para a realização de sua atividade jurisdicional, de forma dissociada e independente do direito subjetivo alegado.[78]

Sem nos determos às razões que levaram ao desenvolvimento do conceito de ação, porque estranho ao objeto do presente trabalho, fato é que esse conceito se alterou com o tempo e, com ele, o entendimento existente sobre prescrição, como bem reconhecido na própria exposição de motivos do Código Civil de 2002[79] e por Antônio Chaves, ao retratar a ação como direito subjetivo autônomo e distinto do direito material que visa tutelar.[80] Afinal, nada mais natural que, com o abandono gradual da teoria civilista e a ascensão da teoria da ação em sentido abstrato, reavivassem-se as dúvidas a respeito do objeto próprio dos prazos prescricionais. Com efeito, desde o Código de Processo Civil de 1939, já

---

[75] ARRUDA ALVIM, 1971, p. 398.

[76] ARRUDA ALVIM, 1978, apud, FRANCESCHINI. 1979.

[77] PINTO, 2010.

[78] CINTRA, Antonio Carlos de Araujo; DINAMARCO, Cândido Rangel; GRINOVER, Ada Pelegrini. **Teoria Geral do Processo**. 8ª Ed., rev., e atual. São Paulo: Revista dos Tribunais, 1991, p. 226-227.

[79] BRASIL. Senado Federal. **Novo Código Civil:** exposição de motivos e texto sancionado. 2ª ed. Brasília: Subsecretaria de Edições Técnicas, 2005, p. 39.

[80] CHAVES, 1982, p. 1622.

PRESCRIÇÃO, DECADÊNCIA E PRAZOS DE GARANTIA

se dissociava o mérito da ação das suas condições de procedibilidade, o que foi ainda acentuado nos artigos 267,[81] VI, 268[82] e 301, X,[83] do Código de Processo Civil de 1973.

Em vista disso, e em alinho com as sucessivas modificações legislativas que garantiram mais e mais autonomia ao direito de ação, entendeu por bem o legislador pátrio, quando da redação do capítulo da prescrição do Código Civil de 2002, explicitar, em seu dispositivo inaugural, a pretensão como objeto dos prazos prescricionais,[84-85] não mais a ação, como faziam os romanos e os defensores da teoria civilista da ação, menos ainda aquela pretensão processual concebida pelos defensores da teoria da ação em sentido abstrato. Mas, pretensão em sentido substancial, em consonância com as lições formuladas por Pontes de Miranda e profundamente influenciada pela concepção de *Ansprunch* formulada pela doutrina e pelo ordenamento tedesco.

Há autores, no entanto, como Humberto Theodoro Júnior, que promovem verdadeiro sincretismo entre as definições de pretensão, ação em sentido material e *actio* do direito romano, reunindo-os todos em um só conceito,[86] o que, em alguma medida, já era reconhecido por Arruda Alvim,[87] durante a vigência do código passado.

Pretensão, não obstante, é posição subjetiva de exigir o cumprimento de prestações, que com a *actio* não se confunde; é instituto material que, embora pressuponha um direito,[88] dispensa sua violação para caracterização, muito embora seja comum haver coincidência temporal entre

---

[81] Art. 267. Extingue-se o processo, sem resolução de mérito: VI – quando não concorrer qualquer das condições da ação, como a possibilidade jurídica, a legitimidade das partes e o interesse processual.

[82] Art. 268. Salvo o disposto no art. 267, V, a extinção do processo não obsta a que o autor intente de novo a ação. A petição inicial, todavia, não será despachada sem a prova do pagamento ou do depósito das custas e dos honorários de advogado.

[83] Art. 301. Compete-lhe, porém, antes de discutir o mérito, alegar: X – carência de ação.

[84] Art. 189. Violado o direito, nasce para o titular a pretensão, a qual se extingue, pela prescrição, nos prazos a que aludem os arts. 205 e 206.

[85] BRASIL. Senado Federal. **Novo Código Civil:** exposição de motivos e texto sancionado. 2ª ed. Brasília: Subsecretaria de Edições Técnicas, 2005, p. 39.

[86] THEODORO JÚNIOR, 2018, p. 7

[87] ARRUDA ALVIM, 1978, p. 397.

[88] AMARAL, Francisco. **Direito Civil:** Introdução. 6ª ed. rev. e aum. de acordo com o novo código civil e leis posteriores. São Paulo: Renova, 2006, p. 563.

PRESCRIÇÃO, DECADÊNCIA E VÍCIOS OCULTOS

o surgimento da pretensão e a perturbação de direitos. Isso não revela, contudo, uma identidade de conteúdo ou de significado entre pretensão e *actio*.[89] Efetivamente, pretensões reais precedem o surgimento da *actio*, resultando esta mesma da violação de uma pretensão geral de abstenção, assim mesmo como nos casos de dívidas contraídas sem termo certo, em que desde a celebração do negócio o devedor se encontra em mira de uma pretensão, ainda que ação inexista.

Doutro modo, a preferência do legislador pátrio pela compreensão civilista da pretensão também salvaguardou a irrepetibilidade de dívidas prescritas pagas, conforme expressamente disposto no artigo 882 do Código Civil de 2002,[90] e reconduziu a matéria ao plano puramente material, de maneira a evitar incoerências sistemáticas e conflitos interpretativos com relação ao conceito processual de pretensão.

Nessas condições, não restam dúvidas de que a solução encontrada pelo legislador buscou enaltecer o caráter autônomo do direito de ação e privilegiar a pretensão como poder anexo ao direito material que busca resguardar, dissociando, em larga medida, prescrição de ação.

1.1.2 O Início dos Prazos

Se a prescrição serve para encobrir a eficácia de pretensões por força do tempo, imperativo que se imponha um termo inicial para sua contagem e um termo final para sua consumação.

Nesse sentido, não obstante os termos finais costumeiramente se definam em razão do tipo de pretensão ou ação passível de ser reivindicado, as regras para a identificação do termo inicial variam de ordenamento para ordenamento, havendo aqueles que preferem a adoção de parâmetros subjetivos para a determinação do começo dos prazos (como a ciência, pelo titular do direito, do fato que originou a pretensão, ou da pessoa que violou seu direito) e outros que abandonam qualquer consideração subjetiva para a fluência dos prazos, aderindo a um sistema objetivo para o cômputo da prescrição (como a inexistência de óbice fático ou jurídico ao exercício etc.).[91]

---

[89] BODIN DE MORAES, 2019, p. 17.

[90] Art. 882. Não se pode repetir o que se pagou para solver dívida prescrita, ou cumprir obrigação judicialmente inexigível.

[91] SOUZA, Eduardo Nunes de; SILVA, Rodrigo da Guia. Incapacidade civil e discernimento reduzido como causas obstativas da prescrição e da decadência. In: BODIN DE MORAES,

PRESCRIÇÃO, DECADÊNCIA E PRAZOS DE GARANTIA

Há que se ter em mente, no entanto, que não existe um sistema perfeito de contagem de prazos. Cada qual carrega consigo vantagens e desvantagens, e a opção por um ou outro, necessariamente, perpassa por uma delicada ponderação dos interesses e das disposições prescritas no sistema legal no qual busca operar.[92]

O BGB, por exemplo, implementou sistema misto para a determinação do início dos prazos. Para as pretensões subordinadas ao prazo geral de prescrição, reservou o sistema subjetivo, na forma do § 199, 1,[93] enquanto as demais pretensões especificadas no código teriam seus prazos iniciados a partir do momento mesmo do surgimento da pretensão,[94] conforme o § 200.[95] Alinhado ao sistema subjetivo, dispõe o *Code Civil* Francês, com força no artigo 2.224,[96] que as ações pessoais ou mobiliárias prescrevem em cinco anos a contar do dia em que o titular de um direito conheceu ou deveria conhecer os fatos que lhe permitem exercê-lo.[97] Quanto aos defensores do sistema objetivo, determina o Código Civil Português, nos termos do artigo 306, 1, que "o prazo da prescrição começa a correr quando o direito puder ser exercido",[98] excepcionando-se os casos de enriquecimento sem causa e responsabilidade civil, cujo início dos prazos se conta a partir do conhecimento

---

Maria Celina; GUEDES, Gisela Sampaio da Cruz; SOUZA, Eduardo Nunes de. **A juízo do tempo:** estudos atuais sobre prescrição. Rio de Janeiro: processo, 2018, p. 60.

[92] ZIMMERMAN, 2009, p. 129.

[93] Section 199: *Commencement of the standard limitation period and maximum limitation periods (1) Unless another commencement of limitation of is determined, the standard limitation period commences at the end of the year in which: 1. the claim arose and 2. the obligee obtains knowledge of the circumstances giving rise to the claim and of the identity of the obligor, or would have obtained such knowledge if he had not shown gross negligence.*

[94] ZIMMERMAN, 2009, 138.

[95] Section 200 *Commencement of other limitation periods Unless another date for the commencement of limitation is specified, the limitation period of claims not subject to the standard limitation period commences when the claim arises. Section 199 (5) applies with the necessary modifications.*

[96] Article 2.224: *Les actions personnelles ou mobilières se prescrivent par cinq ans à compter du jour où le titulaire d'un droit a connu ou aurait dû connaître les faits lui permettant de l'exercer.*

[97] Cour de Cassation. Première chambre civile. **Arrêt nº 668,** Rapporteur: M. Truchot, du 15 juin 2016 (15-20.022) – ECLI:FR:CCASS:2016:C100668.

[98] STJ, 7ª S., **125/06.9TBMMV-C.C1.S1,** rel.: Ministro António Joaquim Piçarra, j. em 22/09/2016.

PRESCRIÇÃO, DECADÊNCIA E VÍCIOS OCULTOS

que o credor tenha dos seus direitos,[99-100-101] e o *Codice Civile* Italiano indica que a prescrição começa a correr a partir do dia em que o direito pode ser feito valer, conforme estabelecido no artigo 2.935[102] de suas disposições.[103]

Domesticamente, contudo, o codificador brasileiro de 2002, à semelhança de seu antecessor, não estabeleceu nenhuma norma genérica a respeito de quando se inicia a prescrição. Dispõe unicamente que a prescrição poria fim a uma pretensão, nos prazos aludidos pelo artigo 205 e 206, sem delimitar, com isso, a preferência pelo sistema objetivo ou subjetivo de contagem dos prazos. Cumpre registrar, contudo, que isso não quer dizer que a lei não tenha previsto o início da contagem dos prazos em nenhuma das hipóteses listadas no artigo 205 e 206. O atual código civil fixou, sim, *termo a quo* a alguns casos, como definido nos incisos II, IV e V, do § 1º, § 2º, VI, VII e VIII do § 3º, no § 4º, e no inciso II do § 5º do artigo 206, e é especificamente por meio dessas hipóteses que se percebe o caráter residual emprestado pelo diploma ao parâmetro subjetivo de investigação do início dos prazos.

De fato, o único momento em que o código acolhe o sistema subjetivo para a contagem da prescrição dá-se em contingências relativas à pretensão do segurado contra o segurador, ou deste contra aquele, e, ainda assim, excluídos os casos que envolvam seguro de responsabilidade civil, conforme artigo 206, §1º, II, com o destaque que a adoção

---

[99] Artigo 482: O direito à restituição por enriquecimento prescreve no prazo de três anos, a contar da data em que o credor teve conhecimento do direito que lhe compete e da pessoa do responsável, sem prejuízo da prescrição ordinária se tiver decorrido o respectivo prazo a contar do enriquecimento. (TRL, 2ª S., **1/15.4T8ALQ.L1-2**, rel.: Ondina de Oliveira do Carmo Alves, j. em 27.04.2017.)

[100] Artigo 498: 1. O direito de indemnização prescreve no prazo de três anos, a contar da data em que o lesado teve conhecimento do direito que lhe compete, embora com desconhecimento da pessoa do responsável e da extensão integral dos danos, sem prejuízo da prescrição ordinária se tiver decorrido o respectivo prazo a contar do facto danoso.

[101] CORDEIRO, António Menezes. **Tratado de Direito Civil**: parte geral, legitimidade, representação, prescrição, abuso do direito, colisão de direitos, tutela privada e provas. V. 5. 2ª reimp. da ed. de maio/2005. Lisboa: Almedina, 2011, p. 169.

[102] Art. 2935. *Decorrenza della prescrizione. La prescrizione comincia a decorrere dal giorno in cui il diritto può essere fatto valere.*

[103] CIAN, Giorgio; TRABUCCHI, Alberto. **Commentario breve al Codice Civile.** 8ª Ed. Padova: CEDAM, 2007, p. 3966.

PRESCRIÇÃO, DECADÊNCIA E PRAZOS DE GARANTIA

do sistema objetivo, nesse caso, sequer seria possível. Efetivamente, a reparação do sinistro depende de sua comunicação pelo segurado e de um subsequente procedimento de apuração e liquidação pela seguradora, sendo que, somente com o final das diligências e a manifestação desfavorável da seguradora quanto ao pagamento dos valores previstos em apólice, pode o segurado reivindicar os valores que entende devidos. Antes disso, sequer há interesse processual na ação, de modo que a comunicação da recusa pelo segurador é indispensável para a própria configuração da pretensão. Daí a especialidade do dispositivo.[104]

Doutro modo, ao dispor que violado o direito nasce a pretensão, a qual se encerra com a prescrição, também o artigo 189 do Código Civil de 2002 terminou por acender dupla controvérsia. Uma de que o termo inicial da prescrição coincidiria sempre com o surgimento da pretensão, conforme inclusive assentado pelo Conselho da Justiça Federal na I ª Jornada de Direito Civil,[105] outra de que à formação das pretensões é indispensável a violação de um direito.[106]

Embora essas interpretações se subsumam à boa parte das pretensões reparatórias negociais, fato é que nem sempre pretensão, prescrição e violações de direito são fenômenos jurídicos temporalmente indissociáveis. Conforme visto no subcapítulo anterior, as pretensões reais precedem a violação do direito, sendo que a contagem dos prazos só se inicia mediante perturbação da coisa, o que também ocorre com os direitos pessoais absolutos, com relação aos quais impera uma pretensão geral de não causar dano, e só a partir deste começa a contar a prescrição.

Exemplo diverso, e talvez mais ilustrativo, sucede no caso de dívidas quesíveis com data ajustada para seu adimplemento. Na hipótese, o direito de crédito surge no dia mesmo da celebração do negócio, a pretensão e o correspondente prazo prescricional, a partir do vencimento do termo, e a violação, só após deixar o devedor de cumprir a prestação no tempo oportuno, uma vez interpelado para fazê-lo.[107]

---

[104] THEODORO JÚNIOR, 2018, p. 32.
[105] Enunciado n. 14: 1) o início do prazo prescricional ocorre com o surgimento da pretensão, que decorre da exigibilidade do direito subjetivo; 2) o art. 189 diz respeito a casos em que a pretensão nasce imediatamente após a violação do direito absoluto ou da obrigação de não fazer.
[106] SOUZA, 2018, p. 61-62.
[107] THEODORO, 2018, p. 35.

PRESCRIÇÃO, DECADÊNCIA E VÍCIOS OCULTOS

Ainda sobre a dispensa de violação de direito para a configuração da pretensão e do início dos prazos, memoram-se os casos de enriquecimento sem causa. Com efeito, não há violação de direito quando um particular, inadvertidamente, promove pagamento a terceiro,[108] mesmo que da ocasião exsurja a pretensão de reaver os valores depositados pelo particular prejudicado. Prescrição e pretensão surgem, aqui, independentemente de qualquer antijuridicidade.

Na realidade, em algumas hipóteses de enriquecimento ilícito, em que se pressupõe a violação de um direito, nem mesmo o dano é verificado, sendo este o exemplo do condômino que tem sua garagem tomada por vizinho. Caso não possua automóvel ou deixe de dar destinação útil ao imóvel, não percebe aquele prejuízo algum, não obstante lhe seja facultado promover ação compensatória pelos proveitos não percebidos em razão da garagem indevidamente tomada.

Como último exemplo, e talvez o mais rico de todos, destacam-se as hipóteses de vícios construtivos ocultos advindos do cumprimento imperfeito do contrato de empreitada[109]. Nestes, a violação do direito ocorre ao momento mesmo da entrega da construção, vez que a prestação realizada se encontra em desconformidade com a qualidade técnica ajustada. A contagem dos prazos, no entanto, só principia a partir do instante em que os vícios se manifestem, sem o que o dono da obra carece inclusive das condições de procedibilidade necessárias para levar sua reivindicação a juízo. Sucede, entretanto, que a materialização dos vícios pode levar algumas semanas, alguns anos ou até mesmo nunca acontecer. Com efeito, por mais desastrosa que tenha sido a execução da empreitada, pode advir, por força do destino ou em razão de manutenções periódicas efetuadas pelo proprietário, que a imperícia oculta do empreiteiro se apague com o tempo ou mesmo jamais se evidencie, revelando que a simples violação de um direito não se mostra suficiente

---

[108] Art. 876. Todo aquele que recebeu o que lhe não era devido fica obrigado a restituir; obrigação que incumbe àquele que recebe dívida condicional antes de cumprida a condição.

[109] Para fins de delineamento deste conceito operacional, o qual será utilizado largamente ao longo do texto, deve-se entender por cumprimento imperfeito da empreitada o inadimplemento (absoluto ou relativo) da prestação principal encarregada ao empreiteiro, o qual, embora tenha concluído os seus trabalhos, concluiu-os em desconformidade com as exigências técnicas, de quantidade ou qualidade estabelecidas pela lei ou pelo contrato.

PRESCRIÇÃO, DECADÊNCIA E PRAZOS DE GARANTIA

para dar início aos prazos prescricionais, sendo indispensável um dano em concreto para sua realização.

Sem intenção de apresentar uma solução ao problema, reforça-se que as exposições aqui feitas não se prestam a descaracterizar a pretensão como objeto da prescrição, por mais diversos que sejam seus fatores propulsores. A pretensão continua a ser o objeto precípuo da prescrição, conforme disposto no artigo 189 do Código Civil. O que se critica, e este é o fundamento destas aclarações, é a compreensão simplória de que a prescrição somente se iniciaria a partir de um ilícito – contrariamente à profusão de possibilidades em que ocorrem de outra maneira.

Após o advento do Código Civil de 2002, continuam sendo comuns as referências a teorias tradicionais que buscam, à semelhança dos sistemas estrangeiros, modular o início do curso do prazo prescricional.[110] Doutrinariamente, prevalece o entendimento de que a prescrição começa a correr a partir do momento em que se pode exigir ou acionar o crédito. É como interpretam Humberto Theodoro Júnior,[111] Antônio Chaves,[112] Caio Mario da Silva Pereira,[113] Orlando Gomes,[114] Arnaldo Rizzardo,[115] Agnelo Amorim Filho,[116] Pontes de Miranda[117] e, internacionalmente, Aubry e Rau,[118] ainda que divirjam os autores quanto ao momento exato em que o crédito se torna exigível. Sistematizam uns o início dos prazos conforme a condição, o termo ou o modo inexos ao negócio, outros com relação à natureza real ou pessoal da pretensão/ação reivindicada, e outros na própria violação do direito ou no surgimento do dano. Critérios variados, mas antes complementares que excludentes.

Ordinariamente, esses posicionamentos integram a teoria da *actio nata*, formulação proposta por Savigny a partir de seus estudos sobre o direito romano, segundo a qual o surgimento da ação principiaria a

---

[110] Souza, 2018, p. 61-62.
[111] Theodoro Júnior, 2018, p. 34.
[112] Chaves, 1982, p. 1.626.
[113] Pereira, 2016, p. 581-582.
[114] Gomes, 2008, p. 447.
[115] Rizzardo, Arnaldo; Rizzardo, Carine Ardissone; Rizzardo Filho, Arnaldo. **Prescrição e Decadência**. Rio de Janeiro: Forense, 2015, p. 19-20.
[116] Amorim Filho, 1960.
[117] Pontes de Miranda, 1983, p. 281.
[118] Aubry; Rau, 1839, p. 331.

PRESCRIÇÃO, DECADÊNCIA E VÍCIOS OCULTOS

prescrição em toda e qualquer hipótese, notadamente nas hipóteses de violação de direitos.[119]

E, com efeito, esse é o entendimento de Savigny em larga medida. Ao afirmar que o fim precípuo dos prazos prescricionais se encerra na conservação da segurança jurídica,[120] o autor adverte que determinar o conhecimento dos danos sofridos pela vítima como ponto de partida para a contagem dos prazos prescricionais atentaria contra a própria finalidade pretendida pelo instituto.[121] Primeiramente, por ser esse um prazo flutuante e incerto, tendo em vista que a vítima pode tanto reconhecer o dano de imediato, quanto muitos anos após a realização do evento danoso. Em segundo, porque, em diversas hipóteses, tal medida favoreceria a vítima negligente que não busca velar cuidadosamente pelos próprios direitos. Assim, para que uma prescrição se inicie, faz-se necessário uma *actio nata*, ou melhor, um direito sério, atual e suscetível de ser levado a juízo.[122]

Todavia, cumpre observar que a teoria da *actio nata* elucidada pelo autor comporta exceções, de modo que o conhecimento do dano ou de sua autoria pode vir a ser relevante para a fixação do termo inicial da prescrição, notadamente nas ações anuais sujeitas a *tempus utile*[123] em que a ciência dessas circunstâncias seja tão difícil que beire o impossível.[124] Nesses casos, há que se reconhecer este estado de ignorância

---

[119] Acompanham este entendimento, por exemplo: Nelson Nery Jr. (NERY JÚNIOR, Nelson; NERY, Rosa Maria de A. **Código Civil Comentado**. 1ª Ed. em e-book baseada na 11ª edição impressa. São Paulo: RT, 2014, p. 572.), Carlos Roberto Gonçalves (GONÇALVES, Carlos Roberto. **Direito Civil Brasileiro**: parte geral. V. 1. 14ª Ed. São Paulo: Saraiva, 2016, p. 524) e Paulo Lobo (LOBO, Paulo. **Direito Civil**: parte geral. 5ª ed. São Paulo: Saraiva, 2015, p.331).

[120] SAVIGNY, 1845, p. 397.

[121] Id. Ibid., 1845, p. 397.

[122] Id. Ibid., 1845, p. 287-288.

[123] A compreensão acerca do termo tempus utile transpassa a ideia de tempo útil (dias uteis) adotada para a contagem dos prazos processuais em nosso ordenamento. Em verdade, para se calcular o tempus utile, contam-se somente os dias em que o reclamante poderia intentar verdadeiramente sua ação, dilatando sensivelmente o prazo para realização de semelhante ato. Desconsideram-se, pois, quando do curso prazo prescricional, os dias em que o reclamante se encontre absolutamente impossibilitado de promover a ação – seja em razão de doença incapacitante ou fenômenos da natureza extraordinários, seja em do desconhecimento absoluto e escusável do fato gerador da ação pela vítima, por exemplo. (SAVIGNY, 1845, p. 388)

[124] SAVIGNY, 1845, p. 410.

PRESCRIÇÃO, DECADÊNCIA E PRAZOS DE GARANTIA

como inevitável, de forma que a contagem do prazo prescricional se inicia com o conhecimento do evento danoso ou de sua autoria.[125]

Para os defensores do sistema subjetivo, contudo, a exceção posta pelo autor clássico torna-se regra. Efetivamente, "se a prescrição é um castigo à negligência do titular – *cum contra desides homines, et sui juris contentores, odiosae exceptiones oppositae sunt* – não se compreende a prescrição sem a negligência, e a esta certamente, não se dá quando a inércia do titular decorre da ignorância da violação."[126] Adeptos dessa teoria, em maior ou menor grau,[127] cita-se: Maria Celina Bodin,[128] Rachel Saab,[129] José Fernando Simão,[130] Judith Martins-Costa[131] e Câmara Leal,[132] todos os quais inadmitem que o titular de um direito subjetivo possa perder a oportunidade de defendê-lo se não atuou desidiosamente.

A preferência por esse entendimento se justifica sobretudo em razão de pretensões advindas da violação de direitos absolutos, em que nem sempre a incidência do dano, sua extensão e autoria podem ser visualizadas de pronto, mormente diante da complexidade da sociedade informacional em que vivemos hoje, em que todos se encontram permanentemente sujeitos a danos múltiplos, os quais só com o cursar do tempo tornam-se identificáveis. Toma-se, como exemplo, o caso de consumidores indevidamente inscritos em órgão de proteção ao crédito,[133]

---

[125] Id. Ibid., p. 399.

[126] CÂMARA LEAL, 1978, p. 23.

[127] Em suas exposições, Câmara Leal destoa e se destaca perante seus pares ao limitar o parâmetro subjetivo às hipóteses em que o ordenamento atribui um prazo demasiado curto para que o titular reivindique o seu direito. A final nas prescrições de "prazo longo, a própria ignorância da violação, pelo titular, denota negligência, indicando o abandono em que deixou a coisa, objeto da violação, a ponto de ter sido violada e ele o ignorar por longo tempo. (1978, p. 24).

[128] BODIN DE MORAES; GUEDES, 2018, p. 20.

[129] SAAB, Rachel. **Análise Funcional do Termo Inicial da Prescrição**. In: BODIN DE MORAES, Maria Celina; GUEDES, Gisela Sampaio da Cruz; SOUZA, Eduardo Nunes de. **A juízo do tempo**: estudos atuais sobre prescrição. Rio de Janeiro: processo, 2019, p. 146.

[130] Simão, 2013, p. 213.

[131] MARTINS-COSTA, 2019, p. 188.

[132] CÂMARA LEAL, 1978, p. 23.

[133] TJSP, 13ª C. Dir. Civ., **AC 1000547-59.2018.8.26.0562**, Rel.: Francisco Giaquinto, j. em 12/03/2019; TJSC, 5ª C. Dir. Civ., **AC 0300080-03.2018.8.24.0005**, Rel. Cláudia Lambert de Faria, j. em 11/12/2018; TJSC, 6ª C. Dir. Civ., **AC 0300250-73.2016.8.24.0189**, Rel.: Stanley da Silva Braga, j. em 06/11/2018.

a situação de vítimas de acidente automobilístico que só com o passar de muitos anos percebem sua invalidez para o trabalho[134] ou mesmo os alarmantes episódios em que médicos cirurgiões esquecem utensílios clínicos no interior de seus pacientes.[135] Em todos esses casos, o desconhecimento do dano se mostra plenamente justificável, daí porque impraticável a teoria da *actio nata* e não se reconhecer o momento da inscrição indevida, do acidente ou da cirurgia realizada para o cômputo dos prazos prescricionais. Nesses casos, o seguro é injusto. E, mesmo certos partidários de uma interpretação mais objetivista a respeito da contagem dos prazos, como Humberto Theodoro Júnior,[136] acabam por excepcionar semelhantes casos em seus posicionamentos.

No plano negocial, contudo, a questão torna-se um pouco mais precisa e objetivamente certificável. Isso por dois motivos. Um porque as partes, as obrigações e, regra geral, as consequências do inadimplemento são previamente conhecidas pelos litigantes. Dois porque o inadimplemento se presume conhecido pelo credor, reputando-se negligente aquele que deixa de defender os interesses voluntariamente ajustado no prazo prescrito.

Ressalta-se, todavia, que se trata esta de presunção relativa, comportando justas e devidas exceções, como no caso das "apropriações indébitas praticadas pelo gestor de negócios alheios que só chegam ao conhecimento do prejudicado após apuração de contas ou ação criminal a respeito do delito praticado"[137] e mesmo dos vícios construtivos ocultos advindos do cumprimento imperfeito de contrato de empreitada. Com efeito, numa ou noutra hipótese, não podem as vítimas do evento danoso ser prejudicadas por ilícitos a que não deram causa e que o próprio tempo ou ardil da contraparte tratou de ocultar.

Hodiernamente, a jurisprudência do Superior Tribunal de Justiça parece acompanhar este último entendimento, ainda que a seu pró-

---

[134] STJ, 2ª S., **REsp 1388030/MG**, Rel. Ministro Paulo De Tarso Sanseverino, j. em 11/06/2014; STJ, 3ª T., **AgInt no REsp 1747204/PR**, Rel. Ministra Nancy Andrighi, j. em 11/02/2019; STJ, 3ª T., **AgInt no REsp 1627901/PR**, Rel. Ministro Ricardo Villas Bôas Cueva, j. em 03/12/2018.

[135] STJ, 4ª T., **REsp 1020801/SP**, Rel. Ministro João Otávio de Noronha, j. em 26/04/2011; STJ, 2ª T., **REsp 694.287/RJ**, Rel. Ministro Franciulli Netto, Segunda Turma, julgado em 23/08/2005.

[136] THEODORO JÚNIOR, 2018, p. 32-33.

[137] THEODORO JÚNIOR, 2018, p. 33.

PRESCRIÇÃO, DECADÊNCIA E PRAZOS DE GARANTIA

prio modo e fazendo alusão à teoria da *actio nata* para determinar as hipóteses em que os prazos têm início com a ciência do dano ou seu surgimento. A rigor, como já se viu, o uso da *actio nata* pelo Superior Tribunal de Justiça destoa radicalmente do empregado pelos formuladores e defensores da teoria. Promoveu-se, aqui, verdadeiro sincretismo, reunindo-se sob um único termo sistemas subjetivos e objetivos. Uma verdadeira *actio nata* à brasileira.

Seja como for, fato é que o Superior Tribunal de Justiça tem se inclinado cada vez mais a uma aplicação exclusiva do sistema subjetivo de determinação do início dos prazos, a despeito de conferir a todos os casos a alcunha de *actio nata*. Dos sessenta e oito acórdãos analisados entre janeiro de 2014 e janeiro de 2019, concentrando-se somente nos julgados relativos às pretensões de origem aquiliana e negocial e excluídas as hipóteses em que a pretensão debatida possuía termo inicial prescrito no próprio ordenamento, observa-se que, até meados de 2017, tendiam as turmas de direito privado a aplicar o sistema subjetivo às pretensões de origem aquiliana e o sistema objetivo às pretensões negociais.[138] Ao final de 2017, no entanto, precisamente a partir de

---

[138] STJ, 4ª T., **REsp 805151/SP**, rel.: Ministro Antônio Carlos Ferreira, j. em 12/08/2014; STJ, 3ª T., **REsp 1419386**, rel.: Ministra Nancy Andrighi, julgado 18/10/2016; STJ, 4ª T., **AgRg no AREsp 338201/PR**, rel.: Ministro Antonio Carlos Ferreira, j. em 16/09/2014; STJ, 3ª T., **REsp 1453410/RS**, rel.: Ministro Moura Ribeiro. j. em 14/10/2014; STJ, 3ª T., **REsp 1504969/SP**, rel.: Ministro Ricardo Villa Bôas Cueva, j. em 10/03/2015; STJ, 3ª T., **AgRg no AREsp 667205/RS**, rel.: Ministro Moura Ribeiro, j. em 15/09/2015; STJ, 3ª T., **REsp 1525732/RS**, rel.: Ministro Ricardo Villas Bôas Cueva, j. em 06/10/2015; STJ, 3ª T., **AgRg no AREsp 740588/SP**, rel.: Ministro Marco Aurélio Bellizze, j. em 27/10/2015; STJ, 3ª T., **AgRg no AREsp 615735/RS**, rel.: Ministro Marco Aurélio Bellizze, j. em 17/11/2015; STJ, 3ª T., **REsp 1565847/PA**, rel.: Ministro Ricardo Villas Bôas Cueva, j. em 23/01/2016; STJ, 3ª T., **AgRg nos EDcl no REsp 1413595/RS**, rel.: Ministro Ricardo Villas Bôas Cueva, j. em 10/05/2016; STJ, 3ª T., **AgInt no AREsp 891505/RS**, rel.: Min. Marco Aurélio Bellizze, j. em 04/08/2016; STJ, 3ª T., **AgInt no REsp 1501191/RJ**, rel.: Ministro Ricardo Villas Bôas Cueva, j. em 18/08/2016; STJ, 3ª T., **AgInt no REsp 1398691/RS**, rel.: Ministro Ricardo Villas Bôas Cueva, j. em 27/09/2016; STJ, 4ª T., **AgInt no REsp 1150102/PR**, rel.: Ministro Antonio Carlos Ferreira, j. em 29/09/2016; STJ, 3ª T., **REsp 1393699/PR**, rel.: Ministra Nancy Andrighi, j. em 19/11/2013; STJ, 3ª T., **REsp 1282969/SC**, rel.: Ministro Ricardo Villas Bôas Cueva, j. em 21/08/2014; STJ, 3ª T., **REsp 1263528/SC**, j. em 21/08/2014; STJ, 4ª T., **REsp 1354348/RS**, rel.: Ministro Luis Felipe Salomão, j. em 26/08/2014; STJ, 3ª T., **REsp 1347715/RJ**, rel.: Ministro Marco Aurélio Bellizze, j. em 25/11/2014; STJ, 3ª T., **AgRg no AREsp 602851/SC**, rel.: Ministro Marco Aurélio Bellizze, j. em 16/12/2014; STJ, 4ª T., **AgRg no AREsp 696269/SP**, rel.: Ministro Luis Felipe Salomão, j. em 09/06/2015; STJ,

PRESCRIÇÃO, DECADÊNCIA E VÍCIOS OCULTOS

agosto daquele ano, percebe-se uma brusca mudança de entendimentos pela corte superior, que passou a empregar o sistema subjetivo para todo e qualquer tipo de pretensão,[139-140] assim julgando desde demandas

4ª T., **AgRg no AREsp 633623/SP**, rel.: Ministro Raul Araújo, j. em 18/08/2015; STJ, 4ª T., **AgRg no REsp 1324764/PB**, rel.: Ministro Luis Felipe Salomão, j. em 15/10/2015; STJ, 3ª T., **AgRg no AgRg no AREsp 411291/MG**, rel.: Ministro Paulo de Tarso Sanseverino, j. em 04/02/2016; STJ, 3ª T., **AgRg no AREsp 707342/MG**, rel.: Ministro João Otávio de Noronha, j. em 04/02/2016; STJ, 3ª T., **AgRg no AREsp 731525/RS**, rel.: Ministro Moura Ribeiro, j. em 23/06/2016; STJ. **AgInt no AREsp 1002639/RS,** rel. Ministra Nancy Andrighi, j. em 15/08/2017; STJ, 3ª T., **AgInt no AREsp 976.970/SP**, rel.: Ministro Marco Aurélio Bellizze, j. em 27/06/2017; STJ. 3ª T., **REsp 1632766/SP**, rel.: Ministra Nancy Andrighi, j. em 06/06/2017; STJ, 3ª T., **REsp 1645746/BA**, rel.: Ministro Ricardo Villas Bôas Cueva, j. em 06/06/2017; STJ, 3ª T., **REsp 1432999/SP**, rel. Ministro Marco Aurélio Bellizze, j. em 16/05/2017; STJ, 3ª T., **AgInt no AREsp 982.198/SP**, rel.: Ministro Ricardo Villas Bôas Cueva, j. em 14/02/2017; STJ, 3ª T., **AgInt no AREsp 504.654/RJ**, rel.: Ministro Paulo de Tarso Sanseverino, j. em 07/02/2017; STJ, 4ª T., **AgInt no REsp 1378521/MS**, rel.: Ministro Luis Felipe Salomão, j. em 02/02/2017.

[139] STJ, 3ª T., **AgInt no AREsp 1061826/RS,** rel.: Ministro Moura Ribeiro, j. em 22/08/2017; STJ, 4ª T., **AgInt no AREsp 411.846/ES**, rel. Ministro Raul Araújo, j. em 12/09/2017; STJ, 3ª T., **AgInt no AREsp 1089957/MG**, rel. Ministro Marco Aurélio Bellizze, j. em 19/09/2017; STJ, 4ª T., **AgInt no AREsp 1071208/RS**, rel. Ministra Maria Isabel Gallotti, j. em 16/11/2017; STJ, 3ª T., **AgInt no REsp 1681746/ES**, rel. Ministro Moura Ribeiro, j. em 23/11/2017; STJ, 3ª T., **REsp 1368677/MG**, rel. Ministro Paulo de Tarso Sanseverino, j. em 05/12/2017; STJ, Tª T., **REsp 1707813/RJ**, rel. Ministra Nancy Andrighi, j. em 27/02/2018; STJ, 3ª T., **AgInt no AREsp 1128768/RS**, rel. Ministro Paulo de Tarso Sanseverino, j. em 27/02/2018; STJ, 3ª T., **AgInt no AREsp 1172981/RS**, rel. Ministro Marco Aurélio Bellizze, j. em 13/03/2018; STJ, 4ª T., **AgInt no AREsp 1046775/RJ**, rel. Ministro Antonio Carlos Ferreira, j. em 10/04/2018; STJ, 4ª T., **AgInt no AREsp 1239244/RS**, rel. Ministro Luis Felipe Salomão, j. em 10/04/2018; STJ, 4ª T., **AgInt no AgInt no AREsp 1031168/DF**, rel. Ministra Maria Isabel Gallotti, j. em 17/04/2018; STJ, 3ª T., **REsp 1657428/PR**, rel. Ministra Nancy Andrighi, j. em 15/05/2018; STJ, 3ª T., **AgInt no AREsp 1029894/RJ**, rel. Ministro Paulo de Tarso Sanseverino, j. em 15/05/2018; STJ, 4ª T., **AgInt no AREsp 1216132/RS**, rel. Ministro Luis Felipe Salomão, j. em 26/06/2018; STJ, 3ª T., **REsp 1523661/SE**, rel. Ministro Paulo de Tarso Sanseverino, rel. p/ Acórdão Ministro Ricardo Villas Bôas Cueva, j. em 26/06/2018; STJ, 4ª T., **AgInt no AREsp 1167724/PR**, rel. Ministro Lázaro Guimarães (desembargador convocado do TRF 5ª região), j. em 14/08/2018; STJ, 4ª T., **AgInt no REsp 1740239/ MA**, rel. Ministro Luis Felipe Salomão, j. em 23/08/2018; STJ, 3ª T., **REsp 1460474/PR**, rel. Ministra Nancy Andrighi, j. em 28/08/2018; STJ, 3ª T., **REsp 1750570/RS**, rel. Ministro Ricardo Villas Bôas Cueva, j. em 11/09/2018; STJ, 3ª T., **REsp 1696899/RS**, rel. Ministra Nancy Andrighi, j. em 18/09/2018; STJ, 4ª T., **AgInt no REsp 1608493/PR**, rel. Ministro Lázaro Guimarães (desembargador convocado do TRF 5ª região), j. em 18/09/2018; STJ, 3ª T., **AgInt no AREsp 1236957/RJ**, Rel. Ministro Moura Ribeiro, j. em 24/09/2018; STJ, 4ª T., **AgInt no REsp 1729433/SP**, rel. Ministro Lázaro Guimarães (desembargador convo-

PRESCRIÇÃO, DECADÊNCIA E PRAZOS DE GARANTIA

relativas ao plágio de obras literárias (REsp 1.645.746/BA) até os diversos acórdãos relativos às apropriações indébitas perpetradas pelo advogado Maurício Dal Agnol contra seus clientes (REsp 1750570/RS; AgInt no AREsp 1061826/RS; AgInt no AREsp 1071208/RS; AgInt no AREsp 1128768/RS; AgInt no AREsp 1172981/RS; AgInt nos EDcl no AREsp 1284953/SP; AgInt no AREsp 1172987/RS).

Muito embora acertado o posicionamento do Superior Tribunal de Justiça em reconhecer a data do conhecimento do dano para a contagem dos prazos prescricionais nas hipóteses em que, efetivamente, não se poderia apreciá-lo imediatamente, não se pode perder de vista que cabe ao credor, na qualidade de maior interessado, comprovar o momento exato em que tomou ciência da violação de seu direito. Repisa-se, uma vez mais, que sobre ele recai uma presunção relativa de que os inadimplementos ocorridos (ou ilícitos de todo gênero) sempre estiveram ao alcance de sua percepção, sendo um ônus seu demonstrar o contrário.

No caso de vícios construtivos ocultos, a prova do inadimplemento e consequente início dos prazos costuma se realizar por meio de laudo técnico formulado por perito independente, ordinariamente em procedimento de produção antecipada de provas.[141] Isso por uma razão muito simples: até a apreciação do vício pela perícia, não dispõe o proprietário leigo dos meios necessários para identificar a extensão e qualidade do dano, suas possíveis causas, os sistemas ou as estruturas comprometidas

---

cado do TRF 5ª região), j. em 25/09/2018; STJ, 3ª T., **REsp 1694417/SP**, rel. Ministra Nancy Andrighi, j. em 02/10/2018; STJ, 3ª T., **AgInt nos EDcl no AREsp 1284953/SP**, rel. Ministro Marco Aurélio Bellizze, j. em 15/10/2018; STJ, 3ª T., **AgInt no AREsp 1172987/RS**, rel. Ministro Marco Aurélio Bellizze, j. em 12/11/2018; STJ, 3ª T., **AgInt no AREsp 1331210/SP**, rel. Ministro Marco Aurélio Bellizze, j. em 19/11/2018; STJ, 3ª T., **AgInt no AREsp 985.978/RJ**, rel. Ministro Paulo de Tarso Sanseverino, j. em 03/12/2018; STJ, 3ª T., **REsp 1682957/PR**, rel. Ministra Nancy Andrighi, j. em 04/12/2018. STJ, 3ª T., **AgInt no AREsp 1311258/RJ**, rel.: Ministro Moura Ribeiro, j. em 10/12/2018.

[140] Para a investigação dos entendimentos do Superior Tribunal de Justiça, consultou-se, junto ao sítio virtual da corte, os acórdãos julgados pela terceira e quarta turma de direito privado, no período compreendido de janeiro de 2014 a janeiro de 2019, em cuja ementa constava o termo "actio nata".

[141] Exemplificativamente: STJ, 4ª T., **AgRg no Ag 1366111/MG**. Rel: Luis Felipe Salomão, j. em 06/09/2012; TJSC, 6ª CDC., **AR 2010.063689-9**. Rel: Jaime Luiz Vicari, j. em 18/10/2012; TJSC, 4ª CDC., **AC 2008.057306-4**, Rel: Luiz Fernando Boller, j. em 07/03/2013; TJSC, 3ª CDC., **AC 2012.055146-3**. Rel: Fernando Carioni, j. em 25/09/2012.

pela imperícia do empreiteiro e mesmo as ações mitigatórias e reparatórias necessárias para a contenção dos prejuízos, tudo o que inviabiliza a liquidação dos danos e, mais importante, a determinação das tutelas jurídicas emprestadas ao dono da obra para fazer valer seus direitos, uma vez não saber este qualificar, ao certo, as desconformidades verificadas em vícios ocultos *stricto sensu* ou vícios de solidez e segurança.

Isso não quer dizer que, nos casos em que o dono da obra se mostre profundo conhecedor dos aspectos construtivos da empreitada, como costuma acontecer em empreendimentos energéticos e obras civis de larga envergadura, os prazos só se iniciem com a confecção de laudo pericial por terceiro técnico. Tampouco que nos casos de ruína, desabamento ou outro vício manifestamente evidente, possam estes passar despercebidos para fins de contagem dos prazos entre donos de obra ordinários.[142] É preciso ter em mente que a exigência de laudo pericial para a indicação do início dos prazos deve ser apreciada caso a caso, observando-se as condições subjetivas da vítima no que toca a sua expertise técnica e às circunstâncias objetivas reveladas na expressividade incontestável do vício apresentado, sobretudo nos casos que comprometam a solidez e segurança da construção. A exigência de perícia para início da contagem dos prazos, a toda evidência, não pode se constituir em um uma espécie de assenhoramento do tempo pelo dono da obra que, de forma negligente ou ardilosa, deixa de conhecer os vícios da construção no tempo oportuno, sob pena de se incorrer em iniquidades tão graves quanto as decorrentes de uma aplicação irrefletida dos pressupostos do sistema objetivo.

Com efeito, as máximas do sistema subjetivo devem ser implementadas de forma contida e bem justificada, sem o que se arrisca a produzir assimetrias atentatórias à própria ordem jurídica, tornando imprescritíveis pretensões já nascidas e nitidamente prescritíveis.

1.1.3 Causas Impeditivas, Suspensivas e Interruptivas

Em regra, a prescrição consome-se nos estritos prazos a ela indicados. Não obstante, pode ocorrer que, por razões de ordem objetiva, ou em função mesmo do agir do credor em defesa de seu crédito, o curso dos

---

[142] MEIRELLES, Hely Lopes. **Direito de construir**. 11ª ed. São Paulo: Malheiros, 2013, p. 310.

PRESCRIÇÃO, DECADÊNCIA E PRAZOS DE GARANTIA

prazos embarace-se ou, quando muito, reinicie-se.[143] É o que ocorre com as hipóteses de suspensão, impedimento e interrupção dos prazos prescricionais. Obstáculos impostos pelo ordenamento ao correr regular da prescrição.

Partindo-se das causas de impedimento e suspensão, servem estas a paralisar o fluxo da prescrição – a instituir um intervalo de tempo durante o qual os prazos não têm curso até se desfazerem as razões que levaram a sua sustação:[144] antes de iniciada a prescrição, nos casos de impedimento; ao longo de seu decorrer, nas hipóteses de suspensão.[145]

Sob outra ótica, a impediência e a suspensão podem ser concebidas como garantias emprestadas pelo ordenamento jurídico àqueles que têm comprometido, ou ao menos prejudicado, o exercício tempestivo de suas pretensões sem qualquer culpa.[146] No Código Civil Português, as hipóteses de suspensão e impedimento encontram amparo ao longo dos artigos 318 a 322, cujo rol taxativo se mostra um tanto mais ampliado com relação ao brasileiro, acobertando até mesmo situações de força maior ou dolo do obrigado,[147] como o faz igualmente o *Code Civil* francês[148] e o BGB.[149] Ademais, com relação ao código tedesco, surpreende este ao distender significativamente as conjecturas passíveis de impedimento e suspensão, considerando desde as negociações travadas pelas partes com relação a determinado pleito[150] até impedimentos relativos

[143] THEODORO JÚNIOR, 2018, p. 113.

[144] RIZZARDO et al., 2015, p. 74.

[145] THEODORO JÚNIOR, Humberto; TEIXEIRA, Sálvio de Figueiredo (Coord.). **Comentários ao novo Código civil:** dos atos jurídicos lícitos, dos atos ilícitos, da prescrição e da decadência, da prova. 4ª ed. Rio de Janeiro: Forense, 2008, v. 3, p. 264.

[146] AUBRY; RAU, 1839, p. 336.

[147] Artigo 321º(Suspensão por motivo de força maior ou dolo do obrigado) 1. A prescrição suspende-se durante o tempo em que o titular estiver impedido de fazer valer o seu direito, por motivo de força maior, no decurso dos últimos três meses do prazo. 2. Se o titular não tiver exercido o seu direito em consequência de dolo do obrigado, é aplicável o disposto no número anterior.

[148] Article 2234: *La prescription ne court pas ou est suspendue contre celui qui est dans l'impossibilité d'agir par suite d'un empêchement résultant de la loi, de la convention ou de la force majeure.*

[149] Section 206 – *Suspension of limitation in case of force majeure: Limitation is suspended for as long as, within the last six months of the limitation period, the obligee is prevented by force majeure from prosecuting his rights.*

[150] Section 203 – *Suspension of limitation in the case of negotiations: If negotiations between the obligor and the obligee are in progress in respect of the claim or the circumstances giving rise to the claim,*

ao estado conjugal ou parental compartilhado pelos litigantes,[151] estes últimos comuns ao sistema romano-germânico como um todo.

À semelhança do *Codice Civile* Italiano, optou o legislador pátrio por uma formulação mais enxuta para a inscrição das causas de impedimento e suspensão dos prazos prescricionais, tendo-se inclusive reduzido as hipóteses de cabimento de suspensão e impedimento entre o Código Civil de 1916 e 2002, ainda que com a supressão de um único inciso do código passado.[152] A brevidade das situações sujeitas à paralisação dos prazos enaltece, assim, uma escolha consciente do codificador brasileiro pela taxatividade de suas exposições, não se admitindo, a pretexto de equidade ou justiça, criarem-se novas espécies de impedimento ou suspensão,[153] a despeito das lições de alguns doutrinadores como Humberto Theodoro Júnior[154] e Carvalho Santos[155] em sentido contrário.

Hodiernamente, as hipóteses de impedimento e suspensão dos prazos prescricionais se encontram todas discriminadas nos artigos 197, 198 e 199 do Código Civil de 2002,[156] podendo estas serem dispostas ou classificadas em (i) subjetivas bilaterais; (ii) subjetivas unilaterais e; (iii) objetivas ou materiais. Aquelas compreendem as circunstâncias

---

the limitation period is suspended until one party or the other refuses to continue the negotiations. The claim is statute-barred at the earliest three months after the end of the suspension.

[151] Section 207 – *Suspension of limitation for family and other reasons: (1) The limitation of claims between spouses is suspended for as long as the marriage continues. The same applies to claims between 1. civil partners for as long as a civil partnership exists, 2. the child, and a) his parents or b) the spouse or civil partner of one parent, until the child reaches the age of 21,*

[152] Art. 168. Não corre a prescrição: [...] IV. Em do credor pignoratício, do mandatário, e, em geral, das pessoas que lhes são equiparadas, contra o depositante, o devedor, o mandante e as pessoas representadas, ou seus herdeiros, quanto ao direito e obrigações relativas aos bens confiados à sua guarda.

[153] Pontes de Miranda, 1983, p. 172.

[154] Theodoro Júnior, 2018, p. 114-117.

[155] Carvalho Santos, João Manoel de. **Código Civil brasileiro interpretado**. V.3. 7ª ed. Rio de Janeiro: Freitas Bastos, 1958, p. 405.

[156] Art. 197. Não corre a prescrição: I – entre os cônjuges, na constância da sociedade conjugal; II – entre ascendentes e descendentes, durante o poder familiar; III – entre tutelados ou curatelados e seus tutores ou curadores, durante a tutela ou curatela.
Art. 198. Também não corre a prescrição: I – contra os incapazes de que trata o art. 3º; II – contra os ausentes do País em serviço público da União, dos Estados ou dos Municípios; III – contra os que se acharem servindo nas Forças Armadas, em tempo de guerra.
Art. 199. Não corre igualmente a prescrição: I – pendendo condição suspensiva; II – não estando vencido o prazo; III – pendendo ação de evicção.

PRESCRIÇÃO, DECADÊNCIA E PRAZOS DE GARANTIA

descritas nos incisos do artigo 197, todas ligadas à situação pessoal das partes da relação jurídica a serem afetadas e inspiradas na afeição e confiança que se deve preservar entre elas.[157] As segundas, referentes às disposições insertas no artigo 198, tocam exclusivamente a condição individual do interessado em suscitar a pretensão.[158] E as últimas – conquanto não se possa falar propriamente de impedimento ou suspensão, posto que inexiste pretensão antes de consumado o termo, a condição ou o julgamento da ação de evicção – referem-se às circunstâncias objetivas que impedem o regular prosseguimento dos prazos.[159]

Novidade relativa ao Código Civil de 2002 é a paralisação dos prazos quando a pretensão a ser exercida origina-se de fato que deva ser apurado pelo juízo criminal.[160] Trata-se de formulação dirigida a garantir a coerência dos julgamentos realizados nas esferas civil e penal bem como a privilegiar a investigação promovida pelo juízo criminal. Não porque seja este melhor preparado para identificar as circunstâncias materiais que permeiam o ilícito, seus autores, dano, nexo de causalidade e culpa. Com efeito, o procedimento investigativo levado a cabo na seara penal não se difere substancialmente da fase instrutória que tem seu curso na justiça cível, de modo que a predileção da norma pelo julgamento na esfera criminal parece justificar-se antes por critérios de pura política legislativa do que por razões técnicas relacionadas à produção de provas e ao amplo contraditório conferido ao agente, ora réu.

Repisa-se, porém, que o artigo 200 do Código Civil não criou regra de impedimento, de modo a autorizar que a prescrição corra somente após o trânsito em julgado de eventual ação criminal. Semelhante entendimento atenta contra a própria finalidade da prescrição, pois permitiria a perpetuação da pretensão, caso o Estado jamais apresentasse denúncia em decorrência dos fatos típicos observados.

Ocorrido o delito, nasce desde já a ação do particular para a reparação dos danos, que pode inclusive ser acobertada pela prescrição se não suscitada no tempo oportuno. O que sucede é que, uma vez intentada a

---

[157] CAHALI, 2010, p. 92.

[158] THEODORO JÚNIOR; TEIXEIRA, 2008, p. 266.

[159] TEPEDINO; BARBOZA; MORAES, 2007, p. 378.

[160] Art. 200. Quando a ação se originar de fato que deva ser apurado no juízo criminal, não correrá a prescrição antes da respectiva sentença definitiva.

PRESCRIÇÃO, DECADÊNCIA E VÍCIOS OCULTOS

ação penal correspondente, o termo final da ação civil se protrai, distendendo-se conforme se alonga o julgamento da ação na esfera criminal.[161]

Diferentemente das causas de suspensão e impedimento do prazo prescricional, as quais simplesmente obstam seu curso em razão de circunstâncias particulares que afetam o exercício da pretensão pelo credor,[162] a interrupção, em prestígio ao credor diligente que persegue oportunamente seu crédito, serve a inutilizar todo o lapso temporal transcorrido entre o surgimento da pretensão até sua ocorrência, reiniciando a contagem dos prazos do zero.[163]

Na vigência do Código Civil de 1916, restou aos artigos 172 a 176 tratarem sobre o tema, delimitando suas hipóteses de incidência, exceções, legitimados e termo *a quo* para o reestabelecimento da contagem dos prazos, não havendo grandes mudanças legislativas com relação à disciplina no Código Civil de 2002 senão no que toca à limitação da interrupção a apenas uma ocorrência.

Em apertadíssima síntese, as causas interruptivas podem ser entendidas como um fator de inutilização do prazo prescricional já decorrido em razão de um agir positivo do credor em defesa de seu crédito, de modo que, uma vez verificadas, o curso da prescrição reinicia-se,[164] perdendo-se, pois, o período de tempo já transcorrido, conforme dispõem os artigos 202, 203 e 204 do Código Civil.[165]

---

[161] THEODORO JÚNIOR, 2008, p. 134.

[162] CHAVES, 1982, p. 1.630.

[163] TEPEDINO; BARBOZA; MORAES, 2007, p. 382-383.

[164] PONTES DE MIRANDA, 1983, p. 229.

[165] Art. 202. A interrupção da prescrição, que somente poderá ocorrer uma vez, dar-se-á: I – por despacho do juiz, mesmo incompetente, que ordenar a citação, se o interessado a promover no prazo e na forma da lei processual; II – por protesto, nas condições do inciso antecedente; III – por protesto cambial; IV – pela apresentação do título de crédito em juízo de inventário ou em concurso de credores; V – por qualquer ato judicial que constitua em mora o devedor; VI – por qualquer ato inequívoco, ainda que extrajudicial, que importe reconhecimento do direito pelo devedor. Parágrafo único. A prescrição interrompida recomeça a correr da data do ato que a interrompeu, ou do último ato do processo para a interromper.

Art. 203. A prescrição pode ser interrompida por qualquer interessado.

Art. 204. A interrupção da prescrição por um credor não aproveita aos outros; semelhantemente, a interrupção operada contra o co-devedor, ou seu herdeiro, não prejudica aos demais coobrigados. § 1º A interrupção por um dos credores solidários aproveita aos outros; assim como a interrupção efetuada contra o devedor solidário envolve os demais e seus her-

PRESCRIÇÃO, DECADÊNCIA E PRAZOS DE GARANTIA

1.1.4 Pretensões Negociais vs. Pretensões Aquilianas: Controvérsias quanto à Extensão dos Prazos

Discussão contemporânea e relevante para a satisfação dos objetivos deste trabalho refere-se à extensão dos prazos prescricionais atribuídos às pretensões de origem negocial sem descrição no artigo 206 do Código Civil de 2002. Afinal, com exceção das hipóteses em que os vícios construtivos acabam por afligir a integridade física ou material de terceiros estranhos ao contrato de empreitada, a pretensão de se ver compensado pelos prejuízos advindos do cumprimento imperfeito da construção é negocial e não encontra amparo nas disposições do artigo 206 do Código Civil de 2002.

Não obstante as inúmeras revisões promovidas pelo Superior Tribunal de Justiça e as controvérsias doutrinárias referentes à matéria, fato é que, passados mais de 15 anos desde a entrada em vigor da Lei 10.406/2002, ainda não se conseguiu precisar se essas pretensões se sujeitariam à prescrição ordinária prevista no artigo 205 do Código Civil de 2002[166] ou reunidas com as pretensões de reparação civil terminadas no prazo do artigo 206, §3º, V.[167]

À época do Código Civil de 1916, inexistia semelhante impasse. Com efeito, nos termos do artigo 177,[168] não se fazia qualquer distinção de prazo com relação às pretensões aquilianas e negociais. A prescrição se orientava em razão da natureza real ou pessoal da ação a ser ajuizada, integrando-se nas ações pessoais tanto as pretensões de origem obrigacional como as decorrentes de ilícitos civis *stricto sensu*, sendo ambas subordinadas ao mesmo prazo prescricional de trinta anos.[169]

---

deiros. § 2º A interrupção operada contra um dos herdeiros do devedor solidário não prejudica os outros herdeiros ou devedores, senão quando se trate de obrigações e direitos indivisíveis. § 3º A interrupção produzida contra o principal devedor prejudica o fiador.

[166] Art. 205. A prescrição ocorre em dez anos, quando a lei não lhe haja fixado prazo menor.

[167] Art. 206. Prescreve: § 3º Em três anos: V – a pretensão de reparação civil.

[168] Art. 177. As ações pessoais prescrevem ordinariamente em trinta anos, a reais em dez entre presentes e, entre ausentes, em vinte, contados da data em que poderiam ter sido propostas.

[169] Originalmente, o prazo para o exercício das ações pessoais e reais se encerrava em 30 anos. Somente com a reforma legislativa promovida pela Lei n. 2.437, de 7 de março de 1955, em vigor a partir de 1º de janeiro de 1956, que os prazos efetivamente foram reduzidos para 20 anos, situação esta que persistiu até a entrada em vigor do Código Civil de 2002.

PRESCRIÇÃO, DECADÊNCIA E VÍCIOS OCULTOS

Com a entrada em vigor do Código Civil de 2002, todavia, reduziu-se o tempo necessário para a operação da prescrição em boa parte dos casos e se superou a divisão dicotômica dos prazos de natureza real e pessoal, os quais passaram a ser classificados em ordinário e especiais. Estes indicados de forma específica no rol do artigo 206, com duração variável de um a cinco anos. Aquele, de modo residual e estendido a dez anos, nos termos do artigo 205 do mesmo diploma. Tendo-se agraciado, com a reforma, os devedores de reparação civil, que viram o prazo prescricional de seus débitos reduzido de vinte para três anos, na forma do artigo 206, § 3º, V, sem, contudo, definir-se, de forma expressa, o tempo de exigibilidade das pretensões negociais não contempladas pelo artigo 206.

A partir de então, não tardou a profusão de entendimentos dissonantes a respeito da extensão prescricional das pretensões negociais, dividindo-se doutrina e jurisprudência entre aqueles que viam no artigo 206, § 3º, V, um prazo prescricional único para pretensões advindas de responsabilidade civil compreendidas *latu sensu*, ora denominados monistas, e aqueles que reconheciam no mesmo dispositivo uma limitação temporal dirigida exclusivamente às pretensões aquilianas, reservando-se o prazo prescricional das pretensões negociais ao disposto no artigo 205 do Código Civil, os quais se intitulam dualistas.

Doutrinariamente, são minoritários os entendimentos a favor da unificação dos prazos, podendo-se citar, dentre suas mais expressivas vozes: Arnaldo Rizzardo,[170] Gustavo Tepedino[171] e Yussef Said Cahali,[172] para os quais o legislador foi claro ao não fazer qualquer distinção quanto à origem ou à natureza da pretensão reparatória discriminada no artigo 206, §3º, V do Código Civil, de modo que qualquer ofensa pessoal, seja negocial, seja aquiliana, estaria contemplada por referido dispositivo.[173]

---

[170] RIZZARDO et al., 2015, p. 142.

[171] TEPEDINO, Gustavo. **Prescrição aplicável à responsabilidade contratual**: crônica de uma ilegalidade anunciada. Editorial. RTDC, vol. 27, 2009. Disponível em: https://www.ibdcivil.org.br/volume/RTDC.Editorial.v.037.pdf. Acesso em 09/03/2019.

[172] CAHALI, 2012, p. 173.

[173] Este entendimento foi inclusive acolhido pelo Centro de Estudos Judiciários no Enunciado 419, da V Jornada de Direito Civil, que aduz que: "o prazo prescricional de três anos para a pretensão de reparação civil aplica-se tanto à responsabilidade contratual quanto à responsabilidade extracontratual" (BRASIL. Conselho da Justiça Federal. **V Jornada de Direito Civil.** Disponível em https://www.cjf.jus.br/cjf/CEJ-Coedi/jornadas-cej/v-jornada-direito-civil. Acesso em 12/02/2019).

PRESCRIÇÃO, DECADÊNCIA E PRAZOS DE GARANTIA

Aliado ao critério puramente semântico levantado pelos autores e apoiado no interesse social em que se funda a prescrição, Gustavo Tepedino acrescenta à defesa da unicidade dos prazos duas outras reflexões. A dissipação das provas contrárias à pretensão em razão do tempo e a coerência que se deve preservar entre os prazos previstos no Código Civil e no Código de Defesa do Consumidor.

Quanto à primeira reflexão, reconhece o professor carioca que prazos prescricionais amplos favorecem a resolução consensual de disputas em meios negociais. Inclusive admite que a aplicação do prazo prescricional quinquenal previsto no artigo 206, §5º, I, do Código Civil,[174] mostra-se a alternativa mais coerente com o espírito do ordenamento, enquanto persistir o interesse útil do credor na consecução da prestação. Prestigia-se o cumprimento específico das obrigações e a superação amigável dos conflitos, os quais seriam dificultados se as pretensões discutidas prescrevessem no prazo exíguo de três anos. No entanto, segundo o autor, uma vez caracterizado o inadimplemento absoluto por razões atribuíveis ao devedor, não mais interessaria ao sistema e à segurança jurídica postergar a desavença existente entre as partes. Com efeito, não haveria mais prestação possível ou resolução consensual a ser incentivada, não se justificando a extensão dos prazos por dez ou cinco anos. O exercício da pretensão se reduziria, assim, a três anos – período suficientemente longo para permitir o ajuizamento da ação no momento oportuno, e curto o bastante para preservar intactas as provas de eventual inadimplemento ou exceção existentes.[175]

A solução proposta, contudo, suscita diversos questionamentos a respeito da forma com que se transmudam os prazos durante a transição da mora para o inadimplemento absoluto, o que acaba por comprometer a certeza e segurança visada pelo autor em suas deduções. De fato, haveria aqui uma espécie de novação sem previsão legal e consentimento das partes, substituindo-se a pretensão da mora por uma pretensão própria decorrente do inadimplemento absoluto? Por quanto tempo se poderia estender a mora até se concluir pela perda definitiva do interesse na prestação? Não se estaria, com isso, a criar um prazo prescri-

---

[174] Art. 206. Prescreve: § 5º Em cinco anos: I – a pretensão de cobrança de dívidas líquidas constantes de instrumento público ou particular.
[175] TEPEDINO, 2009, p. 2.

PRESCRIÇÃO, DECADÊNCIA E VÍCIOS OCULTOS

cional flutuante de três anos, subordinado a um prazo maior de cinco ou dez anos, em prejuízo à própria segurança e certeza que a prescrição busca resguardar? E nos casos de cumprimento imperfeito do contrato em que a prestação é cumprida, mas em desconformidade com as exigências técnicas de quantidade ou qualidade estabelecidas? O prazo aplicável seria o decenal ou o trienal defendido pelo autor? A toda evidência, o critério abordado carece de certezas para uma elucidação que busca estabilizar os prazos prescricionais, conturba a ordem jurídica ao possibilitar a novação não consensual dos débitos, bem como estabelece prazos semelhantes aos termos de garantia, sem qualquer previsão legal, julgando-se, por isso, insegura e legalmente questionável a operacionalização de referida dedução perante a ordem jurídica brasileira.

No que toca à coerência que deva existir entre os prazos dispostos no Código Civil de 2002 e no Código de Defesa do Consumidor, defende o autor que a prescrição trienal disposta no artigo 203, §3º, V, do Código Civil de 2002, serviu para corrigir a anomalia existente na legislação consumerista, que previu, para a reclamação de acidentes de consumo,[176] prazo menor do que o definido para a reivindicação das ações pessoais no Código Civil de 1916. Milita-se que, por ser diploma constituído a fim de favorecer consumidores, os prazos prescricionais ali definidos deveriam ser os mais amplos permitidos pelo sistema jurídico brasileiro, não se admitindo, sem prejuízo ao princípio constitucional da igualdade, que prazos maiores existam em legislações paritárias. Eis a razão pela qual o prazo prescricional de dez anos previsto no artigo 205 do Código Civil de 2002 não poderia ser aplicado às pretensões de natureza negocial.[177]

A argumentação aventada pelo autor, contudo, parece ressentir-se de diversas falhas, a começar pela alegada fragilidade da pretensão reparatória da lei consumerista quando comparada com a pretensão negocial genérica do Código Civil de 2002. Efetivamente, a simples extensão dos prazos não é parâmetro suficiente para medir a duração de uma pretensão no tempo e a sua eficácia, concorrendo consigo fatores outros, à semelhança da forma de contagem dos prazos. Assim, enquanto na

---

[176] Art. 27: Prescreve em 5 (cinco) anos a pretensão à reparação pelos danos causados por fato do produto ou do serviço prevista na Seção II deste Capítulo, iniciando-se a contagem do prazo a partir do conhecimento do dano e de sua autoria.

[177] TEPEDINO, 2009, p. 2.

PRESCRIÇÃO, DECADÊNCIA E PRAZOS DE GARANTIA

legislação privatista a prescrição das pretensões negociais costuma principiar a partir do momento do inadimplemento, para o Código de Defesa do Consumidor esse prazo só se inicia com o conhecimento do dano e sua autoria, o que pode protrair a contagem dos prazos para muito além da prescrição decenal prevista no Código Civil de 2002, demonstrando, ao final, que as pretensões deduzidas na seara de consumo podem ser muito mais bem amparadas que as previstas na legislação civil e que, nem sempre, a extensão dos prazos é o elemento mais importante a ser considerado para fins de estabilização das relações jurídicas.

Por outro lado, não é possível comparar a tutela emprestada ao devedor de uma obrigação negocial perante a lei civil com aquela emprestada pela legislação consumerista em razão de acidente de consumo. Há nítida incompatibilidade de natureza e regimes de responsabilidade entre os dois códigos, não podendo-se atribuir tratamento similar a dois sistemas pensados e operacionalizados de maneira completamente distinta. Enquanto o Código Civil adotou o regime dualista das responsabilidades, dando tratamentos diferentes para as hipóteses de ilícitos negociais e aquilianos, a dogmática consumerista optou pela concepção monista, abordando os dois tipos de responsabilidade de uma mesma maneira.[178]

Em razão disso, e tendo em vista as particularidades da legislação consumerista em favor de seus tutelados, divergem os sistemas em relação à distribuição do ônus da prova, ao cômputo do juros de mora,[179] à incidência de correção monetária,[180] à relevância da vontade das partes

---

[178] CAVALIERI FILHO, Sergio. **Programa de Responsabilidade Civil**. 11ª ed. Rio de Janeiro: Atlas, 2014, p. 32.

[179] Na responsabilidade negocial os juros de mora são computados: (i) desde a data em que a obrigação tornou-se exigível, caso se trate de obrigação positiva, líquida e a termo(art. 397, caput, do CC/02); (ii) a partir da prática do ato proibido, nas hipóteses de obrigação negativa (art. 390 do CC/02); ou (iii) da interpelação do devedor, nos demais casos de inadimplemento (art. 397, parágrafo único, do CC/02). Na responsabilidade aquiliana, os juros de mora contam-se da data em que o ato ilícito foi praticado (art. 398 do CC/02).

[180] Na responsabilidade obrigacional, a correção monetária incidirá a contar: (i) da data do vencimento da obrigação, caso se trate de dívida líquida e certa (art. 1, § 1º, da Lei n. 6.899/1981); (ii) da data do ilícito (Súmula 43 do STJ); ou (iii) da data de ajuizamento da ação, nas demais hipóteses (art. 1º, § 2º, da Lei n. 6.899/1981). Na responsabilidade aquiliana, a correção inicia-se: (i) da data do evento danoso, em caso de responsabilidade por ato ilícito (Súmula 43 do STJ); (ii) da data do arbitramento, tratando-se de indenização por danos morais (Súmula 362 STJ).

PRESCRIÇÃO, DECADÊNCIA E VÍCIOS OCULTOS

para configuração da solidariedade[181] e mesmo à contagem dos prazos prescricionais, como visto no tópico acima e melhor aprofundado no item 2.1.2 do presente trabalho.

Quanto à natureza das duas pretensões, há uma certa tendência doutrinária em reconhecer que as hipóteses de acidente de consumo melhor se enquadram na moldura do ato ilícito do que do inadimplemento contratual. Dentre os poucos autores que trataram diretamente sobre o assunto, assim o defendem Orlando Gomes,[182] Cláudia Lima Marques,[183] Clarissa Costa de Lima[184] e Arruda Alvim,[185] para os quais a garantia de segurança imposta pelo Código de Defesa do Consumidor se destina à proteção da incolumidade física do consumidor e seus equiparados, não ao seu patrimônio ou ao perfeito cumprimento da prestação estabelecida, mas aos aspectos extrapatrimoniais expostos pelo defeito do produto ou do serviço. Algo que, negocialmente, só é tratado de forma lateral dentre as hipóteses de violação positiva do contrato.

---

[181] Salvo se expressamente prevista em lei, a solidariedade dependerá da vontade das partes em sede de responsabilidade obrigacional (art. 265 CC/02), sendo a vontade das partes, contudo, irrelevante para configuração da solidariedade no caso de responsabilidade aquiliana (art. 942, caput e parágrafo único do CC/02), tanto mais nos casos inseridos em relação de consumo (art. 7º, parágrafo único; art. 18; art. 19; art. 25, §§ 1º e 2º; art. 28, §3º e art. 34 do CDC).

[182] GOMES, Orlando. **Responsabilidade Civil do Fabricante.** In: Doutrinas Essenciais de Direito do Consumidor. vol. 5. Abr / 2011. Disponível em: https://www.revistadostribunais.com.br/maf/app/resultList/document?&src=rl&srguid=i0ad82d9a0000016a1167a4cda98d80be&docguid=Iea5515c06dad11e1bee400008517971a&hitguid=Iea5515c06dad11e1bee400008517971a&spos=1&epos=1&td=1&context=48&crumb-action=append&crumb-label=Documento&isDocFG=false&isFromMultiSumm=&startChunk=1&endChunk=1. Acesso em: 12.07.2018.

[183] MARQUES, Cláudia Lima. **Contratos no Código de Defesa Consumidor:** o novo regime das relações contratuais. 6ª Ed., rev., e ampl. São Paulo: Revista dos Tribunais, 2011, p. 1256.

[184] LIMA, Clarissa Costa de. **Dos Vícios do Produto no Novo Código Civil e no Código de Defesa do Consumidor e suas Repercussões no Âmbito da Responsabilidade Civil.** In: Doutrinas Essenciais de Direito do Consumidor. vol. 4. Abr/2011. Disponível em: https://www.revistadostribunais.com.br/maf/app/resultList/document?&src=rl&srguid=i0ad82d9a0000016a1168326357004b1b&docguid=Icb3aafe02d411e0baf30000855dd350&hitguid=Icb3aafe02d411e0baf30000855dd350&spos=7&epos=7&td=27&context=65&crumb-action=append&crumb-label=Documento&isDocFG=false&isFromMultiSumm=&startChunk=1&endChunk=1. Acesso em: 12.08.2018.

[185] ALVIM, Arruda; ALVIM, Thereza; ALVIM, Eduardo Arruda; MARINS, James. **Código do Consumidor Comentado.** 2ª Ed., rev. e ampl. São Paulo: Revista dos Tribunais, 1995, p. 95.

PRESCRIÇÃO, DECADÊNCIA E PRAZOS DE GARANTIA

A bem da verdade, fosse o caso de se estabelecer uma coerência sistemática entre os dois códigos, melhor seria equiparar a disciplina do inadimplemento contratual do Código Civil de 2002 com as situações de vícios do produto previstas nos artigos 18 a 25 do Código de Defesa do Consumidor, que buscam, justamente, garantir o perfeito cumprimento das obrigações a cargo do fornecedor. Não obstante, por serem referidas tutelas sujeitas à decadência, não à prescrição, a possibilidade de assemelhá-las às previstas na lei civil se esvai e, com ela, a possibilidade de se aplicar o terceiro critério formulado pelo autor.

Quanto aos defensores da distinção dos prazos prescricionais para as pretensões negociais e aquiliana, entre muitos, cita-se Gabriel Seijo Leal de Figueiredo,[186] Humberto Theodoro Júnior,[187] Judith Martins-Costa e Cristiano de Souza Zanetti,[188] todos concordes que o termo "reparação civil" previsto no artigo 206, §3º, V, do Código Civil de 2002 refere-se apenas à responsabilidade civil aquiliana, não se aplicando às hipóteses de descumprimento contratual, nas quais a reparação por perdas e danos apresenta função meramente acessória. O cerne da responsabilidade negocial encontra-se no adimplemento, no cumprimento da prestação ajustada e nos meios emprestados pelo ordenamento para a satisfação do interesse negocial: quando não de maneira específica, ao menos aproximada ou de forma a permitir o justo rompimento da relação estabelecida, sem prejuízo à parte que não deu causa ao descumprimento. A compensação por perdas e danos nesse contexto é residual, e pode ocorrer, inclusive, que do inadimplemento nem resultem prejuízos a serem indenizados. Daí porque não se admitir a prescrição da pretensão de reparação civil antes de consumado o prazo para se exigir a prestação contratual, execução pelo equivalente ou resolução da avença.

Vale ressaltar, contudo, que a argumentação não justifica o porquê de a prescrição negocial consumir-se em dez anos, menos ainda as razões

---

[186] FIGUEIREDO, Gabriel Seijo Leal de. Pretensão indenizatória fundada em responsabilidade contratual: inaplicabilidade do prazo prescricional de três anos. In: LOTUFO, Renan; NANNI; Giovanni Ettore; RODRIGUES MARTINS, Fernando. **Temas relevantes do direito civil contemporâneo**: reflexões sobre os 10 anos do Código Civil. São Paulo Atlas, 2012, p. 185.

[187] THEODORO JÚNIOR, 2018, p. 219-222.

[188] MARTINS COSTA, Judith; ZANETTI, Cristiano de Souza. **Responsabilidade Contratual: prazo prescricional de dez anos.** Revistas dos Tribunais, vol. 979, maio/2017.

PRESCRIÇÃO, DECADÊNCIA E VÍCIOS OCULTOS

pelas quais se deve dissociar os prazos originados no seio de uma relação negocial ou civil. Pelo contrário, a prescrição decenal das pretensões negociais é tomada, aqui, como premissa para se confirmar que a prescrição das pretensões associadas à reparação civil e à exigência do adimplemento não podem ser diferenciadas no contexto de uma violação contratual. Perceba-se que o direcionamento dado pela doutrina ao problema, aqui, é outro. Não se procura delinear os prazos prescricionais relacionados a uma pretensão aquiliana ou negocial, mas conter a expansão da prescrição trienal ao campo da responsabilidade negocial, tendo-se reservado fundamentos outros para a definição e discriminação dos prazos, como feito por Gabriel Seijo Leal de Figueiredo, Judith--Martins Cota e Cristiano de Souza Zanetti.

A começar pelo primeiro, o autor acrescenta à teoria dualista o entendimento de que os prazos previstos no artigo 206 do Código Civil interpretam-se restritivamente, vez que as hipóteses de prescrição ali descritas se mostram mais severas ao credor do que as genericamente enquadradas no artigo 205. Efetivamente, a prescrição é disposição limitativa de direito, não se podendo confinar o exercício de uma pretensão a um prazo reduzido quando houver outro mais favorável ou mesmo dúvida a respeito de seu apropriado enquadramento. A salvaguarda do direito de crédito e mesmo a possibilidade de discuti-lo amplamente em juízo[189] prevalecem sobre os anseios de pacificação social e segurança jurídica enaltecidos pela prescrição,[190] devendo as pretensões negociais não reproduzidas no artigo 206 subsumirem-se ao disposto no artigo 205, pois mais benéfico.

Por sua vez, Judith Martin-Costa e Cristiano de Souza Zanetti enriquecem as razões da doutrina dualista com suas críticas de cunho semântico e axiológicos a respeito da definição dos prazos. Ao analisar o elemento literal situado no dado normativo, evidenciam os autores que o emprego do termo "reparação civil", previsto no artigo 206, §3º, V, do Código Civil, somente se faz presente no título IX, do Livro I, da Parte

---

[189] Art. 5º Todos são iguais perante a lei, sem distinção de qualquer natureza, garantindo--se aos brasileiros e aos estrangeiros residentes no País a inviolabilidade do direito à vida, à liberdade, à igualdade, à segurança e à propriedade, nos termos seguintes: XXXV – a lei não excluirá da apreciação do Poder Judiciário lesão ou ameaça a direito.

[190] FIGUEIREDO, 2012, p. 179.

PRESCRIÇÃO, DECADÊNCIA E PRAZOS DE GARANTIA

Especial, relativo à disciplina da "responsabilidade civil",[191] enquanto que no título IV do mesmo livro, dedicado ao "inadimplemento das obrigações", não se encontra qualquer semelhante referência, o que revela que o termo "reparação civil" nunca foi utilizado para disciplinar as hipóteses de responsabilidade negocial, denunciando, uma vez mais, a impossibilidade de se reunir pretensões de cunho civil e negocial sob um mesmo prazo. Vale ressaltar, como visto linhas acima, que o critério semântico é também adotado pelos adeptos da teoria monista, mas sem o aprofundamento sistemático desempenhado pela dupla de autores, que transcendem a compreensão do termo "reparação civil" para além do dispositivo em comento. Por isso, as conclusões não coincidentes.

Quanto à necessidade de se tratar de forma desigual institutos concebidos de maneira díspar, os professores, em suas considerações ao julgamento do REsp 1281594/SP,[192] de 22 de novembro de 2016, reafirmam que não é porque a responsabilidade civil e a responsabilidade negocial servem para compensar danos que se pode equipará-las. Seus fundamentos fáticos, valores a tutelar e regimes jurídicos são incompatíveis. É impossível se comparar a violação de um direito absoluto genérico em que o contato entre o ofensor e a vítima tende a ser pontual, efêmero e decorrente de fato do destino com o descumprimento de uma obrigação de comum acordo constituída entre parceiros negociais, em que os vínculos constituídos são mais próximos e, costumeiramente, duradouros. A tutela aqui se dirige mais à garantia da confiança a ligar os contraentes do que à repressão a uma falta de diligência que resulta na violação de direitos alheios, sendo esse o motivo de se dispensar tratamentos diferenciados a cada uma das pretensões, o que também se evidencia empiricamente.

Em termos práticos, é comum que, com a mora, credores e devedores discutam longamente as condições para a satisfação da prestação, o que não costuma ocorrer nas hipóteses de ato ilícito. Na mesma linha argu-

---

[191] Efetivamente, o termo "reparação civil" aparece em quatro ocorrência ao longo de referido título: (i) ao se tratar das hipóteses de responsabilidade por fato de terceiro (art. 932 do CC/02); (ii) nos casos de solidariedade, em que os coautores respondem, concorrentemente, pela compensação dos prejuízos provocados (art. 942 do CC/02); (iii) na reparação devida por injúria difamação ou calúnia (art. 953 do CC/02) e; (iv) na transmissão sucessória das pretensões e obrigações (art. 943 do CC/02).

[192] STJ, 3ª T., **Resp 1281594/SP**, Rel.: Marco Aurélio Bellizze, j. em 22/11/2016.

mentativa deduzida pelo professor Gustavo Tepedino parágrafos atrás, a adoção de prazos prescricionais mais amplos para a tutela de pretensões negocialmente constituídas é inclusive recomendável, a fim de permitir que as partes encontrem, por conta própria, a solução mais eficiente e pacífica possível para realização do crédito e a preservação do vínculo comercial existente. Nesse sentido, veja-se o que ocorre com os contratos de construção de obras civis.

Ao final dos trabalhos, por mais diligentes e primorosas que sejam as partes contratantes e os contratos por si formulados, é natural que se avolumem, seja ao lado do empreiteiro, seja ao lado do dono da obra, um sem número de reivindicações referentes a falhas na prestação dos serviços, atrasos, desconformidades construtivas e distribuição de riscos. Dirigir semelhantes reclamações ao judiciário ou outros meios de resolução de controvérsias, no entanto, implica custos significativos. Tanto mais se considerados os custos de transação envolvidos para além dos dispêndios administrativo-operacionais necessários para o desenvolvimento do processo,[193] como o desgaste da relação comercial existente entre as partes, os riscos de uma decisão mal fundamentada, demorada ou errada e a própria ineficácia do procedimento ao seu termo.[194] Circunstâncias essas que precisam ser minuciosamente consideradas pelos agentes econômicos e confrontadas com os custos e a viabilidade das reivindicações formuladas, o que pode não se realizar no prazo exíguo de três anos.

Outro aspecto abordado pelos autores reflete-se na dicotomia histórica dos regimes de responsabilidade em nosso ordenamento e no

---

[193] Segundo o economista Ronald Henry Coase, para além dos custos ordinários de produção, a realização de uma transação pressupõe dispêndios com a busca de interessados na negociação, a discussão e comunicação dos termos contratuais, a condução de negociações e processos de barganha, a elaboração e fiscalização da execução conforme o pactuado, entre tantos outros. Tratam-se estes de custos que acompanham todo o processo negocial, desde a sua gênese, em período pré-contratual até sua conclusão definitiva, em momento pós--contratual. (COASE, Ronald H. (1960). **The problem of social cost**. 3º Journal of Law and Economics, Disponível em: http://www.jstor.org/stable/724810?read-now=1&seq=1#page_scan_tab_contents. Acesso em 21.05.2018)

[194] FIGUEIREDO, Eduardo Fin de; SILVA, Marcos Alves da. **A análise econômica do direito contratual e a função social do contrato**. Revista de Direito, Economia e Desenvolvimento Sustentável. Disponível em: http://indexlaw.org/index.php/revistaddsus/article/view/1671. Acesso em 21.05.2018.

PRESCRIÇÃO, DECADÊNCIA E PRAZOS DE GARANTIA

tratamento díspar emprestado pelo Código Civil de 2002 para a tutela das pretensões negociais e aquilianas. Além das diferenças já apontadas anteriormente – ao tratarmos dos regimes jurídicos do Código Civil 2002 e do Código de Defesa do Consumidor –, acrescenta-se à defesa da teoria dualista a dissemelhança existente entre as duas responsabilidades no que toca: (i) à capacidade das partes, para fins de atribuição de responsabilidade;[195] (ii) à importância dos graus de culpa para a atribuição do dever de indenizar;[196] e (iii) à possibilidade de prefixação do dano e de limitar ou excluir a responsabilidade,[197] reforçando, ainda mais, a impossibilidade de se conceber um único prazo para o exercício de pretensões a que o ordenamento conferiu regulações tão distintas.

Perante o Superior Tribunal de Justiça, o entendimento a respeito da dissociação dos prazos mostra-se nitidamente predominante, tendo-se afirmado, durante mais de dezessete anos, a jurisprudência de que a exigibilidade de créditos oriundos de contratos ou outros negócios se encerra em dez anos. Efetivamente, da vigência do Código Civil de 2002 até 15 de março de 2019, a matéria foi levada a julgamento quarenta e

---

[195] Na responsabilidade negocial, supõe-se que parte que violou regra negocial tenha capacidade negocial, caso contrário o contrato será inválido (art. 104, I, CC/02). A responsabilidade aquiliana, contudo, alcança inclusive os incapazes, conforme previsto no art. 928 do mesmo diploma.

[196] Na responsabilidade extracontratual, os graus de culpa não têm influência para determinar a imputação, ainda que o quantum indenizatório possa ser reduzido proporcionalmente, na forma do artigo 944, parágrafo único, do CC/02. Na responsabilidade negocial, diversamente, o grau de culpa pode determinar a pré-exclusão de responsabilidade ou a diversa distribuição da carga de responsabilidade, se forem vários os agentes, conquanto, tecnicamente, o critério correto seja o da distribuição do prejuízo segundo o nexo causal (eficácia causal das condutas concorrentes à produção do prejuízo) e não segundo a culpa. Ademais, discriminar a culpa e dolo é relevante para a responsabilidade contratual, pois, e.g., o devedor de contrato gratuito somente responde por dolo, ao passo que o devedor de contrato oneroso também responde por culpa, conforme disposto no artigo 392 do Código Civil; diversamente, na responsabilidade extracontratual, o devedor sempre responde por culpa, nos termos dos artigos. 186 e 927 de igual diploma.

[197] Com efeito, somente a responsabilidade contratual permite prefixar, limitar ou mesmo excluir o dever de indenizar, por meio de cláusulas penais e cláusulas de limitação ou exclusão de responsabilidade, atendidas certas condicionantes impostas pelo ordenamento jurídico. Na responsabilidade aquiliana, a regra é que o montante da indenização deve corresponder ao dano, como enuncia o art. 944 do Código Civil, regra essa que só valerá para a responsabilidade civil contratual se não tiver sido convencionada cláusula penal, ou limitado, ou excluído, o dever de indenizar.

PRESCRIÇÃO, DECADÊNCIA E VÍCIOS OCULTOS

cinco vezes, sendo que em apenas cinco oportunidades estendeu-se às pretensões negociais o prazo prescricional trienal do artigo 206, § 3º, V – [198]desconsiderados os recursos que não adentraram no mérito da extensão do prazo – [199]em contraposição às trinta e oito restantes, nas quais se aplicou a prescrição ordinária do artigo 205.[200]

---

[198] STJ, 3ªT., **REsp 822.914/RS**, rel. Ministro Humberto Gomes de Barros, j. em 01.06.2006; STJ, 4ªT., **AgRg no AgInt 1.327.784/ES**, rel. Ministro Maria Isabel Gallotti, j. em 27.08.2013; STJ, 5ªT., **AgRg no AgInt 1.085.156/RJ**, rel. Ministro Arnaldo Esteves Lima, j. em 03.03.2009; STJ, 3ªT., **REsp 1.281.594/SP**, rel. Ministro Marco Aurélio Bellizze, j. em 22.11.2016; STJ, 3ªT., **AgInt no REsp 1.715.799/MG**, rel. Ministro Marco Aurélio Belizze, j. em 28/08/2018.

[199] STJ, 4ªT., **AgRg no AREsp. 54.771/PR**, rel. Antonio Carlos Ferreira, j. em 05.03.2015; STJ, 3ªT., **REsp 1.346.289/PR**, rel. Ministro Sidnei Beneti, j. em 11.12.2012.

[200] STJ, 3ªT., **AgInt no AREsp 794.821/RS**, rel. Ministro Marco Aurélio Bellizze, j. em 25/10/2016; STJ, 4ªT., **AgRg no AREsp 362.210/ES**, rel. Ministra Maria Isabel Gallotti, j. em 15/12/2016; STJ, 3ªT., **AgInt no REsp 1.498.564/MG**, rel. Ministro Paulo de Tarso Sanseverino, j. em 19/09/2017; STJ, 4ªT., **AgInt no AREsp 1.210.530/SP**, rel. Ministro Lázaro Guimarães, j. em 17/05/2018; STJ, 2ªS., **EREsp 1.280.825/RJ**, rel. Ministra Nancy Andrighi, j. em 27/06/2018; STJ, 4ªT., **AgInt no AgInt nos EDcl no REsp 1.513.839/PE**, rel. Ministro Lázaro Guimarães, j. em 14/08/2018; STJ, 3ªT., **AgInt no REsp 1.731.038/ DF**, rel. Ministro Moura Ribeiro, j. em 21/08/2018; STJ, 4ªT., **AgInt nos EDcl no AgInt no AREsp 1.060.257/DF**, rel. Ministro Luis Felipe Salomão, j. em 21/08/2018; STJ, 4ªT., **AgInt no REsp 1.399.280/RS**, rel. Ministro Marco Buzzi, j. em 30/08/2018; STJ, 4ªT., **AgRg no AREsp 132.795/SP**, rel. Ministro Marco Buzzi, j. em 30/08/2018; STJ, 4ªT., **AgInt no AREsp 1.099.952/RS**, rel. Antonio Carlos Ferreira, j. em 11/09/2018; STJ, 3ªT., **AgInt no REsp 1729847/SP**, rel. Ministro Marco Aurélio Belizze, j. em 01/10/2018; STJ, 4ªT., **AgInt no AgInt no AREsp 942.502/RS**, rel. Ministra Maria Isabel Gallotti, j. em 16/10/2018; STJ, 3ªT., **REsp 1.510.619/SP**, rel. Ministro Ricardo Villas Bôas Cueva, j. em 27.04.2017; STJ, 3ªT., **REsp 1.497.254/ES**, rel. Ministro Ricardo Villas Bôas Cueva, j. em 18.09.2018; STJ, 3ªT., **REsp 1.534.831/DF**, rel. Ministra Nancy Andrighi, j. em 20.02.2018; STJ, 3ªT., **REsp 1.591.223/PR**, rel. Ministro João Otávio de Noronha, j. em 02.06.2016; STJ, 3ªT., **REsp 1.750.570/RS**, rel. Ministro Ricardo Villas Bôas Cueva, j. em 11.09.2018; STJ, 3ªT., **REsp 1.750.570/RS**, rel. Ministro Ricardo Villas Bôas Cueva, j. em 11.09.2011; STJ, 3ªT., **REsp 1.750.570/RS**, rel. Ministro Sidnei Beneti, j. em 26.04.2011; STJ, 1ªT., **AgInt em REsp 1.112.357/SP**, rel. Ministro Sérgio Kukina, j. em 14.06.2016; STJ, 4ªT., **AgRg no AgInt 1.401.863/PR**, rel. Ministro Antonio Carlos Ferreira, j. em 12.11.2013; STJ, 4ªT., **AgRg no AREsp 426.951/PR**, rel. Ministro Luis Felipe Salomão, j. em 03.12.2013; STJ, 4ªT., **AgRg no AREsp 477.387/DF**, rel. Ministro Raul Araújo, j. em 21.10.2014; STJ, 4ªT., **AgRg no AREsp 783.719/SP**, rel. Ministra Maria Isabel Gallotti, j. em 10.03.2016; STJ, 3ªT., **AgRg no REsp 1.317.745/SP**, rel.Paulo de Tarso Sanseverino, j. em 06.05.2014; STJ, 3ªT., **AgRg no REsp 1.411.828/RJ**, rel. Ministra Nancy Andrighi, j. em 07.08.2014; STJ, 3ªT., **AgRg no REsp 1.485.344/SP**, rel. Ministro Marco Aurélio Bellize, j. em 05.02.2015; STJ, 2ªT., **AgRg no REsp 1.516.891/RS**, rel. Ministro Humberto Martins, j. em 28.04.2015; STJ, 3ªT., **EDcl no**

PRESCRIÇÃO, DECADÊNCIA E PRAZOS DE GARANTIA

Vale destacar, contudo, que ser posicionamento majoritário não significa ser solução imune a revistas e perturbações. No transcorrer dos anos, a matéria relativa à extensão e diferenciação dos prazos foi discutida e reformulada diversas vezes, sendo a correção mais expressiva a ocorrida por ocasião do julgamento do REsp 1.281.594/SP, em 22 de novembro de 2016. A despeito do decidido há menos de um mês pela mesma turma e sob a mesma relatoria, no Ag.Int. no Ag. em REsp 794.821,[201] de 25 de outubro de 2016, os ministros pareciam realmente inclinados a inverter seu posicionamento e assentar, definitivamente, a concepção de que a exigibilidade das pretensões negociais e aquilianas se encerraria em um só prazo de três anos. Assim, em prestígio à redução dos prazos promovida pelo Código Civil de 2002 e sob o argumento de garantir maior segurança, previsibilidade e uniformidade à matéria, o voto do ministro relator Marco Aurélio Belize apoiou-se em três considerações doutrinárias já deduzidas linhas acima para justificar seu posicionamento: na amplitude do termo "reparação civil" previsto no artigo 206, §3º, V, do Código Civil, que abarcaria tanto as hipóteses de responsabilidade aquiliana como negocial; na dinamicidade e brevidade das relações contemporâneas, razão pela qual as pretensões precisariam ser igualmente efêmeras; e na coerência sistemática que deva existir entre os prazos previstos no Código de Defesa do Consumidor e na legislação civil – argumentos esses acolhidos integralmente pelos demais ministros votantes naquela seção.

A "nova roupagem interpretativa" emprestada pelo acórdão, no entanto, durou pouco. Não foi acompanhada pela quarta turma de

---

AgRg no REsp 1.436.833/RS, rel. Ministro Paulo de Tarso Sanseverino, j. em 02.12.2014; STJ, 4ªT., **REsp 1.121.243/PR**, rel. Ministro Aldir Passarinho Junior, j. em 25.08.2009; STJ, 4ªT., **REsp 1.150.711/MG**, rel. Ministro Luis Felipe Salomão, j. em 06.12.2011; STJ, 3ªT., **REsp 1.159.317/SP**, rel. Ministro Sidnei Beneti, j. em 11.03.2014; STJ, 4ªT., **REsp 1.222.423/SP**, rel. Ministro Luis Felipe Salomão, j. em 15.09.2011; STJ, 4ªT., **REsp 1.276.311/RS**, rel. Ministro Luis Felipe Salomão, j. em 20.09.2011; STJ, 3ªT., **REsp 1.326.445/PR**, rel. Ministro Nancy Andrighi. j. em 04.02.2014; STJ, 4ªT., **REsp 616.069/MA**, rel. Ministro João Otávio de Noronha, j. em 26.02.2008; STJ, 2ªS., **REsp 1.033.241/RS**, rel. Ministro Aldir Passarinho Junior, j. em 22.10.2008.

[201] Neste sentido, colhe-se o seguinte trecho da ementa do acórdão: "[...] A pretensão de reparação civil decorrente de vínculo contratual sujeita-se ao prazo de prescrição decenal, previsto no art. 205 do Código Civil, sendo o prazo trienal, previsto no art. 206, § 3º, do CC, destinado às hipóteses de responsabilidade aquiliana ou extracontratual".

PRESCRIÇÃO, DECADÊNCIA E VÍCIOS OCULTOS

direito privado, que, doze dias depois, julgou de maneira favorável a dissociação dos prazos no AgRg no AREsp 362.210/ES;[202] tampouco preservou-se inabalável perante a própria terceira turma, que, na sua decisão seguinte, por unanimidade, retomou o entendimento de que a prescrição decenal seria a melhor alternativa para tutelar os casos de violação de crédito,[203] em evidência à instabilidade e pontualidade das decisões favoráveis à limitação das pretensões negociais em três anos.[204]

Com efeito, nem mesmo o EREsp 1.280.825/RJ, julgado pela segunda seção do Superior Tribunal de Justiça, em 27 de junho de 2018, mostrou-se suficiente para conter a inconstância das turmas e pacificar o entendimento de que os prazos precisam ser dissociados e de que a prescrição da pretensão negocial genérica se consumiria em dez anos, pelas exatas mesmas razões defendidas por Cristiano de Souza Zanneti e Judith Martin-Costa em artigo próprio.[205] Afinal, em acórdão unânime de 28 de agosto de 2018, a terceira turma de direito privado, novamente sob a relatoria do ministro Marco Aurélio Belize,[206] tornou a afirmar o prazo prescricional trienal do artigo 206, §3º, V, do Código Civil, para a repetição do indébito "referente à diferença dos juros cobrados acima de 1% ao mês nas duplicatas pagas com atraso".

Nada obstante, o assunto foi finalmente encerrado quando do julgamento do EREsp 1.281.594/SP, em maio de 2019, tendo a corte especial do Superior Tribunal de Justiça – integrada pelos membros da primeira, segunda e terceira turma – fixado o entendimento de que os prazos

---

[202] STJ, 4ªT., **AgRg no AREsp 362.210/ES**, rel. Ministra Maria Isabel Gallotti, j. em 15/12/2016.

[203] STJ, 3ªT., **REsp 1.510.619/SP**, rel. Ministro Ricardo Villas Bôas Cueva, j. em 27/04/2017.

[204] Entre abril de 2017 até o final de junho de 2018, quatro recursos foram julgados, todos favoráveis à tese de que a pretensão negocial genérica se encerraria no prazo previsto no artigo 205 do Código Civil: (STJ, 3ªT., **REsp 1.510.619/SP**, rel. Ministro Ricardo Villas Bôas Cueva, j. em 27.04.2017; STJ, 3ªT., **REsp 1.534.831/DF**, rel. Ministra Nancy Andrighi, j. em 20.02.2018; STJ, 4ªT., **AgInt no AREsp 1.210.530/SP**, rel. Ministro Lázaro Guimarães, j. em 17/05/2018; STJ, 2ªS., **EREsp 1.280.825/RJ**, rel. Ministra Nancy Andrighi, j. em 27/06/2018).

[205] A influência das formulações efetuadas pelos Profs. Cristiano de Souza Zanneti e Judith Martin-Costa sobre a fundamentação do EREsp 1.280.825/RJ é marcante, tendo se reproduzido, no acórdão, não só os argumentos trazidos pelos autores, como suas referências doutrinárias e jurisprudências, e mesmo a estruturação dos capítulos da decisão coincidem com a linha de argumentação traçada pelos dois juristas em seu artigo.

[206] STJ, 3ªT., **AgInt no REsp 1.715.799 /MG**, rel. Ministro Marco Aurélio Belizze, j. em 28/08/2018.

PRESCRIÇÃO, DECADÊNCIA E PRAZOS DE GARANTIA

prescricionais atribuídos às pretensões aquilianas e negociais se diferem, conferindo a estas, por sete votos a cinco, o termo extintivo de três anos e àquelas o lapso temporal de dez anos, novamente em conformidade com as lições apresentadas por Cristiano Zanneti Júnior e Judith Martins-Costa.

1.2 A Decadência

Diferentemente da prescrição, cujas origens e definição remontam à antiguidade clássica, são recentes os estudos relativos ao objeto, aos pressupostos, às finalidades e à operação da decadência. Com efeito, o primeiro a tratar sobre o assunto, ainda de maneira muito tímida e sem delimitar nitidamente seus contornos, foi Savigny, em meados do século XIX. Ao se insurgir contra o conceito unitário de prescrição, o autor percebeu alguns casos de limitação temporal do direito que não correspondiam à denominação comum da prescrição e da usucapião,[207] pois eles não buscavam embargar uma tutela condenatória típica dos direitos pessoais e reais, mas confinar direitos constitutivos próprios, dirigidos à criação, modificação ou extinção de uma relação jurídica. A este *tertium genus,* futuramente, deu-se o nome de caducidade ou decadência; e aos direitos que visava limitar, direitos potestativos – hoje concepções comuns a nível doméstico e internacional e objeto de diversas controvérsias no âmbito doutrinário, legislativo e jurisprudencial.

Quanto à finalidade da decadência, é entendimento unânime que seja esta coincidente, em larga medida, com os propósitos estabelecidos pela prescrição, mais precisamente nos termos fixados pela doutrina objetiva dos prazos. Decadência é, dessa forma, norma de ordem pública dirigida à pacificação social e à segurança das relações jurídicas constituídas pela força estabilizadora do tempo.[208] É, sob outra perspectiva, objeção substancial fundada e motivada pelo interesse público. Daí porque não admite, em regra, renúncia, suspensão, impedimento e interrupção, ao passo que se permite ao julgador seu reconhecimento de ofício.[209]

---

[207] NAZO, Nicolau. **A decadência no direito civil brasileiro**. São Paulo: Max Limonad, 1959, p. 32-33.
[208] THEODORO JÚNIOR, 2018, p. 321.
[209] PEREIRA, 2016, p. 578.

PRESCRIÇÃO, DECADÊNCIA E VÍCIOS OCULTOS

Com relação aos seus pressupostos, a decadência dispensa a violação de um direito ou o surgimento de um dano, de uma ação ou pretensão para que se realize. A esta basta a constituição de um direito e o transcurso do tempo.[210] Sendo igualmente prescindível a análise da culpa do particular que deixa de exercer seu direito no termo legal, como exigido por alguns doutrinadores da teoria subjetiva dos prazos, para a fluência dos prazos.

No que toca ao seu objeto, a doutrina majoritária se alinha no sentido de atribuir à decadência o poder de pôr fim a um direito, notadamente um direito formativo ou potestativo,[211] sendo poucos aqueles que, em solo nacional, defendem a ação como seu objeto.[212] Por direito formativo entende-se a faculdade estendida ao particular para, por vontade própria ou intermediado por um juiz, influir sobre a condição jurídica de outro indivíduo, fazendo cessar, modificar ou constituir um novo direito, independentemente de sua vontade.[213] É tutela de natureza constitutiva que opõe à contraparte um estado de sujeição invencível desvinculado de qualquer dever ou obrigação.[214] Daí a necessidade de fazer encerrá-los em menos tempo, quando limitados pela decadência, e inadmitir a paralisação ou interrupção dos prazos correspondentes.

Isso não quer dizer, e aqui vale o alerta, que do exercício de direitos potestativos não possam decorrer pretensões, nem mesmo que sejam

---

[210] BEVILAQUA, 1921, p. 377.

[211] CHAVES, 1982, p. 1642; RIZZARDO et al., 2015, p. 475; PEREIRA, 2016, p. 577; SIMÃO, 2013, p. 193; AMARAL, 2006, p. 576; MONTEIRO, Washington de Barros; PINTO, Ana Cristina de Barros Monteiro França. **Curso de direito civil:** parte geral. 42. ed. São Paulo: Saraiva, 2009, v. 1, p. 366; GUIMARÃES, Carlos da Rocha. **Prescrição e decadência.** Rio de Janeiro: Forense, 1980, p. 51.

[212] MAXIMILIANO, Carlos. Decadência e Direito. Vol I. 1940. Apud: CHAVES, Antônio. **Tratado de Direito Civil.** V.1. Tomo 2. 3ª Ed. Revista dos Tribunais: São Paulo, 1982, p. 1.637.

[213] FILHO, Agnelo Amorim. **As ações constitutivas e os direitos potestativos.** In: Doutrinas Essenciais de Processo Civil. Vol. 2. Out/2011. Disponível em: https://www.revista dostribunais.com.br/maf/app/resultList/document?&src=rl&srguid=i0ad82d9a0000 016a116919913f7d78e8&docguid=I8a83c840682011e181fe000085592b66&hitguid=I 8a83c840682011e181fe000085592b66&spos=1&epos=1&td=3&context=82&crumb-action=append&crumb-label=Documento&isDocFG=false&isFromMultiSumm=&startCh unk=1&endChunk=1. Acesso em: 18/06/2018.

[214] CHIOVENDA, Giuseppe. **Instituições de Direito Processual Civil:** as relações processuais e a relação ordinária de cognição. Tradução da 2ª edição italiana por Paolo Capitanio. 3ª ed. São Paulo: Sariva, 1969, v. 1, p. 24.

PRESCRIÇÃO, DECADÊNCIA E PRAZOS DE GARANTIA

essas posições jurídicas inconciliáveis, sendo vedado a um mesmo indivíduo valer-se das tutelas constitutivas e condenatórias comuns a cada um desses direitos a sua própria escolha. Tomando por referência a teoria da carga das ações proposta por Pontes de Miranda,[215] pode acontecer, e é comum que ocorra, que a realização de direitos potestativos venha acompanhada pelo exercício de uma pretensão jurídica a premir a contraparte ao cumprimento de uma prestação. É o caso, por exemplo, das ações anulatórias de negócio jurídico fundadas em vícios sociais ou de consentimento[216] e das ações redibitórias baseadas em vícios ocultos do produto.[217] Nessas circunstâncias, a desconstituição do ajuste mostra-se insuficiente para recompor o titular do direito à situação em que se encontrava anteriormente a sua conclusão, pois ao direito potestativo não se reservam poderes para estornar pagamentos já realizados. É necessária uma pretensão jurídica a obrigar a contraparte à restituição dos valores pagos. Ou melhor, uma carga de eficácia condenatória a integrar a ação constitutiva, sem a qual o interesse jurídico perseguido pelo titular do direito formativo não se realiza.

Do mesmo modo, não se pode perder de vista que um mesmo acontecimento no mundo fático pode propiciar, concomitantemente, o surgimento de um crédito e de um direito potestativo, cada qual subor-

---

[215] PONTES DE MIRANDA, 1972, p. 124.

[216] Art. 178. É de quatro anos o prazo de decadência para pleitear-se a anulação do negócio jurídico, contado: I – no caso de coação, do dia em que ela cessar; II – no de erro, dolo, fraude contra credores, estado de perigo ou lesão, do dia em que se realizou o negócio jurídico; III – no de atos de incapazes, do dia em que cessar a incapacidade.

[217] Art. 441. A coisa recebida em virtude de contrato comutativo pode ser enjeitada por vícios ou defeitos ocultos, que a tornem imprópria ao uso a que é destinada, ou lhe diminuam o valor. Parágrafo único. É aplicável a disposição deste artigo às doações onerosas. Art. 442. Em vez de rejeitar a coisa, redibindo o contrato (art. 441), pode o adquirente reclamar abatimento no preço. Art. 443. Se o alienante conhecia o vício ou defeito da coisa, restituirá o que recebeu com perdas e danos; se o não conhecia, tão-somente restituirá o valor recebido, mais as despesas do contrato. Art. 444. A responsabilidade do alienante subsiste ainda que a coisa pereça em poder do alienatário, se perecer por vício oculto, já existente ao tempo da tradição. Art. 445. O adquirente decai do direito de obter a redibição ou abatimento no preço no prazo de trinta dias se a coisa for móvel, e de um ano se for imóvel, contado da entrega efetiva; se já estava na posse, o prazo conta-se da alienação, reduzido à metade. § 1º Quando o vício, por sua natureza, só puder ser conhecido mais tarde, o prazo contar-se-á do momento em que dele tiver ciência, até o prazo máximo de cento e oitenta dias, em se tratando de bens móveis; e de um ano, para os imóveis.

PRESCRIÇÃO, DECADÊNCIA E VÍCIOS OCULTOS

dinado a prazos extintivos distintos, orientados a tutelas jurídicas dissonantes e, nada obstante, compatíveis entre si.

Com efeito, nem sempre haverá embargo legal à escolha, pelo titular do direito, por uma ou outra forma de tutelar seus próprios interesses. Menos ainda se pode reconhecer a prescrição de uma pretensão
em razão da decadência de um direito originado de um mesmo fato.
O prazo para o exercício de cada tutela não se confunde e a extinção de
um direito potestativo não prejudica a exigibilidade doutro.

Sem adentrar na polêmica assistematicidade que um semelhante
entendimento possa gerar, o que se faz em termos específicos no subcapítulo 2.3 do presente trabalho, referente às diversas tutelas conferidas
ao dono da obra em razão dos vícios ocultos detectados, contentemo-
-nos com as considerações de Maria Celina Bodin,[218] Antonio Henrique Pereira do Vale,[219] Youssef Said Cahali[220] e Arnaldo Rizzardo,[221],
bem como das cortes superiores e do Tribunal de Justiça de São Paulo,
a respeito dos direitos e das pretensões concedidas ao particular em
virtude de coisa adquirida com vícios ocultos. Sintetizando o conteúdo
dos acórdãos e das doutrinas examinadas, ao particular seria dado salvaguardar seus interesses mediante duas tutelas distintas: através das tutelas edilícias dispostas nos artigos 441 a 446 do Código Civil, nos prazos
ali estabelecidos, ou, alternativamente, por meio da tutela condenatória
associada ao cumprimento imperfeito da prestação, na forma e termo
dos artigos 389[222] e 205 do mesmo diploma.[223]

---

[218] BODIN DE MORAES, 2019, p. 18-19.

[219] Do VALE, Antonio Henrique. Dos vícios Redibitórios. In: **Doutrinas Essenciais de
Obrigações e Contratos**. Vol. 4. Jun/2011. Disponível em: https://revistadostribunais.com.
br/maf/app/resultList/document?&src=rl&srguid=i0ad6adc60000016e7ca001114c6a068f
&docguid=I277df080682111e181fe000085592b66&hitguid=I277df080682111e181fe00008
5592b66&spos=2&epos=2&td=32&context=14&crumb-action=append&crumb-label=Do
cumento&isDocFG=true&isFromMultiSumm=true&startChunk=1&endChunk=1. Acesso
em: 18.08.2019.

[220] CAHALI, 2012, p. 235-236.

[221] RIZZARDO et al., 2015, p. 173.

[222] Art. 389. Não cumprida a obrigação, responde o devedor por perdas e danos, mais juros e
atualização monetária segundo índices oficiais regularmente estabelecidos, e honorários de
advogado.

[223] TJSC, 5ª Câm. Dir. Cív., **Aps. Cívs. n. 2009.076426-6 e 2009.076425-9**, rel.: Odson
Cardoso Filho, j. em 12/03/2015; TJSC, 1ª Câm. Dir. Cív., **Ap. Cív. n. 2011.075368-6**, rel.
Des. Newton Trisotto, j. em 25/06/2013; TJSP, 26ª Cam. Dir. Priv., **Ap. Cív. n. 1015829-**

PRESCRIÇÃO, DECADÊNCIA E PRAZOS DE GARANTIA

Sem prejuízo aos devidos aprofundamentos que serão realizados no curso deste estudo, antecipa-se, desde já, que também o inadimplemento da empreitada pode ensejar tanto a responsabilidade do empreiteiro pelos prejuízos advindos de sua mora, como permitir ao empreitante a rescisão da avença, sendo que a caducidade desse direito não é prejudicial à exigibilidade de perdas e danos devidos pela falta do empreiteiro.[224]

No âmbito legislativo, enquanto o BGB desconhece por completo o instituto, a disciplina da decadência nos direitos francês, português e italiano em muito se assemelha à adotada pelo legislador brasileiro durante a elaboração do Código Civil de 2002. Seus prazos e suas hipóteses de aplicação são igualmente dispersos. Sua contagem, insuscetível de interrupção, suspensão ou impedimento, salvo disposição legal em contrário.[225-226-227] E há a possibilidade de se reconhecer a caducidade do

---

94.2016.8.26.0405, rel. Alfredo Attié, j. em 10/06/2018; TJSP, 8ª Câm. Dir. Cív., **Ap. Cív. 1000901-13.2016.8.26.0576**, rel.: Silvério da Silva, j. em 30/05/2018; TJSP, 25ª Cam. Dir. Priv., **Ap.Cív. n. 3003119-82.2013.8.26.0576**, rel. Edgard Rosa, j. em 19/04/2018; TJSP, 5ª Cam. Dir. Cív. **Ag. Ins. 2195153-44.2017.8.26.0000**, rel. J. L. Mônaco da Silva, j. em 22/11/2017; TJSP, 29ª Câm. Dir. Civ., **Ap. Cív. 1002447-82.2015.8.26.0077**, rel.: Carlos Henrique Miguel Trevisan, j. em 31/05/2017; TJSP, 35ª Câm. Dir. Cív., **Ap. Cív. 1001175-43.2016.8.26.0554**, rel.: Flavio Abramovici, j. em 19/04/2017; TJSP, 31ª Câm. Dir. Civ., **Ap. Cív. n. 1015690-54.2014.8.26.0554**, rel.: Adilson de Araujo, j. em 14/02/2017; TJSP, 3ª Cam. Dir. Civ., **Ap.Cív. 1024351-19.2015.8.26.0576**, rel.: Carlos Alberto de Salles, j. em 14/02/2017; TJSP, 9ª Cam. Dir. Civ., **Ap. Cív. 1022780-13.2015.8.26.0576**, rel.: Angela Lopes, j. em 29/11/2016; TJSP, 32ª Câm. Dir. Cív., **Ap. Cív. 1005312-60.2016.8.26.0007**, rel.: Luis Fernando Nishi, j. em 24/11/2016; TJSP, 7ª Cam. Dir. Cív. **Ap. Cív. 0008882-92.2011.8.26.0477**, rel.: Rômolo Russo, j. em 26/08/2016; TJSP; 28ª Cam. Dir. Cív., **Ap.Cív. n. 0026932-31.2013.8.26.0564**, rel.: Mario Chiuvite Junior, j. em 23/02/2016; TJSC, 34ª Câm. Dir. Priv., **Ap.Cív. n. 0116486-75.2008.8.26.0006**, rel.: Nestor Duart, j. em 27/01/2016; TJSP, 34ª Cam. Dir. Civ, **Ap. Cív. n. 0004795-15.2010.8.26.0288**, rel.: Nestor Duarte, j. em 25/11/2015.

[224] STJ., 4ª T., **REsp n. 734.520.** rel. Ministro Hélio Quaglia Barbosa, j. em 21/06/2007.

[225] Article 2220: *Les délais de forclusion ne sont pas, sauf dispositions contraires prévues par la loi, régis par le présent titre [**De la prescription extinctive**].*

[226] Artigo 328. (Suspensão e interrupção): o prazo de caducidade não se suspende nem se interrompe senão nos casos em que a lei o determine.

[227] Art. 2964 *Inapplicabilità di regole della prescrizione: Quando un diritto deve esercitarsi entro un dato termine sotto pena di decadenza, non si applicano le norme relative all'interruzione della prescrizione (2943 e seguenti). Del pari non si applicano le norme che si riferiscono alla sospensione (2941 e seguenti), salvo che sia disposto altrimenti (245, 489, 802).*

PRESCRIÇÃO, DECADÊNCIA E VÍCIOS OCULTOS

direito de ofício[228-229-230] caso a controvérsia levada a juízo não trate de matéria disponível.

Durante a vigência do Código Civil de 1916, as dificuldades de se definir os prazos decadenciais e seu objeto eram enormes, haja vista a imiscuição dos prazos extintivos sob a mesma alcunha da prescrição. Com a entrada em vigor do Código Civil de 2002, contudo, muitos desses entraves foram resolvidos, estabelecendo-se critérios para a distinção dos prazos e, em alguma medida, meios para facilitar a identificação do seu objeto.

Com efeito, a nova legislação dissociou as hipóteses de prescrição das associadas à decadência, ao confinar aquelas nos artigos 205 e 206 de suas disposições e espalhar estas ao longo de todo o código, bem como definiu a pretensão como objeto da prescrição, para conferir maior segurança na identificação e operacionalização dos prazos.

Todavia, o silêncio eloquente[231] do legislador no que diz respeito ao objeto da decadência induziu muitos juristas a persistirem na definição dos direitos potestativos como seu objeto e muitos outros a contestarem as escolhas formuladas pelo novo código no que toca às hipóteses de caducidade introduzidas.

De fato, mesmo alguns membros da comissão revisora do projeto do atual código defendem, doutrinariamente, que a decadência decorre

---

[228] Article 125: *Les fins de non-recevoir doivent être relevées d'office lorsqu'elles ont un caractère d'ordre public, notamment lorsqu'elles résultent de l'inobservation des délais dans lesquels doivent être exercées les voies de recours ou de l'absence d'ouverture d'une voie de recours. Le juge peut relever d'office la fin de non-recevoir tirée du défaut d'intérêt, du défaut de qualité ou de la chose jugée.*

[229] Artigo 333. (Apreciação oficiosa da caducidade) 1. A caducidade é apreciada oficiosamente pelo tribunal e pode ser alegada em qualquer fase do processo, se for estabelecida em matéria excluída da disponibilidade das partes. 2. Se for estabelecida em matéria não excluída da disponibilidade das partes, é aplicável à caducidade o disposto no artigo 303

[230] Art. 2969 *Rilievo d'ufficio: La decadenza non può essere rilevata d'ufficio dal giudice, salvo che, trattandosi di materia sottratta alla disponibilità delle parti, il giudice debba rilevare le cause d'improponibilità dell'azione.*

[231] Sobrinho, Jorge Hage. **A Prescrição e a Decadência no Projeto do Novo Código Civil.** Revista de doutrina e Jurisprudência do Tribunal de Justiça do Distrito Federal e dos Territórios. Brasília. (54): 11 -106. maio/ago./1997. Disponível em: https://bdjur.tjdft. jus.br/xmlui/bitstream/handle/tjdft/34848/a%20prescri%C3%A7ao%20e%20a%20 decadencia%20no%20projeto%20do%20novo%20codigo%20civil.pdf?sequence=1. Acesso em: 22/03/2019, p. 45.

PRESCRIÇÃO, DECADÊNCIA E PRAZOS DE GARANTIA

do não exercício de um direito potestativo no prazo fixado em lei,[232] o que acaba por dificultar ainda mais a construção de qualquer entendimento diverso.

Isso posto, não é incomum se ver na doutrina autores que defendam uma espécie de "mutação infraconstitucional", atribuindo prazos e tutelas distintos daqueles estabelecidos em lei para uma disposição específica. Vilson Rodrigues Alves,[233] Nelson Nery Júnior e Rosa Maria de A. Nery,[234] por exemplo, são categóricos ao afirmar a natureza prescricional dos prazos previstos no artigo 445, para a apresentação de ações *quanti minoris*, muito embora o texto legal seja clariíssimo ao defini-lo como de decadência. Do mesmo modo, novamente Nelson Nery Júnior e Rosa Maria de A. Nery,[235] José Fernando Simão,[236] Humberto Theodoro Júnior[237] e Pablo Stolze e Rodolfo Pamplona[238] enxergam no prazo do parágrafo único do artigo 618 do Código Civil[239] uma tutela constitutiva, à semelhança das ações edilícias, muito embora o *caput* de referido artigo faça menção expressa à responsabilidade do empreiteiro ao dispor que "o empreiteiro de materiais e execução responderá, [...] pela solidez e segurança do trabalho, assim em razão dos materiais, como do solo", sendo essa uma tutela nitidamente condenatória.

Esquece-se, contudo, que a dinamicidade e a operabilidade emprestadas aos prazos extintivos pelo novo código propiciaram à decadência um espectro de aplicação muito mais amplo do que o ordinariamente definido pela doutrina tradicional, superando os limites dos direitos

---

[232] MOREIRA ALVES, José Carlos. **A parte geral do projeto de Código Civil brasileiro.** São Paulo: Saraiva, 1986, p. 155.

[233] ALVES, Vilson Rodrigues. **Da prescrição e da Decadência no Novo Código Civil.** 2ª Ed. Campinas: Bookseller, 2003, p. 64 e 249.

[234] NERY JÚNIOR, Nelson; NERY, Rosa Maria de A. **Código Civil Comentado.** 1ª Ed. em e-book baseada na 11ª edição impressa. São Paulo: Revista dos Tribunais, 2014, p. 1525.

[235] NERY JÚNIOR; NERY, 2014, p. 1.764.

[236] SIMÃO, 2013, p. 374.

[237] THEODORO JÚNIOR, 2018, p. 198.

[238] GAGLIANO, Pablo Stolze; PAMPLONA FILHO, Rodolfo. **Novo curso de direito civil:** responsabilidade civil. Tomo II. 9ª ed. São Paulo: Saraiva, 2016, v. 4, Capítulo 8, item 7.

[239] Art. 618. Nos contratos de empreitada de edifícios ou outras construções consideráveis, o empreiteiro de materiais e execução responderá, durante o prazo irredutível de cinco anos, pela solidez e segurança do trabalho, assim em razão dos materiais, como do solo. Parágrafo único. Decairá do direito assegurado neste artigo o dono da obra que não propuser a ação contra o empreiteiro, nos cento e oitenta dias seguintes ao aparecimento do vício ou defeito

PRESCRIÇÃO, DECADÊNCIA E VÍCIOS OCULTOS

potestativos para a definição de seus objetos. Para além dos atos típicos de anulação, como os previstos nos artigos 48,[240] 178, 550,[241] e os modificativos, a exemplo do relacionado no artigo 1.614,[242] à decadência cabe, igualmente, a extinção de direitos de garantia, legal ou consensualmente constituídos, a exemplo dos artigos 446[243] e 618, parágrafo único, bem como de pretensões específicas, como a prevista no artigo 1.302,[244] para exigir que o proprietário do prédio vizinho desfaça janela, sacada terraço ou goteira, que se encontre a menos de metro e meio de seu terreno, e a estatuída no artigo 754,[245] referente à ação indenizatória conferida ao transportador em virtude de informação inexata ou falsa relativa ao bem transportado.

Não obstante, fato é que doutrina e jurisprudência continuam demasiadamente arraigadas a uma concepção superada pelo Código Civil de 2002 para a definição dos prazos e de seus objetos, o que as impossibilita de contemplar o novo horizonte distendido pela codificação atual. A discussão desse problema, no entanto, não cabe neste item, reservando-se, para tanto, o subcapítulo seguinte.

---

[240] Art. 48. Se a pessoa jurídica tiver administração coletiva, as decisões se tomarão pela maioria de votos dos presentes, salvo se o ato constitutivo dispuser de modo diverso. Parágrafo único. Decai em três anos o direito de anular as decisões a que se refere este artigo, quando violarem a lei ou estatuto, ou forem eivadas de erro, dolo, simulação ou fraude.

[241] Art. 550. A doação do cônjuge adúltero ao seu cúmplice pode ser anulada pelo outro cônjuge, ou por seus herdeiros necessários, até dois anos depois de dissolvida a sociedade conjugal.

[242] Art. 1.614. O filho maior não pode ser reconhecido sem o seu consentimento, e o menor pode impugnar o reconhecimento, nos quatro anos que se seguirem à maioridade, ou à emancipação.

[243] Art. 446. Não correrão os prazos do artigo antecedente na constância de cláusula de garantia; mas o adquirente deve denunciar o defeito ao alienante nos trinta dias seguintes ao seu descobrimento, sob pena de decadência.

[244] Art. 1.302. O proprietário pode, no lapso de ano e dia após a conclusão da obra, exigir que se desfaça janela, sacada, terraço ou goteira sobre o seu prédio; escoado o prazo, não poderá, por sua vez, edificar sem atender ao disposto no artigo antecedente, nem impedir, ou dificultar, o escoamento das águas da goteira, com prejuízo para o prédio vizinho.

[245] Art. 745. Em caso de informação inexata ou falsa descrição no documento a que se refere o artigo antecedente, será o transportador indenizado pelo prejuízo que sofrer, devendo a ação respectiva ser ajuizada no prazo de cento e vinte dias, a contar daquele ato, sob pena de decadência.

PRESCRIÇÃO, DECADÊNCIA E PRAZOS DE GARANTIA

1.2.1 Prescrição ou Decadência? Critérios para a Definição dos Prazos

Não é de hoje que a comunidade jurídica se digladia a procura de parâmetros seguros para a diferenciação dos prazos de prescrição e decadência. Desde a vigência do antigo código, e mesmo antes dele, a definição dos prazos é problema que assombra doutrina e jurisprudência, notadamente em legislações longevas, nas quais não se reservavam capítulos ou disposições distintas para o tratamento da matéria. Nessas legislações, não é de se espantar a profusão de entendimentos diversos, muitos realmente curiosos, a respeito da melhor forma de se fazer diferenciar prescrição e decadência. Em concreto, doutrina e jurisprudência apoiam-se nos efeitos e na natureza dos prazos para realizar pretendida diferenciação; em seus objetos e na maneira de aquisição dos direitos sobre os quais buscam estender sua eficácia; no momento em que surge a ação e em questões de política legislativa; na inação displicente do titular e no simples transcurso do tempo. Formulações essas que, traduzidas em fragmentos, compõem um sofisticado mosaico que se enriquece a cada debate e se completa a cada nova reflexão, todos com vistas à segurança daqueles que veem seus direitos sob a mira e o juízo do tempo.

Giorgi, por exemplo, fundado nas disposições do *Codice civile* italiano de sua época, diferencia a prescrição da decadência em razão dos caracteres intrínsecos e extrínsecos que integram o direito ou a relação jurídica afetada pelos prazos. Os primeiros relativos às razões político-sociais apreciadas pelo legislador ao limitar um direito por um ou outro tipo de prazo, sendo a prescrição assentada em um fim social mais amplo e a decadência em aspectos de utilidade geral, geralmente associados a interesses privados. Quanto aos elementos extrínsecos, eles seriam determinados pela eficácia atribuída pela lei aos referidos prazos, em especial às possibilidades de interrupção, suspensão e impedimento de seus termos, aos sujeitos contra quem correm e, mesmo, a sua duração. Fatores esses que contribuem para uma dissociação empírica das hipóteses de prescrição e decadência.[246]

Para Carlos Maximiliano, apoiado nas considerações de Giovanni Pugliese, a diferença entre a prescrição e a decadência se encerraria na existência ou inexistência de um direito a ser embargado por força do

---

[246] GIORGI, Giorgio. **Teoria dele Obbligazioni nel diritto moderno italiano.** V. VIII. 5ª Ed. Firenze: Fratelli Cammeli, 1901, p. 346-363.

tempo. Assim, enquanto a prescrição poria fim a um direito já adquirido, consolidando um estado de fato, a decadência conserva e corrobora um estado jurídico preexistente, correspondendo à perda da possibilidade da aquisição de um direito ainda em formação.[247]

Nicolla Coviello[248] e Bernard Windscheid,[249] por sua vez, consideram que prescrição e decadência se distinguem em razão da maior ou menor relevância atribuída à inação do titular para fins de obliteração do direito, sendo condição imprescindível para a operação da prescrição e absolutamente dispensável para efeitos de decadência.

E mesmo houve quem acentuasse a impossibilidade de se fazer diferenciar, aprioristicamente, prescrição e decadência,[250] ou deixasse de realizar qualquer diferenciação entre esses dois institutos.[251]

A diferenciação da prescrição e da decadência, por outro lado, possui implicações práticas da máxima relevância, sobretudo no que toca à possibilidade de distensão dos prazos para fins de tutela do direito.

Imagine-se o seguinte caso hipotético para fins de ilustração.

O adquirente de uma unidade imobiliária recém-inaugurada, após algumas semanas desfrutando de sua nova residência, toma conhecimento de que um dos cômodos do apartamento sofre com infiltrações. Realizada vistoria técnica por profissional competente e avaliados os custos necessários para a reforma do apartamento, o particular contata a construtora para a realização dos devidos reparos ou a restituição do valor equivalente à depreciação do imóvel. Passados mais de seis meses, por meio de mensagem eletrônica, a construtora finalmente responde a reivindicação formulada pelo proprietário e pede desculpas pelas falhas construtivas, reconhecendo seu direito de ver o apartamento reformado e se comprometendo a mobilizar pessoal para a realização das reformas necessárias nos dias seguintes. Superados mais seis meses, no entanto, nenhuma iniciativa é tomada pela construtora e o proprietário da unidade

---

[247] MAXIMILIANO, Carlos. **Direito intertemporal ou teoria da retroatividade das leis**. Rio de Janeiro: Freitas Bastos, 1946, p. 256.

[248] COVIELLO, Nicolas. Manuale di Diritto Civile Italiano, *apud*, LOPES, 1989, p. 500.

[249] WINDSCHEID, Bernhard. Pandette, *apud*, LOPES, 1989, p. 500.

[250] BAUDRY-LACANTINIERER; TISSIER, 1895, p. 40.

[251] SANTOS. Ulderico Pires dos. **Prescrição: doutrina, jurisprudência e prática.** 2ª ed. Revisada e atualizada de acordo com a Constituição Federal de 1988. Rio de Janeiro: Forense, 1990, p. 6-7.

PRESCRIÇÃO, DECADÊNCIA E PRAZOS DE GARANTIA

viciada finalmente propõe a competente ação *quanti minoris,* na forma do artigo 445 do Código Civil.

Partindo-se da concepção capitaneada por Vilson Rodrigues Alves,[252] Nelson Nery Júnior e Rosa Maria de A. Nery[253] de que referida tutela se subordinaria a um prazo prescricional, nenhum prejuízo haveria ao direito do proprietário ou ao regular desenvolvimento processual do feito. Afinal, embora o artigo 445 estabeleça o prazo de um ano para a realização do direito ao abatimento no preço, a prescrição teria sido interrompida por ocasião da correspondência encaminhada pela construtora, nos termos do artigo 202, VI, do Código Civil.[254] Não obstante, se considerado que o prazo para a propositura da ação estimatória possui natureza decadencial, direito nenhum assiste ao autor, devendo o processo ser extinto com resolução do mérito por força do artigo 487, II, do Código de Processo Civil de 2015.[255]

De fato, somente a prescrição admite impedimento, suspensão e interrupção, não sendo essa a regra nos casos de decadência. Aliada a essas diferenças, tem-se ainda que a prescrição admite renúncia uma vez prescrita a pretensão, enquanto a decadência legalmente constituída não. Os direitos suscetíveis de decadência costumam expirar em poucos meses. O prazo de prescrição ordinário, na legislação brasileira, é decenal. O Código Civil de 2002 não estabeleceu nenhuma norma genérica a respeito de quando se tem por iniciados os prazos de prescrição. Nas hipóteses de decadência, a definição do *termo a quo* é regra. O ordenamento pátrio admite a criação convencional de novos prazos de decadência, em constituição de garantias; de prescrição não. Até pouco tempo atrás somente a decadência poderia ser reconhecida de ofício. Hodiernamente prescrição e decadência podem ser conhecidos, mas o magistrado não poderá proferir sentença sem antes abrir a oportunidade para que as partes se manifestem, em virtude da neces-

---

[252] ALVEZ, 2003, p. 64.

[253] NERY JÚNIOR; NERY, 2014, p. 1525.

[254] Art. 202. A interrupção da prescrição, que somente poderá ocorrer uma vez, dar-se-á: VI – por qualquer ato inequívoco, ainda que extrajudicial, que importe reconhecimento do direito pelo devedor.

[255] Art. 487. Haverá resolução de mérito quando o juiz: II – decidir, de ofício ou a requerimento, sobre a ocorrência de decadência ou prescrição.

PRESCRIÇÃO, DECADÊNCIA E VÍCIOS OCULTOS

sária observância do princípio do contraditório (artigos 9º[256] e 10 do Código de Processo Civil[257]),[258] o que poderá ser feito em cinco dias ou em outro prazo a ser determinado pelo juízo (artigo 218, §§1º e 3º[259]).

É, pois, notória a importância de se distinguir, coerentemente, prescrição e decadência, a fim de garantir a segurança idealizada por esses mesmos institutos e o devido tratamento às tutelas embargadas por ditos prazos. A sistemática desses dois prazos não admite interferências ou colisões e não se pode falar em estabilização ou pacificação social dos conflitos em um ambiente em que os próprios meios instituídos para salvaguardar as relações jurídicas mostram-se inseguros. Daí a preferência do legislador do Código Civil de 2002 pela objetividade e operabilidade de soluções simplórias em lugar da volatilidade de parâmetros inúmeros e dessemelhantes que exaltam cientificidade.

Para os fins propostos por este trabalho, a compreensão das construções doutrinárias que cercam o tema e sua evolução no campo legislativo se justifica em razão da reprodução, pelos tribunais e doutrinadores brasileiros, de critérios que não mais se comunicam com a atual sistemática proposta pela lei civil e que refletem a dificuldade de se definir as tutelas e os prazos instituídos para reclamação de vícios construtivos ocultos, conforme melhor se explorará e aprofundará no curso deste trabalho.

1.2.1.1 *Parâmetros e Controvérsias Reinantes no Código Civil de 1916*

Curioso pensar que, a despeito de quase um século de diferença, a sistematização e organicidade dos prazos extintivos previstos no Código Civil de 1916 e 2002 quase se equivaleram. No projeto primitivo organizado por Clóvis Bevilaqua, os prazos prescricionais eram definidos em

---

[256] Art. 9. Não se proferirá decisão contra uma das partes sem que ela seja previamente ouvida.

[257] Art. 10. O juiz não pode decidir, em grau algum de jurisdição, com base em fundamento a respeito do qual não se tenha dado às partes oportunidade de se manifestar, ainda que se trate de matéria sobre a qual deva decidir de ofício.

[258] Câmara, Alexandre Freitas. Da suspensão e da extinção do processo de execução. In Scarpinela Bueno, Cassio. **Comentários ao Código de Processo Civil** – Vol.3. São Paulo: Saraiva, 2017, p. 816.

[259] Art. 218. Os atos processuais serão realizados nos prazos prescritos em lei. § 1º Quando a lei for omissa, o juiz determinará os prazos em consideração à complexidade do ato. §3º Inexistindo preceito legal ou prazo determinado pelo juiz, será de 5 (cinco) dias o prazo para a prática de ato processual a cargo da parte.

PRESCRIÇÃO, DECADÊNCIA E PRAZOS DE GARANTIA

título próprio e os de decadência se achavam dispersos ao longo de todo código, assim sendo mantido pela comissão revisora extraparlamentar, pela Comissão dos XXI da Câmara dos Deputados e pela própria Câmara nas três discussões regimentais. Em suas últimas versões, todavia, a mesma Comissão dos XXI transferiu para a Parte Geral todos os prazos de decadência espalhados pelo código, colocando-os ao lado dos prazos prescricionais, modificação esta que passou despercebida pelo congresso nas discussões seguintes.[260] O resultado final dessa cruzada legislativa, não obstante, é conhecido: o silêncio do código em razão das hipóteses de decadência; a reunião dos dois prazos extintivos sob o mesmo *nomem iuris* "Da Prescrição", no Título III do Livro III ("Dos Fatos Jurídicos"), e, consequentemente; a atribuição de tratamento idêntico aos dois institutos.

Com efeito, atribui-se à doutrina e à jurisprudência os louros e deméritos pela dissociação dos prazos previstos no antigo código. Clóvis Bevilaqua, por exemplo, desde o princípio alertava que "as cláusulas dos §§ 1, 3, 4, 5, ns. I, II e III, e 7, n. I, [do artigo 178 do Código Civil de 1916,] regulam, antes, prazos extintivos do que prescrições de curto lapso, razão por que não se acham impedidas de correr entre cônjuges e contra incapazes. Esta classificação desfaz embaraços, que se poderiam apresentar na vida civil."[261]

Miguel Maria de Serpa Lopes, por sua vez, apoia-se nas concepções de Módica ao afirmar que prescrição e decadência se diferenciam por critérios de política social legislativa e em razão dos efeitos atribuídos por lei a cada um desses prazos extintivos.[262]

Antônio Chaves[263] e Washington de Barros Monteiro,[264] capitaneados pela doutrina de Câmara Leal, admitem que prescrição e decadência se singularizam em razão de seus objetos, afirmando este, por meio de critérios empírico-indutivos, que se consideram os prazos prescricionais, "quando fixados, não para o exercício do direito, mas para o exercício da ação que o protege" e decadenciais aqueles "estabelecidos pela lei,

---

[260] AMORIM FILHO, 1960.
[261] BEVILAQUA, Clovis. **Código Civil dos Estados Unidos do Brasil commentado**: volume I. Rio de Janeiro: Francisco Alves, 1916, p. 455.
[262] LOPES, 1989, p. 500-502.
[263] CHAVES, 1982, p. 643.
[264] MOTEIRO, 1986, p. 288.

PRESCRIÇÃO, DECADÊNCIA E VÍCIOS OCULTOS

ou pela vontade unilateral ou bilateral, quando prefixado ao exercício do direito pelo seu titular", de forma que o direito e a ação que o tutela se originam "ambos do mesmo fato, de modo que o exercício da ação representa o próprio exercício do direito."[265]

Oswaldo Aranha Bandeira de Mello, de maneira semelhante, afirma que a prescrição decorre de um fato estranho ao nascimento do direito, enquanto a decadência de um fato originário, que nasce juntamente com o direito.[266]

Teresa de Arruda Alvim Pinto, endossando a posição defendida por Oswaldo Aranha Bandeiro de Mello e Câmara Leal, defende que a distinção dos prazos perpassa por um problema de "localização". De se apurar se a irregularidade do ato ou fato estudado se encontra em seus pressupostos ou antecedentes implícitos, hipótese em que o prazo aplicável seria o decadencial, ou em evento posterior, relativo ao adimplemento do negócio [ou cumprimento de um dever geral de abstenção], momento em que se operaria a prescrição.[267]

Agnelo Amorim Filho, por fim, baseado nos ensinamentos expostos pelo professor Câmara Leal, na teoria da carga de eficácia das ações expressa por Pontes de Miranda[268] e na moderna classificação dos direitos proposta por Chiovenda,[269] empreendeu nova abordagem à distinção dos institutos, diferenciando-os em razão das tutelas jurídicas que buscam embargar. Nessas condições, considerando que somente os direitos a uma prestação se tutelam pela via condenatória e levam à prescrição, e que a decadência só se opera em razão do não exercício de determinados direitos potestativos, conclui o autor que: (i) sujeitam-se à prescrição todas as ações condenatórias e somente elas; (ii) à decadência, os direitos potestativos e, indiretamente, as ações constitutivas cujo exer-

---

[265] Câmara Leal, 1978, p. 110.

[266] Mello, Oswaldo Aranha Bandeira de. **Princípios gerais de direito administrativo**: volume I – introdução. 2ª ed. Rio de Janeiro: Forense, 1979, p. 455.

[267] Arruda Alvim Pinto, Teresa Celina de. **Prescrição e decadência**. In: REPRO n. 29, Jan-Mar/1983. Disponível em: https://www.revistadostribunais.com.br/maf/app/resultList/document?&src=rl&srguid=i0ad6adc50000016a4b4644831c058f57&docguid=Id1f41320f2 55l1dfab6f010000000000&hitguid=Id1f41320f255l1dfab6f010000000000&spos=32&epos=32&td=39&context=37&crumb-action=append&crumb-label=Documento&isDocFG=false&isFromMultiSumm=&startChunk=1&endChunk=1. Acesso em 23.08.2018.

[268] Pontes de Miranda, 1972, p. 115.

[269] Chiovenda, 1969, p. 25-36.

cício é limitado temporalmente pela lei; (iii) considerando-se perpétuas as ações constitutivas que não têm prazo especial legalmente estabelecido bem como todas as ações declaratórias.

Jurisprudencialmente, não restam dúvidas de que os critérios formulados por Agnelo Amorim Filho e Câmara Leal foram os mais bem acolhidos pelos tribunais brasileiros, sendo seus reflexos sentidos até os dias de hoje. Somente a título de exemplificação, ao se pesquisar nos sítios virtuais do Superior Tribunal de Justiça, do Tribunal de Justiça[270] de Santa Catarina[271] e do Tribunal de Justiça de São Paulo,[272] por meio das palavras-chave "prescrição" e "decadência", sem delimitação de data de julgamento e filtrando-se apenas as causas cíveis, foram encontrados dezesseis acórdãos que se utilizam dos critérios formulados pelos dois autores para diferenciar prescrição e decadência, sobretudo para a resolução dos casos regidos pelo Código Civil de 1916 ou submetidos ao regime de transição entre os dois códigos.

Entretanto, destoar dentre os entendimentos predominantes nos tribunais brasileiros não significa dizer que os critérios estabelecidos pelos dois autores não se ressintam de falhas. Na realidade, as próprias contribuições de Agnelo Amorim Filho à diferenciação dos prazos se justificam, em larga medida, em razão da carência de cientificidade dos

---

270 STJ, 4ª T., **EDcl no REsp 1336916/RS**, rel.: Ministro Luis Felipe Salomão, j. em 17/12/2015; STJ, 4ª T., **REsp 1298576/RJ**, rel. Ministro Luis Felipe Salomão, j. em 21/08/2012.

271 TJSC, 3ª Câm. Dir. Civ., **AC 0302560-14.2017.8.24.0061**, rel. Des. Fernando Carioni, Terceira Câmara de Direito Civil, j. 16.10.2018; TJSC, 3ª Câm. Dir. Civ., **AC 0302240-61.2017.8.24.0061**, rel. Des. Saul Steil, j. em 24.04.2018; TJSC, 3ª Câm. Dir. Civ. **AC 0300158-23.2018.8.24.0061**, rel. Des. Saul Steil, j. em 24.04.2018; TJSC, **AC 0300021-41.2018.8.24.0061**, 3ª Câm. Dir. Civ., rel. Des. Saul Steil, j. em 15.05.2018 TJSC, Câm. Esp. Reg. de Chapecó, **AC 0002413-95.2014.8.24.0019**, rel. Des. Carlos Roberto da Silva, j. em 30.10.2017; TJSC, 6ª Câm. Dir. Civ., **AC 2010.058576-7**, rel. Des. Jaime Luiz Vicari, j. em 28.04.2011 TJSC, 6ª Câm. Dir. Civ., **AC 2010.047379-2**, rel. Des. Jaime Luiz Vicari, j. em 03.11.2011 TJSC, 3ª Câm. Dir. Civ., **AC 2004.034510-2**, rel. Des. Marcus Tulio Sartorato, j. em 26.08.2005 TJSC, 3ª Câm. Dir. Civ., **AC 0302548-97.2017.8.24.0061**, rel. Des. Fernando Carioni, j. em 20.11.2018.

272 TJSP, 2ª Câm. Dir. Priv., **AC 0002326-28.2014.8.26.0620**, rel.: Alcides Leopoldo, j. em 16/02/2018; TJSP, 13ª Câm. Dir. Priv. **AC 0001587-64.2009.8.26.0318**, rel.: Ana de Lourdes Coutinho Silva da Fonseca, j. em 09/05/2012; TJSP, 36ª Câm. Dir. Priv., **AI 2188182-43.2017.8.26.0000**, rel.: Milton Carvalho, j. em 11/10/2017; TJSP, 4ª Câm. Dir. Priv. **AI 0083099-14.2013.8.26.0000**, rel.: Natan Zelinschi de Arruda, j. em 08/08/2013.

PRESCRIÇÃO, DECADÊNCIA E VÍCIOS OCULTOS

parâmetros adotados por Câmara Leal e sua absoluta insubsistência para a identificação das ações imprescritíveis, ao passo que ambas as soluções revelam-se insatisfatórias para identificar os prazos extintivos relacionados às ações edilícias e para esclarecer sua operabilidade. Comecemos pelas deficiências inerentes aos critérios formulados por Agnelo Amorim Filho, passando por Câmara Leal e evidenciando, em seguida, as incorreções comuns a ambas as doutrinas.

Ao pressupor que, em razão de um mesmo direito não poderiam concorrer prazos de prescrição e caducidade, o autor encontra dificuldade em justificar a natureza dos prazos fixados no artigo 178, §2º e §5, IV do antigo Código Civil,[273] notadamente porque ali, segundo sua concepção, estariam estabelecidas duas ações com cargas de eficácia diversas: uma ação redibitória, de natureza desconstitutiva e, portanto, subordinada a um prazo de decadência; e uma ação estimatória, a que se atribui eficácia predominantemente condenatória e sobre a qual se estipula um prazo de prescrição.

Reconhecendo a insuficiência de sua doutrina para a resolução do problema, o autor investe na prevalência do interesse público inerente às hipóteses de decadência para a superação da prescrição associada à ação *quanti minoris*, subordinando referida tutela à caducidade, da mesma maneira que a ação redibitória, também prevista no artigo 178, §2º e §5, IV.

Sem adentrar na discussão a respeito do conteúdo eficacial das ações redibitórias, porquanto não seja esse o objeto deste trabalho,[274] a crítica

---

[273] Art. 178. Prescreve: § 2º Em quinze dias, contados da tradição da coisa, a ação do comprador contra o vendedor, para haver abatimento do preço da coisa móvel vendida com vício redibitório, ou para rescindir a venda e reaver o preço pago, mais perdas e danos.
§ 5º Em seis meses: IV. A ação do comprador contra o vendedor para haver abatimento do preço da coisa imóvel, vendida com vício redibitório, ou para rescindir a venda e haver preço pago, mais perdas e danos; contado o prazo da tradição da coisa.

[274] Doutrinariamente, verifica-se acentuada polêmica a respeito da carga de eficácia atribuída às ações estimatórias: se constitutiva ou condenatórias. Dentre aqueles que afirmam a eficácia reconstitutiva da ação de abatimento de preço, pode-se citar, entre muitos, Pontes de Miranda (PONTES DE MIRANDA. Francisco Cavalcanti. **Tratado de Direito Privado.** V. XXXVIII. 3ª Ed. São Paulo: Revista dos Tribunais, 1984, p. 303.), Paulo Jorge Scartezzini Guimarães (GUIMARÃES, Paulo Jorge Scartezzini. **Vícios do produto e do serviço por qualidade, quantidade e insegurança:** cumprimento imperfeito do contrato. 2ª ed. rev., atual., e ampl. São Paulo: Revista dos Tribunais, 2007, p. 222) e o Professor português João Cura Mariano (MARIANO, João Cura. **Responsabilidade Contratual do Empreiteiro Pelos**

que se faz à construção doutrinária de Agnelo Amorim Filho reside na incoerência lógico-sistemática que a sua solução implica. Com efeito, supondo-se que as ações estimatórias sejam realmente condenatórias, não perdem estas seu caráter restituitório ante a faculdade alternativa de se promover a redibição do contrato. De igual maneira, a carga de eficácia condenatória das ações estimatórias não interfere (ou não deveria interferir) na natureza desconstitutiva das ações redibitórias, motivo pelo qual não se poderia atribuir às ações constitutivas prazo prescricional nem às condenatórias prazo decadencial, fosse seguida a orientação do autor. Não haveria que se falar em "casos especiais de ações constitutivas", como sugerido, em discordância com a própria teoria das cargas de eficácia formulada por Pontes de Miranda, em que se embasa o professor, mas em ações condenatórias e constitutivas propriamente ditas, cada qual dirigida à tutela de interesses diferentes.

No que toca aos parâmetros formulados por Câmara Leal, lado outro, sua insuficiência se revela nas hipóteses em que os vícios ocultos só se manifestam com o correr do tempo e o natural desfrute da coisa. Ao pressupor que a ação para redibir o contrato ou reivindicar o abatimento do preço exsurgiria conjuntamente com o próprio direito[275] – a partir da conclusão do contrato e do recebimento da coisa – desconsidera-se que esses vícios podem vir a ser conhecidos só muito tempo depois de expirado o prazo decadencial, o que privaria o adquirente de se ver amparado pelo poder judiciário em vista dos prejuízos sofridos, algo que já era combatido pela doutrina[276] e jurisprudência[277] à época, que entendia que referida ação desabrochava-se a partir do conhecimento do vício,[278] a despeito da falta de previsão legal nesse sentido.

Defeitos da Obra. 3ª Ed. Rev. e Ampl. Coimbra: Almedina, 2008, p. 130-131). De modo diverso, filiam-se ao entendimento segundo o qual à ação *quanti minoris* possuiria caráter condenatório Nelson Nery Júnior, Rosa Maria de Andrade Nery (NERY JÚNIOR; NERY, 2014, p. 15.25) e Vilson Rodrigues Alves (ALVES 2004, p.249), os quais, por via de consequência defendem que referida ação se sujeita à prescrição.

[275] CÂMARA LEAL, 1978, p. 349.

[276] Entre outros: VENOSA, Sílvio Salvo. **Direito Civil**: teoria geral das obrigações e teoria geral dos contratos. 13ª Ed. São Paulo: Atlas, 2013, p. 564.

[277] Entre outros, cita-se: TJSP, 5ª Cam. Dir. Priv., **Ap.Com Rev. 9064785-57.1996.8.26.0000**, rel.: Marcus Andrade, j. em N/A; STF, 2ª T., **RE 76.233-GO**, rel.: Min Thompson Flores, j. em 28/09/1973; STF, 2ªT., **RE 79.263-MG**, rel.: Xavier de Albuquerque, 26/08/1974.

[278] GUIMARÃES, 2007, p. 306.

PRESCRIÇÃO, DECADÊNCIA E VÍCIOS OCULTOS

Finalmente, mas não menos importante, observa-se que nenhuma das duas teorias explica, ou ao menos tenta enquadrar juridicamente, o fenômeno dos prazos de garantia, não obstante seus efeitos e suas conturbações já fossem sentidas pela comunidade jurídica de seu tempo, por força da aplicação do artigo 1.245 do Código Civil de 1916.

Por tudo isso, e ante as dificuldades de serem fixados critérios suficientemente hábeis à distinção dos dois institutos, permitindo a realização segura da prescrição e da decadência, a comissão de juristas assegurada pela elaboração do Código Civil de 2002 optou pela operabilidade desses conceitos, diferenciando ambos por um critério puramente topológico, como se aprofundará a seguir.

1.2.1.2 *Critérios para a Definição de Prazos no Código Civil de 2002*

Conforme antecipado nos subcapítulos anteriores, com a entrada em vigor do Código Civil de 2002, muitas das divergências existentes acerca da definição dos prazos extintivos e do objeto dos prazos prescricionais foram sanadas. A decadência recebeu capítulo próprio no Título IV, Livro III ("Dos Fatos Jurídicos") da Parte Geral, ao lado do capítulo da prescrição. As hipóteses de decadência, que antes se concentravam nos incisos e parágrafos do artigo 178 da codificação passada, dispersaram-se ao longo de todo o código; enquanto a prescrição teve seu objeto reduzido à pretensão e suas hipóteses confinadas ao disposto nos artigos 205 e 206 do Código Civil. Tudo a contribuir para uma operacionalização topológica dos prazos, de modo que, para identificar se um interesse jurídico se encontra subordinado à prescrição ou à decadência, bastaria atentar-se ao local onde se encontra disciplinado: se situado dentre os artigos 205 e 206, será de prescrição;[279] se disposto em qualquer outro local do código, de decadência ou garantia, conforme informado na própria exposição de motivos do Código Civil de 2002.[280]

É, pois, evidente a opção do legislador pátrio pela operabilidade dos prazos extintivos, em detrimento de critérios lógico-formais para a diferenciação da prescrição e da decadência. Após quase noventa anos de incertezas e confusões doutrinário-jurisprudenciais, não se poderia mais

---

[279] PEREIRA, 2016, p. 570.
[280] BRASIL. Senado Federal. **Novo Código Civil:** exposição de motivos e texto sancionado. 2ª ed. Brasília: Subsecretaria de Edições Técnicas, 2005.

admitir que a disseminação de concepções tão diversas quanto sofisti-cadas para a identificação dos prazos ameaçassem a própria segurança jurídica em que se fundam prescrição e decadência. Percebeu-se, por fim, que o manejo ideal dos prazos extintivos pressuporia simplicidade e que era preciso estabelecer critério suficientemente descomplicado, para permitir que qualquer jurista diferenciasse, inequivocamente, em quais hipóteses se operaria a prescrição e em quais a decadência.[281]

Por outro lado, a própria comissão de juristas responsáveis pela ela-boração da parte geral do Código Civil de 2002 admite que prescrição e decadência se distinguem antes por "motivos de conveniência e utili-dade social, reconhecidos pela Política legislativa" do que em razão de critérios empíricos ou científicos, como os defendidos por Câmara Leal e Agnelo Amorim Filho, sobretudo nas hipóteses de decadência, em que os prazos são desprovidos de impedimento, suspensão ou interrup-ção e se encontram discriminados nos incisos ou parágrafos imediata-mente posteriores aos direitos que buscam tutelar.

Vale ressaltar que não se está aqui desprestigiando as elucubrações emanadas de tão eminentes juristas, menos ainda desconsiderando a repercussão de seus estudos sobre a forma com que foram articulados e definidos os prazos extintivos no código atual. De fato, com exceção do disposto nos artigos 618, 745[282] e 1.302, cujas ações correspondentes não (des)constituem qualquer relação jurídica, tampouco a consumação dos respectivos termos põe fim a um direito potestativo, os demais prazos previstos no ordenamento civil alinham-se muito bem às teorias propos-tas pelos dois autores.

O que deve ficar claro, contudo, é que esses critérios não foram recepcionados pelo Código Civil de 2002.[283] E isso por razões históricas,

---

[281] REALE, Miguel. **Visão Geral do Projeto de Código Civil.** Disponível em www.miguel reale.com.br-artigos-vgpcc.htm.pdf. Acesso em 03/11/2018.

[282] Art. 745. Em caso de informação inexata ou falsa descrição no documento a que se refere o artigo antecedente, será o transportador indenizado pelo prejuízo que sofrer, devendo a ação respectiva ser ajuizada no prazo de cento e vinte dias, a contar daquele ato, sob pena de decadência.

[283] AMORIM, Tatiana Tenório de. **Prescrição e decadência** – Análise da distinção à luz da teoria geral do direito civil. Revista Fórum de Direito Civil – RFDC, Belo Horizonte, ano 2, n. 4, set. / dez. 2013. Disponível em: http://www.editoraforum.com.br/wp-content/uploads/2014/02/artigo-Prescricao-decadencia.pdf . Acesso em: 24/03/2019.

PRESCRIÇÃO, DECADÊNCIA E VÍCIOS OCULTOS

lógico-estruturais e de coerência sistemática, sendo, pois, inservíveis, na atual conjuntura, em que prescrição e decadência possuem disciplina própria, encontram-se minudenciadas cada qual em capítulos distintos e a própria exposição de motivos indica a forma de operacionalizá-las. Com efeito, a não ser que a legislação silenciasse a respeito da diferenciação dos prazos, não há razão para se interferir nas escolhas realizadas pelo legislador,[284] que, inclusive, tem optado pela operabilidade dos prazos extintivos em detrimento de sua cientificidade em legislações diversas, como o Código Tributário Nacional,[285] a Lei de Propriedade Industrial[286] e o próprio Código de Defesa do Consumidor, como se verá no subcapítulo subsequente.

Durante as discussões do anteprojeto da parte de Obrigações, em 1963, a solução proposta por Agnelo Amorim Filho já havia sido apresentada ao congresso nacional, tendo sido rejeitada em face das formulações encabeçadas pelo então ministro da justiça Professor Caio Mário da Silva Pereira, que cuidou de individualizar a disciplina da prescrição e da decadência, sob o título "Da extinção das Obrigações", e fixar o direito como objeto comum dos prazos extintivos.[287]

Efetivamente, mesmo após as discussões do anteprojeto desenvolvido por Miguel Reale e pela comissão integrada por José Carlos Moreira Alves (Parte geral), Agostinho Alvim (Obrigações), Sylvio Marcondes (Atividade Negocial), Ebert Chamoun (Direito das Coisas), Clóvis do Couto e Silva (Família) e Torquato Castro (Sucessões), o critério científico não foi integrado às disposições normativas do novo código, mesmo tendo sido utilizado em larga medida pelos seus elaboradores para a definição de quais prazos se subordinariam à prescrição e quais à decadência. É preciso notar que essa era, e continua sendo, a doutrina de dissociação dos prazos mais influente em território brasileiro, sendo natural que a comissão responsável pela formulação da parte geral do código embasasse seus entendimentos em referidos critérios para a

---

[284] NEVES, Gustavo Klhoh Muller. **Prescrição e Decadência no Direito Civil.** 2ª ed. Rio de Janeiro: Lumen Juirs, 2008, p. 24.

[285] Art. 169. Prescreve em dois anos a ação anulatória da decisão administrativa que denegar a restituição.

[286] Art. 174. Prescreve em 5 (cinco) anos a ação para declarar a nulidade do registro, contados da data da sua concessão.

[287] SOBRINHO, 1997, p. 33.

PRESCRIÇÃO, DECADÊNCIA E PRAZOS DE GARANTIA

segregação topológica da prescrição e decadência. Ao seu tempo, os parâmetros científico e empírico-indutivo gozavam de prestigiado reconhecimento no âmbito judicial e doutrinário, tendo sido dominantes na jurisprudência e nas academias durante décadas. Daí porque a relativa coincidência entre as hipóteses de prescrição e decadência previstas no código e as definidas por meio dos métodos formulados por Agnelo Amorim Filho e Câmara Leal.

O legislador pautou-se nessas teorias para a segmentação topológica dos prazos, haja vista serem esses os mais seguros e apreciados a sua época, consolidando, positivamente, hipóteses de prescrição e decadência já conhecidas e em uso no domínio jurídico, muito embora a redação final do Código Civil de 2002 tenha fixado critérios outros para a definição e operacionalização dos prazos extintivos.

Com efeito, os dispositivos referentes à prescrição e à decadência no código atual não fazem qualquer alusão à eficácia das ações para fins de determinação dos prazos, tampouco ao momento em que surge a ação ou aos seus objetos para distinguir prescrição da decadência. O parâmetro adotado pela comissão, em última análise, seguiu a orientação germânica de definir a pretensão como objeto dos prazos prescricionais e optou, deliberadamente, por não indicar os interesses sujeitos à decadência, como forma de garantir maior flexibilidade à operação desses prazos[288] que, em razão da técnica legislativa empregada, puderam ser estendidos a direitos de garantia e mesmo a pretensões, como se observa através dos artigos 745 e 1.302.

Na realidade, a maior prova de que o legislador não seguiu as orientações concebidas pela doutrina tradicional para a diferenciação dos prazos se revela no primeiro turno de discussões do projeto perante a Câmara dos Deputados, ocasião em que foram rechaçadas as emendas n. 281 e 282 – que buscavam conferir objeto preciso à decadência – sob a justificativa de que os prazos previstos no projeto se organizavam em razão de critério puramente topológico, em atendimento à praticidade do sistema.[289]

---

[288] LIMA, João Alberto de Oliveira; PASSOS, Edilenice. **Memória Legislativa do Código Civil**. V.2. Brasília: Senado Federal, 2012, p. 200-201.
[289] Id. Ibid.

PRESCRIÇÃO, DECADÊNCIA E VÍCIOS OCULTOS

Doutro modo, as próprias idiossincrasias do sistema denunciam a primazia da operabilidade, sob a cientificidade dos conceitos de prescrição e decadência, no Código Civil de 2002. Toma-se o caso do prazo estabelecido no parágrafo único do artigo 618, novamente. Nos dizeres de Miguel Reale, é evidente que o termo ali definido se dirige à responsabilidade do empreiteiro pela obra realizada. Porém, não obstante a aparência de uma norma relacionada à prescrição, a ela atribuiu-se um prazo decadencial, "para que não houvesse dúvida na jurisprudência, nem dúvida na responsabilidade, quer do proprietário, quer do empresário, um a exigir uma responsabilidade, outro a fazer face àquilo que assumiu como obrigação contratual."[290]

Desse modo, é inconcebível o entendimento de que as hipóteses de prescrição inscritas no rol dos artigos 205 e 206 seriam meramente exemplificativas, como defendido por Vilson Rodrigues Alves,[291] Nelson Nery Júnior e Rosa Maria de A. Nery.[292] A lei é clara ao sobrelevar a operabilidade em oposição à cientificidade dos institutos, não se podendo admitir a realização da prescrição nos casos em que o próprio código designou prazos decadenciais ou o estabelecimento de uma garantia, contrariando os parâmetros adotados pelo legislador pátrio.

Da mesma maneira, não se pode tratar como direito potestativo o interesse subordinado à decadência pelo simples fato de ser este limitado, temporalmente, por força da caducidade. A garantia legal descrita no artigo 618 não se torna direito redibitório em razão da decadência inscrita no parágrafo único que o segue, do mesmo modo que pretensão disposta no artigo 1.302 não se transmuda em qualquer outra tutela constitutiva por força do tipo de prazo a que se encontra subordinada. Novamente, como enunciado por Miguel Maria de Serpa Lopes, e reafirmado na exposição de motivos do Código Civil de 2002, a tipificação dos prazos extintivos se orienta, prioritariamente, em razão de políticas legislativas motivadas e justificadas pelo interesse público. Essa é a razão de se fixar prazos mais exíguos e irrefreáveis às ações constitutivas cujo exercício repercute gravemente no meio social.

---

[290] REALE, MIGUEL. **Visão Geral do Código Civil**. Disponível em: www.miguelreale.com.br-artigos-vgpcc.htm.pdf. Acesso em: 11.04.2019.

[291] ALVEZ, 2003, p. 64.

[292] NERY JÚNIOR; NERY, 2014, p. 1064.

1.3 A Sistemática dos Prazos Extintivos Conforme o Código de Defesa do Consumidor

Em que pese as sensíveis alterações promovidas pelo Código Civil de 2002 na forma como se diferenciam os prazos extintivos, tendo-se finalmente sistematizado e organizado a matéria de modo a permitir sua operacionalização segura na seara privada, foi o Código de Defesa do Consumidor o pioneiro a redefinir e segmentar, positivamente, a distinção dos prazos prescricionais e decadenciais no ordenamento jurídico brasileiro. Nele reuniu-se, sob uma mesma Seção (Seção IV – Da Decadência e da Prescrição), prescrição e decadência, reservando-se o artigo 26[293] para disciplinar a caducidade do direito do consumidor de reclamar os vícios aparentes ou ocultos observados e o artigo 27[294] para a prescrição das pretensões reparatórias advindas de fato do produto, nos termos previstos na Seção II (Da Responsabilidade pelo Fato do Produto e do Serviço) do Capítulo IV do Código de Defesa do Consumidor (Da Qualidade de Produtos e Serviços, da Prevenção e da Reparação dos Danos).

É preciso atentar que a diferenciação dos prazos na legislação consumerista não se faz tanto em razão do objeto que buscam limitar, seja este uma pretensão, uma ação em sentido material ou um direito potestativo. O critério adotado pelo Código de Defesa do Consumidor é outro, e uma leitura mais atenta dos dispositivos insertos nos artigos 18, 19 e 20 do Código de Defesa do Consumidor ajuda a dirimir eventuais dúvidas a respeito da adoção desse parâmetro. Vejam-se as tutelas descritas no §1º do artigo 18 e no inciso I do artigo 20, que tratam, respectivamente, da exigibilidade de reparação do produto e do refazimento dos

---

[293] Art. 26. O direito de reclamar pelos vícios aparentes ou de fácil constatação caduca em: I – trinta dias, tratando-se de fornecimento de serviço e de produtos não duráveis; II – noventa dias, tratando-se de fornecimento de serviço e de produtos duráveis. § 1º Inicia-se a contagem do prazo decadencial a partir da entrega efetiva do produto ou do término da execução dos serviços. § 2º Obstam a decadência: I – a reclamação comprovadamente formulada pelo consumidor perante o fornecedor de produtos e serviços até a resposta negativa correspondente, que deve ser transmitida de forma inequívoca; II – (Vetado). III – a instauração de inquérito civil, até seu encerramento. § 3º Tratando-se de vício oculto, o prazo decadencial inicia-se no momento em que ficar evidenciado o defeito.
[294] Art. 27. Prescreve em cinco anos a pretensão à reparação pelos danos causados por fato do produto ou do serviço prevista na Seção II deste Capítulo, iniciando-se a contagem do prazo a partir do conhecimento do dano e de sua autoria.

serviços viciados. Embora referidos direitos subordinem-se à decadência, como previsto no artigo 26 da lei consumerista, não possuem estes eficácia constitutiva nem se enquadram dentre os direitos potestativos, como os demais previstos na seção relativa à responsabilidade do fornecedor por Vícios do Produto e do Serviço. Mas se relacionam a uma pretensão condenatória, substanciada em uma obrigação de fazer por parte do fornecedor.

Também não se pode falar, propriamente, que o Código de Defesa do Consumidor adotou o critério topológico assimilado pelo Código Civil de 2002 pelo simples fato de as disposições da prescrição e decadência encontrarem-se situadas em dispositivos distintos e referenciarem seções dessemelhantes para a emanação de seus efeitos. Não porque a aplicação de referido conceito se faça impossível – esta é mesmo uma aproximação admitida entre as duas legislações – mas não é uma acareação prática ou o parâmetro efetivamente instituído por lei.

A técnica legislativa empregada pelo legislador se orienta em razão da qualidade dos vícios que perturbam a esfera patrimonial ou física do consumidor. Se se tratar de um simples vício do produto ou serviço, sua reclamação pelas vias judiciais se encerrará nos prazos decadenciais previstos no artigo 26 do Código de Defesa do Consumidor. Se defeito do serviço ou fato do produto, a pretensão se esgota em cinco anos, a contar de seu conhecimento pelo consumidor, na forma do artigo 27.

Assim, de nada serve localizar as hipóteses de prescrição e decadência quando não se sabe ao certo o que seja fato ou vício do serviço ou produto para fins de sua operacionalização em termos práticos. A distinção dos prazos extintivos na disciplina consumerista foge do campo normativo e traça novos rumos em direção ao mundo dos fatos, onde as falhas de consumo se manifestam e podem ser acareadas e qualificadas juridicamente. É a dimensão material dos fatos jurídicos que definirá se a tutela emprestada ao consumidor perecerá em razão da prescrição ou da decadência.

Isso posto, fatos do produto ou serviço, também denominados de defeitos pela doutrina consumerista,[295] são falhas ou incorreções na

---

[295] NUNES, Lydia Neves Bastos Telles. **Dos efeitos dos vícios redibitórios à luz do código civil brasileiro e do código de defesa do consumidor.** Disponível em: https://bdjur.stj.jus.br/jspui/bitstream/2011/19744/Dos%20efeitos%20dos%20v%C3%ADcios%20redibit%C3%B3rios%20%C3%A0%20luz%20do%20c%C3%B3digo%20civil%20

PRESCRIÇÃO, DECADÊNCIA E PRAZOS DE GARANTIA

prestação realizada pelo fornecedor que acabam por causar danos à integridade física ou psíquica de todos aqueles que a consomem ou que por esta sejam afetados. É acidente de consumo – a materialização daninha do cumprimento imperfeito da obrigação assumida pelo fornecedor que acaba por comprometer a legítima segurança expectada pelo consumidor no produto ou serviço adquirido.[296]

Os vícios, por sua vez, são falhas ocultas ou aparentes que afetam o próprio produto ou serviço fornecido. São reflexos da prestação insuficiente ou inadequada realizada pelo fornecedor que tornam os serviços ou produtos inadequados ao uso a que se destinam sem, contudo, prejudicar a integridade física do consumidor ou bens outros que este titularize. É desatendimento às especificações de qualidade e quantidade esperadas pelo consumidor que reduzam o valor do bem ou serviço prestado.[297]

Comparativamente, admite-se assemelhar os defeitos do produto ou serviço às hipóteses de responsabilidade aquiliana reprimidas no artigo 189 do Código Civil de 2002,[298] ao passo que os vícios ocultos de qualidade e quantidade se aproximam dos vícios redibitórios disciplinados nos artigos 441 e seguintes da lei civil, analogamente aos casos de responsabilidade negocial, cabendo a ressalva, nesse último caso, que "devido à solidariedade existente entre a cadeia de fornecedores nem sempre haverá o liame contratual entre o consumidor e o sujeito passivo demandado para responder pelo vício."[299]

Perceba-se, novamente, que o legislador responsável pela formulação do Código de Defesa do Consumidor procurou manter-se distante da conhecida polêmica sobre o que seja prescrição e decadência bem como de critérios científicos para se fazer diferenciar os referidos prazos.[300] Primou-se pela operabilidade dos conceitos, confinando-se prescrição e

---

brasileiro%20%20e%20do%20c%C3%B3digo%20de%20defesa%20do%20 consumidor%20.pdf. Acesso em: 30.03.2019.

[296] Lima, 2004.

[297] Lima, 2004.

[298] Art. 186. Aquele que, por ação ou omissão voluntária, negligência ou imprudência, violar direito e causar dano a outrem, ainda que exclusivamente moral, comete ato ilícito.

[299] Lima, 2004.

[300] Prux, Oscar Ivan. Garantias e o prazo dos artigos 26 e 27 do cdc. In: **Ajuris,** Porto Alegre. V.Ed. Especial, mar. 1998, p. 774-780.

PRESCRIÇÃO, DECADÊNCIA E VÍCIOS OCULTOS

decadência cada qual em seus próprios dispositivos e lhes emprestando hipóteses de tutela distintas. À semelhança do Código Civil, buscou-se garantir o máximo de segurança e certeza quando da realização dos institutos e superar a herança caótica deixada pelo Código Civil de 1916.

Ditos esforços, não obstante, não foram suficientes para barrar a proliferação de controvérsias a respeito da forma como se operam os referidos prazos e mesmo as críticas a sua sistematização. Zelmo Denari, nesse sentido, talvez seja o opositor mais representativo a respeito da dissociação dos prazos. Para o autor, ambos os prazos extintivos deveriam ser congregados sob a denominação comum da prescrição, cabendo à doutrina e à jurisprudência, não ao poder legislativo, erigir parâmetros próprios para a discriminação dos prazos, diante das dificuldades que cercam o assunto. Nada obstante, após elucidar que a prescrição decorre de um direito subjetivo de crédito espontaneamente constituído por causa da pretensão (direito subjetivo constituído), e que a decadência advém de um direito subjetivo dependente da iniciativa do particular para se constituir (direito subjetivo inconstituído), conclui o autor que tanto as hipóteses do artigo 26 como do artigo 27 do Código de Defesa do Consumidor se reportam à decadência, pois indispensável a reclamação tempestivamente formulada pelo consumidor para se formarem.[301]

Não podemos concordar com semelhante posicionamento, todavia. Como já deduzido nos subcapítulos anteriores, relegar à doutrina e à jurisprudência a diferenciação dos prazos mostrou-se desastroso durante a vigência do Código Civil de 1916, resultando na disseminação incontrolável de critérios díspares, muitos dos quais inseguros e incompatíveis entre si, e em prejuízo à própria estabilização das relações jurídicas que se busca salvaguardar por meio da prescrição e da decadência.

A própria definição e metodologia, *contra legem*, utilizadas pelo eminente doutrinador denunciam as incertezas e repercussões negativas que a indissociação dos prazos traria à operacionalização da matéria. Efetivamente, seus critérios não resolvem a controvérsia existente sobre a diferenciação da prescrição e da decadência, menos ainda precisam

---

[301] GRINOVER, Ada Pellegrini et al. **Código Brasileiro de Defesa do Consumidor:** comentado pelos autores do anteprojeto. 9ª Ed. Rev., Atual. e Ampl. Rio de Janeiro: Forense Universitária, 2007, p. 231-232.

sua concreção de modo prático, avolumando-se junto aos montes doutros parâmetros já formulados pela doutrina e jurisprudência ao longo dos séculos, sem nada revolucionar.

Doutro modo, a maior ou menor dificuldade de se precisar prescrição e decadência não afasta a competência do poder legislativo em tratar sobre a matéria no âmbito formal ou substancial. Por mais óbvio que seja, compete ao legislativo esquadrinhar as normas e a maneira como elas se relacionam junto ao universo do ordenamento pátrio, sendo este o poder legitimado e dotado de representatividade democrática para, por meio do devido processo legislativo, definir, positiva e abstratamente, o que é direito e o que deixar de ser.

No que toca à forma de operacionalização dos prazos, Arruda Alvim, Thereza Alvim, Eduardo Arruda Alvim e James Martins[302] defendem que o prazo decadencial do artigo 26 do Código de Defesa do Consumidor dedica-se, exclusivamente, à reparação dos vícios, sendo que toda sorte de prejuízos laterais que resultem do cumprimento imperfeito do fornecedor devem ser enquadrados como fato do produto ou serviço e, por via de consequência, sujeitos ao prazo prescricional de cinco anos disposto no artigo 27.[303]

Nessa linha, Humberto Theodoro Júnior vai ainda mais longe, tendo afirmado que os direitos sujeitos à decadência, nos termos do artigo 26 do Código de Defesa do Consumidor, "não se referem à reparação dos danos que efetivamente venha a sofrer o consumidor, mas às faculdades que lhe confere o art. 18, § 1º, ou seja, substituição do produto, rescisão do negócio ou abatimento do preço."[304]

---

[302] ALVIM et al., 1995, p. 172.

[303] Referido entendimento possui bastante adesão perante o Tribunal de Justiça de São Paulo, como se pode perceber dos seguintes julgados, os quais ase apoiam, expressamente, nas lições de Arruda Alvim e Agnelo Amorim Filho: TJSP, 31ª Câm. Dir. Priv., AC 1022488-85.2017.8.26.0114, rel.: Antonio Rigolin, j. em 12/06/2018; TJSP, AC 1022412-61.2017.8.26.0114, 31ª Câm. Dir. Priv., rel.: Antonio Rigolin, j. em 12/06/2018; TJSP, 31ª Câm. Dir. Priv., AC 1007259-15.2016.8.26.0084, rel.: Antonio Rigolin, j. em 12/06/2018; TJSP, 31ª Câm. Dir. Priv., AC 1006241-56.2016.8.26.0084, rel.: Antonio Rigolin, j. em 29/05/2018; TJSP, 31ª Câm. Dir. Priv., AC 1006184-11.2017.8.26.0114, rel.: Antonio Rigolin, j. em 29/05/2018; TJSP, 31ª Câm. Dir. Priv., AC1004177-10.2015.8.26.0084, rel.: Antonio Rigolin, j. em 27/02/2018; TJSP, 31ª Câm. Dir. Priv., AC 1002954-51.2017.8.26.0084, rel.: Antonio Rigolin, j. em 31/01/2018; TJSP, 31ª Câm. Dir. Priv., AC 1000946-49.2017.8.26.0457, rel.: Antonio Rigolin, j. em 27/02/2018.

[304] THEODORO JÚNIOR, 2018, p. 342.

PRESCRIÇÃO, DECADÊNCIA E VÍCIOS OCULTOS

Rizzatto Nunes, por sua vez, apoiado na teoria clássica de que a prescrição põe fim a uma ação e a decadência a um direito, entende que a reclamação formulada pelo consumidor, nos prazos estabelecidos no artigo 26, possui eficácia puramente constitutiva, cabendo ao prazo quinquenal do artigo 27 limitar o exercício de todo e qualquer tipo de reivindicação associada à causa consumerista, seja esta decorrente de fato do produto ou serviço ou não.[305]

Para o autor, a denúncia tempestiva das irregularidades do produto ou serviço presta-se a investir o consumidor nos direitos inscritos na Seção III (Da Responsabilidade por Vício do Produto e do Serviço) do Capítulo IV (Da Qualidade de Produtos e Serviços, da Prevenção e da Reparação dos Danos) do Código de Defesa do Consumidor. Serve a constituí-lo no direito de exigir a substituição do produto por outro da mesma espécie, de demandar a restituição da quantia paga ou o abatimento proporcional do preço, pleitear a complementação do peso ou dimensão do produto, nos casos de vícios de quantidade, e mesmo cobrar a reexecução dos serviços prestados sem custo adicional, nas hipóteses em que o consumidor não tenha participado com culpa para o surgimento dos vícios de serviço, concluindo serem todos esses direitos vinculados a uma ação reparatória, os quais a lei consumerista teria, supostamente, silenciado a respeito do seu tempo de exercício, razão pela qual se aplicaria o disposto no artigo 27, ante a afinidade intrínseca entre as hipóteses de vícios e defeitos do produto ou serviço.

Nada obstante, são esses entendimentos minoritários perante a doutrina brasileira, sendo predominante a concepção de que a decadência encerra mesmo a possibilidade de o consumidor reivindicar os direitos estabelecidos nos artigos 18, 19 e 20 e todos os prejuízos de ordem patrimonial decorrentes do vício verificado. Neste sentido, são exemplo Maria Pimenta Suzana Federighi,[306] Cláudia Lima Marques,[307]

---

[305] NUNES, Rizzatto. **Comentário ao Código de Defesa do Consumidor**. 8ª Ed. Rev., Atual. e Ampl. São Paulo: Saraiva, 2015, p. 451-452.

[306] FEDERIGHI, Maria Pimenta Catta Preta Suzana. A prescrição e a Decadência no CDC. In: CIANCI, Mirna (Coord.). **Prescrição no Novo Código Civil**: Uma Análise Interdisciplinar. 3ª ed. rev. e atual. São Paulo: Saraiva, 2011, p. 794.

[307] MARQUES, 2011, p. 1244-1245.

PRESCRIÇÃO, DECADÊNCIA E PRAZOS DE GARANTIA

Paulo Jorge Scartezzini,[308] Leonardo Roscoe Bessa[309] e Sérgio Cavalieri Filho,[310] os quais dispensam qualquer juízo em razão da eficácia da ação exercida ou da extensão da reparação intentada para fazer dissociar prescrição e decadência.

Perante o Superior Tribunal de Justiça, contudo, a problemática se desenvolve de maneira bastante diferente.[311]

Embora, num primeiro momento, a jurisprudência da terceira e quarta turma tenha se inclinado a adotar o posicionamento doutrinário segundo o qual a indenização por perdas e danos acompanharia o mesmo prazo da denunciação dos vícios, sendo este de trinta ou noventa dias, nos termos do artigo 26 da lei consumerista,[312] é assaz evidente que esse não é mais o entendimento seguido pela corte superior, a qual tem destacado em diversos de seus acórdãos que a indenização por danos morais e materiais decorrente de vício do produto ou do serviço se subordinaria à prescrição, decidindo ora que referida pretensão se extinguiria no prazo de dez anos do artigo 205 do Código Civil, "à falta de prazo específico no CDC que regule a pretensão de indenização por inadimplemento contratual",[313] ora, e majoritariamente, que essa mesma

---

[308] GUIMARÃES, 2007, p. 309-317.

[309] BESSA, Leonardo Roscoe. **Vício do Produto e as três tutelas do consumidor.** In: Revista de Direito do Consumidor, vol. 100, jul-ago 2015. Disponível em: https://www. revistadostribunais.com.br/maf/app/resultList/document?&src=rl&srguid=i0ad6adc600 00016a26a6b436a24e1041&docguid=I865d89706c3d11e5bc13010000000000&hitguid=I 865d89706c3d11e5bc13010000000000&spos=12&epos=12&td=25&context=18&crumb--action=append&crumb-label=Documento&isDocFG=false&isFromMultiSumm=&startCh unk=1&endChunk=1. Acesso em: 16.04.2019.

[310] CAVALIERI FILHO, 2014, p. 583.

[311] A pesquisa considerou os acórdãos em cujo ementário constassem as palavras-chave: "perdas e danos" e consumidor e prescrição; "perdas e danos" e consumidor e decadência; "danos materiais" e consumidor e prescrição; "danos materiais" e consumidor e decadência nao prescrição. Ademais, optou-se por não se definir o período da investigação ou órgão responsável pelo julgamento dos recursos, e selecionou-se apenas os julgados em que a demanda veiculada pelo consumidor considerava alguma das pretensões previstas no artigo 18, 19 ou 20 do Código de Defesa do Consumidor, mais indenização por danos materiais ou morais.

[312] STJ, 3ª T., **REsp 554.876/RJ**, rel.: Ministro Carlos Alberto Menezes Direito, j. em 17/02/2004; STJ, 4ª T., **REsp 567.333/RN**, rel.: Ministro Fernando Gonçalves, j. em 2/2/2010; STJ, 3ª T., **REsp 1.161.941/DF**, rel.: Ministro Ricardo Villas Boas Cuêva. j. em 05/11/2013.

313 STJ, 3ªT., **REsp 1.721.694/SP**, rel.: Ministra Nancy Andrighi, Terceira Turma, j. em 03/09/2019.

PRESCRIÇÃO, DECADÊNCIA E VÍCIOS OCULTOS

posição jurídica se encerraria no prazo de cinco anos do artigo 27 do Código de Defesa do Consumidor, "por se tratar de pretensão veiculada por ação reparatória a qual transborda a mera reclamação prevista nos artigos"[314] 18, 19 e 20.

Isso se reflete, por exemplo, no REsp 1.721.694/SP, em que o Superior Tribunal de Justiça reconheceu a decadência do direito do consumidor à reexecução do contrato de empreitada, sua redibição ou o abatimento do preço, mas afastou a prescrição anunciada em primeiro grau relativamente à pretensão indenizatória por perdas e danos, porque esta se subordinaria ao prazo prescricional de dez anos do artigo 205 do Código Civil; no AgInt nos EDcl no REsp 1746140/RS, no qual o consumidor reclama a substituição do veículo adquirido ou a restituição dos valores pagos mais a indenização pelos danos morais suportados, em que a corte superior manteve a decisão de primeiro grau, admitindo a decadência das primeiras duas pretensões, mas condenando a recorrente quanto aos danos morais pleiteados pela sua contraparte;[315] e mesmo no REsp 1.520.500/SP,[316] no qual, conquanto os ministros tenham reconhecido a decadência da pretensão indenizatória por perdas e danos, nos termos do artigo 26 do Código de Defesa do Consumidor, só o fizeram pois seguiram linha de entendimento idêntica àquela defendida por Rizzatto Nunes, destacando, ao final do acórdão, que as tutelas estabelecidas no artigo 18 da lei consumerista ressalvam a hipótese de reparação por perdas e danos, de modo que referida pretensão deve ser exercida dentro do prazo prescricional fixado no artigo 27 da mesma legislação, sendo evidente a profunda influência que a doutrina de Agnelo Amorim Filho exerce sobre esses julgados, na medida em que partem todos do pressuposto comum de que não se poderia atrelar a pretensão indenizatória por perdas e danos a um prazo de decadência, visto que esta seria tutelada mediante ação de natureza condenatória.

Outra circunstância que não pôde passar despercebida durante a pesquisa, ainda que fuja de seu objetivo inicial, é que a problemática dos prazos extintivos atribuídos às pretensões indenizatórias decorrentes

---

[314] STJ, 4ª T., **AgInt nos EDcl no REsp 1.746.140/RS**, rel.: Ministra Maria Isabel Gallotti, j. em 10/10/2019.

[315] Neste mesmo sentido, vejam-se os acórdãos: STJ, 3ª T., **REsp 1.488.239/PR**, rel.: Ricardo Villas Bôas Cueva, j. em 01/03/2016.

[316] STJ, 3ª T., **REsp 1.520.500/SP**, rel.: Marco Aurélio Bellize, j. em 27/10/2015.

PRESCRIÇÃO, DECADÊNCIA E PRAZOS DE GARANTIA

de vício do serviço ou produto é resolvida pelo Superior Tribunal de Justiça, na maioria das vezes, por meio da aplicação dos prazos prescricionais do artigo 205 do Código Civil[317] ou do artigo 27 do Código de Defesa do Consumidor,[318] independentemente de o vício ter sido denunciado no prazo decadencial previsto no artigo 26 da legislação consumerista e mesmo nos casos em que o consumidor pretende, claramente, o abatimento do preço do contrato, à semelhança do que acontece no REsp 1.534.831/DF. Quer dizer, ainda que o caso diga respeito a alguma das tutelas enumeradas nos artigos 18, 19 ou 20 e que o Superior Tribunal seja peremptório ao afirmar que o prazo decadencial estabelecido no artigo 26 do Código de Defesa do Consumidor relaciona-se ao período de que o consumidor dispõe "para exigir em juízo alguma das alternativas que lhe são conferidas pelos arts. 18, § 1º, e 20, caput, do mesmo diploma legal [...] não se confundindo com o prazo prescricional a que se sujeita o consumidor para pleitear indenização decorrente da má-execução do contrato", estando essas pretensões conjugadas com alguma outra pretensão indenizatória genérica, as turmas de direito privado têm por hábito reuni-las todas sob um tipo comum aplicando-lhes um mesmo prazo prescricional, que pode variar entre cinco e dez anos, sem maiores justificativas a respeito da predileção por ou outro termo extintivo.

Bem, com todo respeito às considerações apresentadas por Arruda Alvim, Thereza Alvim, Eduardo Arruda Alvim, James Martins, Humberto Theodoro Júnior, Rizzatto Nunes e mesmo pelo Superior Tribunal de Justiça, com essas não se pode concordar, haja vista que contrárias à sistemática estabelecida pelo Código de Defesa do Consumidor para a distinção e operacionalização dos prazos e porque encerram inconsistência lógica ao admitir que o direito principal pereça muitos anos antes que os direitos acessórios que o acompanham.

Novamente os prazos extintivos estabelecidos pela lei consumerista se organizam em razão da qualidade da violação perpetrada pelo fornecedor, subordinando-se à decadência os denominados vícios e à

---

[317] STJ, 3ªT., **REsp 1.534.831/DF**, rel.: Ministro Ricardo Villas Bôas Cueva, j. em 03/03/2018; STJ, 3ª T., **REsp 1.717.160/SP**, rel.: Ministra Nancy Andrighi, j.em 26/03/2019; STJ, 3ª T., **REsp 1.819.058/SP**, rel.: Ministra Nancy Andrighi, j. em 03/12/2019.

[318] STJ, 4ª T., **REsp 683.809/RS**, rel.: Luiz Felips Salomão, j. em 15/04/2010; STJ, 3ª T., **AgInt no REsp 1.754.090/SP,** rel.: Ministro Marco Aurélio Bellizze, j. em 12/11/2018; STJ, 4ª T., **AgRg no AREsp 52.038/SP,** rel.: Luis Felipe Salomão, j. em 25/20/2011.

PRESCRIÇÃO, DECADÊNCIA E VÍCIOS OCULTOS

prescrição os chamados defeitos ou fatos do produto ou do serviço, não havendo qualquer indicativo na legislação de que referidos prazos se orientariam em razão da carga de eficácia atribuída às ações cujos efeitos buscam obstaculizar, tampouco que a reclamação formulada em tempo serviria para constituir um novo direito que se consumiria por força da prescrição, nos termos do artigo 27.

Na realidade, com exceção da tutela pela redibição do contrato ou abatimento do preço, todas as demais pretensões previstas nos artigos 18, 19 e 20 são amparadas por ações de cunho nitidamente condenatório e se sujeitam à decadência, refutando a falácia de que toda pretensão se subordinaria à prescrição. Aliás, mesmo a afirmação reproduzida pela doutrina e pela jurisprudência de que os artigos 18, 19 e 20 não teriam previsto qualquer hipótese de indenização por perdas e danos não pode ser tomada como verdadeira, na medida em que o artigo 18, §1º, II, o artigo 19, IV e o artigo 20, II, dispõem expressamente que o consumidor teria direito "a restituição imediata da quantia paga, monetariamente atualizada, sem prejuízo de eventuais perdas e danos" nos casos de vícios do produto ou serviço.

Por outro lado, não se poderia deixar de destacar que não há coerência alguma em se admitir que o direito principal do consumidor de solicitar o refazimento ou a substituição do produto ou serviço, por exemplo, pereça antes que a pretensão reparatória por perdas e danos advindos do vício. A compensação dos prejuízos, à semelhança da responsabilidade negocial, é acessória e não pode ser dissociada temporalmente do direito que segue, menos ainda ter seus efeitos sobrestados em momento posterior a esse. Vale dizer, não se pode reconhecer a procedência de pedido indenizatório pelos prejuízos laterais decorrentes das falhas do produto ou serviço quando o próprio direito de se reclamar referidos vícios já se esgotou.[319] Sendo essas as razões que nos levam a aderir ao entendimento compartilhado por Maria Pimenta Suzana Federighi, Cláudia Lima Marques, Paulo Jorge Scartezzini, Leonardo

---

[319] A despeito das considerações aqui apresentadas, vale destacar que, no direito português, especificamente nos casos de responsabilidade do empreiteiro por vícios construtivos, a pretensão indenizatória por perdas e danos sujeita-se a prazo diverso e mais extenso do que aquele conferido ao empreitante para exigir a reparação da coisa, a redibição do contrato ou sua resolução, nos termos do artigo 1223 e artigo 309 do Código Civil Lusitano. A problemática será melhor aprofundada no curso do subcapítulo 2.3 – o trabalho foi todo renumerado.

PRESCRIÇÃO, DECADÊNCIA E PRAZOS DE GARANTIA

Roscoe Bessa e Sérgio Cavalieri Filho em relação à decadência da pretensão indenizatória suplementar.

Superada essa primeira controvérsia, vale registrar que o Código de Defesa do Consumidor, à semelhança do Código Civil de 1916 e 2002, também estabeleceu prazos diferentes para a denunciação dos vícios, dependendo da natureza do bem afetado. Nada obstante, não o fez em razão de sua (i)mobilidade, conforme definido no artigo 441 do Código Civil atual e no artigo 177 § 2º[320] e § 5º, IV,[321] da legislação passada, mas de sua durabilidade,[322] fixando o prazo de trinta dias para a reclamação dos vícios aparentes ou ocultos advindos do fornecimento de serviços e produtos não duráveis e o prazo de noventa dias para os vícios apresentados em razão de serviços ou produtos de natureza durável.

Outra distinção que se faz notar entre os regimes dos prazos extintivos do Código de Defesa do Consumidor e do Código Civil de 2002 diz respeito à definição do termo inicial para a contagem da prescrição e da decadência. A lei consumerista estabeleceu concretamente o momento a partir do qual se inicia o curso dos prazos prescricionais e decadenciais. Sendo vício aparente ou de fácil constatação, vigora a regra de que a caducidade se conta da entrega do produto ou término do serviço, conforme disposto no *caput* do artigo 26. Se for oculto, a decadência se conta a partir do momento em que ficar evidenciado o defeito, nos termos do §3º desse mesmo artigo. E em se tratando de fato do produto ou serviço, o termo *a quo* da prescrição se define com o conhecimento do dano e sua autoria pelo consumidor.

À melhor maneira dos sistemas subjetivos, o Código de Defesa do Consumidor prestigiou o estabelecimento de prazos mais curtos, para compensar as inseguranças advindas da ocasionalidade de seu início,

---

[320] Art. 177. As ações pessoais prescrevem ordinariamente em trinta anos, a reais em dez entre presentes e, entre ausentes, em vinte, contados da data em que poderiam ter sido propostas. § 2º Em quinze dias, contados da tradição da coisa, a ação do comprador contra o vendedor, para haver abatimento do preço da coisa móvel vendida com vício redibitório, ou para rescindir a venda e reaver o preço pago, mais perdas e danos.

[321] Art. 177. As ações pessoais prescrevem ordinariamente em trinta anos, a reais em dez entre presentes e, entre ausentes, em vinte, contados da data em que poderiam ter sido propostas.§ 5º Em seis meses: IV. A ação do comprador contra o vendedor para haver abatimento do preço da coisa imóvel, vendida com vício redibitório, ou para rescindir a venda e haver preço pago, mais perdas e danos; contado o prazo da tradição da coisa.

[322] ALVIM et al., 1995, p. 173.

ainda que tenha deixado de estabelecer um limite temporal para que os vícios se materializem e se possa reivindicá-los, para adequar a tutela emprestada aos consumidores às particularidades dos produtos ou serviços adquiridos.

A esse período em que o fornecedor permanece responsável pela adequação e pelo perfeito funcionamento do produto ou serviço deu-se o nome de "garantia". Instituto já conhecido pela doutrina e jurisprudência pátria desde o Código Civil de 1916, quando se tratava do prazo de cinco anos disposto no artigo 1.245, relativo à responsabilidade civil do empreiteiro por vícios de solidez e segurança, e para o qual se reserva subcapítulo próprio para os devidos aprofundamentos (1.4).

1.3.1 Causas Obstativas dos Prazos e dos Direitos que se Busca Reivindicar

A seção dedicada à disciplina da prescrição e da decadência no Código de Defesa do Consumidor se revela paradigmática por diversos motivos. A uma, como já se viu, por estabelecer lógica inovadora para a dissociação dos prazos em razão da desconformidade do produto ou serviço adquirido. A duas, como também já indicado no subcapítulo anterior, por aderir completamente ao sistema subjetivo para a contagem dos prazos, sem definir, contudo, um prazo objetivo de garantia legal. E três, por estipular hipóteses obstativas aos prazos decadenciais.

Efetivamente, nos termos do § 2º do artigo 26 do Código de Defesa do Consumidor, o prazo para a propositura da ação judicial ou material é obstado a partir da "reclamação comprovadamente formulada pelo consumidor perante o fornecedor de produtos e serviços até a resposta negativa correspondente, que deve ser transmitida de forma inequívoca" ou da "instauração de inquérito civil, até seu encerramento".

A inovação apresentada pela legislação consumerista, como era de se presumir, gerou muita indignação entre os adeptos da doutrina clássica dos prazos, que não admitiam a suspensão, o impedimento ou a interrupção dos prazos decadenciais, sendo mesmo apelidada de "monstruosidade jurídica" pelos seus críticos mais assíduos, como o Professor Silvio Salvo Venosa,[323] na primeira edição de seu curso.

---

[323] Venosa, Silvio Salvo. **Direito Civil**: teoria geral das obrigações e teoria geral dos contratos. São Paulo: Atlas, 2001, p. 489.

PRESCRIÇÃO, DECADÊNCIA E PRAZOS DE GARANTIA

Concorde-se ou não com a solução esquadrinhada pelo legislador pátrio, fato é que a perturbação dos prazos decadenciais perante a lei consumerista é hoje uma realidade positivamente inquestionável e amplamente reconhecida pelo poder jurisdicional brasileiro,[324] sendo descabidas quaisquer críticas que visem a subtração dos efeitos obstativos presentes no § 2º do artigo 26 do Código de Defesa do Consumidor.

Feitos esses apontamentos, e para fins de definição do tempo concedido ao consumidor para reivindicar judicialmente as tutelas previstas nos artigos 18, 19 e 20 da legislação consumerista, cumpre definir o que se entende pelo termo "obstar", a despeito da conhecida divergência doutrinária a respeito da extensão eficacial desse enunciado semântico.

Paulo Jorge Scartezzini, por exemplo, orientado pelos ensinamentos do Professor Câmara Leal, entende que "o Código de Defesa do Consumidor, ao prever duas situações nas quais o prazo fica obstado, criou uma hipótese de interrupção e outra de suspensão". A primeira relaciona-se à reclamação tempestivamente realizada pelo consumidor, uma vez que dependente de um agir positivo do consumidor para se materializar; a segunda, ao inquérito civil instaurado pela autoridade competente, uma vez que sua realização decorre de fato objetivo e involuntário.[325]

Cláudia Lima Marques, Bruno Miragem e Herman Benjamin, sem prestarem maiores esclarecimentos quanto ao assunto, asseveram que o termo "obstar" detém eficácia interruptiva, fazendo reiniciar a contagem dos prazos.[326]

Willian Santos Ferreira, por sua vez, defende que a realização dos atos materiais definidos nos incisos I e III do § 2º do artigo 26 não suspendem ou interrompem o curso do prazo prescricional, mas estabelecem o início de um novo prazo decadencial, vinculado ao direito do consumidor de reivindicar em juízo a substituição do produto viciado,

---

[324] Exemplificativamente, veja-se: STJ, 3ª T., **REsp 1442597/DF**, rel. Ministra Nancy Andrighi, j. em 24/10/2017; TJRS, 1ª T., **RC 71001594662**, rel.: Des. Ricardo Torres Hermann, j. em 05.06.2008.

[325] GUIMARÃES, 2007, p. 311.

[326] MARQUES, Cláudia Lima; BENJAMIN, Antônio Herman; MIRAGEM, Bruno. **Comentários ao Código de Defesa do Consumidor**. 6ª ed. rev., atual. e ampl. São Paulo: Revista dos Tribunais, 2019, [E-book], Seção IV – Da Prescrição e da Decadência, Comentário ao §2º do artigo 26.

PRESCRIÇÃO, DECADÊNCIA E VÍCIOS OCULTOS

a restituição da quantia paga ou o abatimento proporcional do preço. Situação que se reputa inconfundível com a reclamação administrativa que se consome com a denúncia ou inquirição civil promovidas tempestivamente.[327]

Rizzato Nunes também sustenta que as hipóteses que "obstam a decadência" não suspendem ou interrompem o curso dos prazos, porém constituem o consumidor no direito de pleitear os novos direitos previstos no § 1º do artigo 18, que se esgotam, temporalmente, por força da prescrição do artigo 27.[328] Enquanto isso, Sérgio Cavalieri,[329] Humberto Theodoro Júnior,[330] Zelmo Denari,[331] Arruda Alvim, Thereza Alvim, Eduardo Arruda Alvim, James Martins[332] e Rosana Grinberg[333] alinham-se à concepção dominante de que as hipóteses previstas no § 2º do artigo 26 do Código de Defesa do Consumidor seriam dotadas de eficácia suspensiva. Para os autores, chegar a essa conclusão é algo quase intuitivo, pois não faria sentido estabelecer um *dies a quo* e um *dies ad quem* para as causas inscritas no § 2º do artigo 26 se não fosse para lhes atribuir eficácia suspensiva, tanto mais se considerado que a interrupção se opera de pronto e não se estende no tempo. Desse modo, o Código de Defesa do Consumidor teria instituído sistemática por meio da qual, uma vez reclamado o vício perante o fornecedor, ou instaurado

---

[327] FERREIRA, Willian Santos. **Prescrição e Decadência no Código de Defesa Do Consumidor.** In: Revista de Direito do Consumidor. Vol. 10, Abr – Jun/1994. Disponível em: https://www.revistadostribunais.com.br/maf/app/resultList/document?&src=rl&srguid=i0 ad82d9b0000016a2b92f2dc4c7ab15d&docguid=Ic36dfe90f25211dfab6f010000000000&h itguid=Ic36dfe90f25211dfab6f010000000000&spos=11&epos=11&td=18&context=198&cr umb-action=append&crumb-label=Documento&isDocFG=false&isFromMultiSumm=&sta rtChunk=1&endChunk=1. Acesso em: 17.04.2019.

[328] NUNES, 2015, p. 449-450.

[329] CAVALIERI FILHO, 2014, p. 587-589.

[330] THEODORO JÚNIOR, 2018, p. 341-342.

[331] GRINOVER et al., 2007, p. 240.

[332] ALVIM et al., 1995, p. 148-149.

[333] GRINBERG, Rosana. **Dos prazos no Código do Consumidor.** In: Revista de Direito do Consumidor. vol. 33/2000, Jan-Mar/2000. Disponível em: https://www.revistadostri bunais.com.br/maf/app/resultList/document?&src=rl&srguid=i0ad82d9a0000016 a2b1fbb0b22de71db&docguid=Ic8f490702d4111e0baf30000855dd350&hitguid=Ic 8f490702d4111e0baf30000855dd350&spos=1&epos=1&td=1&context=21&crumb-action=append&crumb-label=Documento&isDocFG=false&isFromMultiSumm=&startCh unk=1&endChunk=1. Acesso em: 17.04.2019.

PRESCRIÇÃO, DECADÊNCIA E PRAZOS DE GARANTIA

o correspondente inquérito civil pelo Ministério Público, a decadência permanece suspensa até que o fornecedor se negue a corrigir suas falhas ou o inquérito civil alcance o seu fim. Somente após, voltará a correr o restante do prazo decadencial,[334-335] ressalvando-se que, nas hipóteses em que o fornecedor reconhece os vícios, mas deixa de saná-los, o prazo decadencial continuará embargado.[336-337]

Os entendimentos firmados pelos tribunais brasileiros, nada obstante, são mais contidos. Não se perdem na multitude de cores e matizes interpretativos esposados pela doutrina e limitam sua divergência a dois posicionamentos apenas: o de atribuir eficácia suspensiva ao vocábulo "obstar" ou tomá-lo como causa interruptiva típica, em conformidade com o melhor interesse e a defesa do consumidor.

A controvérsia estabelecida no âmbito jurisprudencial é, assim, muito mais bem definida. O que não significa que as discussões que aí se seguem sejam menos acirradas.

Perante o Superior Tribunal de Justiça, por exemplo, o tema foi debatido duas vezes. Em 28 de junho de 2007, por ocasião do REsp 579.941/RJ,[338] e, mais recentemente, em 5 de novembro de 2013, quando do julgamento do REsp 1.161.941/DF.[339] Ambos os recursos avaliados pela terceira turma de direito privado do egrégio tribunal e ambos os acórdãos divergentes entre si.

No primeiro julgado, relatado, por divergência, pela ministra Fátima Nancy Andrighi, não se estabelecem bem as razões pelas quais o artigo 26, § 2º do Código de Defesa do Consumidor operaria a suspensão dos prazos decadenciais em oposição à interrupção. A discussão travada no acórdão, efetivamente, é outra, centrando-se antes no reconhecimento da suspensão do prazo de garantia enquanto permanecer o bem viciado sob o domínio do fornecedor para conserto do que no conteúdo eficacial do termo "obstar" presente no § 2º do artigo 26 da lei consumerista.

Esse cenário, todavia, não se repete no julgamento do REsp 1.161.941/DF, que justifica a acepção do vocábulo e lhe confere eficácia

---

[334] Theodoro Júnior, 2018, p. 341-342.

[335] Grinover et al., 2007, p. 239.

[336] Alvim et al., 1995, p. 148.

[337] Alvim et al., 1995, p. 149.

[338] STJ, 3ª T., **REsp 579.941/RJ**, rel. Ministra Nancy Andrighi, j. em 28.06.2007.

[339] STJ, 3ª T., **REsp 1.161.941/DF,** rel. Ministro Ricardo Villas Boas Cueva, j. em 5.11.2013.

PRESCRIÇÃO, DECADÊNCIA E VÍCIOS OCULTOS

interruptiva, vez ser essa a interpretação mais favorável ao consumidor e dado o conteúdo do vetado parágrafo único do artigo 27 da mesma lei. Afinal, segundo o ministro relator, Ricardo Vilas Boas Cueva, amparado em Héctor Valverde Santana, referido dispositivo previa expressamente a interrupção da prescrição nas hipóteses previstas no artigo 26, § 1º, tendo sido vetado, justamente, por erro de remissão, "já que pretendia se referir às causas obstativas do § 2º do art. 26 do CDC".

Nos tribunais estaduais, também essa controvérsia se mostra bastante acentuada. Perante o Tribunal de Justiça de Santa Catarina, por exemplo, ainda que se observe uma sutil tendência das câmaras de direito civil em atribuir eficácia suspensiva ao termo "obstar", esta é mínima e mesmo assim inconstante no tempo, tendo-se encontrado dezoito acórdãos que entendem pela suspensão dos prazos [340] e treze outros pela interrupção.[341]

---

[340] TJSC, 5ª Cam. Dir. Civ., **AC 0300289-96.2017.8.24.0072**, rel.: Des. Luiz Cézar Medeiros, j. em 04/12/2018; TJSC, 6ª Cam. Dir. Civ., **AC 2012.030815-4**, rel.: Des. Eduardo Mattos Gallo Júnior, Sexta Câmara de Direito Civil, julgado em 15/12/2015; TJSC, 2ª Cam. Dir. Civ., **AC 2015.017195-8**, rel.: Des. Monteiro Rocha, Segunda Câmara de Direito Civil, julgado em 30/07/2015; TJSC, 4ª Cam. Dir. Civ., **AC 2013.005586-1**, rel.: Des. Eládio Torret Rocha, j. em 16/10/2014; TJSC, 6ª Cam. Dir. Civ., **AC 2009.052915-0**, rel.: Des. Stanley da Silva Braga, j. em 06/06/2013; TJSC, 5ª Cam. Dir. Civ., **AC 2008.067633-9**, rel. Des. Monteiro Rocha, j. em 08/11/2012; TJSC, 3ª Cam. Dir. Civ., **AC 2010.072688-2**, rel. Des. Maria do Rocio Luz Santa Ritta, j. em 30/10/2012; TJSC, 2ª Cam. Dir. Civ., **AC 2012.069633-4**, rel. Des. Luiz Carlos Freyesleben, j. em 25/10/2012; TJSC, 3ª Cam. Dir. Civ., **AC 2011.015742-0**, rel. Des. Marcus Tulio Sartorato, j. em 26/04/2011; TJSC, 3ª Cam. Dir. Civ., **AC 2008.082008-0**, rel. Des. Maria do Rocio Luz Santa Ritta, j. em 21/09/2010; TJSC, 3ª Cam. Dir. Civ., **AI 2006.037599-8**, rel. Des. Fernando Carioni, j. em 06/02/2007; TJSC, 5ª Cam. Dir. Civ., **AC 0015150-98.2008.8.24.0033**, rel. Des. Jairo Fernandes Gonçalves, j. em 04/07/2016; TJSC, 2ª Cam. Dir. Civ., **AC 2011.043410-2**, rel. Des. Monteiro Rocha, j. em 10/10/2013; TJSC, Câm. Esp. Reg. de Chapecó, **AI 2014.028901-8**, rel. Des. Júlio César M. Ferreira de Melo, j. em 11/08/2014; TJSC, 1ª Câm. de Enfrent. de Acerv., **AC 0160099-13.2014.8.24.0000**, rel. Des. José Maurício Lisboa, j. em 05/09/2018; TJSC, 6ª Cam. Dir. Civ., **AC 0500176-77.2011.8.24.0070**, rel. Des. André Luiz Dacol, j. em 23/01/2018; TJSC, 6ª Cam. Dir. Civ., **AC 2010.049182-4**, rel. Des. Jaime Luiz Vicari, j. em 26/07/2012; TJSC, 2ª Cam. Dir. Civ., **AC 1996.004637-2**, rel. Des. Jorge Schaefer Martins, j. em 11/12/2003.

[341] TJSC, 3ª Cam. Dir. Civ., **AI 0033051-03.2016.8.24.0000**, rel. Des. Marcus Tulio Sartorato, j. em 08/11/2016; TJSC, 4ª Cam. Dir. Civ., **AC 0032928-71.2005.8.24.0038**, rel. Des. Stanley da Silva Braga, j. em 02/06/2016; TJSC, **AC 2015.051823-5**, 3ª Cam. Dir. Civ., rel. Des. Marcus Tulio Sartorato, j. em 26/04/2016; TJSC, **AC 2011.062239-8**, 4ª Cam. Dir. Civ., rel. Des. Stanley Braga, j. em 04/02/2016; TJSC, Câm. Esp. Reg. de Chapecó, **AC 2009.036857-6**, rel. Des. Guilherme Nunes Born, j.em 27/03/2012; TJSC, Câm. Esp. Reg.

PRESCRIÇÃO, DECADÊNCIA E PRAZOS DE GARANTIA

Da mesma maneira, em pesquisa ao Tribunal de Justiça de São Paulo, cinco são os acórdãos em que se concede eficácia suspensiva às causas do § 2º do artigo 26 do Código de Defesa do Consumidor[342] e quatro aqueles que entendem pela eficácia interruptiva desses mesmos atos materiais.[343]

Em nosso pensar, no entanto, a solução para definir a eficácia do termo "obstar" se encontra antes numa interpretação histórico-legislativa do que nos parâmetros todos acima mencionados.

Isso porque, até as últimas versões do Projeto de Lei 3.683/89, que deu origem ao Código de Defesa do Consumidor, a reclamação tempestivamente formulada ao fornecedor suspendia "a prescrição até a resposta negativa, que deve ser transmitida de forma inequívoca", nos termos do § 3º artigo 19 de suas disposições.[344]

---

de Chapecó, **AC 2008.031307-3**, rel. Des. Guilherme Nunes Born, Câmara Especial Regional de Chapecó, j. em 11/11/2011; TJSC, 2ª Cam. Dir. Civ., **AC 0002370-62.2013.8.24.0030**, rel. Des. Newton Trisotto, j. em 02/08/2018; TJSC, G. de Câm. de Dir. Civ., **EI 0130204-07.2014.8.24.0000**, rel. Des. João Batista Góes Ulysséa, j. em 13/09/2017; TJSC, 4ª Cam. Dir. Civ., **AC 0300422-54.2015.8.24.0058**, rel.: Des. Rodolfo Cezar Ribeiro Da Silva Tridapalli, j. em 09/02/2017; TJSC, 2ª Cam. Dir. Civ., **AI 2013.025945-2**, rel.: Des. João Batista Góes Ulysséa, j. em 12/06/2014; TJSC, 3ª Cam. Dir. Civ., **AC 2010.070329-3**, rel. Des. Marcus Tulio Sartorato, j. em 30/11/2010; TJSC, 2ª Cam. Dir. Civ., **AC 2011.075342-8**, rel. Des. Luiz Carlos Freyesleben, j. em 27/10/2011; TJSC, Câm. Esp. Reg. de Chapecó, **AC 2012.049713-8**, rel. Des. Eduardo Mattos Gallo Júnior, j. em 17/01/2013.

[342] TJSP, 31ª Cam. Dir. Priv., **AC0031821-32.2011.8.26.0068**. Rel.: Adilson de Araujo, j. em 08/05/2018; TJSP, 32ª Cam. Dir. Priv., **AC 9293722-73.2008.8.26.0000**. Rel.: Hamid Bdine, j. em 09/05/2013; TJSP, 35ª Cam. Dir. Priv., **AC 0004490-22.2008.8.26.0637**. Rel.: Mendes Gomes, j. em 26/11/2012; TJSP, 32ª Cam. Dir. Priv., **AC 9149773-88.2008.8.26.0000**. Rel.: Hamid Bdine, j. em 30/08/2012; TJSP, 31ª Cam. Dir. Priv., **AC 0008652-57.2009.8.26.0077**. Rel.: Francisco Casconi, j. em 07/08/2012.

[343] TJSP, 29ª Cam. Dir. Priv., **AC 0004227-67.2012.8.26.0081**. Rel.: Neto Barbosa Ferreira, j. em 16/08/2017; TJSP, 29ª Cam. Dir. Priv., **AC 0016891-97.2009.8.26.0223**. Rel.: Neto Barbosa Ferreira, julgado em 18/05/2016; TJSP, 3ª Cam. Dir. Priv., **AC 0026892-26.2011.8.26.0562**. Rel.: Carlos Alberto de Salles, j. em 02/02/2016; TJSP, 17ª Cam. Dir. Priv., **AC 0010678-50.2012.8.26.0068**. Rel.: Irineu Fava, j. em 23/01/2015.

[344] Art. 19. Prescreve em 180 (cento e oitenta) dias o direito de reclamar pelos vícios aparentes ou de fácil constatação dos bens e serviços, contados da entrega efetiva dos bens ou do término da execução dos serviços. § 1º A reclamação formalizada perante órgão ou entidade com atribuições de defesa do consumidor interrompe a prescrição. § 2º Quando os bens ou serviços forem fornecidos mediante termo de garantia. A contagem do prazo previsto no presente artigo inicia-se a partir do seu término. § 3º A reclamação expressa e fun-

PRESCRIÇÃO, DECADÊNCIA E VÍCIOS OCULTOS

A bem da verdade, até 21 de junho de 1990, quando da consolidação da redação definitiva do código, que se concluiu no dia 26 daquele mesmo mês, o projeto não fazia qualquer menção à decadência e todos os direitos ali previstos eram limitados, temporalmente, por força da prescrição. Prazo esse que poderia ser interrompido em razão "da reclamação formalizada perante órgão ou entidade com atribuições de defesa do consumidor", nos termos do seu artigo 19 § 1º, e suspenso, se dirigida ao fornecedor, até o momento de sua negativa em reconhecer o vício da prestação.

Somente a partir de então os prazos foram reordenados em hipóteses de prescrição e decadência, incluiu-se a instauração de inquérito civil dentre as causas de perturbação dos prazos e se trocou o vocábulo "suspende", previsto no § 3º do artigo 19 da formulação original, por "obsta", tudo o que se passou sem qualquer discussão a respeito do conteúdo eficacial do novo termo ou consideração a respeito do seu potencial efeito interruptivo.

Aliado a isso, como bem apontado por parcela majoritária da doutrina, não faria sentido conferir eficácia interruptiva a referidas causas, uma vez que o código previu termo próprio para início e término da sustação da decadência. Novamente, a interrupção se opera de pronto, provocando o reinício dos prazos, não se prolonga no tempo, sendo sua distensão temporal somente admissível por disposição expressa em lei, como ocorre com parágrafo único do artigo 202 do Código Civil de 2002, sem equivalente no diploma consumerista.

Quanto aos demais critérios levantados pela doutrina, eles merecem ser melhor debatidos, a fim de esclarecer suas incorreções e evidenciar as razões pelas quais se entende serem estes insuficientes, imprestáveis ou inseguros para os fins propostos.

A começar pela definição formulada pelo Dr. Paulo Jorge Scartezzini, o autor se apressa ao aplicar, sem maiores refinamentos, a lógica da suspensão e interrupção estabelecida por ocasião dos prazos prescricionais previstos no Código Civil de 1916 às hipóteses de decadência da lei consumerista. A sistemática firmada pelos dois códigos em muito se difere e qualquer transposição de critérios formulados para uma legis-

---

damentada comprovadamente formulada pelo consumidor perante o fornecedor de bens e serviços suspende a prescrição até a resposta negativa.

PRESCRIÇÃO, DECADÊNCIA E PRAZOS DE GARANTIA

lação precisa ser muito bem adequada às particularidades da outra para que alcance os pretendidos efeitos, tanto mais se considerarmos que o Código de Defesa do Consumidor não traz quaisquer indícios de como se operacionaliza a interrupção e suspensão dos prazos.

Relativamente à posição sustentada por Cláudia Lima Marques, Antonio Herman Benjamin e Bruno Miragem, ela sequer pode ser falseada, pois tomada como um axioma, insuscetível a questionamentos.

Com relação ao parâmetro idealizado por Willian Santos Ferreira e Rizzato Nunes, reitera-se que não há nenhuma disposição legal que permita concluir pela eficácia constitutiva dos atos materiais inscritos no § 2º do artigo 26 do Código de Defesa do Consumidor, menos ainda que o direito daí originado se subordinaria a um novo prazo prescricional como faz crer este último doutrinador.

No que toca à dedução formulada por Héctor Valverde Santana a respeito da real remissão do vetado parágrafo único do artigo 27, esta falha ao presumir que o dispositivo faria referência ao § 2º do artigo 26 e concluir que, por essa mesma razão, seriam estas causas materiais dotadas de eficácia interruptiva. Com efeito, as alterações legislativas que precederam a consolidação do Código de Defesa do Consumidor não permitem chegar a essa conclusão e, mesmo que permitissem, não tornariam menos imprecisa a ilação de que os fatos descritos no § 2º do artigo 26 interromperiam a decadência, visto ser este o efeito atribuído pelo dispositivo vetado sobre a prescrição. Isso porque inexiste uma relação de conectividade direta entre as hipóteses de embargo dos prazos prescricionais e decadenciais e porque um mesmo fato descrito como causa suspensiva, para fins de sustação da decadência, pode ser tido como hipótese interruptiva da prescrição, dependendo da política legislativa adotada na lei em comento.

De uma forma ou de outra, independentemente do critério utilizado para a definição dos efeitos extraídos do § 2º do artigo 26 do Código de Defesa do Consumidor, vale o registro de que a sustação ou interrupção da decadência não impede que o consumidor proponha a competente ação de reparação ou desconstituição do negócio enquanto aguarda a resposta ou a recuperação do vício pelo fornecedor, tampouco que precise aguardar o término do inquérito civil para reivindicar judicialmente seus direitos. A suspensão prevista no § 2º do artigo 26 afeta exclusivamente o prazo decadencial relativo às tutelas previstas nos artigos 18,

PRESCRIÇÃO, DECADÊNCIA E VÍCIOS OCULTOS

19 e 20 do diploma consumerista, não as tutelas mesmas aí consideradas, de modo que, uma vez superado o prazo de trinta dias contados da reclamação do vício ao fornecedor e não sendo ele sanado, na forma do artigo 18 § 1º, inexiste obstáculo que impeça o consumidor de levar sua demanda a juízo.

Não se desconhece, no entanto, o entendimento dos autores que dispensam o prazo de trinta dias previsto no artigo 18, § 1º, do Código de Defesa do Consumidor para que o consumidor reclame judicialmente a substituição da coisa, o abatimento do preço ou a devolução da quantia paga. Arruda Alvim, Thereza Alvim, Eduardo Arruda Alvim e James Martins, por exemplo, são categóricos ao afirmar que o consumidor pode reclamar seus direitos diretamente à justiça, desde que formule "pedido de sanação do vício e, sucessivamente, que lhe seja substituído o produto por outro da mesma espécie, em perfeitas condições de uso, ou a restituição da quantia paga corrigida ou, ainda o abatimento proporcional do preço."[345] Da mesma maneira, Rosana Grinberg defende que o consumidor pode fazer uso imediato das alternativas previstas nos incisos do § 1º do artigo 18, seja em razão da permissão expressa no § 3º do mesmo dispositivo legal, seja em razão da semântica da palavra "pode", que estabelece uma faculdade, não um dever do consumidor de aguardar o curso do prazo de trinta dias.[346-347]

Alinhamo-nos, contudo, ao posicionamento de Paulo Jorge Scartezzini,[348] José Fernando Simão,[349] Flávio Tartuce e Daniel Amorim

---

[345] ALVIM et al., 1995, p. 149.

[346] GRINBERG, 2000.

[347] Também se opõem ao direito do fornecedor de concertar a coisa viciada em até trinta dias: (CATALAN. Marcos. **Revisitando a compreensão doutrinária do prazo visando à correção dos vícios do produto no sistema consumerista.** In: Revista Direito UNIFACS. n. 223 (2019). Disponível em: https://revistas.unifacs.br/index.php/redu/article/view/5877/3693. Acesso em: 17.04.2019); (MARQUES etl al., 2013. p. 566-567); (BESSA, Leonardo Roscoe. Vícios dos produtos: paralelo entre o CDC e o Código Civil. In: PFEIFFER, Roberto; PASQUALOTTO, Adalberto (coord.). **CDC e Código Civil de 2002**. São Paulo: RT, 2005, p. 288-291).

[348] GUIMARÃES, 2007, p. 234-235.

[349] SIMÃO, José Fernando. **Vícios do produto no novo código civil e no código de defesa do consumidor**. São Paulo: Atlas, 2003. p. 101-103.

PRESCRIÇÃO, DECADÊNCIA E PRAZOS DE GARANTIA

Assumpção,[350] Rizzato Nunes,[351] e Zelmo Denari,[352] para os quais referido prazo não só confere ao consumidor o privilégio de exigir e ver recomposta a coisa viciada no menor tempo possível, como concede ao fornecedor o direito de proceder à rápida eliminação do vício, evitando o agravamento das inadequações constatadas, a consumação de danos subsequentes e o descrédito de sua reputação perante o mercado de consumo.

A opção por essa vertente doutrinária se justifica na medida em que o próprio texto legal assim a convalida, no § 1º do artigo 18, e a reafirma, no § 3º de idêntico dispositivo, ao excepcionar esse direito do fornecedor nos casos em que o vício seja de considerável extensão ou afete produto essencial.

Ademais, a solução formulada bem se alinha aos princípios colaborativos que decorrem da boa-fé objetiva assim como da conservação do negócio jurídico. Ambos os quais se devem fazer presentes em toda e qualquer relação consumerista, vinculando consumidores e fornecedores a atuarem do modo mais leal, ético, cooperativo e harmônico possível, antes, durante e após o encerramento da relação negocial.

Afinal, por maior que seja o controle de qualidade do fornecedor, falhas inevitavelmente acontecem e há que se permitir que seu causador busque solucioná-las da forma mais célere, eficiente e autocompositiva admitida, para reduzir seus custos de transação e os níveis de litigiosidade eventualmente existente entre as partes.

Imagine-se o caso de imóvel recém adquirido que se descobre afetado por gravíssima falha construtiva de fácil reparação. Uma vez denunciado o vício, o empreiteiro tem contra si o prazo de trinta dias para saná-lo, compelindo-o a recuperá-lo da forma mais rápida e perfeita possível, sob pena de ter contra si a imposição de quaisquer das tutelas previstas nos incisos do § 1º do artigo 18 da lei consumerista, cuja realização, em regra, mostra-se muito mais custosa. Nessas circuns-

---

[350] TARTUCE, Flávio; NEVES, Daniel Amorim Assumpção. **Manual de direito do consumidor**: direito material e processual. 6ª Ed. Rev. Ampl. Em E-book. São Paulo: Método, 2017. p. 99-100.

[351] NUNES, 2015, p. 331-332. O autor destaca, contudo, que "algumas situações de cumprimento dos 30 dias são, inclusive, bastante desproporcionais, e por isso injustas. Tanto que o próprio mercado – aquela parte boa – cumpre prazos muito menores".

[352] GRINOVER et al., 2007, p. 216.

PRESCRIÇÃO, DECADÊNCIA E VÍCIOS OCULTOS

tâncias, o expediente da denunciação em muito favorece o consumidor ao poupá-lo dos dispêndios e desgastes ínsitos à atividade judicial, bem como ao viabilizar uma via conciliatória para a satisfação dos seus interesses, ao mesmo tempo em que permite ao empreiteiro suspender a evolução dos vícios e, com isso, mitigar seus prejuízos, conservar a relação de confiança estabelecida com o consumidor prejudicado e recompor sua reputação perante o mercado, restabelecendo-o como bom e confiável prestador de serviços.

A denúncia e o período de saneamento constituem-se, assim, em pressupostos de procedibilidade para a reivindicação judicial e extrajudicial das tutelas previstas nos incisos do § 1º do artigo 18 do Código de Defesa do Consumidor, além de vantagem àqueles que visam a pronta reparação da coisa ou do serviço adquirido. Em outras palavras, são *conditio iuris* sem as quais o exercício dos direitos ali inscritos permanece obstado, revelando-se, por outro lado, um bônus ao consumidor, que detém expediente célere e não litigioso para a recuperação da coisa defeituosa.

Cumpre observar, todavia, que o direito do fornecedor de sanar os vícios alegados pode ser exercido uma única vez, de modo que, caso novos ou antigos vícios voltem a surgir, nada impede que o consumidor exerça, diretamente, as tutelas descritas no § 1º do artigo 18, dispensando a denúncia e o prazo de saneamento prévios.

1.3.2 Diálogo e Conflito entre os Prazos Previstos no Código Civil de 2002 e no Código de Defesa do Consumidor

Um dos maiores desafios ao estudo da responsabilidade civil do empreiteiro no tempo consiste na definição de quais os prazos e as tutelas seriam conferidos ao consumidor para a resolução de vícios construtivos ocultos ante a coexistência dos diplomas civil e consumerista, mais precisamente, em se estabelecer em que medida as garantias, os prazos prescricionais e as ações edilícias previstas na lei civil interfeririam (se é que interferem) nas relações constituídas entre consumidores e construtores, bem como a forma como esses dois sistemas se coordenam e se anulam ao disputar um mesmo espaço.

Com efeito, o Código Civil de 2002 não revogou as disposições previstas na lei consumerista, como fez expressamente com seu antecessor

PRESCRIÇÃO, DECADÊNCIA E PRAZOS DE GARANTIA

e com a primeira parte do Código Comercial de 1850,[353] tampouco lhe extirpou tacitamente a eficácia por força da anterioridade prevista no artigo 2º, § 1º, da Lei de Introdução às Normas do Direito Brasileiro.[354] Pelo contrário, complementou-a, fornecendo disposições gerais e específicas a respeito da regulação da vida privada, e preservando a autonomia e vigência da lei consumerista, nos termos do § 3º do artigo 2º da Lei de introdução,[355] de modo que noções simplórias – como as relativas à formação, validade e eficácia dos negócios jurídicos; à caracterização e taxonomia dos bens; e à tipicidade dos contratos – aplicam-se ao âmbito consumerista sem maiores conflitos ou comprometimento de sua organicidade, mesmo porque o Código de Defesa do Consumidor não dispõe de definições equivalentes, menos ainda de sistemática que permita esses tipos de deduções.

A bem da verdade, face ao silêncio da legislação consumerista com relação a esses conceitos, sua assimilação se mostra mesmo necessária para fins de operação e coordenação de seus dispositivos. Antes de se discutir se o contrato firmado se encontra inserto numa relação de consumo, se suas cláusulas são ou não abusivas ou quais as tutelas a serem dirigidas contra o fornecedor, é preciso se delimitar o regime jurídico dessas relações e suas idiossincrasias. Faz-se necessário dissociar a empreitada da prestação de serviço, locação da compra e venda, estabelecendo suas prestações, objetos e riscos, sem o que nem mesmo as tutelas descritas nos artigos 18, 19 e 20 do Código de Defesa do Consumidor podem ser apropriadamente precisadas.

Os pontos de contato entre as duas legislações, nada obstante, não apagam as diferenças existentes entre o Código Civil e o Código de Defesa do Consumidor. Tratam-se de sistemas distintos, dirigidos a públicos e finalidades diversos e com campos de atuação próprios. Esse o motivo de não se admitir a ingerência das leis consumeristas no trato

---

[353] Art. 2.045. Revogam-se a Lei no 3.071, de 1o de janeiro de 1916 – Código Civil e a Parte Primeira do Código Comercial, Lei no 556, de 25 de junho de 1850.

[354] Art. 2º Não se destinando à vigência temporária, a lei terá vigor até que outra a modifique ou revogue.

§ 1º A lei posterior revoga a anterior quando expressamente o declare, quando seja com ela incompatível ou quando regule inteiramente a matéria de que tratava a lei anterior.

[355] § 2º A lei nova, que estabeleça disposições gerais ou especiais a par das já existentes, não revoga nem modifica a lei anterior.

das relações comerciais, bem como o prejuízo do consumidor em razão das limitações próprias da lei civil. A esta cabe a regulação genérica e paritária da vida privada. Àquela, a salvaguarda das relações consumeristas naturalmente desiguais e a instituição de tutelas específicas para sua mais perfeita proteção.[356]

Isso posto, não se refuta que as disposições prescritas na lei civil referentes à empreitada, seu objeto e prestações sejam aplicáveis às relações de consumo, do mesmo modo como não se questiona a preponderância das regras relativas à desconsideração da personalidade jurídica previstas neste mesmo diploma em face das existentes no Código Civil. Há uma relação de complementação necessária no primeiro caso, ao passo que a tutela prevista no segundo se mostra mais aderente ao melhor interesse do consumidor, visto que dispensa diversos pressupostos exigidos pela lei geral.

O problema reside, realmente, quando um mesmo fato ou instituto é regulado simultaneamente pelos dois diplomas e os preceitos estabelecidos no Código Civil se mostram, aparentemente, mais favoráveis ao consumidor do que os previstos na lei consumerista. Esse é o caso dos prazos de prescrição e decadência fixados para reclamação de vícios construtivos ocultos, sendo diversos os entendimentos conflitantes a respeito do preceito prevalecente.

Amilcar Aquino Navarro, por exemplo, defende que os prazos previstos na lei consumerista, embora mais enxutos, devem imperar sobre os definidos na lei civil pelo critério da especialidade.[357] A professora Suzana Maria Federighi, de modo semelhante, apoia-se no artigo 1º da lei consumerista para reconhecer a incompatibilidade e incomunicabilidade dos dois diplomas, haja vista o interesse social e o caráter de ordem pública que encerra as disposições do Código de Defesa do Consumidor.[358]

---

[356] MARQUES, Cláudia Lima. Diálogo entre o Código de Defesa do Consumidor e o Novo Código Civil: do "diálogo das fontes" no combate às cláusulas abusivas. In: **Revista de Direito do Consumidor,** v. 12, n. 45, jan/mar, 2003, p. 19.

[357] NAVARRO, Amilcar Aquino. Prescrição e Decadência no Direito Imobiliário. In: CIANCI, Mirna (Coord.). **Prescrição no Novo Código Civil**: Uma Análise Interdisciplinar. 3ª ed. rev. e atual. São Paulo: Saraiva, 2011, p. 80.

[358] FEDERIGHI, 2011, p. 797.

PRESCRIÇÃO, DECADÊNCIA E PRAZOS DE GARANTIA

Nelson Nery Júnior, conquanto não afirme expressamente, parece admitir a concorrência dos prazos e das tutelas previstas nos dois diplomas,[359] enquanto Paulo de Tarso Sanseverino[360] defende de forma categórica que ao consumidor é dado optar pela tutela que melhor lhe aprouver, em atenção ao disposto no artigo 7º da lei consumerista,[361] desde que observado o princípio da conservação dos sistemas. Ou seja, que o prazo e a tutela escolhidos pelo consumidor sigam em concordância com o ordenamento em que se apoia até o final do processo, sem imisção da legislação desconsiderada, devendo este ser aplicado em sua inteira extensão, independentemente dos ônus que acarreta, inclusive no que toca à distribuição do ônus da prova e ao fator de imputabilidade atribuído ao agente.

Referido posicionamento, contudo, é frontalmente combatido por Fernanda Nunes Barbosa, para a qual o critério do *favor debilis* se mostra atentatório à integridade dos prazos e das tutelas previstas na lei consumerista bem como a sua própria organicidade. Para a autora, o Código de Defesa do Consumidor estabeleceu um sistema de prazos orientado pela qualidade dos vícios e este deve ser respeitado em todas as suas particularidades,[362] ao mesmo tempo que, pautada nas lições de Pontes de Miranda, considera que a prescrição serve a favorecer o fornecedor, não o consumidor, sendo inconcebível interpretação diversa em seu prejuízo.[363]

---

[359] NERY JR., Nelson. **Prescrição de pretensão no sistema do código civil vigente e do código de defesa do consumidor.** In: Soluções Práticas de Direito. Vol. 4. Set /2014. Disponível em: https://revistadostribunais.com.br/maf/app/resultList/document?&src= rl&siguid=l0ad6adc60000016a65bb79/bab25bd15&docguid=I390a6930453e11e4a3be01 0000000000&hitguid=I390a6930453e11e4a3be010000000000&spos=1&epos=1&td=1& context=16&crumb-action=append&crumb-label=Documento&isDocFG=false&isFromM ultiSumm=&startChunk=1&endChunk=1. Acesso em 21/04/2019.

[360] SANSEVERINO, Paulo de Tarso. **Responsabilidade civil no Código de Defesa do Consumidor e a defesa do fornecedor.** 3ª ed. São Paulo: Saraiva, 2010, p. 330.

[361] Art. 7º Os direitos previstos neste código não excluem outros decorrentes de tratados ou convenções internacionais de que o Brasil seja signatário, da legislação interna ordinária, de regulamentos expedidos pelas autoridades administrativas competentes, bem como dos que derivem dos princípios gerais do direito, analogia, costumes e eqüidade.

[362] BARBOSA, Fernanda Nunes. A prescrição nas relações de consumo: interface entre o Código de Defesa do Consumidor e o Código Civil. In: BODIN DE MORAES, Maria Celina; GUEDES, Gisela Sampaio da Cruz; SOUZA, Eduardo Nunes de. **A juízo do tempo:** estudos atuais sobre prescrição. Rio de Janeiro: Processo, 2018, p. 358-359.

[363] BARBOSA, 2018, p. 359.

PRESCRIÇÃO, DECADÊNCIA E VÍCIOS OCULTOS

Dessa forma, a complementariedade dos dois sistemas só deve ser admitida em casos estritos e sobre os quais o Código de Defesa do Consumidor não encontra instrumentos para sua solução. Não há por que se utilizar das ações edilícias previstas na lei civil quando a lei consumerista dispõe de tutela específica para a salvaguarda do consumidor, nos seus artigos 18, 19 e 20. Algo muito diferente do que ocorre nos casos de violação positiva do contrato, enriquecimento sem causa e outros inadimplementos não enquadráveis na teoria da qualidade, cujas pretensões e prazos não foram previstos pela lei consumerista.[364]

Zelmo Denari, por sua vez, apresenta entendimento bastante particularizado, reconhecendo a aplicação e mesmo a conjugação da garantia prevista no artigo 618 do Código Civil com a prescrição descrita no artigo 27 da lei consumerista, ao passo que afirma a imprestabilidade das ações edilícias civis face às tutelas e aos prazos fixados nos artigos 18, 19, 20 e 26 do Código de Defesa do Consumidor. Assim, para a reivindicação de vícios estruturais que comprometam a solidez e segurança dos trabalhos, duas tutelas distintas seriam concedidas ao consumidor para melhor salvaguardar seus interesses. Poderia este pleitear a rescisão do "contrato, com a devolução das quantias pagas acrescida de perdas e danos", na forma do parágrafo único do artigo 618 do Código Civil ou, alternativamente, demandar a compensação pelos danos causados pelo fato do produto, nos termos do artigo 27 do Código de Defesa do Consumidor, até o limite do termo de garantia previsto no artigo 618, estendendo a responsabilidade do empreiteiro pelo prazo máximo de dez anos acaso o vício fosse constatado no último dia da garantia estabelecida pela lei civil (cinco anos de garantia somados ao prazo prescricional de cinco anos), sendo que essa mesma lógica se aplica aos demais vícios ocultos que venham a surgir durante a vida útil do imóvel, caducando dita reivindicação no prazo de 90 dias estabelecido no artigo 26 da lei consumerista, também considerando a garantia quinquenal prevista na lei civil ou outro prazo de garantia negocialmente estipulado.[365]

Claudia Lima Marques, apoiada nos estudos de Erik Jayme a respeito da interação e coordenação das plúrimas fontes de direitos que coexistem em um mesmo ordenamento, defende uma solução mais flexível e

---

[364] Barbosa, 2018, p. 377-378.
[365] Grinover et al., 2007, p. 235.

PRESCRIÇÃO, DECADÊNCIA E PRAZOS DE GARANTIA

aberta a permitir uma aplicação coerente e simultânea das diversas fontes que convergem em benefício do consumidor.[366] Segundo a autora, trata-se de medida consentânea à harmonização e funcionalidade das variadas normas que concorrem para o enquadramento de um mesmo fato por meio da superação dos critérios clássicos para a resolução de conflitos normativos (fundamento hierárquico, da especialidade e da anterioridade) pelo diálogo das fontes.[367]

A interpenetração dos dois ordenamentos para a definição dos prazos e das tutelas concedidas ao consumidor para a reclamação de vícios se realizaria, assim, de duas diferentes formas:[368] (i) por meio de um diálogo sistemático de coerência, através do qual os conceitos de prescrição e decadência não definidos no microssistema do Código de Defesa do Consumidor seriam integrados pelas descrições insertas no Código Civil[369] e; (ii) por meio de um diálogo sistemático de complementariedade e subsidiariedade, em que as disposições previstas na lei civil complementariam as normas da lei consumerista, se mais favoráveis ou se regularem especificamente determinados contratos,[370] sempre aplicando-se ambos os regulamentos em simultâneo e indistintamente.

O entendimento dominante nas turmas de direito privado do Superior Tribunal de Justiça parecer seguir bem essa linha doutrinária, reconhecendo a aplicação do Código Civil nas relações consumeristas para a tutela de direitos não previstos nesta legislação, bem como a conjugação dos dois ordenamentos, notadamente nos casos de vícios aparentes ou de fácil constatação, ordinariamente regulados de forma exclusiva pelo Código de Defesa do Consumidor.

---

[366] MARQUES, 2011, p. 691-695.

[367] MARQUES, 2011, p. 694-696.

[368] Em suas exposições, a professora menciona um terceiro diálogo, relativo à coordenação e adaptação sistemática dos dois ordenamentos. Por meio deste, as influências recíprocas dos códigos acabariam por redefinir o campo de aplicação de suas normas (MARQUES, 2003, p. 77). Nada obstante, tendo em vista que a autora não se aprofunda na realização deste diálogo ao tratar sobre a concorrência dos prazos extintivos do Código Civil e do Código de Defesa do Consumidor, concentramo-nos nossos estudos nos demais diálogos, visto que mais bem explorados pela autora e pela jurisprudência pátria, como se verá nas páginas seguintes.

[369] MARQUES, 2003, p. 76.

[370] MARQUES, 2003, p. 77.

PRESCRIÇÃO, DECADÊNCIA E VÍCIOS OCULTOS

Com relação ao diálogo de complementariedade advindo da inexistência de pretensões semelhantes no Código de Defesa do Consumidor, toma-se como exemplo os acórdãos que tratam das ações de prestação de contas e repetição de indébito movidas contra agentes financeiros,[371-372] os requerimentos de perdas e danos formulados em razão do inadimplemento absoluto do fornecedor,[373] a cobrança da indenização contratada com seguradora[374] e as discussões relativas à abusividade de cláusula de reajuste em contratos de plano de saúde.[375] Para a corte, alicerçada nos ensinamentos de Leonardo de Medeiros Garcia, o Código de Defesa do Consumidor disciplinou apenas aquelas situações inerentes às relações de consumo, "deixando outras modalidades de responsabilidade serem tratadas em normas específicas ou no Código Civil."[376] Reconhece-se que as tutelas e os ilícitos previstos na Seção II e III do Capítulo IV Título I do Código de Defesa do Consumidor não são abrangentes o suficiente para contemplar as pretensões e tutelas referidas nos casos supramencionados, pois não enquadráveis na classificação de vício ou defeito de produto ou serviço, daí porque não se lhes aplicam as limitações temporais do artigo 26 e 27 da lei consumerista, mas os próprios prazos previstos na lei civil.

---

[371] STJ, 4ª T., **AgRg no REsp 1064135/PR**, rel.: Ministro Raul Araújo, j. em 01/03/2012; STJ, 2ª S., **REsp 1117614/PR**, rel.: Ministra Maria Isabel Gallotti, j. em 10/08/2011; STJ, 3ª T., **REsp 1373391/PR**, rel.: Ministro Sidnei Beneti, j. em 18/06/2013; STJ, 3ª T., **AgRg no REsp 1105631/PR**, rel.: Ministro Ricardo Villas Bôas Cueva, j. em 09/04/2013; STJ, 3ª T., **AgRg no AREsp 108.473/PR**, rel.: Ministro Sidnei Beneti, Terceira Turma, j. em 26/06/2012; STJ, 3ª, **AgRg no REsp 1114586/PR**, rel. Ministro Sidnei Beneti, j. em 26/06/2012; STJ, 4ª T., **AgRg no REsp 1021221/PR**, rel.: Ministro Luis Felipe Salomão, j. em 03/08/2010; STJ, 3ª T., **AgRg no REsp 1064246/PR**, rel.: Ministro Sidnei Beneti, j. em 05/03/2009.

[372] Referido entendimento restou inclusive sumulado, conforme disposto na Súmula 477 do Superior Tribunal de Justiça, que assim enuncia: a decadência do artigo 26 do CDC não é aplicável à prestação de contas para obter esclarecimentos sobre cobrança de taxas, tarifas e encargos bancários.

[373] STJ, 3ª T., **REsp 278.893/DF**, Rel. Ministra Nancy Andrighi, j. em 13/08/2002.

[374] STJ, 3ª T., **AgRg no REsp 319.242/RJ**, rel.: Ministro Humberto Gomes de Barros, j. em 24/05/2005; STJ, 2ª S., **REsp 207789/RJ**, rel.: Ministro Carlos Alberto Menezes Direito, rel. p/acórdão: Ministro Aldir Passarinho Junior, j. em 27/06/2001.

[375] STJ, 3ª T., **REsp 995995/DF**, Rel. Min. NANCY ANDRIGHI, j. em 19/08/2010.

[376] GARCIA, Leonardo de Medeiros. **Código de Defesa do Consumidor Comentado**: artigo por artigo. 14ª ed., rev., atual, e ampl. Salvador: JusPODIVM, 2019, p. 288-289.

PRESCRIÇÃO, DECADÊNCIA E PRAZOS DE GARANTIA

Ponto importante que se extrai da leitura de referidos julgados concerne à prática do tribunal superior de respeitar os prazos estabelecidos na lei civil para a limitação temporal do direito do consumidor, seja maiores, seja menores do que os fixados nas disposições de consumo, sem fazer uso de interpretação analógica ou de um diálogo sistemático de complementariedade e subsidiariedade que permita a conjugação dos dois ordenamentos de forma a constituir um cenário normativo mais favorável ao consumidor. A conservação dos sistemas, ao menos no que toca à relação pretensão e prazo, é obedecida e o diálogo realizado nessas situações é discreto. A combinação das leis limita-se ao reconhecimento de pretensões outras decorrentes de relações de consumo que não encontram abrigo normativo nas disposições do Código de Defesa do Consumidor, justificando o afastamento do prazo quinquenal do artigo 27 da lei consumeristas, no julgamento do AgRg no REsp 319.242/RJ e do REsp 207.789/RJ, e a aplicação da prescrição anua do artigo 178, § 6º, II do Código Civil de 1916.

Referido diálogo, contudo, não se repetiu de forma tão reservada quando do julgamento dos REsp 1.717.160/DF[377] e REsp 1.534.831/DF,[378] relativos à compensação dos vícios aparentes materializados. Ao se discutir a possibilidade de o consumidor pleitear a indenização dos agravos inerentes à mora do fornecedor – pretensão esta diversa daquelas descritas no artigo 18 e 20 do Código de Defesa do Consumidor –, entenderam os ministros julgadores por reunir, em um mesmo preceito, as particularidades ínsitas ao *caput* do artigo 26 do Código de Defesa do Consumidor com as estabelecidas no artigo 205 e 389 do Código Civil. Em termos práticos, conjugou-se a possibilidade de se reclamar vícios aparentes, prevista na lei de consumo, com a pretensão compensatória por inadimplemento e a prescrição a ela correlata da lei civil, concedendo ao consumidor o prazo de dez anos para reivindicar os prejuízos advindos do cumprimento imperfeito da empreitada. Dogmaticamente, todavia, deu-se vida a verdadeiro ornitorrinco normativo, e da costura irrefletida de cada legislação, atentou-se, de uma só vez, contra a sis-

---

[377] STJ, 3ª T., **REsp 1717160/DF**, rel.: Ministra Nancy Andrighi, j. em 22/03/2018.
[378] STJ, 3ª T., **REsp 1534831/DF**, rel.: Ministro Ricardo Villas Bôas Cueva, rel. p/acórdão: Ministra Nancy Andrighi, j. em 20/02/2018.

PRESCRIÇÃO, DECADÊNCIA E VÍCIOS OCULTOS

temática de ambos os ordenamentos bem como ao próprio princípio da legalidade.

De fato, a construção interpretativa realizada pelo Superior Tribunal de Justiça desconsidera a vedação, pela legislação civil, da compensação de vícios de fácil constatação; viola a sistemática para a contagem do início dos prazos do Código de Defesa do Consumidor; perturba o equilíbrio existente entre o poder do consumidor de reclamar referidos vícios e o direito do fornecedor de se liberar de suas responsabilidades; bem como o necessário processo legislativo para a constituição de preceito tão original e estranho aos dois ordenamentos do qual se origina, colocando em xeque a confiabilidade do direito.

Conforme se analisará melhor no subcapítulo 2.2 do presente trabalho, somente vícios ocultos são reparáveis nos termos da lei civil. Ao dono da obra e àqueles que, por meio de contrato comutativo, adquirem unidade imobiliária imperfeita, é dado, na forma dos artigos 616[379] e 441, requerer a redibição do contrato ou o abatimento do preço em virtude das desconformidades facilmente verificáveis antes do recebimento da coisa, não em momento posterior ou contemporâneo à tradição, sendo que "não exercida a faculdade pelo comitente no ato da entrega, ou seja, não rejeitada a obra, nem requerido o abatimento do preço, ocorre o recebimento tácito e definitivo do serviço, findando, em princípio, a responsabilidade do empreiteiro",[380] nada mais havendo a se reivindicar a qualquer título.

Doutra forma, a fixação de um prazo prescricional tão longo, como o determinado pela corte, acaba por romper o sistema subjetivo desenhado pelo Código de Defesa do Consumidor – cujos prazos enxutos compensam a insegurança gerada pela indeterminação de seu início –, despreza as particularidades do direito do consumidor de reclamar vícios de fácil constatação e hostiliza o preceito alcançado pelo legislador pátrio para o tratamento da matéria, ao desconsiderar a composição de interesses, entre fornecedores e consumidores, alcançada após variadas discussões travadas no congresso nacional.

---

[379] Art. 616. No caso da segunda parte do artigo antecedente, pode quem encomendou a obra, em vez de enjeitá-la, recebê-la com abatimento no preço.

[380] ANDRIGHI, Nancy; TEIXEIRA, Sálvio de Figueiredo (Coord.). **Comentários ao novo Código civil:** das várias espécies de contratos, do empréstimo, da prestação de serviço, da empreitada, do depósito. Rio de Janeiro: Forense, 2008, v. 9, p. 311.

PRESCRIÇÃO, DECADÊNCIA E PRAZOS DE GARANTIA

Ademais, não se esqueça que o exercício de qualquer direito ou pretensão estabelecido nos artigos 18 e 20 do Código de Defesa do Consumidor pressupõe a concessão de um período mínimo de trinta dias para que o fornecedor remedeie suas falhas – circunstância essa também desconsiderada pelo tribunal superior em seus julgamento – bem como que os prazos conferidos ao consumidor para a reclamação de vícios aparentes revelam-se demasiado curtos justamente de forma salvaguardar o fornecedor contra reivindicações arbitrárias realizadas por consumidores que, mesmo cientes das falhas do produto, adquirem-no e posteriormente se utilizam de referido expediente, como espécie de direito de arrependimento.

Isso posto, ao reunir preceitos tão díspares e incompatíveis para melhor tutelar os interesses do consumidor, constituiu-se norma jamais pensada tampouco sistematizada pelo legislador originário em evidente violação ao princípio da legalidade.

A despeito do nobre intento da corte em aperfeiçoar os direitos dos consumidores, em razão de sua hipossuficiência face aos usos e abusos do cotidiano do mercado, vale repisar que o Código de Defesa do Consumidor já estabelece normas mais favoráveis ao seu público-alvo, para recompor essa relação naturalmente desigual. E faz isso dentro de certos limites, sem perder de vista o necessário equilíbrio entre os interesses contrapostos por ambos os polos dessa relação jurídica e somente após o enfrentamento de discussões acaloradas junto às câmaras do congresso nacional, este, sim, poder constituído de forma democrática e constitucionalmente autorizado para, por meio de suas atividades institucionais, melhor representar e regular os interesses dos cidadãos brasileiros.

A respeito dos debates travados em sede legislativa, veja-se o parecer final do Deputado Joaci Goés, relator do projeto de lei que deu origem ao Código de Defesa do Consumidor. Em seus comentários às emendas aprovadas e rejeitadas pelo poder constituinte, notadamente as emendas propostas pelos Deputados Gérson Peres e José Lins que visavam a subjetivação da responsabilidade do fornecedor e a diminuição das tutelas previstas no artigo 18 do Código de Defesa do Consumidor, fica evidente que a referida lei "é produto de longa e proveitosa composição entre consumidores e empresários."[381] "Tanto assim que,

---

[381] BRASIL. Câmara dos Deputados. **Parecer Final**: PL 3863/89. Disponível em: https://camara.custhelp.com/app/utils/login_form/redirect/account%252Fquestions%252Fdetail

PRESCRIÇÃO, DECADÊNCIA E VÍCIOS OCULTOS

para contrabalançar a objetivação da responsabilidade, erigiu-se toda uma série de excludentes para o fornecedor". Seguiu-se, o exemplo da Diretiva n. 85/374 da Comunidade Econômica Europeia e das novas leis portuguesa, alemã, italiana, grega, inglesa e norte-americana, que tratam sobre o assunto. Tudo a colaborar para "uma solução de equilíbrio que garantisse, a um só tempo, os interesses dos consumidores e dos fornecedores."[382]

Ainda sobre os perigos inerentes à associação de preceitos diversos para a conciliação de tutelas e prazos previstos nos dois ordenamentos, vale o registro de que nem sempre ela opera em atendimento ao melhor interesse do consumidor, havendo mesmo casos em que o juízo conciliatório promovido pela corte superior se reverteu em verdadeira supressão de direitos em seu desfavor.

É o caso do REsp 1.520.500/SP,[383] por meio do qual o consumidor buscava o reconhecimento da pretensão reparatória pelos custos com conserto do veículo viciado, cuja tutela e prazo extintivo seriam distintos dos previstos no Código de Defesa do Consumidor e no artigo 441 do Código Civil.

E, efetivamente, a reparação por danos materiais pleiteada não se confunde com as ações edilícias estabelecidas na lei civil, menos ainda com os direitos exigíveis nos artigos 18, 19 e 20 da lei de consumo, de modo que não haveria motivos para negar provimento ao recurso e afastar a decadência reconhecida pelo juízo *a quo*.

Lado outro, a possibilidade de se contornar os curtos prazos do artigo 441 por meio da tutela geral do artigo 389 é amplamente reconhecida pela doutrina e jurisprudência, conforme já explorado no subcapítulo 1.2 do presente trabalho, reforçando o direito da parte à tutela pretendida.

A decisão proferida pela terceira turma do Superior Tribunal de Justiça, nada obstante, sequer discute o mérito recursal e surpreende com a manipulação daninha que faz das disposições estabelecidas nos dois

---

%252Fi_id%252F175426/session/L3RpbWUvMTU1NzM2MzIyMC9zaWQvZlVTTVdzQX plSkRQa1BXVFI0WEhKMkgzdGFQV1ZvY0NxS2g5YUloNmlHMzhzZU92Vmt OdktibTFuRDZoZDV0ZUlacFlGSXlYalIlN0VuQTdSRUdJY25lenN3b2gxeeEVOcn RTZWVnb0t2STNMS0xxZlRnWmN2OHNiNVElMjElMjE=. Acesso em: 03/04/2019.
[382] Id., Ibid.
[383] STJ, 3ª T., **REsp 1520500/SP**, rel.: Ministro Marco Aurélio Bellizze, j. em 27/10/2015.

códigos. No presente julgamento, o diálogo de complementariedade é novamente implementado, mas de maneira diversa. Ao invés de se conciliarem direitos, sobrepuseram-se as limitações materiais existentes nos dois ordenamentos, tendo-se negado provimento ao recurso uma vez que deixou o consumidor de denunciar os vícios ocultos que afetavam seu automóvel, na forma e termo do artigo 18 do Código de Defesa do Consumidor. Restrição esta de todo inexistente no trato das pretensões reparatórias da lei civil e que denuncia a violação do comando inserto no artigo 7º da lei de consumo.

Por todo o exposto, são evidentes os riscos de se reunir preceitos de legislações diversas sob uma lógica de complementariedade e simultânea aplicação. A conciliação dos dois códigos, por mais que seja uma realidade inevitável, precisa ser realizada com parcimônia, cuidados redobrados e sem perder de vista a organicidade instituída por cada ordenamento. O dinamismo proporcionado por metodologias flexíveis e abertas como o diálogo das fontes, levado às últimas consequências, compromete a estabilidade proporcionada pelo próprio direito, ao desbotar os limites de sua aplicação, e serve mesmo como artifício a permitir arbitrariedades pelo poder judicante, que passa a ter total controle a respeito do que seja ou não direito, independentemente das restrições semânticas disposta em lei. Nessa conjuntura, justiça se confunde com o resultado cognitivo da orientação ideológica e convicções individuais do julgador, o que pode acometer tanto consumidores como fornecedores.

A implementação de critérios firmes e objetivos para a conjugação dos direitos existentes nesses ordenamentos mostra-se, pois, indispensável para a realização e conservação da ordem jurídica, algo inclusive afirmado imperativamente pelo artigo 7º da lei consumerista, não se devendo excluir quaisquer direitos previstos em legislações diversas para a tutela das relações de consumo.

Por essa razão, aproximamo-nos muito do posicionamento defendido pelo ministro Paulo de Tarso Sanseverino a respeito de como os direitos inscritos nessas duas legislações devem ser coordenados.

Efetivamente, não há problema algum em se permitir ao consumidor o uso de tutelas previstas em legislações diversas se os pressupostos materiais das correspectivas normas forem preenchidos em razão de um mesmo fato jurídico ou em razão de circunstâncias substanciais em comum. O fornecedor que deixa de cumprir adequadamente com suas

PRESCRIÇÃO, DECADÊNCIA E VÍCIOS OCULTOS

obrigações e, por isso, dá azo ao surgimento de vícios ocultos que comprometam a destinação útil do bem, não deixa de estar relativamente inadimplente por se encontrar em uma relação de consumo. Os vícios redibitórios constatados em imóvel recém adquirido não eliminam a possibilidade do consumidor de valer-se das tutelas previstas nos artigos 18 e 20 do Código de Defesa do Consumidor para salvaguarda do seu direito. E a ruína da edificação adquirida por consumidores não afasta a responsabilidade negocial e aquiliana do fornecedor prevista na lei civil.

A bem da verdade, a cumulação de pedidos alternativos ou subsidiários cujo fundamento recaia sobre legislações diferentes sequer é vedada pelo nosso ordenamento. O que se deve ter em conta, e aqui vale o destaque, é a preservação da sistemática instituída por cada ordenamento. Assim, se a tutela selecionada pelo consumidor convergir com umas daquelas descritas nos artigos 18, 19 ou 20 do Código de Defesa do Consumidor, serão os prazos previstos neste mesmo ordenamento os aplicáveis ao caso em concreto, assim como serão o regime de responsabilidade, a distribuição do ônus da prova, o cômputo do juros de mora, a incidência de correção monetária e demais disposições correlatas.

Há que se ter em mente que uma relação de consumo, antes de assim se afirmar e colocar em ordem todos os dogmas inscritos na legislação consumerista, revela uma associação jurídica instituída entre particulares e tutelada pela lei civil. A qualificação do indivíduo como consumidor só ocorre a posteriori, com a realização do suporte fático dos artigos 1º e 2º do respectivo código, ela não elimina nem suspende a eficácia das leis civis aplicáveis ao caso que buscam amparar, antes as enriquece e assessora, como dois ordenamentos que concorrem em conjunto para a prestação de semelhantes cuidados, mas cujas tutelas seguem em planos paralelos.

Qualificar consumidor é sufixo legal que se acresce ao acervo jurídico de particulares vulnerabilizados pelas ações do mercado, que, mesmo em razão disso, não deixam de ser particulares. Eis porque as tutelas e os prazos previstos nos dois ordenamentos não se excluem. Mas, respeitadas as particularidades de cada ordenamento, complementam-se.

1.4 Dos Direitos de Garantia e seus Respectivos Prazos

Nada obstante seus significativos impactos sobre a extensão das responsabilidades, sua crescente disseminação no âmbito das relações

PRESCRIÇÃO, DECADÊNCIA E PRAZOS DE GARANTIA

privadas, bem como sua repetida aparição em ementas de acórdãos e trechos de artigos jurídicos, a temática dos direitos de garantia e seus respectivos prazos continua sendo pouquíssimo explorada pela academia e tribunais brasileiros.

Efetivamente, chega a ser lugar comum afirmar que os prazos de garantia não se confundem com a prescrição e a decadência, que os prazos estabelecidos nos artigos 445, § 1º e 618 do Código Civil possuem semelhante natureza ou que as garantias legais previstas no Código de Defesa do Consumidor constituem "a espinha dorsal do sistema de proteção ao consumidor inaugurado por este Código",[384] no entanto pouco se fala a respeito de como esses prazos se comportam, quais seriam seus objetos, sua natureza e as finalidades que os dirigem.

A bem da verdade, a garantia, quando revelada em textos jurídicos, costuma ser apresentada como um dado pronto, terminado e inquestionável, um axioma insuscetível de oposições ou maiores exames.

Veja-se as exposições de Melhim Chalub a respeito do assunto, por exemplo. Para o autor, perfilhado nos ensinamentos dos mestres Hely Lopes Meirelles e José de Aguiar Dias, parece claro que o prazo previsto no artigo 618 do Código Civil se refere a um termo de garantia, inconfundível com o prazo prescricional de reparação dos danos, previsto no artigo 205 do mesmo diploma. A afirmação, contudo, vem desacompanhada de uma justificativa que permita a compreensão do porquê de esses prazos se dissociarem, a medida em que se comunicam, e quais os efeitos concedidos pelo ordenamento jurídico aos prazos de garantia. Mais importante, a construção teórica não assenta os alicerces necessários para fundar a conclusão anunciada pelo autor em seguida: que o exercício da pretensão indenizatória advinda de eventuais defeitos de obra pode se realizar mesmo após a conclusão do prazo quinquenal de garantia, "Desde que [se] comprove a ocorrência dos vícios dentro do período previsto em lei."[385]

Arnaldo Rizzardo, da mesma maneira, não vai muito adiante em suas considerações a respeito de referidos prazos. Apoiado nas lições de Carvalho Santos, acrescenta que a garantia firmada no artigo 618 do Código Civil estipulou "responsabilidade excepcional" contra o construtor, pre-

---

[384] ALVIM et al., 1995, p. 245.
[385] CHALUB, Melhim Namem. **Da incorporação imobiliária.** 3ª Ed. Rev. e Atual. Rio de Janeiro: Renovar, 2012, p. 432, 433.

PRESCRIÇÃO, DECADÊNCIA E VÍCIOS OCULTOS

sumindo-o responsável pelos vícios de solidez e segurança que se manifestarem nos primeiros cinco anos contados da conclusão das obras, e asseverando que dita garantia não obriga o dono da obra a intentar a competente ação no prazo por si prescrito. Para o autor, o tempo concedido ao particular para reivindicar a devida compensação pelos prejuízos advindos da ruína ou do comprometimento estrutural de seu imóvel subordina-se à decadência, esgotando-se em cento e oitenta dias do surgimento do vício ou defeito, conforme estipulado no parágrafo único de referido dispositivo.[386]

Ditas concepções, embora simplórias e insuficientes para esclarecer, minimamente, o objeto, a operabilidade e o propósito dos prazos de garantia, não são de todo descartáveis, sobretudo se considerarmos serem estas as definições predominantes em doutrina e jurisprudência a respeito da garantia prevista no artigo 618 e seu respectivo termo.

Nesse sentido seguem José de Aguiar Dias[387] e Clóvis Bevilaqua,[388] para os quais o artigo 1.245 do Código Civil de 1916, equivalente ao artigo 618 do código civil atual, instituiu uma "responsabilidade excepcional" – ou "residual", nas palavras de Orlando Gomes[389] – contra o empreiteiro que fornece os materiais e trabalhos. Alfredo Almeida Paiva,[390] Carvalho Santos[391] e Arnoldo Wald[392] entendem que a responsabilidade do empreiteiro por vícios de solidez e segurança é presumida durante os cinco primeiros anos da entrega das obras. E Nelson Nery Júnior, Rosa Maria de A. Nery,[393] Rui Stoco[394] e Hely Lopes Meirelles,[395]

---

[386] RIZZARDO et al., 2015, p. 602-603.

[387] DIAS, José de Aguiar. **Da responsabilidade Civil**. Rio de Janeiro: Forense, 1994, p. 315.

[388] BEVILAQUA, Clóvis. **Código Civil dos Estados Unidos do Brasil.** V. IV. 2ª Ed. Livraria Francisco Alves: Rio de Janeiro, 1924, p. 437.

[389] GOMES, Orlando; BRITO, Edvaldo; AZEVEDO, Antônio Junqueira de; MARINO, Francisco Paulo De Crescenzo (Atual.). **Contratos**. 26. ed. Rio de Janeiro: Forense, 2008, p. 369.

[390] PAIVA, Alfredo de Almeida. Aspectos do contrato de empreitada. Rio de Janeiro: Forense, 1997. p. 81-83.

[391] CARVALHO SANTOS, João Manoel de. **Código Civil brasileiro interpretado**. V.17. 13ª ed. Rio de Janeiro: Freitas Bastos, 1988, p. 348.

[392] WALD, Arnoldo. **Direito Civil**: contratos em espécie. V. 3. 19ª Ed. São Paulo: Saraiva, 2012 [Livro Digital].

[393] NERY JÚNIOR, Nery, 2014, p. 1763.

[394] STOCO, Rui. **Tratado de responsabilidade civil**: doutrina e jurisprudência. 7ª Ed. Rev. Atual e Ampl. São Paulo: Revista dos Tribunais, 2007, p. 536.

[395] MEIRELLES, 2013, p. 307.

PRESCRIÇÃO, DECADÊNCIA E PRAZOS DE GARANTIA

diferentemente destes últimos, propunham que, nos primeiros cinco anos da entrega da construção, a responsabilidade do empreiteiro de materiais é objetiva, tendo ressalvado Meirelles que, com relação ao empreiteiro de lavor, a presunção de responsabilidade que recai sobre ele é apenas relativa.

A despeito das pequenas nuances existentes numa ou noutra formulação deduzida acima, notadamente no que toca às tutelas concedidas ao dono da obra em razão da garantia estabelecida pelo artigo 618 e ao fator de atribuição de responsabilidade estabelecido contra o empreiteiro – problemas estes que serão melhor explorados ao longo do subcapítulo 2.3.1 do presente trabalho –, fato é que, a partir dessas contribuições, já se consegue esboçar alguns traços gerais a respeito do fato jurídico da garantia e, especificamente, da garantia pelos vícios de solidez e segurança estabelecida no artigo 618 do Código Civil. Arrisca-se, por assim dizer, que a garantia compreende uma "responsabilidade excepcional" e circunscrita a determinado lapso temporal. Um direito conferido ao dono da obra, cuja reivindicação subordina-se aos prazos de prescrição ou decadência a ela designados, o que, no caso particular da empreitada, mais precisamente no caso das empreitadas mistas, revela-se no período durante o qual a responsabilidade civil do empreiteiro pelos vícios de solidez e segurança é objetiva ou presumida, relativa ou absolutamente.

A essa descrição preliminar, no entanto, devem-se acrescer ainda as elucubrações originais formuladas por outros autores contemporâneos e que permitem uma maior elucidação do tema da garantia por vícios de solidez e segurança em particular e da disciplina dos prazos de garantias como um todo.

Mais, precisa-se estender seus horizontes ao terreno dos vícios redibitórios, da evicção e dos vícios ocultos disciplinados pelo Código de Defesa do Consumidor a fim de se rastrear seus traços comuns e diferenças. Aprofundamentos esses de todo necessários para uma apropriada compreensão dos prazos de garantia e para a formulação de uma definição ampla que contemple todos os seus aspectos, suas variantes e correlações com os termos extintivos da prescrição e da decadência.

Com Nancy Andrighi, por exemplo, os contornos dos prazos de garantia tornam-se um pouco mais nítidos e, ao discorrer sobre o prazo de prescrição quinquenal previsto no artigo 618 do Código Civil, a

PRESCRIÇÃO, DECADÊNCIA E VÍCIOS OCULTOS

autora chega mesmo a traçar algumas distinções relativas aos termos extintivos e à garantia inscrita no dispositivo, tendo afirmado que a garantia serve para proteger o comitente contra riscos futuros. Prerrogativa essa de todo diferente das estabelecidas em razão da prescrição e da decadência, por meio das quais se delimita o período em que um direito ou uma pretensão podem ser exercidos.[396]

Pablo Stolze Gagliano e Rodolfo Pamplona Filho, de forma muito mais sintética, mas não menos elucidativa, discorrem que a garantia prevista no dispositivo não se confunde com a prescrição nem com a decadência, pois se trata, ela mesma, de um "ônus decorrente da atividade exercida" pelo empreiteiro,[397] novamente reforçando a aproximação da garantia a um dever negocial legalmente instituído.

Rui Stoco, por sua vez, contribui duplamente para a caracterização das garantias e seus prazos. A uma, por realçar suas diferenças com relação aos termos extintivos, inadmitindo sua suspensão, impedimento ou interrupção, e por considerar possível sua ampliação voluntária.[398] A duas, ao reafirmar a garantia como um ônus excepcional atribuído ao empreiteiro de materiais e defender que ela não se confunde nem elimina a garantia legalmente prevista para os casos de vícios redibitórios, podendo concorrer com esta e mesmo com a responsabilidade ordinária do empreiteiro pelo apropriado cumprimento da obra, sem prejuízo algum à ordem jurídica estabelecida,[399] algo que, vale o destaque, também é reconhecido por Caio Mario da Silva Pereira, o qual afirma, peremptoriamente, que o termo final da garantia "não impede o dono da obra de exigir a reparação de danos que comprovadamente decorram da culpa do empreiteiro."[400]

Paulo Lobo, por sua vez, parece realizar síntese dos posicionamentos defendidos pelos professores Sérgio Cavalieri Filho e Caio Mário da Silva Pereira, tendo afirmado que a garantia prevista no artigo 618 do

---

[396] ANDRIGHI, Nancy; TEIXEIRA, Sálvio de Figueiredo (Coord.). **Comentários ao novo Código civil**: das várias espécies de contratos, do empréstimo, da prestação de serviço, da empreitada, do depósito. Rio de Janeiro: Forense, 2008, v. 9., p. 314.

[397] GAGLIANO; PAMPLONA FILHO, 2014, Capítulo VIII, item 7.

[398] STOCO, 2007, p. 536.

[399] STOCO, 2007, p. 530.

[400] PEREIRA, Caio Mário da Silva; GAMA, Guilherme Calmon Nogueira da. **Instituições de direito civil**: volume II – teoria geral das obrigações. 27. ed. Rio de Janeiro: Forense, 2015, p. 298.

PRESCRIÇÃO, DECADÊNCIA E PRAZOS DE GARANTIA

Código Civil é dever legal que integra o contrato de empreitada, o qual não elide o direito ordinário do dono da obra à reparação dos danos fundado no inadimplemento contratual e que pode ser exercido facultativamente pelo lesado.[401]

Seguindo para outra seara, Miguel Maria de Serpa Lopes, ainda que de forma esparsa em seus escritos, e também sem precisar os fins, os efeitos e o objeto proposto pelos prazos de garantia, afirma que as tutelas conferidas pelo nosso ordenamento, em razão da evicção e dos vícios redibitórios, revelariam circunstâncias modificativas do contrato, inscrevendo-as dentre o sistema de garantias do Código Civil, nada obstante nenhum esclarecimento seja prestado relativamente à compreensão do que comportaria referido "sistema de garantias" e como este se opera.[402]

Para Orlando Gomes, no entanto, a garantia por vícios redibitórios assume traços mais marcantes, mais precisos, tendo-se afirmado sua natureza especial e sua constituição como um dos efeitos diretos dos contratos comutativos, notadamente o de "proporcionar ao adquirente os meios de não sofrer a perda"[403] pela coisa adquirida com defeitos. Algo muito próximo com o que se verifica com a evicção, que se revela numa "garantia própria dos *contratos comutativos* que criam a obrigação de transferir o domínio de determinada coisa", consubstanciada no dever do alienante de garantir a posse justa da coisa transmitida e de defendê-la de pretensões de terceiros quanto ao seu domínio.[404]

Silvio Venosa, de modo muito semelhante, qualifica a garantia por vícios redibitórios e pela evicção como obrigações acessórias que servem a assegurar que a coisa transmitida seja útil para o destino proposto e que não sofra turbação de terceiros por fato ou ato anterior ao contrato,[405] tendo acrescentado que podem estas ser livremente ajustadas ante sua não essencialidade, podendo-se dispensá-las, restringi-las ou alargá-las, desde que respeitados os limites da autonomia privada.[406]

---

[401] LOBO, Paulo. **Direito Civil**: Contrato. 1ª Ed. 2ª Tir. São Paulo: Saraiva, 2012, p. 379.

[402] LOPES, Miguel Maria de Serpa. **Curso de Direito Civil**: fontes das obrigações. 6ª Ed. Rio de Janeiro: Freitas e Barros, 1996, p. 171-175.

[403] GOMES, 2008, p. 112-113.

[404] GOMES, 2008, p. 115.

[405] VENOSA, Sílvio de Salvo. **Direito Civil**: contratos em espécie. 18 ª ed. São Paulo: Atlas, 2018, v. 3, p. 197.

[406] Id., Ibid., p. 209.

PRESCRIÇÃO, DECADÊNCIA E VÍCIOS OCULTOS

Pontes de Miranda também não foge à regra quanto à definição da garantia por vícios redibitórios, ao concebê-la como um dever legal dirigido à prestação do bem tal qual o previsto pelas partes ao momento da conclusão do negócio jurídico.[407] Nada obstante, a sua contribuição para a compreensão da matéria situa-se em ponto diverso, prestando o autor subsídios valiosíssimos ao aclaramento do seu objeto e da sua operabilidade ao defender que "a pretensão à redibição ou à redução da contraprestação pode existir ao mesmo tempo que a ação de indenização por inadimplemento ou por adimplemento ruim, que inadimplemento é, pois os objetos são diferentes, ou podem ser diferentes",[408] entendimento este que é igualmente acompanhado por Maria Celina Bodin,[409] Antonio Henrique Pereira do Vale,[410] Youssef Said Cahali[411] e Arnaldo Rizzardo[412] em seus escritos mais recentes.

E, por fim, ao se estudar a matéria sob a ótica do direito do consumidor, Leonardo Roscoe Bessa,[413] Clarissa Costa de Lima,[414] Lídia Neves Bastos Telles Nunes,[415] José Carlos Maldonado de Carvalho,[416] Milena

---

[407] PONTES DE MIRANDA, 1984, p. 305.

[408] Id., Ibid, p. 306.

[409] BODIN DE MORAES, 2019, p. 18-19.

[410] DO VALE, Antonio Henrique. Dos vícios Redibitórios. **Doutrinas Essenciais de Obrigações e Contratos**. Vol. 4. Jun/2011. Disponível em: https://revistadostribunais.com.br/maf/app/resultList/document?&src=rl&srguid=i0ad6adc60000016e7ca001114c6a068f&docguid=I277df080682111e181fe000085592b66&hitguid=I277df080682111e181fe000085592b66&spos=2&epos=2&td=32&context=14&crumb-action=append&crumb-label=Documento&isDocFG=true&isFromMultiSumm=true&startChunk=1&endChunk=1. Acesso em: 18.08.2019.

[411] CAHALI, 2012, p. 235-236.

[412] RIZZARDO et al., 2015, p. 173.

[413] BESSA, 2015.

[414] LIMA, 2011.

[415] NUNES, Lydia Neves Bastos Telles. **Dos efeitos dos vícios redibitórios à luz do código civil brasileiro e do código de defesa do consumidor**. Disponível em: https://bdjur.stj.jus.br/jspui/bitstream/2011/19744/Dos%20efeitos%20dos%20v%C3%ADcios%20redibit%C3%B3rios%20%C3%A0%20luz%20do%20c%C3%B3digo%20civil%20brasileiro%20%20e%20do%20c%C3%B3digo%20de%20defesa%20do%20consumidor%20.pdf. Acesso em: 30.03.2019.

[416] CARVALHO, José Carlos Maldonado de Garantia Legal e Garantia Contratual: vício oculto e decadência no cdc. In: **Doutrinas Essenciais de Direito do Consumidor**. vol. 4. Abr/2011. Disponível em: https://revistadostribunais.com.br/maf/app/resultList/document?&src=rl&srguid=i0ad6adc60000016b15f2553e87c351c2&docguid=Ifae117e0f25211

Donato Oliva, Isabela Reimão Gentile,[417] Carlos Pinto Del Mar,[418] Zelmo Denari,[419] Cláudia Lima Marques, Antonio Herman Benjamin e Bruno Miragem[420] têm a definido, de forma mais ou menos direta, como o lapso temporal em que os fornecedores respondem pela qualidade, segurança, durabilidade e pelo desempenho dos produtos ou serviços prestados – como uma tutela temporalmente limitada e inafastável que se confere aos consumidores em razão de serviços e produtos prestados de forma inadequada, seja por colocarem em risco a integridade física de seus destinatários, seja por não satisfazerem, ou satisfazerem insuficientemente, a utilidade objetivamente esperada.

Vê-se, pois, que as disciplinas dos vícios redibitórios, da evicção, dos vícios de solidez e segurança e dos vícios ocultos previstos no Código de Defesa do Consumidor não se distanciam tanto quanto a sua operabilidade, natureza, objetos e, digamos assim, quanto a sua excepcionalidade, o que permite a dedução de uma disciplina comum dos prazos de garantia, ao menos no âmbito privado.

Constituem-se essas garantias – cada qual com seus próprios propósitos, dirigidos à conservação da utilidade da coisa, à manutenção da posse transmitida, à preservação da estabilidade e firmeza da obra construída ou mesmo à salvaguarda da incolumidade física de seus usuários – todas em deveres excepcionais, acessórios e temporalmente limitados, que se impõem à parte responsável pela entrega da coisa, a fim de melhor acautelar os interesses da parte adquirente. São ônus que se acrescem aos deveres ordinários decorrentes do contrato celebrado e

---

dfab6f010000000000&hitguid=Ifae117e0f25211dfab6f010000000000&spos=2&epos=2-&td=2&context=13&crumb-action=append&crumb-label=Documento&isDocFG=false&isFromMultiSumm=&startChunk=1&endChunk=1. Acesso em: 12.08.2018.

[417] OLIVA, Milena Donato; GENTILE, Isabela Reimão. **A proteção quanto aos vícios ocultos e o critério da vida útil.** Revista de Direito Privado. Vol. 88/2018. Abril/2018. Disponível em: https://revistadostribunais.com.br/maf/app/resultList/document?&src=rl&srguid=i0ad6adc60000016f478c0a43b6120410&docguid=Iccb06290396211e8b422010000000000&hitguid=Iccb06290396211e8b422010000000000&spos=3&epos=3&td=10&context=19&crumb-action=append&crumb-label=Documento&isDocFG=false&isFromMultiSumm=&startChunk=1&endChunk=1. Acesso em: 18.08.2019.

[418] DEL MAR, Carlos Pinto. **Falhas responsabilidades e garantias na construção civil.** São Paulo: Pini, 2007, p. 79.

[419] GRINOVER et al., 2007, p. 230.

[420] MARQUES et al., 2019, Seção IV – Da prescrição e da decadência.

PRESCRIÇÃO, DECADÊNCIA E VÍCIOS OCULTOS

que ampliam e diversificam as tutelas concedidas ao polo prejudicado. Não eliminam nem se confundem com as pretensões orientadas ao adimplemento contratual, antes concorrem com estas, sendo diferentes ou potencialmente diferentes os seus objetos, ainda que venham a compartilhar um mesmo suporte fático.

Com relação as suas dessemelhanças no que toca aos prazos de prescrição e decadência, também as disciplinas dos vícios materiais e jurídicos parecem convergir para uma apreciação em comum. Assim, compostos os diversos entendimentos sobre o tema, vê-se que os prazos de garantia não integram a categoria dos termos extintivos, à semelhança da prescrição e da decadência, pois não servem a limitar, temporalmente, o exercício de um direito ou de uma pretensão jurídica. A bem da verdade, os prazos de garantia correspondem à própria duração, ao próprio período de existência destes direitos especiais e temporários denominados direitos de garantia – reservando-se à prescrição e, sobretudo, à decadência, a limitação temporal para o exercício desses mesmos direitos. Em termos práticos, como se verá nos subcapítulos seguintes, os prazos de garantia servem, antes de mais nada, para impedir o início dos prazos de prescrição e decadência fixados para a reclamação dos direitos de garantia. Daí o interesse de se conceber classificação própria aos prazos de garantia, ainda que para fins puramente didáticos, diferenciando-os por sua eficácia, operabilidade e função particulares.

1.4.1 Os Prazos de Garantia Legal e a Decadência no Código Civil

Problema dos mais tortuosos na disciplina dos prazos de garantia, em geral, e no tratamento da responsabilidade civil do empreiteiro no tempo, em particular, reside em determinar como esses termos se comportam quando aferrados por um prazo de decadência, mais precisamente, em identificar e dissociar seus pontos de contato, sua extensão, os pressupostos materiais para sua realização e o momento a partir do qual seu exercício começa a se consumir e efetivamente se consome.

Nesse sentido, são verdadeiramente diversos e muitíssimo variados os posicionamentos doutrinários e jurisprudenciais que envolvem o tema, o que torna sua inteligência assaz desafiadora e, ao mesmo tempo, indispensável para uma real compreensão acerca de como as garantias se efetivam no cerne de um contrato de empreitada.

PRESCRIÇÃO, DECADÊNCIA E PRAZOS DE GARANTIA

Começando pelo entrelaçamento dos prazos de garantia e decadência previstos no artigo 445, § 1º, do Código Civil, a controvérsia se abaliza em dois grandes grupos, sob os quais diversos outros se ramificam, conferindo originalidade e riqueza à disciplina dos vícios redibitórios. Um primeiro, segundo o qual os prazos de cento e oitenta dias e um ano ali indicados assumiriam caráter nitidamente decadencial e se contariam somente a partir da revelação dos vícios, independentemente do tempo transcorrido desde a alienação do bem. E um segundo, mais bem firmado em doutrina, e claramente em oposição às imprecisões e inseguranças decorrentes da admissão do primeiro, que entende que os prazos estabelecidos em referido dispositivo correspondem aos limites temporais máximos para que os vícios redibitórios se manifestem.

Quantos às razões que levam à admissão da primeira percepção, capitaneada por José Fernando Simão[421] e Arnaldo Rizzardo,[422] segundam os autores que o § 1º do artigo 445 Código Civil de 2002 não teria estabelecido um *termo ad quem* para o encerramento da garantia. Mas, sim, prazos decadenciais distintos em razão de vícios que, por sua natureza, só pudessem vir a ser conhecidos tardiamente, tornando a delimitação temporal da garantia incerta e a contagem dos prazos ali previstos, igualmente, indeterminadas. Imprecisões essas que, na visão dos autores, seriam de todo necessárias a melhor salvaguardar a situação jurídica do adquirente prejudicado.

A solução proposta, não obstante, ressente-se dos mesmos inconvenientes já explicitados no subcapítulo 1.1.2 a respeito das assimetrias que decorrem de uma aplicação irrefletida dos sistemas subjetivos, com o agravante de que não se está aqui a discutir o sobrestamento da eficácia de pretensões ordinárias, mas de direitos potestativos excepcionais cujos efeitos sobre a esfera jurídica do agente mostram-se notoriamente mais gravosos.

Nesse sentido, imagine-se o caso de um vício de repercussão considerável, mas que só venha a materializar seus efeitos após quase dez anos do recebimento das obras pelo proprietário. Na situação *in casu*, admitida a interpretação de que as tutelas edilícias poderiam ser inten-

---

[421] SIMÃO, José Fernando. **Vícios do Produto no Novo Código Civil e no Código de Defesa do Consumidor.** São Paulo: Atlas, 2003, p. 112.

[422] Rizzardo etl al., 2015, p. 583.

PRESCRIÇÃO, DECADÊNCIA E VÍCIOS OCULTOS

tadas a qualquer momento, desde que respeitados os prazos decadenciais indicados no § 1º do artigo 445, poderia o dono da obra, uma vez constatados os aludidos vícios, solicitar a pronta redibição do contrato sem sequer fazer prova da culpa de sua contraparte, circunstância essa que imporia ao empreiteiro ônus probatório e econômico por demais desequilibrado, sobretudo se considerarmos o perecimento diuturno dos laudos e documentos constituídos pela parte à época da entrega da construção, bem como sua incapacidade material de acompanhar o desempenho e a regularidade de todas as atividades de manutenção desempenhadas pelos seus clientes no curso de vários anos.

Isso posto, a crítica à insegurança jurídica que decorre da primeira solução conduz, inevitavelmente, à adoção do segundo entendimento defendido por Caio Mário da Silva Pereira,[423] Sylvio Salvo Venosa,[424] Clarissa Costa de Lima,[425] Paulo Jorge Scartezzini Guimarães,[426] Leonardo Roscoe Bessa[427] e Gustavo Tepedino,[428] para os quais, além de ser demasiado absurdo expor o alienante a uma responsabilidade temporalmente indeterminada no seio de relações paritárias, a admissão de entendimento diverso faria letra morta ao § 1º do artigo 445, tendo em vista que, não fosse a intenção do legislador estabelecer um limite temporal para o surgimento dos vícios, sequer os teria previsto.

A unidade de juízo a respeito dos desígnios estabelecidos no § 1º do artigo 445 do Código Civil, contudo, não implica em dizer que também sua operabilidade e correlação com os prazos previstos em seu *caput* sejam objeto de consenso, sendo bastantes e variados os entendimentos formulados pelos autores a respeito do momento a partir do qual o prazo de garantia se encerra e a caducidade inicia seu curso.

Partindo das investigações promovidas pelo professor Caio Mário da Silva Pereira, vê-se que o professor mineiro identifica nos prazos de garantia espécie de decadência, razão pela qual os termos previstos no

---

[423] PEREIRA, 2014, p. 113-114.

[424] VENOSA, 2015, p. 565-567.

[425] LIMA, 2011.

[426] GUIMARÃES, 2007, p. 308.

[427] BESSA, 2015.

[428] TEPEDINO, Gustavo; BARBOZA, Heloisa Helena; MORAES, Maria Celina Bodin de. **Código Civil Interpretado Conforme a Constituição da República:** Volume II. Rio de Janeiro: Renovar, 2006, p. 71-72.

caput e no § 1º do artigo 445, à semelhança dos estipulados no *caput* e parágrafo único do artigo 618, não seriam contados e considerados de forma apartada. Mas somados, resultando num só prazo de decadência de "210 dias (180 dias para o surgimento do vício mais 30 dias para o exercício da redibição), no caso de móveis, e de dois anos (1 ano para o surgimento do vício e mais 1 ano para o exercício da redibição), no caso de imóveis, contados da tradição."[429]

Não obstante o brilhantismo e a autenticidade da solução proposta, que privilegia o direito à garantia face à decadência prevista no *caput* do artigo 445, ao defender que aquele só encontra termo ao final do prazo que lhe fora atribuído por força do § 1º do mesmo dispositivo, dita interpretação é desacreditada e se desbota ao desconsiderar as distinções materiais existentes entre os dois prazos, tornando-os ambos uma e só coisa.

Efetivamente, por mais tênue que seja a linha que separe a categoria dos termos extintivos e de garantia, fato é que decadência e garantia não se confundem, sendo bastante dessemelhantes seus objetos, suas finalidades e seus efeitos, o que torna desaconselhável equivalente aproximação.

Entendimento distinto e muito aproximado da solução estabelecida pelo código civil português, nos seus artigos 1.220[430] e 1.224,[431] é apresentado por Silvio Salvo Venosa[432] e Clarissa Costa de Lima,[433] segundo os quais o prazo de garantia legal previsto no § 1º do artigo 445 serve a impedir o início da decadência para a reclamação de vícios ocultos, recaindo sobre o adquirente, contudo, o ônus de denunciar os vícios

---

[429] PEREIRA, 2014, p. 113-114.

[430] **Artigo 1220º (Denúncia dos defeitos)** 1. O dono da obra deve, sob pena de caducidade dos direitos conferidos nos artigos seguintes, denunciar ao empreiteiro os defeitos da obra dentro dos trinta dias seguintes ao seu descobrimento. 2. Equivale à denúncia o reconhecimento, por parte do empreiteiro, da existência do defeito.

[431] **Artigo 1224º (Caducidade)** 1. Os direitos de eliminação dos defeitos, redução do preço, resolução do contrato e indemnização caducam, se não forem exercidos dentro de um ano a contar da recusa da aceitação da obra ou da aceitação com reserva, sem prejuízo da caducidade prevista no artigo 1220º 2. Se os defeitos eram desconhecidos do dono da obra e este a aceitou, o prazo de caducidade conta-se a partir da denúncia; em nenhum caso, porém, aqueles direitos podem ser exercidos depois de decorrerem dois anos sobre a entrega da obra.

[432] VENOSA, 2015, p. 565-567.

[433] LIMA, 2011.

PRESCRIÇÃO, DECADÊNCIA E VÍCIOS OCULTOS

constatados em até trinta dias da data de seu conhecimento, em atendimento ao disposto no artigo 446 do mesmo diploma.[434]

A ilustração, elogiável pelo bom sopesamento que faz da proteção excepcional conferida ao adquirente e do direito estendido a sua contraparte de conter tempestivamente o agravamento dos vícios a que dera causa, parece não encontrar amparo real nas disposições inscritas nos artigos 445 e 446 da lei civil, contudo.

Com efeito, ainda que se entenda ser essa a melhor e mais segura forma de articulação dos prazos de decadência e garantia – e, verdadeiramente, assim se entende –, uma interpretação mais minuciosa dos dispositivos não permite concluir que o descumprimento do prazo de denúncia pelo adquirente faça expirar "todos direitos que resultam do vício da coisa",[435] mas apenas o direito de ter o curso dos prazos estabelecidos no artigo 445 paralisado, conservando-se o período de caducidade de trinta ou cento e oitenta dias contados da entrega da coisa, caso remanescentes, conforme se aprofundará melhor no subcapítulo seguinte.

De uma forma ou de outra, o entendimento trilhado pelas turmas de direito privado do Superior Tribunal de Justiça, onde a matéria se encontra assentada desde dezembro de 2014,[436] bem como pela justiça federal, nos termos do enunciado 174 da III Jornada de Direito Civil,[437] coincide com o formulado por Paulo Jorge Scartezzini,[438] Leonardo Roscoe Bessa[439] e Gustavo Tepedino,[440] para os quais o prazo atribuído ao adquirente para reclamar vícios ocultos se encerra em trinta ou cento e oitenta dias, a depender da natureza da coisa adquirida, sendo estes

---

[434] Art. 446. Não correrão os prazos do artigo antecedente na constância de cláusula de garantia; mas o adquirente deve denunciar o defeito ao alienante nos trinta dias seguintes ao seu descobrimento, sob pena de decadência.

[435] LIMA, 2011.

[436] STJ, 4ª T., **REsp 1095882/SP**, rel.: Ministra Maria Isabel Gallotti, j. em 09/12/2014.

[437] Enunciado 174 – Em se tratando de vício oculto, o adquirente tem os prazos do caput do art. 445 para obter redibição ou abatimento de preço, desde que os vícios se revelem nos prazos estabelecidos no § 1º, fluindo, entretanto, a partir do conhecimento do defeito. (BRASIL. Conselho da Justiça Federal. III Jornada de Direito Civil. Disponível em http://daleth.cjf.jus.br/revista/enunciados/IIIJornada.pdf. Acesso em 12/02/2019).

[438] GUIMARÃES, 2007, p. 308.

[439] BESSA, 2015.

[440] TEPEDINO; BARBOZA; MORAES, 2006, p. 71-72.

contados do momento de sua descoberta. Fato este que deve ocorrer dentro do prazo máximo de garantia previsto no § 1º do artigo 445, sem o que a própria garantia se consome.

A situação, no entanto, não se replica perante os tribunais de justiça estaduais, cujos acórdãos costumam refletir, costumeiramente, as construções doutrinárias propostas por José Fernando Simão e Arnaldo Rizzardo, conferindo maior amplitude e volatilidade às garantias edilícias discutidas.

No Tribunal de Justiça de Santa Catarina, por exemplo, apenas seis acórdãos,[441] julgados entre 2010 a 2018 (inclusive o mais recente quanto ao tema), acompanharam o entendimento espedido pelo tribunal superior, ao passo que, no Tribunal de Justiça de São Paulo, um único acórdão foi encontrado nesse mesmo sentido.[442]

Por outro lado, e considerando o mesmo lapso temporal, foram encontrados onze acórdãos[443] no Tribunal de Justiça de Santa Catarina em que o prazo decadencial aplicado à espécie se encerraria no prazo previsto no § 1º do artigo 445, contado do momento da percepção dos

---

[441] TJSC, 4ª Cam. Dir. Civ. **AC 0500068-74.2011.8.24.0029**, rel.: Des. Joel Figueira Júnior, j. em 19/04/2018; TJSC, 4ª Cam. Dir. Com. **AC 2012.003554-3**, rel.: Des. Altamiro de Oliveira, j. em 02/12/2014; TJSC, 1ª Cam. Dir. Civ, **AC 2007.060658-0**, rel. Des. Joel Figueira Júnior, j. em 15/03/2011; TJSC, Cam. Esp. Reg. de Chapecó, **AC 2006.040312-5**, rel. Des. Gilberto Gomes de Oliveira, j. em 25/11/2010; TJSC, 1ª Cam. Dir. Civ. **AC 2008.037676-9**, rel.: Des. Carlos Adilson Silva, j. em 19/01/2010; TJSC, 3ª Cam. Dir. Com., **AC 2008.006474-7**, rel. Des. Cláudio Valdyr Helfenstein, j. em 01/07/2010.

[442] TJSP, 38ª Câm. Ext. de. Dir. Priv. **AC1005677-06.2016.8.26.0625**, rel.: Luiz Eurico; Órgão Julgador, j. em 22/03/2018.

[443] TJSC, Câm. Esp. Reg. de Chapecó, **AC 2013.075925-1**, rel. Des. Luiz Antônio Zanini Fornerolli, j. em 14/03/2016; TJSC, Câm. Esp. Reg. Civ. De Chapecó, **AC 2014.075626-5**, rel.: Des. Rubens Schulz, j. em 15/02/2016; TJSC, 3ª Câm. Dir. Civ., **AC 2012.013683-8**, rel. Des. Saul Steil, j. em 17/11/2015; TJSC, 5ª Câm. Dir. Civ., **AC 2009.076426-6**, rel.: Des. Odson Cardoso Filho, j. em 12/03/2015; TJSC, 5ª Câm. Dir. Civ., **AC 2009.076425-9**, rel.: Des. Odson Cardoso Filho, j. em 12/03/2015; TJSC, 2ª Câm. Dir. Civ., **AC 2013.046399-6**, rel.: Des. Trindade dos Santos, j. em 03/10/2013; TJSC, 5ª Câm. Dir. Civ., **AC 2008.017624-8**, rel.: Des. Jairo Fernandes Gonçalves, j. em 19/04/2012; TJSC, 1ª Câm. Dir. Civ., **AC 2007.031125-8**, rel.: Des. Denise Volpato, j. em 01/11/2011; TJSC, 1ª Câm. Dir. Civ., **AC 2011.015157-6**, rel.: Des. Sebastião César Evangelista, j. em 23/10/2014; TJSC, 5ª Câm. Dir. Civ., **AC 2013.078849-6**, rel.: Des. Jairo Fernandes Gonçalves, j. em 13/02/2014; TJSC, 1ª Câm. Dir. Com., **ED em AC 2010.002752-6**, rel.: Des. Janice Goulart Garcia Ubialli, j. em 06/02/2014.

vícios pelo adquirente, e cinco acórdãos[444] no Tribunal de Justiça de São Paulo que assim também entenderam.

Mais, destes onze acórdãos proferidos pela justiça catarinense, verifica-se que seis foram julgados após o pronunciamento do Superior Tribunal de Justiça a respeito de como os prazos estabelecidos no artigo 445 deveriam se operar, sendo que todos os cinco decididos pelo tribunal paulista seguiram dessa mesma maneira. Resultados esses que denotam a revelia de referidas instâncias perante as orientações da corte superior, bem como sua recalcitrância em decidir que o prazo decadencial emprestado ao particular para a reclamação dos vícios redibitórios se encerra em cento e oitenta dias, independentemente de garantia legal.

1.4.2 Os Prazos de Garantia Legal e as Tutelas Previstas no Código de Defesa do Consumidor

Outro impasse que inquieta os juristas, no que toca à disciplina dos termos de garantia, concerne ao tempo em que o fornecedor permanece objetivamente obrigado a atender às tutelas inscritas no Código de Defesa do Consumidor, em função dos vícios e defeitos que só tardiamente venham a se manifestar. E isso por uma razão bastante perceptível: a lei consumerista não previu prazo máximo para que referidas incorreções se evidenciem, tendo apenas arrazoado que a decadência se principia com o conhecimento dos vícios e que a prescrição tem início a partir "do conhecimento do dano e de sua autoria", nos termos dos artigos 26, § 3º e 27 de suas disposições, na contramão de tudo aquilo que se apregoa e depreende de outros sistemas subjetivos para a contagem dos prazos.

Efetivamente, é curioso pensar que a definição de um prazo máximo de garantia jamais esteve em pauta nas discussões legislativas que antecederam a consolidação da lei consumerista. Tanto mais se considerar que várias das disposições existentes no presente código sofreram influência direta da Diretiva n. 85/374 da Comunidade Econômica

---

[444] TJSP, 26ª Câm. Dir. Priv., **AC 1053724-71.2015.8.26.0002**, rel.: Bonilha Filho, j. em 14/06/2018; TJSP, 38ª Câm. Ex. Dir. Priv. **AC 1012824-83.2014.8.26.0001**, rel.: Luis Fernando Nishi, j. em 25/05/2018; TJSP, 35ª Câm. Dir. Priv. **AC 1004875-66.2015.8.26.0132**, rel.: Flavio Abramovici, j. em 10/04/2018; TJSP, 2ª Câm. Dir. Pub., **AC 0001729-19.2011.8.26.0053**, rel.: Vera Angrisani, j. em 30/11/2017; TJSP, 13ª Câm. Dir. Priv., **AC 1005145-57.2014.8.26.0510**, rel.: Ana de Lourdes Coutinho Silva da Fonseca, j. em 26/10/2016.

PRESCRIÇÃO, DECADÊNCIA E PRAZOS DE GARANTIA

Europeia e das leis alemãs e portuguesas vigentes à época, as quais fixavam um termo limite a partir do qual certas pretensões e direitos não poderiam mais ser exigidos.

Com efeito, a Diretiva n. 85/374 faz menção expressa à necessidade de se estabelecer um prazo máximo de dez anos, a contar da data em que o produto viciado é colocado em circulação, durante o qual os direitos estabelecidos pela norma subsistem. [445-446] O Código Civil Alemão, excepcionando as pretensões advindas da violação do corpo, da saúde, vida ou liberdade, designa que as reivindicações indenizatórias se consomem no prazo improrrogável de dez anos, contados do surgimento do dano; ou de trinta anos, da data do evento que lhe tenha dado causa,[447] enquanto o artigo 498 do Código Civil Português prevê que a prescrição das pretensões de origem aquiliana encerram-se em três anos, iniciados na data em que o lesado teve conhecimento do direito que lhe compete, "sem prejuízo da prescrição ordinária [decenal] se tiver decorrido o respectivo prazo a contar do facto danoso".

É bem verdade que não se pode falar que as normas tedescas e lusitanas supramencionadas façam alusão a termos de garantia, pois não tratam elas de tutelas excepcionais e fátuas advindas do cumprimento imperfeito de contratos comutativos. Tampouco se pode afirmar que referidos prazos servem a ampliar, temporariamente, os meios de defesa

---

[445] Artigo 10º: 1. Os Estados-membros estabelecerão na sua legislação que o direito de indemnização previsto na presente directiva prescreve no prazo de três anos a contar da data em que o lesado tornou ou deveria ter tomado conhecimento do dano, do defeito e da identidade do produtor. 2. A presente directiva não prejudica as disposições dos Estados-membros que regulam a suspensão ou a interrupção da prescrição.

[446] Artigo 11º: Os Estados-membros estabelecerão na sua legislação que os direitos concedidos ao lesado nos termos da presente directiva se extinguem no termo de um período de dez ano a contar da data em que o produtor colocou em que o produtor colocou em circulação o produto que causou o dano, excepto se a vítima tiver intentado uma acção judicial contra o produtor durante este período

[447] Section 199: *Commencement of the standard limitation period and maximum limitation periods. (2) Claims for damages based on injury to life, body, health or liberty, notwithstanding the manner in which they arose and notwithstanding knowledge or a grossly negligent lack of knowledge, are statute-barred thirty years from the date on which the act, breach of duty or other event that caused the damage occurred. (3) Other claims for damages become statute-barred 1. notwithstanding knowledge or a grossly negligent lack of knowledge, ten years after they arise and 2. regardless of how they arose and of knowledge or a grossly negligent lack of knowledge, thirty years from the date on which the act, breach of duty or other event that caused the damage occurred. The period that ends first is applicable.*

PRESCRIÇÃO, DECADÊNCIA E VÍCIOS OCULTOS

conferidos à vítima em razão do inadimplemento. De fato, as tutelas aí descritas não suplantam o ordinário, e os prazos a que se encontram vinculadas – de natureza prescricional por expressa disposição legal – detêm o nítido propósito de assegurar a estabilização da ordem jurídica. No entanto, a despeito dos prazos estabelecidos na lei consumerista integrarem categoria essencialmente distinta da verificada nesses diplomas, a forma como referidas legislações se serviram de dois termos extintivos diversos e concorrentes para imprimir maior precisão à durabilidade de certas pretensões poderia ser muito bem aproveitada no sistema subjetivo inaugurado pelo Código de Defesa do Consumidor.

A bem da verdade, como excelentemente examinado por Reinhard Zimmermann, a instituição de um limitador temporal à responsabilidade é traço bastante característico em sistemas de orientação subjetiva, servindo, justamente, como meio de contrabalancear as assimetrias e incertezas que decorrem da inexatidão do início da prescrição e de evitar que pretensões e outras posições jurídicas ativas se prolonguem indeterminadamente no tempo.[448]

O silêncio da lei consumerista e a falta de debate a respeito do tema nas comissões legislativas responsáveis pela sua elaboração, entretanto, não devem levar à conclusão precipitada de que a figura dos fornecedores deverá permanecer eternamente sujeita às tutelas descritas nos artigos 12 a 25, em razão dos vícios ocultos que eventualmente venham a se manifestar. Em algum momento, o fornecedor deverá liberar-se deste estado de sujeição em que se encontra e o exercício de referidos direitos e pretensões deverá ser terminantemente encerrado. Sobre a cabeça do fornecedor não se pode repousar uma espada a se perder no tempo, ainda mais tendo em conta a excepcionalidade de ditas garantias e a natureza objetiva da responsabilidade que encerra consigo. Daí o ímpeto da doutrina e da jurisprudência em estabelecer parâmetros mais ou menos objetivos para a demarcação da garantia e salvaguardar, a um só tempo, o melhor interesse de fornecedores e consumidores, assentando a esses um prazo suficientemente extenso para escudá-los dos vícios ocultos ocasionados por sua contraparte e que só venham a se revelar mais tarde, sem, contudo, inviabilizar economicamente o

---

[448] ZIMMERMANN, 2005, p. 129.

PRESCRIÇÃO, DECADÊNCIA E PRAZOS DE GARANTIA

empreendimento e inutilizar as provas que poderiam ser produzidas por aqueles diuturnamente.

No âmbito doutrinário nacional, três são as posições de maior destaque a respeito da limitação temporal da garantia por vícios ocultos no Código de Defesa do Consumidor e dos critérios a serem utilizados para determinar sua extensão.

A primeira, proposta por Paulo Jorge Scartezzini, sugere a aplicação subsidiária do § 1º do artigo 445 do Código Civil, de forma que as garantias estabelecidas pelo Código de Defesa do Consumidor seriam limitadas em cento e oitenta dias ou um ano, a depender da (i)mobilidade do bem, tendo arrazoado o autor que esses prazos seriam, "em regra, suficientes para a descoberta de qualquer falta de qualidade ou quantidade no produto."[449]

Não obstante, a solução desconsidera a sistemática estabelecida no Código de Defesa do Consumidor, cujos prazos orientam-se em razão da durabilidade dos bens adquiridos. Expediente normativo eleito, precisamente, por privilegiar a dinâmica longevidade dos bens e serviços adquiridos pelo consumidor, conforme suas idiossincrasias. Considerações essas que não necessariamente correspondem a um juízo a respeito do caráter movediço ou inamovível da coisa adquirida.

Outro aspecto negligenciado pelo autor diz respeito à própria extensão temporal da garantia. A bem da verdade, a alegação de que os prazos de cento e oitenta dias e um ano seriam bastantes para a descoberta de vícios ocultos na maioria dos casos está bem longe de ser verdadeira, não sendo incomum que se constatem falhas em automóveis, smartphones e laptops ou outros utensílios desenvolvidos com tecnologia de ponta após mais de um ano de uso, e falhas construtivas encobertas transcorridos alguns decênios.

Nesse sentido, veja-se o que dispõe a NBR 15.575/2013, conhecida como a Norma de Desempenho em Edificações, a respeito da vida útil[450]

---

[449] GUIMARÃES, 2007, p. 314.

[450] 3.42. Período de tempo em que um edifício e/ou seus sistemas se prestam às atividades para as quais foram projetados e construídos, com atendimento dos níveis de desempenho previstos nesta Norma, considerando a periodicidade e a correta execução dos processos de manutenção especificados no respectivo manual de uso, operação e manutenção (a vida útil não pode ser confundida com prazo de garantia legal ou contratual) (ABNT. NBR 15.575-1/2013, p.22).

dos diversos componentes, sistemas[451] e subsistemas que compreendem um complexo construtivo habitacional. Ao se considerar uma periodicidade e qualidade de manutenção mínimas, a estrutura da unidade edilícia, compreendida por fundações, pilares, vigas, lages e outros, deve-se conservar por, ao menos, cinquenta anos; os pisos internos e o telhamento de um mesmo edifício, treze anos; as paredes internas, escadas, os muros divisórios e o sistema hidrossanitário, no mínimo vinte; e as calhas internas e demais complementos de ventilação, iluminação e vedação, na pior das hipóteses, oito anos, circunstâncias essas que evidenciam a inadequação da solução proposta pelo autor diante dos fins almejados pela lei de consumo.

Mais bem alinhada à legislação consumerista é a doutrina de Paulo Luiz Netto Lôbo,[452] compartilhada em parte por Maria Pimenta Catta Preta Suzana Federighi.[453] Para eles, o prazo de garantia legal deve levar em consideração o prazo da garantia contratual concedido pelo fabricante, que "pressupõe a atribuição de vida útil pelo fornecedor que o lança no mercado e é o que melhor corresponde ao princípio da equivalência entre fornecedores e consumidores".

Nesse ponto, a lição acerta ao assemelhar o período de garantia à vida útil do bem ou serviço adquirido, mas vacila ao conjecturar que referidos termos se equivaleriam ao prazo de garantia contratual conferido pelo fabricante.

Inexiste qualquer indício legal ou prático que permita concluir pela aproximação das duas garantias. Tratam-se de direitos subjetivos distintos, sujeitos a pressupostos materiais diversos e, não raras vezes, dispositivos de preceitos dessemelhantes. Isso posto, enquanto a garantia legalmente instituída detém caráter de ordem pública, indisponível, bem assentando seu suporte fático e eficácia nos termos dos artigos 12 a 25 do Código de Defesa do Consumidor, a garantia contratual possui origem e natureza subjetiva, estende-se temporal e materialmente conforme a vontade das partes, podendo ser mais ou menos benéfica que

---

[451] 3.39. [Compõe a] maior parte funcional do edifício. Conjunto de elementos e componentes destinados a atender a uma macrofunção que o define (por exemplo, fundação, estrutura, pisos, vedações verticais, instalações hidrossanitárias, cobertura) (Id., Ibid, p. 22).

[452] LOBO, Paulo. **Responsabilidade por vícios do produto ou do serviço**. Brasília-DF: Brasília Jurídica, 1996, p. 106-108.

[453] FEDERIGHI, 2011, p. 805.

as garantias previstas na lei consumerista e mesmo estabelecer ao consumidor certos deveres laterais de colaboração, como diretrizes gerais para a conservação do bem e termo para a denunciação dos vícios, sem o atendimento dos quais a garantia não se realiza.

De fato, as garantias contratuais podem abranger inclusive fatos estranhos à esfera de responsabilidade do fornecedor – como sucede nas garantias antifurtos e contra acidentes provocados por terceiros ou pelo consumidor – e se prolongar temporalmente por período bem inferior ou superior à vida útil do bem, a depender da vontade das partes. Circunstâncias essas que, aliadas ao disposto no artigo 50 da lei consumerista,[454] tornam indiscutível o cunho complementar das garantias negociais e a impossibilidade de assemelhá-la às garantias instituídas por lei.

Doutro modo, ainda sobre a impossibilidade de se considerar o termo da garantia contratual como limite objetivo às garantias legais, pode acontecer de o fornecedor simplesmente não fornecer semelhante garantia, tornando, mais uma vez, discutível o tempo durante o qual o fornecedor permanece responsável pelos vícios decorrentes do cumprimento imperfeito da prestação, e esvaziando, por completo, a utilidade de semelhante critério.

Nessas condições, acabou-se por firmar, na doutrina e na jurisprudência do Superior Tribunal de Justiça,[455] o entendimento de que a garantia de adequação dos produtos e serviços se orientaria exclusivamente em razão da vida útil do bem comercializado. Apreciação essa que caberia ao judiciário realizar,[456] fixando prazos específicos para a consumação da garantia, conforme as características técnicas que encerram a durabilidade e a expectativa de utilização razoável do bem ou serviço.

---

[454] Art. 50. A garantia contratual é complementar à legal e será conferida mediante termo escrito. Parágrafo único. O termo de garantia ou equivalente deve ser padronizado e esclarecer, de maneira adequada em que consiste a mesma garantia, bem como a forma, o prazo e o lugar em que pode ser exercitada e os ônus a cargo do consumidor, devendo ser-lhe entregue, devidamente preenchido pelo fornecedor, no ato do fornecimento, acompanhado de manual de instrução, de instalação e uso do produto em linguagem didática, com ilustrações.

[455] STJ, 4ª T., **REsp 984106/SC**, rel.: Ministro Luis Felipe Salomão, j. em 04/10/2012; STJ, 3ª T., **REsp 1734541/SE**, rel. Ministra Nancy Andrighi, j. em 13/11/2018; STJ, 2ª T., **REsp 1123004/DF**, Rel. Ministro Mauro Campbell Marques, j. em 01/12/2011.

[456] MARQUES et al., 2019, Comentários ao artigo 50.

PRESCRIÇÃO, DECADÊNCIA E VÍCIOS OCULTOS

A tese sustentada por Marcelo Fonseca Boa Ventura,[457] Cláudia Lima Marques,[458] Bruno Miragem[459] e Leonardo Roscoe Bessa,[460] não obstante, encontra dificuldade em fornecer parâmetros objetivos para a identificação do momento a partir do qual a vida útil dos bens e serviços individualmente considerados se encerra. É certo que, com o curso dos anos e o uso reiterado das coisas, estas se desgastem, esmorecendo, consigo, o próprio ônus da prova que recai sobre o fornecedor a respeito das falhas observadas. O deteriorar do tempo é infalível, gradual, inevitável... Foge ao controle de tudo e todos, inclusive de fornecedores e empreiteiros, por mais peritos, diligentes e prudentes que sejam. Por isso se presume que, quando o produto é novo, o vício seja originário da negligência ou imperícia do fornecedor e, quando, ao contrário, o produto aproxima-se de sua vida útil, que o defeito percebido se deva ao seu desgaste natural.[461]

Mas, essas considerações não justificam nem servem a estabelecer critérios jurídicos objetivos para a apuração do tempo de vida dos produtos postos em circulação no mercado, que dirá sobre os prazos de garantia a que se encontram aferrados, tornando a discussão antes técnica do que jurídica, mais perita do que política.

---

[457] BOAVENTURA, Marcelo Fonseca. **Os institutos da prescricao e da decadencia no Código Civil e no Código de Defesa do Consumidor**. In: Revista de Direito Privado, vol. 14, Abr – Jun/2003. Disponível em: https://revistadostribunais.com.br/maf/app/result List/document?&src=rl&srguid=i0ad6adc50000016aa93f215e30919156&docguid=I2db f2aa0f25111dfab6f010000000000&hitguid=I2dbf2aa0f25111dfab6f010000000000&spo s=1&epos=1&td=2&context=13&crumb-action=append&crumb-label=Documento&isDoc FG=false&isFromMultiSumm=&startChunk=1&endChunk=1. Acesso em: 11/05/2019.

[458] MARQUES et al, 2019, Comentários ao artigo 50.

[459] MIRAGEM, Bruno. **Curso de Direito do Consumidor**. 5ª Ed. em E-book baseada na 7ª Ed. impressa. São Paulo: Thompson Reuters, 2018, Parte 2, A Proteção Contratual do Consumidor, Subcapítulo 3.3.6.1.

[460] BESSA, 2005, p. 228.

[461] BOAVENTURA, Marcelo Fonseca. **Os institutos da prescricao e da decadencia no Código Civil e no Código de Defesa do Consumidor**. In: Revista de Direito Privado, vol. 14, Abr – Jun/2003. Disponível em: https://revistadostribunais.com.br/maf/app/result List/document?&src=rl&srguid=i0ad6adc50000016aa93f215e30919156&docguid=I2d bf2aa0f25111dfab6f010000000000&hitguid=I2dbf2aa0f25111dfab6f010000000000&spo s=1&epos=1&td=2&context=13&crumb-action=append&crumb-label=Documento&isDoc FG=false&isFromMultiSumm=&startChunk=1&endChunk=1. Acesso em: 11/05/2019.

1.4.3 Garantia Contratual nas Relações Cíveis e Consumeristas

Ao lado das garantias legais mencionadas nos dois últimos subcapítulos, pode ocorrer, e normalmente ocorre no âmbito comercial e consumerista, que a parte adquirente seja agraciada pela instituição de uma garantia contratual em seu favor.

Referida garantia, como antecipado nos subcapítulos anteriores, não se confunde nem embaraça em absoluto as garantias legais constituídas pelo legislador pátrio. Antes as complementa, de forma gratuita ou onerosa, estabelecendo prazos de duração diversos, tutelas e objetos idênticos ou distintos dos previstos em lei e, na maioria dos casos, requisitos próprios para a sua realização, como manutenções periódicas do produto adquirido, a denúncia do vício em prazo específico e a exclusividade do fornecedor para a apuração e reparação das falhas constatadas. Aspectos esses em tudo variáveis e extensíveis, condicionados, quase que exclusivamente, à vontade das partes, sem jamais se perder de vista as diretrizes normativas da boa-fé objetiva e da função social dos contratos, que devem cercar todas e quaisquer negociações.

Estruturalmente, a garantia contratual pode se constituir de duas diferentes formas: como negócio jurídico acessório que adere ao negócio principal, ou mesmo em elemento particular inexo ao contrato, integrando sua existência e individualizando-o, sendo bastante comum que, em contratos imobiliários e de infraestrutura, sua realização se manifeste na forma de cláusulas insertas ao instrumento principal ou em um de seus anexos, neste último caso, para melhor delimitar o prazo, a extensão material e as condições a serem atendidas para o exercício da garantia. Comercialmente, é forte atrativo na disputa de consumidores e grandes agentes do mercado, sendo plenamente válido dentro do princípio da livre concorrência, e velho conhecido no âmbito comercial e consumerista, onde tomou forma, fama e estrutura, antes mesmo de receber qualquer regulamentação pelo atual diploma civil e pelo Código de Defesa do Consumidor.

Perante o Código Civil de 2002, a garantia contratual é disciplinada exclusivamente pelo artigo 446, segundo o qual, durante a constância da cláusula de garantia, não fluem os prazos previstos no artigo 445, cabendo ao adquirente denunciar os vícios constatados "ao alienante nos 30 (trinta) dias seguintes ao seu descobrimento, sob pena de decadência".

PRESCRIÇÃO, DECADÊNCIA E VÍCIOS OCULTOS

Nesse ponto, a lei civil inova o previsto no diploma anterior e na legislação consumerista ao estabelecer, a um só tempo, hipótese especial de impedimento dos prazos de decadência e garantia, e prazo decadencial intermitente, na forma de denúncia, algo, até então, inédito na ordem jurídica nacional, ainda que bastante ordinário em ordenamentos bastante próximos, como o italiano e o português.[462]

A disposição normativa não parece deixar dúvidas de que a garantia legal e a decadência estabelecida no *caput* do artigo 445 só têm início após o término do período de garantia contratual, como bem assentado por Paulo Jorge Scartezzini Guimarães,[463] Fábio Ulhoa Coelho[464] e Arnaldo Rizzardo.[465]

Assim, verificado o vício ou defeito no curso da garantia contratual, e tendo-se apresentado a denúncia no momento oportuno, o adquirente ainda desfrutará de mais trinta dias ou um ano para propor a ação correspondente depois de encerrado o período de garantia contratual. Ademais, caso se tratem de vícios ocultos que só venham a se manifestar tardiamente, à garantia contratual deve-se somar a garantia legal de cento e oitenta dias ou um ano, estabelecida no § 1º do artigo 445 do Código Civil, sem desconsiderar o prazo decadencial a que se encontra aferrado, cujo cômputo só se inicia a partir do momento em que o vício efetivamente for verificado.

No entanto, cumpre aclarar que a impediência mencionada comporta exceções, de forma que, muitas vezes, pode ocorrer de a garantia legal não ser afetada pela garantia contratual.

A bem da verdade, a garantia contratual só afetará os prazos de garantia legal quando seus objetos coincidirem, sendo esta indiferente aos prazos e às tutelas consensualmente estabelecidos pelas partes em todos os demais cenários. É o que acontece, por exemplo, nos casos em que a garantia prestada encobre apenas parcialmente o bem, e o vício constatado se encontra fora de sua esfera de cobertura; nos casos em que a garantia contratual não possa ser exercida porque o adquirente faltou com o cumprimento de algum dos seus deveres estabelecidos no

---

[462] GUIMARÃES, 2007, p. 198.

[463] GUIMARÃES, 2007, p. 196.

[464] COELHO, Fábio Ulhoa. **Curso de Direito Civil**. Vol. 3. 1ª Ed. em e-book baseada na 8ª Ed. impressa. São Paulo: Revista dos Tribunais, 2016, Quarta Parte, Capítulo 29, Item 3.

[465] RIZZARDO, Arnaldo. **Contratos**. 13ª Ed. Rev. e Ampl. Rio de Janeiro: Forense, 2013, p. 168.

PRESCRIÇÃO, DECADÊNCIA E PRAZOS DE GARANTIA

termo de garantia, como a manutenção periódica do bem,[466] e, ainda, nos casos em que a garantia consensual não sirva, propriamente, a assegurar a qualidade e o desempenho do produto fornecido, mas um risco estranho à execução contratual, como fatos provocados pela própria parte adquirente, furtos, acidentes e outros infortúnios, ocorrências estas alheias ao suporte fático dos vícios ocultos previstos na legislação civil e consumerista.

A respeito do dever imposto ao adquirente de denunciar os vícios constatados em até trinta dias do seu descobrimento, observa-se ligeira controvérsia acerca da extensão eficacial da segunda parte do artigo 446 e sobre o direito contagiado por força da decadência.

Nesse sentido, Maria Helena Diniz[467] e Flávio Tartuce[468] vão afirmar que a falta de comunicação tempestiva põe por terra, exclusivamente, a garantia convencional, iniciando-se, a partir de então, a decadência da garantia legal prevista no *caput* do artigo 445 do Código Civil; enquanto Carlos Roberto Gonçalves[469] e José Fernando Simão[470] posicionam-se no sentido de que os efeitos da denúncia se estendem tanto à garantia contratual quanto à legal, de modo que, não sendo o vício informado ao fornecedor dentro do prazo de trinta dias, ambas as garantias se esgotariam simultaneamente.

As razões aduzidas pelos autores para justificar um ou outro posicionamento, todavia, não satisfazem, oscilando de um ideal abstrato de justiça, no primeiro caso, a uma concepção igualmente genérica de equidade, no segundo. Ambos valores que, se bem trabalhados, poderiam ser utilizados para fundamentar este e aquele ponto de vista.

O fato de o Código Civil trabalhar com relações presumidamente paritárias não implica em dizer que o direito aludido na segunda parte do artigo 446 seja relativo às garantias edilícias. Da mesma forma que a redução da garantia legalmente estabelecida por força da decadência intermitente de trinta dias não permite concluir que seja a própria

---

[466] GUIMARÃES, 2007, p. 197.

[467] DINIZ, Maria Helena. **Código Civil Anotado**. 15ª Ed. São Paulo: Saraiva, p. 382.

[468] TARTUCE, Flávio. **Manual de Direito Civil**: volume único. 3ª Ed. Rev. e Atual. São Paulo: Gen, 2013, p. 596.

[469] GONÇALVES, Carlos Roberto. **Direito Civil Brasileiro**: contratos e atos unilaterais. V. 3. 13ª Ed. São Paulo: Saraiva, 2016, p. 135.

[470] SIMÃO, José Fernando. **Direito Civil**: contratos. 5ª Ed. São Paulo: Atlas, 2011, p. 76.

PRESCRIÇÃO, DECADÊNCIA E VÍCIOS OCULTOS

garantia contratual objeto de aludido prazo extintivo. Essas são conjecturas vagas, de cunho extremamente subjetivo e, por evidente, sem qualquer amparo legal, sendo, pois, refutáveis por inteiro.

Perante o Superior Tribunal de Justiça, no entanto, a questão nunca foi levada a julgamento para fins de uniformização e exame, e mesmo uma interpretação histórico-legislativa do dispositivo mostra-se insuficiente para melhor dimensionamento do artigo 446 do Código Civil, uma vez que a redação do dispositivo permaneceu inalterada desde os seus primeiros esboços.

Malgrado o desforço doutrinário e o silêncio dos tribunais e das comissões revisoras que participaram da elaboração do Projeto de Lei 634/75, atrevo-me a esboçar uma terceira interpretação a respeito do escopo da norma, mediante uma análise mais atenta da estrutura do artigo e da natureza das garantias legais e consensuais: a de que a decadência mencionada no dispositivo faria referência ao direito do adquirente de ver paralisados os prazos para a propositura das ações edilícias enquanto vigente a cláusula de garantia legal prevista no artigo 445.

Partindo-se de uma leitura estrutural do dispositivo, veja-se como o Código Civil dividiu aludido artigo em duas partes, encerrando duas regras com conteúdo preceptivo e suporte fático próprios, ainda que complementares entre si.

Na primeira parte, limitada por "ponto e vírgula", o artigo 446 destaca que os prazos estabelecidos no artigo 445 não terão início durante o período de garantia – sendo este o preceito da regra – e define as circunstâncias factuais necessárias para que referido impedimento se realize, notadamente a existência de uma cláusula de garantia. Quer-se dizer, o adquirente só terá direito ao impedimento dos prazos para a propositura das ações edilícias caso vigente cláusula de garantia, cumprindo destacar que a regra nada fala quanto à espécie de garantia mencionada, se legal ou negocial.

No que toca ao segundo trecho do dispositivo, este simplesmente institui o dever do adquirente de denunciar os vícios constatados no prazo de trinta dias de seu descobrimento e estabelece que o não atendimento dessa regra implicará a decadência do direito estabelecido na primeira parte do artigo 446, constituindo, aí, verdadeira *conditio iuris* para que o direito mencionado na primeira parte se perfectibilize e repercuta seus efeitos no mundo jurídico.

PRESCRIÇÃO, DECADÊNCIA E PRAZOS DE GARANTIA

A estrutura da norma, nessas condições, observa uma relação de complementariedade. Estabelece, num primeiro momento, direito ao adquirente ao impedimento dos prazos de decadência previstos no artigo 445 durante a vigência de cláusula de garantia, e institui, num segundo, condição jurídica para sua realização, a qual se consubstancia na denunciação dos vícios dentro do prazo decadencial de trinta dias. Daí porque não se possa interpretar que a decadência aludida afetaria o próprio direito de garantia estatuído no artigo 445 ou outra garantia negocialmente ajustada, como tenciona a doutrina.

Mais uma vez, a decadência enunciada na segunda parte do dispositivo refere-se unicamente ao direito mencionado no trecho normativo que o antecede e que diz respeito ao impedimento dos prazos para a propositura das ações edilícias previstas no artigo 445, não à garantia mesma por vícios redibitórios ou outra negocialmente constituída, de modo que, na falta de denúncia tempestiva, o resultado prático seria o mesmo que o artigo 446 jamais tivesse existido, conservando o período de caducidade remanescente para a propositura das ações edilícias, assim como da garantia consensualmente constituída pelas partes, se ainda vigente.

E, com efeito, nem teria como ser diferente, considerando as diferenças ontológicas existentes entre as duas espécies de garantia e seus respectivos âmbitos de formação. De fato, não cabe à lei civil substituir a vontade das partes ao instituir termos e procedimentos próprios para fins de acionamento da garantia negocial – salvo na hipótese de estes virem a se contrapor aos princípios orientadores da boa-fé objetiva, da função social dos contratos e das diretrizes estabelecidas na Declaração de Direitos de Liberdade Econômica – ainda que o inverso seja admitido, sendo permitindo ao legislador sujeitar o exercício das tutelas edilícias previstas no artigo 445 à denúncia tempestiva promovida pelo adquirente, desde que atendido o princípio da legalidade.

Sobretudo em empreendimentos imobiliários, é bastante comum que os períodos de garantia negociados sejam maiores do que os previstos na seção dos vícios redibitórios do Código Civil e se orientem por procedimentos de validação específicos, não sendo crível que a lei abstrata interfira de maneira tão concreta na liberdade contratual das partes.

Por fim, cumpre destacar, como já feito em subcapítulos anteriores, que a solução indicada privilegia o direito de o fornecedor mitigar

PRESCRIÇÃO, DECADÊNCIA E VÍCIOS OCULTOS

os prejuízos a que eventualmente tenha dado causa, embargando-lhes o agravamento enquanto ainda há tempo e permitindo-lhe reparar os vícios constatados o quanto antes, para afastar sua sujeição às tutelas edilícias previstas no *caput* do artigo 445 do Código Civil, razões essas que, registra-se, não justificam o escopo do artigo 446 de idêntico diploma, nada obstante o enriqueçam.

No que toca à disciplina da garantia contratual perante o Código de Defesa do Consumidor, materializada na forma dos artigos 50 e 74 de suas disposições, nota-se um dirigismo contratual muito mais presente do que o estabelecido na lei civil, tendo-se estabelecido parâmetros e requisitos objetivos para que a instituição da garantia se repute lícita e mesmo sanções criminais para aqueles que desatenderem as exigências ali previstas.

Nesse sentido, determina a lei consumerista que, tendo-se ofertado garantia, deve o fornecedor elaborar seu termo da forma mais detalhada possível, o qual deve esclarecer "de maneira adequada em que consiste a mesma garantia, bem como a forma, o prazo e o lugar em que pode ser exercitada e os ônus a cargo do consumidor, devendo ser-lhe entregue, devidamente preenchido pelo fornecedor, no ato do fornecimento", com manual de instruções, instalação e uso do produto, em linguagem didática e com ilustrações, sob pena de ser responsabilizado pela omissão ou deficiência de alguma informação essencial que venha a provocar danos ao produto e, consequentemente, prejuízos ao consumidor.[471]

Mais, nos termos do artigo 74 do Código de Defesa do Consumidor, considera-se crime de mera conduta "deixar de entregar ao consumidor o termo de garantia adequadamente preenchido e com especificação clara de seu conteúdo", cominando-se a pena de detenção de um ano a seis meses ou multa, independentemente da ocorrência de efetivo prejuízo ao consumidor, uma vez que a probabilidade de vir a ocorrer algum dano é presumida pela regra.

No que toca à interação das garantias legais e negocialmente constituídas nessa esfera, dois são os posicionamentos dominantes doutrinariamente. O primeiro, defendido por Leonardo Roscoe Bessa,[472] Cláudia

---

[471] Grinberg, 2000.
[472] Bessa, 2015.

PRESCRIÇÃO, DECADÊNCIA E PRAZOS DE GARANTIA

Lima Marques[473-474] e Zelmo Denari,[475] diz que cada uma dessas garantias subsiste concomitantemente e de tal forma que seus prazos não se confundem, cabendo ao consumidor a escolha da garantia que melhor lhe aprouver. E o segundo, defendido pelos professores e doutores Bruno Miragem,[476] Rizzato Nunes[477] e Flávio Tartuce,[478] afirma que referidos prazos se somariam, não se iniciando a decadência do artigo 26 do Código de Defesa do Consumidor antes do término da garantia contratual, excepcionando-se aqueles vícios que só se possam constatar tardiamente, cujo termo de garantia deve se orientar em razão da vida útil da mercadoria ou do serviço comercializado.[479]

Jurisprudencialmente, o posicionamento do Superior Tribunal de Justiça alinha-se a esse mesmo sentido, tendo sido somados os prazos das garantias legais e contratuais e respeitado o período de vida útil dos bens quando o vício verificado só poderia o ser diuturnamente, resguardando o melhor interesse do consumidor.[480]

A nosso ver, entretanto, essa não é a melhor interpretação a ser dada ao artigo 50 do Código de Defesa do Consumidor.

Novamente, não se pode esquecer que a garantia negocial e a garantia legal não se confundem, não se podendo tratar ambas como uma só coisa, até mesmo porque o escopo eficacial de cada qual pode ser, e normalmente é, diferente, discriminando-se quanto às tutelas conferidas,

---

[473] MARQUES et al, 2019, Comentários ao artigo 18.

[474] Vale o destaque que a professora parece defender posicionamento diverso em sua obra "Comentários ao Código de Defesa do Consumidor", em que escreve em coautoria com o professor Bruno Miragem e o ministro António Herman Benjamin.

[475] GRINOVER et al., 2007, p. 564.

[476] MIRAGEM, 2018, Responsabilidade Civil de Consumo, Item 3.3.7.

[477] NUNES, 2015, p. 455.

[478] TARTUCE; NEVES, 2017, p. 179.

[479] Paulo Jorge Scartezzini Guimarães também se alinha ao posicionamento doutrinário segundo o qual os prazos de garantia devem ser somados. Nada obstante, não faz nenhuma ressalva a respeito dos vícios que só possam ser constatados depois de demasiado tempo, pois considera a garantia contratual o limite mesmo da vida útil do bem (2007, p. 198).

[480] Nestes termos, colhem-se, dentre muitos, os seguintes acórdãos do Superior Tribunal de Justiça: STJ, 3ª T., **REsp 967.623/RJ**, rel. Ministra Nancy Andrighi, j. em 16/04/2009; STJ, 4ª T., **REsp 547.794/PR**, rel. Ministra Maria Isabel Gallotti, j. em 15/02/2011; STJ, 4ª T., **REsp 984.106/SC**, rel. Ministro Luis Felipe Salomão, j. em 04/10/2012; STJ, 2ª T., **REsp 1123004/ DF**, rel.: Ministro Mauro Campbell Marques, j. em 01/12/2011; STJ, 3ª T., **REsp 1734541/SE**, rel. Ministra Nancy Andrighi, j. em 13/11/2018.

os meios e requisitos para o seu exercício, suas fontes e mesmo seu modos de constituição, sendo desaconselhável a aproximação de direitos tão diversos, unicamente em vista do melhor interesse do consumidor e de um diálogo de complementaridade entre o artigo 50 do Código de Defesa do Consumidor e o artigo 446 do Código Civil.

Conforme preteritamente analisado no subcapítulo 1.3.2, tratam-se estes de juízos de valoração já realizados pelo legislador pátrio, reputando-se desaconselhável sua revisão pelo poder judiciário, sob pena de se comprometer a estrutura e a sistematicidade estabelecidas nos dois códigos.

Essa a razão de se optar pela definição de "complementariedade" estabelecida pelo primeiro grupo e se defender que ambos os prazos devam correr em paralelo. Ademais, numa interpretação puramente literal do artigo 50 de referido diploma, não são os termos conferidos às garantias que se complementam, mas as próprias garantias aí consideradas, com todas as suas aproximações e adversidades.

2. A Responsabilidade Negocial do Empreiteiro por Vícios Construtivos Ocultos e o Tempo

Superados os mitos criados pela doutrina e pela jurisprudência a respeito dos prazos extintivos e de garantia, e estabelecidos os alicerces para uma apropriada compreensão do tema, é chegada a hora de articular os conceitos e formulações aclarados no capítulo anterior com a disciplina dos contratos de empreitada, de maneira a se adentrar no estudo da responsabilidade negocial do empreiteiro por vícios construtivos ocultos no tempo.

Em termos concretos, é momento de se definir as tutelas conferidas ao dono da obra em razão das patologias detectadas, concentrando-se o estudo nas suas particularidades, seus escopos eficaciais e suas durações; de se esclarecer como as diferentes espécies de empreitada previstas no Código Civil podem interferir na variedade de tutelas atribuídas ao empreitante para solução dos vícios construtivos detectados, notadamente no que diz respeito às empreitadas mistas e às empreitadas puramente de lavor; de se aclarar como a forma de verificação das obras pode atuar sobre o início da contagem dos prazos; assim como de se denunciar algumas inconsistências observadas na doutrina, na jurisprudência e na legislação pátria, relacionadas ao assunto, e que impedem que a disciplina da responsabilidade negocial do empreiteiro no tempo evolua ou, ao menos, seja apropriadamente compreendida.

Dito isto, informa-se que esse segundo capítulo encontra-se estruturado em quatro partes: uma primeira (Subcapítulo 2.1), na qual se

PRESCRIÇÃO, DECADÊNCIA E VÍCIOS OCULTOS

buscará delimitar o contrato de empreitada e suas diversas espécies, identificando de que maneira suas diferentes feições podem afetar a contagem dos prazos para responsabilização do empreiteiro assim como a variedade de tutelas conferidas ao empreitante para solução dos vícios construtivos ocultos; uma segunda (Subcapítulo 2.2), em que se definirá o que sejam vícios construtivos ocultos, correlacionando-os à disciplina dos vícios de solidez e segurança, dos vícios redibitórios e dos vícios e fatos do produto ou do serviço; uma terceira (Subcapítulo 2.3), concentrada no estudo das tutelas conferidas ao ordenamento jurídico para depuração de cada uma dessas patologias, e, ao final; uma quarta (Subcapítulo 2.4), na qual são apresentadas as considerações finais desse autor no que toca à responsabilidade negocial do empreiteiro no tempo, e se acusa o anacronismo da disciplina dos vícios construtivos ocultos no Código Civil de 2002, evidenciando que os problemas que cercam o tema decorrem antes de uma solução legislativa insuficiente para sua regulamentação do que em virtude de uma jurisprudência que persevera em replicar no Código Civil de 2002 os mesmos modelos de julgamento aplicados ao tempo do Código Civil de 1916.

2.1 O Contrato de Empreitada e a Responsabilidade Civil do Empreiteiro

A despeito das diversas formas que possa assumir, essencialmente a empreitada é o contrato por meio do qual uma das partes, no caso o empreiteiro, compromete-se a realizar obra determinada ou determinável, mediante remuneração, sem que com isso se estabeleça qualquer vínculo de subordinação ou dependência entre as partes.[481]

Quanto à obra de que se encarrega o empreiteiro, ela se constitui no resultado material ou imaterial, móvel ou imóvel, exigido pelo contratante, podendo assumir as mais variadas feições e proporções, desde a construção de pequenas obras de infraestrutura, como um singelo muro de arrimo e um não tão modesto viaduto, até a reforma de pequena unidade habitacional e a ampliação ou demolição de valiosíssimos complexos industriais e mega condomínios, cujos investimentos desaparecem de vista, podendo consistir, ainda, em verdadeiros inventos do inte-

---

[481] PONTES DE MIRANDA, Francisco Cavalcanti. **Tratado de Direito Privado**. T. XLIV. 3ª Ed. São Paulo: Revista dos Tribunais, 1984, p. 376.

A RESPONSABILIDADE NEGOCIAL DO EMPREITEIRO POR VÍCIOS CONSTRUTIVOS...

lecto, como *softwares* e obras de arte, até móveis ultrassofisticados como embarcações e aeronaves, embora não sejam esses os tipos de obras objeto do presente trabalho.

À dessemelhança do ordenamento português[482] e francês,[483] nos quais o tipo permaneceu vinculado aos contratos de locação, nada obstante a relativa independência que lhe tenha sido conferida pela doutrina e jurisprudência, a empreitada brasileira desvencilhou-se de suas origens romanísticas e sagrou-se tipo autônomo, a partir do Código Civil de 2002, como no direito alemão.[484] Oportunidade em que se reconheceu a autenticidade do tipo e as particularidades de sua prestação principal: a entrega de uma obra mediante a realização de serviços.

A empreitada parece situar-se, assim, na justa intersecção entre múltiplos tipos contratuais, aproximando-se da prestação de serviços, em razão da obrigação de fazer a ela associada, e da compra e venda, tendo em vista a necessária entrega de um bem para sua consecução, sendo essa dualidade o que a define e a caracteriza, havendo, inclusive, quem a delineie como um tipo integrado por duas espécies diversas de prestações, como faz Amendine Cayol.[485]

Nada obstante, a obrigação nuclear assumida pelo empreiteiro dirige-se, antes de mais nada, à entrega objetiva de uma obra material ou imaterial, móvel ou imóvel,[486] de forma que se considera insuficiente a mera diligência prestada pelo profissional para fins de adimplemento. Seja em razão das práticas econômico-sociais que compreendem o tipo, seja em razão de seu fim precípuo, seu objeto e a declaração de vontade expedida pelas partes,[487] fato é que o empreiteiro deve responder pelos resultados alcançados com os seus serviços, presumindo-se sua culpa caso a obra realizada se distancie dos padrões estéticos, de segurança e qualidade pré-estabelecidos.[488] Particularidade essa que, novamente,

---

[482] MARIANO, 2008, p. 47.

[483] CAYOL, Amandine. **Le Contrat D'Ouvrage**. París: IRJS Éditions, 2012, p. 155.

[484] BEVILAQUA, 1924, p. 429.

[485] CAYOL, 2012, p. 136.

[486] LOBO, 2012, p. 368.

[487] RENTERÍA, Pablo. **Obrigações de Meios e de Resultado:** Análise Crítica. vol. 9 São Paulo: Editora Método, 2011, p. 77.

[488] CHAVES, Antônio. **Tratado de Direito Civil**. V.3. Revista dos Tribunais: São Paulo, 1985, p. 353.

PRESCRIÇÃO, DECADÊNCIA E VÍCIOS OCULTOS

singulariza o tipo e o distancia dos contratos de prestação de serviço, em que a obrigação instituída satisfaz-se com a simples atuação consciensiosa, diligente e conforme os progressos da ciência, em benefício do credor, isto é, através dos meios tendentes a produzir o resultado almejado,[489] dispensando a obtenção de um resultado em particular, como ocorre com a empreitada em larga medida.

Deve ficar bastante claro, entretanto, que a presunção de culpa estabelecida em desfavor do empreiteiro é apenas relativa e que a responsabilidade contratual contra si imposta pressupõe um nexo de imputação entre o defeito constatado e um comportamento censurável seu, só podendo ocorrer uma responsabilização objetiva em situações expressamente previstas em lei ou quando as partes assim o estipularem.[490]

A subjetivação da responsabilidade do empreiteiro, no entanto, não torna menos confortável a situação do empreitante no que toca à satisfação de seus direitos compensatórios. Nas hipóteses de cumprimento imperfeito, notadamente nos casos de vícios construtivos ocultos, em regra bastará ao dono da obra demonstrar a materialidade do dano observado para contentamento de seus interesses, recaindo sobre o empreiteiro o pesado ônus de provar que não concorreu com culpa para o surgimento da patologia construtiva observada, o qual, salienta-se, não se satisfaz com a simples demonstração de que atuou diligentemente para a consecução das obras, fazendo-se imprescindível a prova de que a causa da anomalia lhe é completamente estranha, decorrendo de caso fortuito, força maior ou fato exclusivo de terceiro ou da própria vítima, aproximando em muito a responsabilidade subjetiva do empreiteiro aos casos típicos de responsabilidade objetiva.[491] O que bem se compreende pelo domínio que o profissional contratado deve ter do processo executivo sob sua responsabilidade e de todas as demais circunstâncias envolvidas na realização da obra.[492]

Nessas condições, o empreiteiro só se libertará de suas responsabilidades em circunstâncias bastante específicas e, em muitas delas, desde

---

[489] COMPARATO, Fábio Konder. Obrigações de Meios, de Resultado e de Garantia. **Doutrinas Essenciais de Responsabilidade Civil**, vol. 5, 2011, p. 333-348.

[490] MARIANO, 2008, p. 76.

[491] LABARTHE, Françoise; NOBLOT, Cyril. **Traités des Contrats**: le contrat de enterprise. 4ª Ed. Paris: LGDJ, 2008, p. 452-453.

[492] MARIANO, 2008, p. 80.

que tenha atuado com diligência exemplar, tutelando, inclusive, pela apropriada prestação de sua contraparte. Assim acontecerá, por exemplo, nos casos em que os vícios ocultos tenham se originado de falhas de projeto, previsões, estudos ou materiais fornecidos pelo dono da obra.

Diante das normas civis e das disposições reguladoras do exercício da engenharia e da arquitetura, incumbe-se ao empreiteiro zelar pela correção e qualidade de tudo aquilo que lhe é fornecido,[493] denunciando o que for visivelmente impróprio ou insuficiente para a execução do empreendimento. Nesse contexto, a prova de que os vícios construtivos observados foram causados por falhas inerentes ao próprio dono da obra não bastará para o afastamento da responsabilidade do profissional,[494] cumprindo ao empreiteiro, na qualidade de técnico da construção e em atendimento ao seu dever de vigilância, demonstrar que não lhe era exigível detectar referidas falhas ou que, tendo-as detectado e comunicado oportunamente, o empreitante tenha insistido na realização das obras nessas mesmas condições.[495] Circunstâncias estas que, no conjunto, tornam extremamente dificultosa a exoneração da responsabilidade do profissional, pois se exigem registros impecáveis de todos os acontecimentos que se sucederam ao longo da obra para sua salvaguarda.

Doutro modo, também não haverá dever indenizatório se se atestar que o defeito verificado teve causa exclusiva na atuação de outros profissionais que concorreram para a consecução final da obra, como costuma ocorrer em empreendimentos complexos, nos quais diferentes empreiteiros extremamente especializados atuam conjuntamente para sua realização.

Efetivamente, um empreiteiro responsável pela construção das obras civis de uma pequena central hidrelétrica não deve responder pelo abalroamento da estrutura de concreto armado sobre a qual se afixam as comportas vagão do empreendimento, se constatado que o vício construtivo tenha sido provocado por falhas de dimensionamento do equipamento hidromecânico, cujo projeto e fornecimento a outro profissional cabia. Da mesma maneira, não se espera que a imperícia de topógrafo contratado autonomamente pelo dono da obra ou por outro profissional

---

[493] MEIRELLES, 2013, p. 307.
[494] PONTES DE MIRANDA, 1984, p. 398.
[495] MARIANO, 2008, p. 83.

PRESCRIÇÃO, DECADÊNCIA E VÍCIOS OCULTOS

repercuta na responsabilidade do empreiteiro pela estabilidade das torres autoportantes de uma linha de transmissão por si construída em razão do solo sobre o qual foram instaladas.[496] Sem prejuízo ao dever de colaboração ínsito a todas as relações contratuais, a cada profissional cabe seu próprio escopo, não imiscuindo ou sobrepondo-se as responsabilidades de um e outro, exceto se assim ajustado.

Adicionalmente, mas não menos importante, não se deve responsabilizar o empreiteiro se o dano verificado decorre de causas naturais ou extraordinárias que se reputem imprevisíveis e inevitáveis, nos termos do artigo 393 do Código Civil.[497]

É certo que não se pode exigir, de quem quer que seja, um dever de reparação a respeito de eventos extraordinários cujas ocorrência e repercussão fogem à álea natural do negócio e cujos controle e intervenção sejam impossíveis. Por mais preciosos que sejam os cuidados e as precauções tomadas por um profissional diligente, sempre haverá acasos que sobrepujam o esforço humano e desvelam sua fragilidade. Em questão de segundos, um terremoto no Chile pode pôr abaixo construções edificadas para perdurarem longinquamente. Do mesmo modo que um improvável furacão ao sul de Santa Catarina pode destelhar casas, comprometer parques eólicos e arruinar edifícios inteiros, sem que, com isso, exsurja qualquer responsabilidade para quem os construiu. Sendo incabível a responsabilidade do empreiteiro em ambos esses cenários, pois bastante claro que aludidos prejuízos advieram de circunstâncias alheias ao seu dever de segurança e precaução.

Não obstante, é preciso ter em mente que a lei apenas tutela o profissional contra os riscos anormais que nenhum cálculo racional ou a aguçada experiência permitiria considerar, deixando a cargo do empreiteiro toda sorte de adversidades tipicamente conexas à operação negocial, de acordo com o ajuste, os costumes e a aleatoriedade do ambiente em que se situa. Isso quer dizer, nem toda manifestação violenta da natureza deve ser reputada invencível e, por via de consequência, enquadrada

---

[496] PONTES DE MIRANDA, 1984, p. 411.

[497] Art. 393. O devedor não responde pelos prejuízos resultantes de caso fortuito ou força maior, se expressamente não se houver por eles responsabilizado. Parágrafo único. O caso fortuito ou de força maior verifica-se no fato necessário, cujos efeitos não era possível evitar ou impedir.

na moldura das excludentes de responsabilidade. A imprevisibilidade e inevitabilidade mencionadas precisam ser entendidas em consonância com as idiossincrasias físicas, climatológicas e geológicas do local, bem como da própria natureza, dos riscos expressamente assumidos e da finalidade da obra construída.[498]

Nessas condições, se a região de determinado parque eólico é suscetível a tempestades, não se reputa caso fortuito à ventania localmente ordinária que leve à queda uma de suas unidades geradoras, da mesma forma que não se toma como força maior o sutil abalo sísmico que arruíne barragem situada à beira de placa tectônica em constante atividade. Num e noutro caso, há um risco tacitamente assumido pelo empreiteiro, sendo seu dever, na qualidade de responsável técnico, erigir obra que atenda adequadamente às necessidades exteriorizadas pelo empreitante em vista de todas as atribulações do entorno em que se assenta,[499] não se eximindo de responsabilidade em razão de eventos relativamente previsíveis cujas consequências poderia evitar, ou, ao menos, mitigar.

Feitas essas considerações, cumpre destacar que referida presunção de culpa deve persistir mesmo após o fim do contrato, com a entrega da obra. E isso por uma razão muito simples: na empreitada, a má prestação em geral somente é verificada com o passar do tempo,[500] devendo esta presunção manter-se firme durante os primeiros anos da entrega do bem, e cada vez mais enfraquecida, conforme eles passam, levando consigo, de pouco em pouco, as chances de êxito da parte reclamante em razão dos vícios construtivos atestados.

Por fim, no que toca aos riscos expressamente assumidos pelo profissional, pode acontecer, e normalmente ocorre sobretudo em empreendimentos comerciais, de as partes relacionarem algumas hipóteses materiais em que o dever de reparação do empreiteiro exsurge independentemente de culpa sua. Fala-se, como antecipado no item 2.4 do presente trabalho, do estabelecimento de garantias negociais de qualidade da obra, cujos conteúdo, forma, duração, pressupostos, abrangência e exceções são previamente previstos pelos contraentes, ressalvando-se

---

[498] CAYOL, 2012, p. 263.
[499] PONTES DE MIRANDA, 1984, p. 399.
[500] ANDRIGHI, 2008, p. 322.

PRESCRIÇÃO, DECADÊNCIA E VÍCIOS OCULTOS

as proibições das convenções excluidoras ou limitativas da responsabilidade legal do empreiteiro por defeitos na obra.[501]

2.1.1 A Empreitada e seus Diversos Tipos

Conforme antecipado no subcapítulo anterior, desde que o empreiteiro conserve consigo o poder de organizar e programar o trabalho necessário à realização da construção e permaneça obrigado à entrega de uma obra por desforço próprio ou mediante subcontratação, podem os contratos de empreitada assumir diferentes feições sem que com isso se desnature sua estrutura e essencialidade.

Efetivamente, em razão da voluntariedade e disponibilidade dos direitos negociados nos contratos construtivos, quase todos os aspectos que o cercam podem ser drasticamente alterados, podendo ser objeto de tratativas, sem desvirtuamento das disposições legais do tipo, desde os riscos inerentes aos processos construtivos, até a amplitude do escopo das obras e a maneira e periodicidade dos pagamentos.

Nessas condições, a liberdade técnica do empreiteiro pode ser reduzida pela imposição prévia das soluções de engenharia a serem adotadas na realização da obra e pela possibilidade de se consagrar uma direção técnica do empreendimento por parte do dono ou de profissional por si contratado.[502] A remuneração pode ser ajustada por preço fixo, a preço unitário, máximo garantido e por administração. A segmentação da obra e periodicidade dos pagamentos pode se dar por partes distintas, por etapas, medidas ou após a conclusão das obras em um todo unicamente considerado. E o empreiteiro pode ser contratado para empregar somente os seus trabalhos ou prestá-los conjuntamente com o fornecimento de materiais, presumindo-se a contratação exclusiva dos serviços, em caso de silêncio, por expressa disposição legal.[503-504]

---

[501] MARIANO, 2008, p. 79.

[502] BAPTISTA, Luiz Olavo. Contratos de Engenharia e Construção. In: BAPTISTA, Luiz Olavo; PRADO, Maurício Almeida. **Construção Civil e Direito**. São Paulo: Lex Magister, 2011, p. 18.

[503] ANDRIGHI, 2008, p. 296.

[504] Art. 610. O empreiteiro de uma obra pode contribuir para ela só com seu trabalho ou com ele e os materiais.

§ 1º A obrigação de fornecer os materiais não se presume; resulta da lei ou da vontade das partes.

§ 2º O contrato para elaboração de um projeto não implica a obrigação de executá-lo, ou de fiscalizar-lhe a execução.

A RESPONSABILIDADE NEGOCIAL DO EMPREITEIRO POR VÍCIOS CONSTRUTIVOS...

Quanto ao grau de autonomia do profissional e o modelo de contratação adotado, a empreitada pode se dar mediante ajuste tradicional, no qual as atividades de execução de projeto e de construção são realizadas por profissionais distintos e em fases bem delimitadas do processo construtivo. Também se pode realizar por meio de arranjo concentrado, no qual o empreiteiro passa a executar não só os serviços diretamente relacionados à construção, mas seus projetos e a mobilização e coordenação dos recursos humanos e materiais necessários para a consecução ideal do empreendimento.[505] Ou, ainda, intermediada por um gerenciador de obras, ao qual se comete "a programação, a supervisão, o controle e a fiscalização de um determinado empreendimento de engenharia",[506] reduzindo sensivelmente o escopo de trabalho do empreiteiro e, por via de consequência, sua responsabilidade no que toca à gestão do empreendimento.

Com relação à remuneração, entende-se por empreitada a preço fixo ou a preço global o regime de contratação em que a contraprestação devida ao empreiteiro é preestabelecida para a integralidade da obra, não se levando em consideração as várias etapas da atividade ou frações do empreendimento,[507] sendo este o regime mais utilizado em licitações e em contratos do setor da construção civil nacionalmente.[508]

---

[505] WILLIS, Alfred, Design-build and building efficiency in the earlytwentieth century United States. In: HUERTA, Santiago (Ed.). **Proceedings of the First International Congress on Construction History**, Madrid, Instituto Juan de Herrera, 2003. Disponível em: <http://www.sedhc.es/biblioteca/actas/CIHC1_198_Willis A.pdf>. Acesso em: 17/11/2019, p. 2.119.

[506] MEIRELLES, Hely Lopes. Contrato de Gerenciamento: novo sistema para a realização de obras públicas. In: **Doutrinas Essenciais Obrigações e Contratos**. RT 533/11, mar./1980 p. 2. Disponível em: <https://revistadostribunais.com.br/maf/app/resultList/document?&src=rl&srguid=i0ad82d9b0000016f1f3f8fcb213288df&docguid=Ib7af8a106dad11e1bee4000 08517971a&hitguid=Ib7af8a106dad11e1bee400008517971a&spos=2&epos=2&td=974&context=5&crumb-action=append&crumb-label=Documento&isDocFG=true&isFromMultiSumm=true&startChunk=1&endChunk=1>. Acesso em 17.08.2018.

[507] BDINE JÚNIOR, Hamid Charaf. Da empreitada. In: **Revista dos Tribunais**. vol. 858/2007 | p. 82 – 102 | Abr/2007. Disponível em: <https://revistadostribunais.com.br/maf/app/widgetshomepage/resultList/document?&src=rl&srguid=i0ad82d9a0000016f1f40719e2e6 33904&docguid=I535311f0f25111dfab6f010000000000&hitguid=I535311f0f25111dfab6f01 0000000000&spos=5&epos=5&td=1263&context=21&crumb-action=append&crumb-label=Documento&isDocFG=false&isFromMultiSumm=true&startChunk=1&endChunk=1>. Acesso em: 17/11/2019.

[508] BAPTISTA, 2011, p. 21.

PRESCRIÇÃO, DECADÊNCIA E VÍCIOS OCULTOS

Na empreitada a preço unitário, pelo contrário, não há prévia estipulação do valor da obra. Como o próprio nome sugere, nesse modelo de contratação as partes somente preveem o valor das unidades ou medidas que compreendem o empreendimento – como o metro quadrado construído, o volume de escavação realizado ou o número de estacas instalados –, de modo que, "somente com o término do trabalho, as partes saberão o valor exato da remuneração, na proporção do trabalho realmente executado."[509]

Relativamente à empreitada a preço máximo garantido, esta se particulariza por determinar, desde o princípio, o valor limite a ser pago pelo empreitante em vista do empreendimento finalizado, cabendo ao empreiteiro fazer prova do quanto efetivamente será gasto para a consecução da obra, já considerando sua margem de lucro pelos serviços executados.[510]

No que toca à empreitada por administração ou a preço de custo, também se exige uma contínua prestação de contas por parte do empreiteiro, o qual percebe seus rendimentos na justa proporção dos seus trabalhos. Não obstante, à diferença daquela modalidade contratual, em que é o empreiteiro quem assume os riscos pelo superfaturamento da obra, aqui a situação se inverte, cabendo ao próprio empreitante bem administrar as obras para evitar semelhante infortúnio.[511]

Ditas distinções, a toda evidência, impactam diretamente no mosaico obrigacional da empreitada e na alocação dos riscos gerenciais, produtivos e financeiros que a encerram. Entretanto, pouco ou nada repercutem na responsabilização do empreiteiro em razão dos vícios construtivos ocultos que se venham a constar com o passar dos anos. Daí porque sua exposição tão suscinta nas linhas do presente trabalho.

Com a ingerência mais assídua do dono da obra, de seus prepostos ou de gerenciador contratado nos processos construtivos que compreendem a obra, nota-se um sensível deslocamento dos riscos por atraso, improdutividade e desarticulação do planejamento estrutural e orçamentário do empreendimento, da pessoa do empreiteiro ao polo

---

[509] ANDRIGHI, 2008, p. 286.

[510] HAROLD, Kerzner. **Project management:** A systems approach to planning, scheduling and controlling. 10ª Ed. New Jersey: Wiley, 2009, p. 853.

[511] CARVALHO SANTOS, João Manoel de; BARRETO, Plínio; ESPÍNOLA, Eduardo; DANTAS, San Tiago. Empreitada: construção por administração e pelo preço custo. In: **Doutrinas essenciais**: obrigações e contratos. vol. VI. São Paulo: Ed. RT, 2011, p. 178.

oposto da relação negocial. No entanto, por mais ostensivo que seja o controle do dono da obra sobre a solução de engenharia da construção ou quanto à maneira e à ordem que ela se desenrola, a palavra final a respeito da metodologia construtiva a ser empenhada continua sendo do empreiteiro, o qual, de igual maneira, permanece responsável pela revisão dos projetos conferidos pelo dono da obra e por seus prepostos – nos limites do esperado de um profissional diligente – e descoberto contra ações indenizatórias e constitutivas pelas anomalias construtivas que diuturnamente se apresentem.

Lado outro, embora a mecânica dos meios de pagamento influa diretamente na definição dos deveres acessórios contingenciados de parte a parte, como o dever de prestar contas pelo empreiteiro nas construções a preço de custo e preço máximo garantido, semelhantes modulações não abrandam, nem agravam, a responsabilidade civil do profissional em qualquer aspecto.

Verdadeiramente, as únicas categorizações que importam à discussão da responsabilidade do empreiteiro por vícios construtivos ocultos concernem ao fornecimento ou não fornecimento dos materiais e à segmentação da obra e periodicidade da remuneração do profissional. Neste caso, em razão do tempo conferido ao empreitante ou adquirente da obra construída para reclamar os vícios revelados, notadamente nas hipóteses em que a obra seja definida por etapas, partes distintas ou medidas. Naquele, em virtude do compartilhamento dos riscos relacionados à adequação e qualidade dos materiais empregados em obra.

2.1.1.1 *As Empreitadas que se Medem por Etapas, por Partes Distintas e por Medida*

O artigo 614 do Código Civil determina que, sendo a obra do tipo que se possa segmentar em partes distintas "ou for de natureza das que se determinam por medida, o empreiteiro terá direito a que também se verifique por medida, ou segundo as partes em que se dividir, podendo exigir o pagamento na proporção da obra executada".

O dispositivo, que já possuía equivalente ao tempo da codificação passada,[512] traz consigo medida de verdadeiro equilíbrio e comutativi-

---

[512] Art. 1.241. Se a obra constar de partes distintas, ou for das que determinam por medida, o empreiteiro terá direito a que também se verifique por medida, ou segundo as partes em que se dividir.

PRESCRIÇÃO, DECADÊNCIA E VÍCIOS OCULTOS

dade contratual, encerrando, a um só tempo, regra relativa à periodicidade dos pagamentos devidos ao empreiteiro – cujos aprofundamentos se dispensa, pois estranhos à proposta dessa estudo – e, no que verdadeiramente concerne ao presente trabalho, regra referente à verificação da obra. Esta última a refletir diretamente na liberação gradual do empreiteiro quanto aos vícios aparentes existentes em determinadas porções de obra, no enfraquecimento da presunção de responsabilidade que recai sobre si e na contagem do período de garantia em ajustes particulares.

Para fácil referência e ilustração, toma-se uma empreitada para a ampliação de aeroporto já em atividade como exemplo. Conforme a implantação avança, as áreas que compreendem o empreendimento são liberadas: um novo saguão para a circulação e acomodação de passageiros é disponibilizado; áreas comerciais são concluídas e imediatamente locadas; terminais de carga são abertos; *fingers*, pátio de aterrisagem e novos *taxiways* passam a ser utilizados, tudo isso muito antes do empreendimento ser concluído e se ter alcançado o resultado útil da empreitada.

Como se pode perceber, por mais que referidas porções de obra sejam intimamente integradas a um sistema complexo muito maior e valioso, sua disponibilidade e conclusão possuem serventia e utilidade ínsitas, podendo ser plenamente utilizadas pelo dono da obra uma vez concluídas, até mesmo como meio de amortização dos custos inerentes à empreitada.[513]

A partir do uso, a obra se reputa verificada e, por via de consequência, isenta de vícios ou defeitos aparentes, nos termos do § 2º do artigo 614 do Código Civil, partindo daí a contagem do período de garantia referente às estruturas entregues bem como o gradual enfraquecimento da responsabilidade do empreiteiro no que toca a essas mesmas frações de obra, haja vista que, com sua utilização, passam essas a se desgastar mais aceleradamente.

A conclusão das obras, no presente caso, é dispensável para que a integridade do empreendimento seja colocada à prova e seu desfrute se inicie. Daí porque "se as diversas partes da obra gozarem de autonomia entre elas, correm tantos prazos quantas as entregas das diversas partes que a compõem."[514]

---

[513] COELHO, 2016, Quarta Parte, Capítulo 34, Item 2.
[514] MARIANO, 2008, p. 167.

A RESPONSABILIDADE NEGOCIAL DO EMPREITEIRO POR VÍCIOS CONSTRUTIVOS...

Fala-se, aqui, em empreitada dividida em partes distintas, pois possível se separar cada uma das partes da obra para a verificação isolada.[515]

Não obstante, vale a ressalva de que nem toda a empreitada passível de fracionamento em partes distintas permite a liberação paulatina do empreiteiro conforme suas estruturas são concluídas e verificadas pelo dono da obra.

Em empreendimentos energéticos, por exemplo, ainda que se possam individualizar os *bays* de conexão das linhas de transmissão a eles associados bem como o próprio empreendimento energético em si considerado, como um parque eólico, uma pequena central hidrelétrica ou uma usina à combustão, sua construção só terá seu desempenho, sua solidez e segurança realmente certificados após seu comissionamento. Momento esse em que, costumeiramente, ajusta-se a expedição de um certificado de aceitação provisória pelo dono da obra – título conferido ao empreiteiro de que seus trabalhos, aparentemente, alcançaram o resultado esperado e de que a obra se encontra em condições de uso operacional –, contando-se, a partir daí, o período de garantia técnica e a progressiva liberação do empreiteiro, salvo se antes de sua emissão já vinha o empreitante fazendo uso da construção contratada, circunstância em que os prazos começam a ser contados desde então.

Lado outro, a empreitada pode dar-se, ainda, por etapas ou por medida.

Quanto à empreitada por etapas, ela se caracteriza em razão do seu caráter indissociável, ainda que possível sua segmentação em diversos sistemas e microssistemas. As etapas, aqui, compreendem os segmentos nucleares da obra, não as estruturas integradas e passíveis de isolamento que se verificam na empreitada por partes distintas. É o que se observa, por exemplo, em construções residenciais, em que as fundações não podem ser separadas das paredes, o telhado da laje sobre a qual se assenta e assim por diante. Ditos sistemas e subsistemas não possuem serventia ou utilidade em si mesmos nem podem ter sua qualidade avaliada antes de se constituírem em um todo que reflita a organicidade do conjunto, sendo essa a razão de não ser aplicável, via de regra, o disposto no artigo 614 do Código Civil[516] para fins de verificação e remuneração dos serviços.

---

[515] ANDRIGHI, 2008, p. 304.
[516] ANCONA LOPEZ, Teresa. **Comentários ao Código civil:** das várias espécies de contratos. v. 7. São Paulo: Saraiva, 2003, p. 273.

PRESCRIÇÃO, DECADÊNCIA E VÍCIOS OCULTOS

Com relação à empreitada por medidas, ela se observa sobretudo em empreitadas rodoviárias, nas quais é pré-fixada a remuneração e verificação das obras em razão do seu avanço (habitualmente, quilometragem asfaltada ou trecho concluído), valendo-se aqui as mesmas observações já realizadas no tocante à definição do termo de garantia e vida útil das empreitadas por partes distintas, notadamente em razão de sua equivalência legal e de sua proximidade fático-substancial.

Feitas essas considerações, há que se esclarecer que um mesmo empreendimento pode ser seccionado por medidas, por partes distintas e mesmo por etapas, o que revela serem esses aspectos antes das porções de obras executadas do que do tipo de empreitada a ser considerada. Retoma-se o exemplo das construções rodoviárias para melhor esclarecimento.

Nesse tipo de construção, notadamente em se tratando de obras de maior envergadura, é usual que se estabeleça a verificação das obras de terraplenagem por medida e a das obras de artes especiais, como viadutos, muros de arrimo e contenção, por partes distintas, sem que com isso se verifiquem os diversos sistemas e subsistemas que compreendem ditas estruturas, ou seja, suas etapas.

Assim, ainda que a empreitada possa ter como objeto a edificação de construções as mais diversas e se admita às partes regularem a periodicidade das verificações e os pagamentos dos modos mais particulares, no silêncio do contrato, serão as características da construção singularmente executada que determinarão a forma de seu pagamento[517] e de sua verificação, nos termos do artigo 614 do Código Civil.

---

[517] Embora não seja propriamente este o objeto desse trabalho, cumpre esclarecer que não se pode confundir a periodicidade e a forma de medição das obras com o tipo de remuneração estabelecido pelo empreiteiro. Quer dizer, uma coisa é a obra ser fracionada por medidas, fixando-se eventos de pagamento e verificação pelo progresso dos trabalhos. Outra, completamente diferente, é se acordar que a obra será remunerada por medidas, sem se estabelecer, em princípio, o valor final da obra e da remuneração devida ao empreiteiro. Com efeito, uma obra seccionada em medidas não necessariamente implica numa empreitada remunerada a preço unitário, podendo assumir a forma de uma empreitada a preço máximo, por administração e mesmo de uma empreitada a preço global. Em verdade, em empreendimentos complexos em que há indeterminação do volume de serviços necessários para seu cumprimento, é bastante comum que se estabeleça um valor fixo relacionado à conclusão de certos trabalhos e uma planilha dinâmica de preços em razão dos desforços excepcionais empregados pelo empreiteiro e não previstos pelas partes para a realização dessas mesmas obras.

Duma forma ou de outra, o que se precisa ter presente para os fins propostos neste trabalho é que, independentemente da maneira em que a obra é fracionada, sua vida útil e o período de garantia a ela inerente só passam a ser contados a partir do seu uso ou a partir da sua verificação para o uso, momento em que se caracteriza a entrega.[518] O que acontecer primeiro. Sendo esse o termo *a quo* para a extinção de direitos e pretensões conferidas ao empreitante ou adquirente da unidade construída para a reclamação dos vícios construtivos ocultos detectados.

2.1.1.2 *A Empreitada Mista e a Empreitada de Lavor*

A dissociação das empreitadas mistas daquelas simplesmente de lavor se justifica por dois motivos bastante aparentes e expressos em lei: em razão da distribuição dos riscos pela perda dos trabalhos e materiais empregados em obra até sua entrega ou mora do credor,[519] na forma dos artigos 610, 611, 612, 613 e 617 do Código Civil, e, de forma mais relevante para o presente trabalho, em decorrência da responsabilidade excepcional imposta ao empreiteiro de materiais pelos vícios de solidez e segurança constatados em obra, na forma do artigo 618 desse mesmo diploma.[520]

Com relação aos riscos assumidos pelo profissional da construção, num ou noutro ajuste, nenhum comentário adicional faz-se necessário, porquanto não ser esse o escopo desta pesquisa.

Porém, no que toca às diferenças destes dois arranjos em razão da responsabilidade pelos vícios ocultos e por aqueles que comprometam a solidez e segurança da edificação, alguns breves apontamentos se fazem necessários antes de se adentrar no subcapítulo 2.3, especificamente dirigido ao estudo da disciplina dos vícios construtivos ocultos.

Nos termos do artigo 618 do Código Civil, fica bastante clara a escolha do legislador em estender essa responsabilidade excepcional exclusivamente aos empreiteiros que concorram com seus trabalhos e materiais para execução das obras. Efetivamente, ao dispor de forma específica que "o empreiteiro de materiais e execução responderá", não se integrou ao suporte fático da norma o empreiteiro de lavor, exclusão

---

[518] ANDRIGHI, 2008, p. 315.
[519] BEVILAQUA, Clóvis. **Direito das Obrigações**. 6ª Ed. Rev. e Atual. Rio de Janeiro: Livraria Francisco Alves, 1945, p. 313-314.
[520] PAIVA, 1997, p. 70.

essa que se torna ainda mais evidente por meio de uma interpretação lógico-sistemática do dispositivo.

Com efeito, pela leitura dos artigos 610, 611, 612 e 613, observa-se que o Código Civil faz alusão expressa ao tipo de empreitada a que se direciona quando diferentes preceitos são dirigidos à empreitada mista e de lavor, ao passo que, nas hipóteses normativas aplicáveis a ambas as empreitadas, como as dispostas nos artigos 614, 615, 616, 617, 619 e seguintes, optou o legislador, simplesmente, por silenciar a respeito do modelo de contratação afetado, o que torna bastante evidente que o silêncio do artigo 618 quanto às empreitadas de lavor não foi despropositado.

Nessas condições, estabeleceu-se contra o profissional que presta seus trabalhos e materiais para a consecução da obra responsabilidade objetiva em razão daqueles vícios que venham a comprometer a integridade física e estrutural da obra construída, não podendo elidir sua responsabilidade pelos danos constatados senão mediante prova de caso fortuito, força maior ou culpa exclusiva da vítima ou de terceiro.

Entretanto, há que se ter em mente, conforme destacado por Alfredo Almeida Paiva,[521] Hely Lopes Meirelles[522] e João Manoel de Carvalho Santos,[523] que a responsabilidade excepcional estabelecida em desfavor do empreiteiro de materiais não torna o empreiteiro de execução isento de responsabilidade pelos vícios de solidez e segurança que venham a se constatar.

Em atendimento à diligência esperada de um bom técnico da construção, ainda responde o profissional pela verificação do solo sobre o qual o empreendimento se assenta, dos materiais fornecidos pelo dono da obra,[524] bem como pela qualidade dos serviços prestados e pela consistência da construção concluída. Daí porque ser inafastável a responsabilidade do empreiteiro pelo incumprimento incorrido e pelos vícios redibitórios descobertos, segundo pacificado pelo Superior Tribunal de Justiça desde 1991,[525] sem perder de vistas os direitos e as pretensões

---

[521] Paiva, 1997, p. 70.

[522] Meirelles, 2013, p. 307.

[523] Carvalho Santos, 1988, p. 347.

[524] Lima, Fernando Andrade Pires de; Varela, João Antunes de Matos. **Código Civíl anotado**. V. 2. Coimbra: Coimbra Editora, 1968, p. 547.

[525] STJ, 4ª T., **REsp 8.410/SP**,Rel.: Athos Carneiro, j. em 23/10/1991.

conferidas ao dono da obra em razão dos vícios ou defeitos do produto ou serviço constatados, caso a empreitada esteja inserida numa relação de consumo, conforme disposto nos artigos 389, 395 e 445 do Código Civil, e nos artigos 12, 14, 18 e 20 do Código de Defesa do Consumidor.

À diferença da responsabilidade do empreiteiro de materiais, contudo, a presunção de responsabilidade que recai sobre o empreiteiro de lavor para a promoção da respectiva ação indenizatória é apenas relativa. O que não quer dizer que a prova para a exoneração de sua responsabilidade seja menos dificultosa, sobretudo nos casos em que os vícios constatados decorrem da instabilidade do solo ou da falta de qualidade dos materiais prestados pelo dono da obra.

Efetivamente, cabendo ao empreiteiro certificar a qualidade do terreno e de todo o material empregado na construção, esse somente se exonerará da responsabilidade que lhe é imposta caso comprove que os vícios existentes em referidos elementos de obra eram imperceptíveis ao momento de sua verificação, o que se revela bastante complicado quando as estruturas já vieram abaixo ou as falhas denunciadas encontram-se escancaradas.

Tendo-se verificado referidas inadequações antes da consecução das obras, por outro lado, o empreiteiro pode desonerar-se se tiver informado o dono da obra a respeito da imprestabilidade do terreno e dos materiais propiciados, caso este insista no prosseguimento da obra, colocando em risco a qualidade e segurança da obra pretendida. A partir de então, todo o risco denunciado inerente aos materiais e ao solo passa a concernir exclusivamente ao dono da obra, o qual não poderá, futuramente, queixar-se dos vícios constatados, agindo contra sua própria conduta, em abuso de direito, seja em razão daquelas anomalias construtivas que, verdadeiramente, coloquem em risco a firmeza estrutural da obra, seja em virtude de vícios mais sutis e que comprometam, unicamente, a qualidade da construção realizada.

2.2 Vícios Construtivos Ocultos

Entende-se por vícios construtivos ocultos as anomalias objetivas da obra, traduzidas em estados patológicos que comprometam o valor ou a utilidade da unidade construída[526] e sejam impassíveis de serem

[526] MARIANO, 2008, p. 67.

PRESCRIÇÃO, DECADÊNCIA E VÍCIOS OCULTOS

detectados ao momento de sua entrega. Trata-se da materialização física do cumprimento imperfeito da empreitada, quando provocado pelo empreiteiro,[527] ou, ainda, da imprudência do empreitante que tenha insistido na utilização de materiais inadequados para a consecução do empreendimento.[528]

São infiltrações propagadas em um edifício, problemas estruturais graves que ameacem a ruína de um parque fabril ou mesmo deficiências no desempenho de uma usina que não consegue alcançar os níveis de eficiência e geração de energia originalmente pactuados, caracterizando verdadeiros vícios de qualidade, conforme definição atribuída a Karl Larenz,[529] Paulo Jorge Scartezzini Guimarães[530] e João Cura Mariano,[531] em todos os casos diminuindo o valor de mercado da coisa adquirida ou a aptidão da obra relativamente ao fim ou uso a que se destina.

Quanto a sua verificação, pressupõe-se, necessariamente, que tais vícios sejam revelados de forma tardia, após a aceitação das obras, não se reputando ocultos os vícios visivelmente constatáveis ao momento da entrega,[532] bem como aqueles negligentemente ignorados, considerada a aptidão técnica de quem a recebeu.[533] Nesses casos, fala-se em vícios aparentes, patologias que, nos termos dos artigos 615 e 616 do Código Civil, devem ser denunciadas de pronto pelo empreitante de modo a resguardar seu direito ao não recebimento da obra ou sua aceitação com abatimento no preço, prevendo a legislação consumerista, doutro modo, a possibilidade de denunciar esses vícios em até noventa dias da data entrega da construção, após o que se inviabilizariam as tutelas inscritas nos artigos 18 e 20 daquele diploma, conforme determina o artigo 26, II, de suas disposições.

Conquanto não seja objeto deste trabalho, cumpre salientar que a obra visivelmente viciada pode ainda ser recebida com reservas, sem que com isso se perca o direito à redibição ou ao recebimento da obra com abatimento do preço, sendo essa prática bastante comum nos

---

[527] GUIMARÃES, 2007, p. 142.
[528] LABARTHE; NOBLOT, 2008, p. 473-474.
[529] LARENZ, 1959, p. 58.
[530] GUIMARÃES, 2007, p. 159.
[531] MARIANO, 2008, p. 67.
[532] DEL MAR, 2007, p. 52.
[533] MARIANO, 2008, p. 102.

casos em que o atraso na sua entrega possa acarretar prejuízos desproporcionais por quem a contratou.[534] É o que acontece, por exemplo,
quando o próprio dono da obra assume o compromisso de concluir o
empreendimento em tempo certo, mas o responsável pela construção
atrasa, pondo o empreendedor a descoberto de multas e outras penali-
dades firmadas com terceiros. Nessas hipóteses, é dado ao dono receber
provisoriamente a obra no estado em que se encontra, obrigando-se o
empreiteiro à correção dos vícios constatados ou à finalização dos serviços pendentes, de modo a lhe purgar a mora, sob pena de ver a obra
enjeitada ou recebida com abatimento do preço.[535]

Quanto à taxonomia dos vícios construtivos ocultos e os regimes jurídicos a eles aplicáveis, podem estes ser classificados em vícios redibitórios e vícios de solidez e segurança, conforme a lei civil, bem como vícios
ou defeitos ocultos do produto ou serviço, perante o Código de Defesa
do Consumidor, sendo que o enquadramento de uma patologia em uma
determinada categoria não afasta a possibilidade de sua subsunção em
outras, podendo mesmo ocorrer que, de um mesmo fato, satisfaça-se o
suporte fático de diversos tipos.

Na realidade, embora este subcapítulo se dedique, exclusivamente,
àquelas patologias que só venham a se manifestar tardiamente, há
que se destacar que, com exceção da categoria dos vícios redibitórios,
todas as demais classificações acima mencionadas excedem a moldura
dos vícios ocultos, podendo ser vislumbradas, segundo a legislação, na
modalidade aparente. Quer-se dizer, as categorias dos vícios de solidez
e segurança e dos vícios e defeitos do produto e do serviço não constituem, propriamente, espécies de vícios ocultos, mas tipos autônomos
e eventualmente coincidentes, como círculos secantes que, em um e
outro ponto, compartilham espaços em comum.

Assim, vícios de solidez e segurança sempre poderão ser taxados de
vícios redibitórios quando ocultos, preexistentes à entrega das obras e
provocados pela imperícia do empreiteiro; vícios redibitórios, por sua vez,
podem ser classificados tanto na categoria dos vícios do produto ou serviço como na dos fatos do produto ou do serviço, conforme o resultado

---

[534] MARTINEZ, Pedro Romano. **Cumprimento Defeituoso:** em especial na compra e venda
e na empreitada. 3ª Reimpressão. Coimbra: Almedina, 2016, p. 123.
[535] PONTES DE MIRANDA, 1984, p. 291.

PRESCRIÇÃO, DECADÊNCIA E VÍCIOS OCULTOS

danoso se alastre para a esfera extrapatrimonial do consumidor prejudicado ou não; ao passo que os vícios previstos no Código de Defesa do Consumidor podem não se enquadrar em nenhuma das categorias supramencionadas, ao serem rotulados dentre os vícios aparentes.[536]

A começar pela categoria mais ampla das acima mencionadas, denominam-se vícios redibitórios os defeitos ocultos que desvalorizem a coisa pretendida ou a tornem imprestável para os fins usualmente a ela atribuídos ou expressamente negociados de forma comutativa.[537] A exclusão ou redução da aptidão da obra, relativamente ao fim ou uso a que se destina, reporta-se, nessas condições, a uma utilização satisfatória, num padrão de normalidade, ou a uma especial finalidade visada pelo dono da obra, caso esta esteja explícita ou implicitamente contida nos termos contratuais.[538]

Em termos práticos, isso quer dizer que vícios singelos e que ordinariamente não seriam considerados relevantes para a caracterização dos vícios redibitórios podem vir a sê-lo, caso as circunstâncias particulares do contrato firmado, consubstanciadas no seu conteúdo expresso e implícito, assim o exigirem.

Embora imperceptíveis num primeiro contato ou mesmo após minuciosa perícia empenhada pela parte contratante, assevera a doutrina ser indispensável para sua própria caracterização que sejam eles preexistentes ao momento da tradição do bem,[539] na forma do artigo 444 do Código Civil,[540] ou, no caso da empreitada, da entrega da obra,[541] erigindo contra quem quer que tenha satisfeito a obrigação principal – empreiteiro, prestador de serviços ou um vendedor – presunção absoluta de que tenha sido o causador de referidas falhas, ressalvando-se que não se consideram vícios os defeitos ocasionados por mau uso ou falta de conservação do bem, assim como aqueles decorrentes de seu natural desgaste.

Quanto a sua gravidade e extensão no âmbito da construção civil e imobiliária, ditos defeitos podem assumir feições as mais variadas

---

[536] DEL MAR, 2007, p. 69.
[537] GOMES, 2008, p. 112.
[538] MARIANO, 2008, p. 67.
[539] PONTES DE MIRANDA, 1984, p. 278.
[540] Art. 444. A responsabilidade do alienante subsiste ainda que a coisa pereça em poder do alienatário, se perecer por vício oculto, já existente ao tempo da tradição.
[541] MARIANO, 2008, p. 68.

possíveis, compreendendo desde vícios menores, como o encurtamento da vida útil de equipamentos eletromecânicos em empreendimentos energético, até desastres estruturais verdadeiramente catastróficos, como a instabilidade de uma barragem de rejeitos ou o comprometimento estrutural de um determinado condomínio edilício, estes últimos com potencial destrutivo para devastar a própria unidade construtiva e tudo e todos que se encontrem a sua volta.

Fala-se em inofensivas rachaduras nas paredes que separam um cômodo de outro, de piezômetros que não apontam corretamente a pressão estática exercida pela água no reservatório de alguma central hidrelétrica, de infiltrações mais ou menos graves existentes entre apartamentos vizinhos, do desgaste acelerado das turbinas de uma unidade eólica, do afundamento da pista de rolamento em empreendimentos rodoviários e mesmo das falhas na rede coletora de esgoto, que não comporta a circulação de dejetos em conformidade com o volume projetado.

Como antecipado em subcapítulos anteriores, sua disciplina é esmiuçada na forma e nos termos dos artigos 441 a 445 do Código Civil, cujas disposições também servem a regulamentar o regime das garantias edilícias, nomeadamente as tutelas redibitórias e estimatórias. Direitos potestativos conferidos ao adquirente, cuja realização dispensa a prova da culpa, de modo a melhor salvaguardar o interesse da parte contratante em receber coisa isenta de defeitos, seja mediante o desfazimento do negócio concluído, seja por meio da devolução do montante equivalente ao desfalque da obra prometida, decorrente da reconstituição do contrato.

Vícios de solidez e segurança, entretanto, não decorrem necessariamente de negligência, imprudência ou imperícia do empreiteiro ao momento da execução das obras. Reformas grosseiras efetuadas por um condômino em prédio de apartamentos, falhas nos materiais fornecidos pelo dono da obra, impactos adversos oriundos de construções vizinhas e mesmo fenômenos naturais podem ser a causa de semelhante infausto, não havendo qualquer disposição no artigo 618 do Código Civil que permita concluir que alegados vícios devam preexistir ao momento da entrega da obra, em dessemelhança ao que ocorre com os vícios redibitórios na forma do artigo 444 de idêntico diploma.

A bem da verdade, na forma do artigo 618 da lei civil, não se exige nem mesmo que referidas patologias sejam ocultas para sua caracterização ou para a realização da garantia a ela relacionada. Como bem

PRESCRIÇÃO, DECADÊNCIA E VÍCIOS OCULTOS

anotado por Pontes de Miranda, em seus comentários ao artigo 1.245 da legislação anterior, ainda que aparentes ao momento da entrega da obra, a responsabilidade civil do empreiteiro pelos vícios de solidez e segurança deve persistir caso referidas anomalias venham a se agravar e comprometer a estabilidade da obra ou, ainda, caso o empreitante deixe de ressalvar o defeito aparente mencionado no escrito de recebimento e aprovação do empreendimento.[542] Equivale dizer, patologias aparentemente inofensivas em um dado momento podem ocultar ou desenvolver defeitos verdadeiramente catastróficos no cursar dos anos, não se podendo crer tampouco admitir que o empreitante teria aceitado a obra viciada se tivesse plena convicção dos gravíssimos riscos que estaria a correr.

Por prestígio ao contraditório e à honestidade acadêmica, no entanto, ressalva-se que dito posicionamento doutrinário, referente à "aparência" dos vícios descritos no artigo 618 do Código Civil, não é pacífico, existindo quem entenda, à semelhança de Tereza Ancona Lopez, que os vícios de solidez e segurança tratados no artigo 618 do Código Civil "devem ser necessariamente ocultos, pois no sistema civil a reclamação relativa a vícios aparentes significaria verdadeiro *venire contra factum proprium,* conduta essa repudiada pelos princípios da boa-fé objetiva".[543]

Dando continuidade ao delineamento do que sejam vícios de solidez e segurança, há que destacar que referidos vícios dispensam a ruína para sua caracterização, bastando-lhe o perigo de solapar suas estruturas para alcançar semelhante fim. Nessas condições, ainda que os danos não se tenham manifestado mas se possam prever, "sejam eles evitáveis ou não no sejam, a responsabilidade do empreiteiro existe, porque o prazo do art. 1.245 do Código Civil [equivalente artigo 618 na atual legislatura] é para a alegação da causa, do perigo, e não para a alegação do dano ocorrido".[544]

Ademais, a responsabilidade por vícios de solidez e segurança não pode ser confundida com a responsabilidade imposta ao dono da obra em razão dos prejuízos causados a terceiros pela ruína do prédio ou de seu desabamento parcial, na forma do artigo 937 do Código Civil.[545]

---

[542] PONTES DE MIRANDA, 1984, p. 409-410.
[543] ANCONA LOPEZ, 2003, p. 295.
[544] PONTES DE MIRANDA, 1984, p. 410.
[545] Art. 937. O dono de edifício ou construção responde pelos danos que resultarem de sua ruína, se esta provier de falta de reparos, cuja necessidade fosse manifesta.

A RESPONSABILIDADE NEGOCIAL DO EMPREITEIRO POR VÍCIOS CONSTRUTIVOS...

Em primeiro lugar, porque ela exige, necessariamente, o desabamento total ou parcial da unidade construída.[546] Segundo, pois, como expresso no próprio dispositivo legal, dita responsabilidade pressupõe a existência de culpa do dono da obra pela falta de manutenção da unidade construída.[547-548-549] Terceiro, porquanto esta é uma responsabilidade aquiliana assumida pelo empreitante perante terceiros alheios à obra, não se estendendo de pronto ao empreiteiro, ainda que possa ser este litisdenunciado ou acionado regressivamente por quem o contratou.[550]

Quanto aos seus traços característicos e à abrangência da garantia definida no artigo 618 do Código Civil, não existe consenso doutrinário, ainda que se perceba uma tendência bastante forte no sentido de se expandir o conceito de "vícios de solidez e segurança" para patologias outras que não se restrinjam à estabilidade e a aspectos puramente estruturais da obra construída.

Para Carlos Pinto Del Mar,[551] Carlos Roberto Gonçalves,[552] Tereza Ancona Lopez,[553] Sérgio Cavalieri Filho[554] e Alfredo Almeida Paiva,[555] por exemplo, todo defeito concernente à integridade estrutural da edificação ou as suas condições de habitabilidade e salubridade deve ser considerado vício de solidez e segurança, não mais se compadecendo com o aparecimento de patologias relativamente graves em obras de engenharia no atual estágio de evolução técnica da indústria da construção civil.

Defende-se, assim, um alargamento semântico do conceito de solidez e segurança, uma interpretação ampliativa para abarcar vícios que,

---

[546] LOPES, Miguel Maria de Serpa. **Curso de Direito Civil:** fontes acontratuais das obrigações. 4ª Ed. Rio de Janeiro: Freitas e Barros, 1995, p. 327.

[547] PEREIRA, Caio Mário da silva; TEPEDINO, Gustavo (Atual.). **Responsabilidade Civil.** 12ª Ed. rev. atual. e ampl. Rio de Janeiro: Forense, 2018, p. 151-152.

[548] BEVILAQUA, Clóvis. **Código Civil comentado**. V. V. 6ª Ed. Rio de Janeiro: Francisco Alves, 1940, p. 238.

[549] STOCO, Rui. **Tratado de responsabilidade civil:** doutrina e jurisprudência. 2ª Ed. em E-book baseada na 10ª impressa. São Paulo: Revista dos Tribunais, 2015, Título II, Capítulo VI.

[550] STOCO, 2015, Título II, Capítulo VI.

[551] DEL MAR, 2007, p. 55.

[552] GONÇALVES, 2016, p. 377.

[553] ANCONA LOPEZ, 2003, p. 314.

[554] FILHO, 2014, p. 415.

[555] PAIVA, 1997, p. 70-71.

PRESCRIÇÃO, DECADÊNCIA E VÍCIOS OCULTOS

por sua natureza, e numa leitura estrita do citado artigo 618, não seriam contemplados por referido dispositivo, como infiltrações, vazamentos e deterioração de blocos de revestimento. Patologias essas que, embora não comprometam a estabilidade da obra, afetam a incolumidade física e patrimonial de quem a tenha adquirido ou dela faça uso, o que justificaria sua tutela excepcional mediante garantia.

A essas razões, acresce Tereza Ancona Lopez[556] que o prazo de garantia ordinariamente atribuído a essas patologias, na forma do artigo 445 do Código Civil, seria "insuficiente para contornar problemas que não podem ser percebidos quando da entrega da obra e que, não obstante, revelam o incorreto adimplemento contratual", daí porque integrá-las ao escopo eficacial do artigo 618.

No mesmo sentido, mas por fundamento diverso, Pontes de Miranda defende que a concepção de segurança, inerente ao termo "vícios de solidez e segurança", seria suficiente para abarcar aqueles vícios que afetam a integridade física e material de seus usuários. Bastaria, para tanto, fazer-se dissociar o que sejam vícios de solidez do que sejam vícios de segurança, sendo aqueles relacionados à qualidade estrutural da construção e estes dirigidos à própria segurança do empreitante, abarcando "perigos de incêndio, de umidade grave, de anti-higiene e de gases".[557]

Perante a jurisprudência do Superior Tribunal de Justiça, o alargamento da concepção literal dos vícios de solidez e segurança é uma constante desde 1990,[558] quando do julgamento do REsp 1.882/RJ,[559] de relatoria do Ministro Athos Carneiro, no qual se entendeu não ser seguro o edifício que "não proporcione a seus moradores condições normais de habitabilidade e salubridade", salvaguardando o direito do condomínio pleiteante contra os vazamentos e as infiltrações identificadas em seus apartamentos.

---

[556] ANCONA LOPEZ, 2003, p. 314.
[557] PONTES DE MIRANDA, 1984, p. 410-411.
[558] Dentre muitos, cita-se: STJ, 4ª T., **REsp 32.239-3/SP**,Rel.: Eduardo Ribeiro, j. em 19/04/1994; STJ, 4ª T., **REsp 66.565**, Rel.: Min. Sálvio de Figueiredo Teixeira, j. em 21/10/1997; STJ, 3ª T., **REsp 46.568/SP**, Rel. Ministro Ari Pargendler, j. em 25/05/1999; STJ, 4ª T., **REsp 595.239/SP**, Rel.: Ministro Cesar Asfor Rocha, j. em 06/04/2004; STJ, 3ª T., **REsp 706.424/SP**, Rel.: Ministro Humberto Gomes de Barros, j. em 11/10/2005.
[559] STJ, 4ª T., **REsp 1.882/RJ**,Rel.: Athos Carneiro, j. em 06/03/1990.

A RESPONSABILIDADE NEGOCIAL DO EMPREITEIRO POR VÍCIOS CONSTRUTIVOS...

De modo diverso, mas sob a mesma linha argumentativa utilizada por esses autores, Hely Lopes Meirelles,[560] Antonio Chaves[561] e Mario Moacyr Porto[562] vão ainda mais longe e expandem a compreensão dos vícios de solidez e segurança, englobando não só as patologias construtivas referentes à habitabilidade do edifício e sua integridade estrutural, mas todo e qualquer defeito oculto diuturnamente verificado, independentemente de sua gravidade.

Destoando um pouco das razões até então apresentadas, mas acompanhando integralmente a conclusão alcançada por estes últimos autores, Rui Stoco[563] aferra-se à definição de "defeito" para fundamentar as razões pelas quais todo e qualquer vício deve ser objeto de tutela pelo artigo 618 do Código Civil. Para o autor, "todo defeito irá, cedo ou tarde, desembocar e interferir na solidez ou na segurança da obra [...] de modo que não pode ficar de fora da garantia assegurada pelo art. 618", sendo o defeito, na realidade, uma espécie mais difusa e imprecisa de vício.

De nosso lado, no entanto, identificamo-nos com a posição minoritária defendida por Nancy Andrighi,[564] Paulo Jorge Scartezzini Guimarães,[565] Silvio Rodrigues[566] e Ênio Santarelli Zuliani,[567] segundo os quais vícios de solidez e segurança devem se limitar àquelas patologias construtivo-estruturais que coloquem em risco a incolumidade física de seus usuários bem como de todos aqueles que circulam em seu entorno, em uma interpretação literal do disposto no artigo 618 do Código Civil.

---

[560] MEIRELLES, 2013, p. 303.

[561] CHAVES, 1985, p. 359.

[562] PORTO, Mario Moacyr. **Responsabilidade Civil do Construtor – o art. 1.245 do CC**. In: Revista dos Tribunais. Vol. 623. Set/1987. Disponível em: <https://revistadostribunais.com.br/maf/app/resultList/document?&src=rl&srguid=i0ad82d9b0000016c8e0fb36687bb0fa8&docguid=I2c8a7700f25811dfab6f010000000000&hitguid=I2c8a7700f25811dfab6f010000000000&spos=13&epos=13&td=15&context=29&crumb-action=append&crumb-label=Documento&isDocFG=false&isFromMultiSumm=&startChunk=1&endChunk=1>. Acesso em: 13/08/2019.

[563] STOCO, 2015, Capítulo VI, Subitem 11.00.h.

[564] ANDRIGHI, 2008, p. 320.

[565] GUIMARÃES, 2007, p. 164.

[566] RODRIGUES, 2004, p. 254.

[567] ZULIANI, Ênio Santarelli. Responsabilidade Civil nos Contratos de Construção, empreitadas e incorporações. In: MALUF, Carlos Alberto Dabus et al. **Responsabilidade Civil** – Responsabilidade Civil e sua Repercussão nos Tribunais. 2ª Ed. Saraiva: São Paulo, 2009, p. 246.

PRESCRIÇÃO, DECADÊNCIA E VÍCIOS OCULTOS

Com efeito, na forma como prescrito em lei, o termo "vícios de solidez e segurança" não dá abertura para interpretação diversa, pois exige, para sua caracterização, que as patologias constatadas afetem, a um só tempo, a solidez e a segurança da obra edificada. Por mais tautológico que seja, a redação do dispositivo é claríssima ao tratar de "vícios de solidez e segurança" utilizando-se da partícula "e" para reunir dois adjetivos distintos a um mesmo substantivo, não sendo possível dissociar-se o caráter estrutural relativo à "solidez", inerente ao tipo, menos ainda interpretá-lo como se formassem dois tipos distintos, como sugere Pontes de Miranda.

Doutro modo, sobretudo na presente conjuntura em que é amplamente reconhecida pelo Superior Tribunal de Justiça a possibilidade de se indenizar o cumprimento defeituoso da empreitada, independentemente da natureza, da extensão do vício e da garantia disciplinada no artigo 618,[568] não existe espaço para que semelhante ampliação semântica do conceito de "vício de solidez e segurança" persista.

A bem da verdade, a criação doutrinário-jurisprudencial de uma categoria de "danos intermediários" advindos do cumprimento imperfeito da empreitada foi mesmo a solução francesa para contornar as limitações impostas pelo artigo 1.792 do *Code Civil*,[569] correspondente ao artigo 618 de nossa legislação, de maneira a salvaguardar a indenização de vícios que não afetem a solidez e segurança da construção.[570-571]

Não se contesta que o atual estado da arte da engenharia não admite que obras recentemente concluídas venham a ser objeto de drásticas

---

[568] Exemplificativamente, colhem-se os seguintes julgados: STJ, 3ª T., **REsp 903771/SE**, rel.: Paulo de Tarso Sanseverino, j. em 12/04/2011; STJ, 3ª T., **REsp 1290383/SE**, rel.: Paulo de Tarso Sanseverino, j. em 11/02/2014; STJ, 3ª T., **REsp 1711581/PR**, rel. Ministro Ricardo Villas Bôas Cueva, j. em 19/06/2018; STJ, 4ª T., **AgInt no AREsp 971.279/SP**, rel. Ministro Luis Felipe Salomão, j. em 21/08/2018.

[569] Article 1792: *Tout constructeur d'un ouvrage est responsable de plein droit, envers le maître ou l'acquéreur de l'ouvrage, des dommages, même résultant d'un vice du sol, qui compromettent la solidité de l'ouvrage ou qui, l'affectant dans l'un de ses éléments constitutifs ou l'un de ses éléments d'équipement, le rendent impropre à sa destination. Une telle responsabilité n'a point lieu si le constructeur prouve que les dommages proviennent d'une cause étrangère.*

[570] LABARTHE; NOBLOT, 2008, p. 383.

[571] *Cour de Cassation. Troisieme chambre civile. **Arrêt nº 93-15233**, Rapporteurs: Mme Fossereau, du 22 mars 1995; Cour de Cassation. Troisieme chambre civile. **Arrêt nº 01-10482**, Rapporteurs: Mme Lardet, Mme Fossaet-Sabatier, du 16 octobre 2002.*

A RESPONSABILIDADE NEGOCIAL DO EMPREITEIRO POR VÍCIOS CONSTRUTIVOS...

reformas em razão dos vícios que a afetam. Tampouco se refuta a seriedade e a necessidade de tutela contra aqueles vícios que, efetivamente, venham a tornar a construção imprópria para os fins e usos a ela destinados. Não obstante, há que se reconhecer a especialidade do termo "vícios de solidez e segurança", bem como o escopo do artigo 618 do Código Civil, de modo a não se confundir as tutelas e os interesses jurídicos assegurados pela norma, não se podendo admitir, por exemplo, que a existência de trincas nos pisos de um apartamento ou o destacamento da pintura de um prédio recebam o mesmo tratamento que a ruína de uma casa ou o comprometimento estrutural de um empreendimento energético.

O que se quer dizer é que, por mais danosas e prejudiciais à saúde que sejam as infiltrações constatadas em um edifício ou a toxidade dos materiais empregados na obra, não se verificando qualquer risco à integridade estrutural da obra, não se poderá falar em vícios de solidez e segurança. Se poderá falar, é verdade, em vícios redibitórios, em cumprimento defeituoso da empreitada e mesmo em fato do produto ou serviço, tratando-se de relação de consumo, mas em nenhuma hipótese em vícios de solidez e segurança, não se aplicando a garantia quinquenal prevista no artigo 618 do diploma civil.

Veja-se, não se está aqui a cercear o direito do dono da obra, do promitente adquirente ou do consumidor quanto a sua pretensão em receber uma obra íntegra e isenta de defeitos. Para toda a sorte de patologias que não afetem a estabilidade da obra, o ordenamento previu tutelas e garantias próprias para melhor salvaguardar o interesse dos contratantes prejudicados, e isso mesmo para aquelas anomalias construtivas que só tardiamente venham a se manifestar. Rachaduras, descamações de tintura e outros vícios menores, se constatados dentro do período de vida útil do sistema que integram, podem ser reclamados mediante ação indenizatória, na forma do artigo 395 do Código Civil, mesmo após o recebimento da obra, haja vista que o prazo prescricional para defeitos ocultos dessa natureza só passa a contar a partir do efetivo conhecimento do dano.[572] Infiltrações e vazamentos, da mesma maneira, podem

---

[572] STJ, 3ª T., **REsp 903771/SE**, rel.: Paulo de Tarso Sanseverino, j. em 12/04/2011; STJ, 4ª T., **AgRg no Ag 1366111/MG**. Rel: Luis Felipe Salomão, j. em 06/09/2012; STJ, 3ª T., **AgRg no Ag 1347946/PE**, rel.: Paulo De Tarso Sanseverino, j. em 28/02/2012; STJ, 3ª T., **AgRg no REsp 1161677/RS**, rel.: Ricardo Villas Bôas Cueva, j. em 19/09/2013; STJ, 3ª T., **REsp**

PRESCRIÇÃO, DECADÊNCIA E VÍCIOS OCULTOS

ser enquadrados na categoria dos vícios ou defeitos do produto ou serviços, nos termos definidos pelo Código de Consumidor, e ser denunciados muito tempo depois de esgotado o prazo quinquenal do artigo 618 do Código Civil. Isso sem contar toda sorte de vícios redibitórios possíveis e passíveis de reclamação mediante ação edilícia no prazo máximo de dois anos estabelecido por lei, reafirmando a desnecessidade de uma leitura ampliativa dos "vícios de solidez e segurança" para a proteção de quem tenha contratado ou adquirido a obra contra patologias construtivas ocultas que só venham a ser constatadas tardiamente.

Quanto aos vícios e fatos do produto ou do serviço previstos no Código de Defesa do Consumidor, não se vislumbra a necessidade de se dispensar maiores comentários do que aqueles já prestados ao início do subcapítulo 1.3 deste trabalho, notadamente em razão da concordância da doutrina e jurisprudência quanto a sua identificação.

São vícios todos aqueles defeitos, aparentes ou ocultos, que denunciam a falta de qualidade do bem ou serviço fornecido, reduzindo-lhe a utilidade, sem que, com isso, resultem danos que extrapolem a esfera patrimonial do consumidor; lado outro, consideram-se fatos do produto ou serviço os defeitos que venham a afetar a integridade física de quem os tenha adquirido na qualidade de consumidor ou equiparado, nos termos do artigo 17 da lei consumerista, e que comprometam, com isso, a segurança que objetivamente poder-se-ia esperar do produto ou serviço prestado, considerando o seu modo de fornecimento, os riscos que deles razoavelmente se esperam e a época do seu fornecimento.

2.3 Prescrição, Decadência e Vícios Construtivos Ocultos: A Responsabilidade Civil do Empreiteiro e o Tempo

Conforme antecipado muitas linhas atrás, o ordenamento confere ao empreitante diversas tutelas distintas para a compensação dos prejuízos advindos do cumprimento imperfeito da obra, cabendo a si mesmo optar pela solução jurídica mais apropriada para o atendimento de seus interesses, considerados os bônus, reveses e as particularidades de cada

---

1290383/SE, rel.: Paulo de Tarso Sanseverino, j. em 11/02/2014; STJ, 4ª T., **AgRg no AREsp 176664/SC**, rel.: Paulo de Tarso Sanseverino, j. em 18/02/2014; STJ, 1ª T., **AgInt no REsp 1112357/SP**, rel.: Ministro Sérgio Kukina, j. em 14/06/2016; STJ, 3ª T., **REsp 1711581/PR**, rel. Ministro Ricardo Villas Bôas Cueva, j. em 19/06/2018.

um dos direitos estabelecidos em lei e contrato, os prazos extintivos e de garantia a estes relacionados, bem como a singularidade da anomalia construtiva constatada.

Nesse sentido, alinham-se tutelas condenatórias e constitutivas, prazos de prescrição e decadência, direitos especiais e genéricos, além de veículos indenizatórios dos mais limitados e sofisticados aos mais amplos e simplórios.

A começar pelo exemplo lusitano, a leitura do artigo 1.221 ao 1.225 do Código Civil Português[573] revela verdadeiro arsenal de direitos atribuídos ao dono da obra contra a entrega de obra defeituosa. No artigo 1.221, consagra-se um direito de eliminação dos defeitos e um direito de realização de nova obra. No artigo 1.222, atribui-se um direito à redução

---

[573] Artigo 1221º (Eliminação dos defeitos) 1. Se os defeitos puderem ser suprimidos, o dono da obra tem o direito de exigir do empreiteiro a sua eliminação; se não puderem ser eliminados, o dono pode exigir nova construção.
2. Cessam os direitos conferidos no número anterior, se as despesas forem desproporcionadas em relação ao proveito.
Artigo 1222º (Redução do preço e resolução do contrato) 1. Não sendo eliminados os defeitos ou construída de novo a obra, o dono pode exigir a redução do preço ou a resolução do contrato, se os defeitos tornarem a obra inadequada ao fim a que se destina. 2. A redução do preço é feita nos termos do artigo 884º
Artigo 1223º (Indemnização) O exercício dos direitos conferidos nos artigos antecedentes não exclui o direito a ser indemnizado nos termos gerais.
Artigo 1224º (Caducidade) 1. Os direitos de eliminação dos defeitos, redução do preço, resolução do contrato e indemnização caducam, se não forem exercidos dentro de um ano a contar da recusa da aceitação da obra ou da aceitação com reserva, sem prejuízo da caducidade prevista no artigo 1220º 2. Se os defeitos eram desconhecidos o dono da obra e este a aceitou, o prazo de caducidade conta-se a partir da denúncia; em nenhum caso, porém, aqueles direitos podem ser exercidos depois de decorrerem dois anos sobre a entrega da obra.
Artigo 1225º (Imóveis destinados a longa duração) 1 – Sem prejuízo do disposto nos artigos 1219º e seguintes, se a empreitada tiver por objecto a construção, modificação ou reparação de edifícios ou outros imóveis destinados por sua natureza a longa duração e, no decurso de cinco anos a contar da entrega, ou no decurso do prazo de garantia convencionado, a obra, por vício do solo ou da construção, modificação ou reparação, ou por erros na execução dos trabalhos, ruir total ou parcialmente, ou apresentar defeitos, o empreiteiro é responsável pelo prejuízo causado ao dono da obra ou a terceiro adquirente. 2 – A denúncia, em qualquer dos casos, deve ser feita dentro do prazo de um ano e a indemnização deve ser pedida no ano seguinte à denúncia. 3 – Os prazos previstos no número anterior são igualmente aplicáveis ao direito à eliminação dos defeitos, previstos no artigo 1221º 4 – O disposto nos números anteriores é aplicável ao vendedor de imóvel que o tenha construído, modificado ou reparado.

PRESCRIÇÃO, DECADÊNCIA E VÍCIOS OCULTOS

do preço e um direito de resolução do contrato. No artigo 1.223, admite-se um direito de indenização, nos termos gerais.[574] E, no artigo 1.225, uma tutela estendida de cinco anos, específica para empreitadas de longa duração, durante a qual o empreiteiro responde objetivamente por defeitos e ruína total ou parcial dos trabalhos.

As responsabilidades especiais supramencionadas, vale registrar, não têm o condão, tampouco o anseio, de afastar as regras gerais fora do seu domínio concreto e que sejam igualmente aplicáveis aos casos de cumprimento defeituoso da empreitada.[575] Quer-se dizer que o regime especial constante dos artigos 1.218 e seguintes do Código Civil Português circunscreve-se aos danos advindos da existência de defeitos na obra e não se aplica aos danos sequenciais advindos desses defeitos – como os danos colaterais a outros bens do dono da obra ou a sua integridade física, as despesas com vistas à definição e localização dos defeitos constatados, os prejuízos inerentes à realização de obras para a eliminação dos vícios e os danos anímicos que o empreitante possa ter sofrido, em consequência do cumprimento defeituoso da prestação a que tinha direito.[576] Nesses casos todos, a responsabilidade do empreiteiro deve ser orientada pelas cláusulas gerais de responsabilidade previstas em lei, bem como pelas normas pertinentes ao cumprimento e ao não cumprimento das obrigações, todas relacionadas a partir dos artigos 762,[577] 483,[578] 798[579] e seguintes do Código Civil lusitano, respectivamente.

Quanto aos prazos extintivos e de garantia referentes a essas pretensões, estes se encontram indicados nos artigos 1.224 e 1.225, para os casos em que o empreitante busque se utilizar de alguma das tutelas

---

[574] MARIANO, 2008, p. 116.

[575] MARTINEZ, 2016, p. 215.

[576] MARIANO, 2008, p. 119.

[577] Artigo 762º (Princípio geral) 1. O devedor cumpre a obrigação quando realiza a prestação a que está vinculado. 2. No cumprimento da obrigação, assim como no exercício do direito correspondente, devem as partes proceder de boa fé.

[578] Artigo 483º (Princípio geral) 1. Aquele que, com dolo ou mera culpa, violar ilicitamente o direito de outrem ou qualquer disposição legal destinada a proteger interesses alheios fica obrigado a indemnizar o lesado pelos danos resultantes da violação.
2. Só existe obrigação de indemnizar independentemente de culpa nos casos especificados na lei.

[579] Artigo 798º (Responsabilidade do devedor) O devedor que falta culposamente ao cumprimento da obrigação torna-se responsável pelo prejuízo que causa ao credor.

A RESPONSABILIDADE NEGOCIAL DO EMPREITEIRO POR VÍCIOS CONSTRUTIVOS...

especiais previstas para o tipo; enquanto que a indenização pelos danos sequenciais advindos do cumprimento imperfeito da obra se subordina à prescrição genérica de vinte anos prevista no artigo 309 do código civil lusitano.[580]

À disposição do cidadão francês também se erige uma coletânea de direitos especiais e genéricos, para melhor salvaguardar os interesses de quem quer que tenha adquirido obra defeituosa.

Na forma do artigo 1.792 do *Code Civil* e seus derivados, três são as garantias especiais que recaem sobre o empreiteiro em razão do defeito considerado:[581] (i) uma garantia de dez anos, contados a partir da recepção dos trabalhos, mediante a qual o profissional contratado permanece objetivamente responsável por vícios verdadeiramente graves, notadamente aqueles que afetam a solidez e segurança dos trabalhos ou dos equipamentos diretamente ligados a eles, aqueles que comprometam as fundações da construção, sua estrutura ou os sistemas de revestimento e cobertura que o integram ou ainda aqueles que simplesmente tornem a obra imprópria para sua destinação subjetivamente considerada;[582] (ii) uma garantia bienal de bom funcionamento contra vícios menos graves que afetem os equipamentos integrados à construção;[583-584] (iii) e uma garantia de perfeito funcionamento pelo período de um ano, durante a qual o empreiteiro se obriga a promover todos os reparos necessários em razão de vícios ou outras desconformidades constatadas pelo dono da obra, seja ocultas, seja aparentes.[585-586]

Vale destacar, entretanto, que diferentemente do que ocorre no direito brasileiro, em que os prazos de garantia servem, no mais das vezes, a embargar o início dos prazos prescricionais ou decadenciais diretamente relacionados ao direito que se busca reivindicar, as garantias

---

[580] Artigo 309º (Prazo ordinário) O prazo ordinário da prescrição é de vinte anos.

[581] CAYOL, 2012, p. 272.

[582] LABARTHE; NOBLOT, 2008, p. 379-380.

[583] Article 1792-3: *Les autres éléments d'équipement de l'ouvrage font l'objet d'une garantie de bon fonctionnement d'une durée minimale de deux ans à compter de sa réception.*

[584] Id., Ibid, p. 381.

[585] Article 1792-6: *[...] La garantie de parfait achèvement, à laquelle l'entrepreneur est tenu pendant un délai d'un an, à compter de la réception, s'étend à la réparation de tous les désordres signalés par le maître de l'ouvrage, soit au moyen de réserves mentionnées au procès-verbal de réception, soit par voie de notification écrite pour ceux révélés postérieurement à la réception. [...]*

[586] CAYOL, 2012, p. 273.

estabelecidas pelo direito francês não se vinculam a qualquer tipo de prazo extintivo, de modo que, uma vez constatado o vício, independentemente do momento em que este venha a ser identificado, o prazo conferido ao particular para fazer exercer seu direito corresponde ao termo remanescente da garantia legal,[587] independentemente de quão curto esse possa vir a ser no caso concreto. Quer dizer, se um vício de solidez e segurança vem a ser constatado ao final do nono ano da entrega das obras, o empreitante terá apenas um ano para promover a competente ação condenatória, ao passo que, se um vício de menor gravidade é identificado no terceiro ano do recebimento do bem, este sequer pode ser reivindicado pelos meios especiais, porquanto esgotadas as garantias de dois anos e de perfeito funcionamento concedidas ao dono da obra.

Em virtude da brevidade dos prazos especiais estabelecidos no ordenamento francês, entretanto, verifica-se que "os tribunais, numa preocupação de alcançar a justiça, recorrem a subterfúgios para obviar à aplicação do prazo curto",[588] fenômeno esse que também se verifica junto à jurisprudência pátria, como melhor se aprofundará no curso deste subcapítulo.

Nessas condições, ao lado das garantias especiais previstas exclusivamente para o tipo da empreitada, confere-se ao dono da obra uma pretensão indenizatória pelo que a doutrina e a jurisprudência gaulesa denominaram *dommages intermédiaires* ou, no português, danos intermediários. Um direito à reparação de caráter ordinário contra defeitos que afetem a construção concluída ou algum de seus elementos indissociáveis, mas que não possuam a gravidade exigida para integrar o suporte fático da garantia decenal ou as particularidades da garantia bienal previstas no artigo 1.792 do *Code Civil*: em termos de eficácia e longevidade, uma tutela condenatória comum, subordinada à prova da culpa do empreiteiro para sua responsabilização e limitada temporalmente por um prazo prescricional de dez anos, os quais se contam a partir do momento da recepção das obras.[589-590]

---

[587] Cour de Cassation. Troisieme chambre civile. **Arrêt nº 16-27288**, Rapporteur: M. Chauvin, du 25 jan 2018 – ECLI:FR:CCASS:2018:C300043.

[588] MARTINEZ, 2016, p. 353.

[589] LABARTHE; NOBLOT, 2008, p. 383.

[590] Cour de Cassation. Troisieme chambre civile. **Arrêt nº 93-15233**, Rapporteurs: Mme Fossereau, du 22 mars 1995; Cour de Cassation. Troisieme chambre civile. **Arrêt nº 01-10482**, Rapporteurs: Mme Lardet, Mme Fossaet-Sabatier, du 16 octobre 2002.

Diferentemente dos dois ordenamentos supramencionados, no entanto, não previu o legislador brasileiro tutelas tão diversas e especificamente dedicadas para a solução de vícios construtivos ocultos detectados no seio de contratos de empreitada ou ajustes assemelhados. Com efeito, o capítulo destinado à empreitada no Código Civil prevê unicamente uma garantia pelos vícios de solidez e segurança constatados nos primeiros cinco anos da entrega das obras, nos termos do artigo 618, ao passo que o Código de Defesa do Consumidor sequer dispõe de qualquer ação ou direito particularizado para equivalente fim.

A carência de tutelas específicas que abordem o tema no cenário normativo nacional, nada obstante, é compensada pela riqueza de soluções colocadas à disposição do empreitante por meio do regramento geral dos contratos e das obrigações, mais precisamente por intermédio da disciplina dos vícios redibitórios, do inadimplemento e dos vícios de produto ou serviço. São regulamentos que obedecem a prazos e pressupostos peculiares, e cujos preceitos, em virtude das particularidades que lhes são próprios, devem ser manejados de forma harmoniosa e coerente, sob o risco de subversão à sistemática jurídica vigente.

É o que se propõe para os subcapítulos que seguem: uma categorização e articulação das diversas tutelas positivadas no ordenamento jurídico brasileiro em razão dos vícios construtivos ocultos que venham a ser identificados, associando-as aos prazos extintivos e de garantia que lhes são correspondentes.

2.3.1 A Garantia por Vícios de Solidez e Segurança

Conforme disposto no *caput* do artigo 618 do Código Civil, três pressupostos precisam ser atendidos para que a garantia por vícios de solidez e segurança torne-se exigível: que a obra empreitada seja referente a edifício ou outra construção considerável; que o empreiteiro contratado contribua, simultaneamente, com os materiais e o trabalho empregado na obra e, por fim; que as patologias verificadas coloquem, efetivamente, em risco a solidez e segurança dos trabalhos, comprometendo-lhe a estabilidade e inteireza, seja em razão dos materiais empregados, seja por causa do solo sobre o qual se assenta.

A começar pela expressão "empreitadas de edifícios e outras construções consideráveis", vê-se que o dispositivo excluiu de seu suporte fático

PRESCRIÇÃO, DECADÊNCIA E VÍCIOS OCULTOS

obras singelas, como a construção de cisternas, muros e jardins,[591] limitando seus efeitos a edificações maiores e cujas dimensões, sofisticação e importância mostram-se mais expressivas.

Lado outro, conquanto não se tenha dúvida de que o termo "edifícios" compreenda tanto prédios residenciais quanto comerciais, a inteligência do que sejam "construções consideráveis" exige uma análise um pouco mais apurada, de maneira a evidenciar todas as hipóteses de fato contempladas pela norma. Com efeito, por construções consideráveis não se deve entender somente os empreendimentos do engenho humano que saltam aos olhos pela sua grandiosidade e riqueza arquitetônica. Como destacado por Pontes de Miranda, a expressão sequer se limita a obras de caráter imobiliário, abrangendo também bens móveis vultuosos, como grandes embarcações, aeronaves e mesmo alguns veículos de maior envergadura,[592] o que revela a magnitude do escopo eficacial da norma bem como a necessidade de critérios objetivos para sua adequada limitação. Nessas condições, e tomando emprestada a lição do professor Alfredo Almeida Paiva para a caracterização do que se denomina "construções consideráveis", vários são os parâmetros passíveis de serem utilizados para sua apropriada definição, "dentre eles destacando-se seu preço, geralmente elevado, o tempo gasto na construção, a quantidade de material ou de mão de-obra despendido, a importância e o fim a que se destinam e, por último, a sua durabilidade",[593] sendo esses critérios todos independentes e não cumulativos entre si.

Com relação à limitação da garantia por vícios de solidez e segurança às empreitadas de materiais e execução, dispensa-se maiores comentários, porquanto suficientemente aprofundado no subcapítulo 2.1.1.2, bastando repisar que os cânones hermenêuticos emprestados ao intérprete não permitem uma leitura ampliativa do dispositivo em comento e que a presunção de responsabilidade estabelecida em desfavor do empreiteiro de materiais não torna o empreiteiro de execução isento de responsabilidade pelos vícios de solidez e segurança que decorram de culpa sua.

---

[591] ANDRIGHI, 2008, p. 323.
[592] PONTES DE MIRANDA, 1984, p. 408.
[593] PAIVA, 1997. p. 88-89.

A RESPONSABILIDADE NEGOCIAL DO EMPREITEIRO POR VÍCIOS CONSTRUTIVOS...

Quanto à caracterização do que sejam "vícios de solidez e segurança", da mesma maneira, as observações necessárias para sua adequada compreensão já foram prestadas ao longo do subcapítulo 2.2 do presente trabalho, destacando-se apenas que, diante do contexto semântico da norma, da estrutura lógica do capítulo referente à empreitada no atual Código Civil e do entendimento consolidado pelo Superior Tribunal de Justiça, segundo o qual vícios menores também seriam indenizáveis em virtude do cumprimento defeituoso da empreitada, devem considerar--se vícios de solidez e segurança apenas aquelas patologias que, efetivamente, comprometam a integridade estrutural da obra.

Ao se estabelecer um paralelo entre o artigo 1.245 da codificação passada e o 618 da legislação atual, observa-se que as alterações trazidas pelo Código Civil de 2002, embora sutis, foram bastante significativas para a pacificação de diversas das discussões reinantes durante a vigência do Código Civil de 1916.

Com efeito, se por um lado os pressupostos de incidência previstos nas duas normas permaneceram absolutamente os mesmos, à diferença de seu antecessor, a redação do artigo 618 do Código Civil de 2002 não deu espaço para controvérsias a respeito do caráter cogente de referida garantia, tampouco acerca da natureza do prazo quinquenal a ela vinculado. Tendo sido firmados dois prazos distintos para a responsabilização e para o exercício da ação contra o empreiteiro, colocou-se fim a uma das mais extensas querelas pertinentes à empreitada do código passado, relativa à natureza do prazo quinquenal previsto no artigo 1.245, enquanto a discussão travada por Pontes de Miranda,[594] Arnoldo Wald[595] e Clóvis Beviláqua[596] sobre a possibilidade de se aumentar ou diminuir essa garantia deu-se por encerrada ao se enunciar que "o empreiteiro de materiais e execução responderá, durante o prazo irredutível de cinco anos", sedimentando antigo posicionamento de Hely Lopes Meirelles,[597]

---

[594] PONTES DE MIRANDA, 1984, p. 405.

[595] WALD, Arnoldo. **Curso de direito civil brasileiro**: obrigações e contratos. 10ª Ed. São Paulo: Revista dos Tribunais, 1992, p. 353.

[596] BEVILAQUA, 1924, p. 438.

[597] "Esta responsabilidade é de natureza legal, e, mais que isto, é de ordem pública, pois que interessa a toda a coletividade. Daí não ser possível ao construtor dela se eximir, ou reduzir o seu prazo ou sua amplitude. Resulta da lei, independentemente de cláusula que a consigne, e não admite modificações pela vontade das partes" (MEIRELLES, 2013, p. 307-3088).

PRESCRIÇÃO, DECADÊNCIA E VÍCIOS OCULTOS

segundo o qual a responsabilidade do empreiteiro é legal e de ordem pública, "daí não ser possível ao construtor dela se eximir, ou reduzir o seu prazo ou sua amplitude".

A bem da verdade, a redação do artigo 618 do Código Civil de 2002 revela-se um produto histórico dos debates suscitados por ocasião do texto conciso do artigo 1.245 que o antecedeu. De norma dispositiva a imperativo de ordem pública, de prazo extintivo de prescrição ou decadência a prazo de garantia, o caráter cogente de referida garantia e a natureza do prazo a ela inerentes foram temas exaustivamente questionados durante a vigência da legislação passada. Questionamentos esses cujas hipóteses, já amadurecidas e consolidadas, vieram a ser positivadas pela legislação presente e, como se verá no subcapítulo seguinte, continuaram a influenciar na interpretação do dispositivo criado.

A redação do artigo 618 do Código Civil de 2002, todavia, não serviu de panaceia para todos os problemas que dificultavam a inteligência de seu correspondente da legislação passada. A técnica empregada é, sem dúvida, mais sofisticada e completa que a de seu antecessor – louro que se atribui, em larga medida, às longas discussões travadas nas academias e nos tribunais a respeito da interpretação do artigo 1.245 da legislação passada – no entanto, controvérsias antigas, como a referente ao caráter negocial ou aquiliano da responsabilidade civil do empreiteiro, persistem, e mesmo novas polêmicas foram suscitadas com a introdução de um parágrafo único ao dispositivo ora analisado.

Nessas condições, para uma compreensão integral do conteúdo preceptivo do artigo 618 da legislação atual, sobretudo da tutela conferida ao empreitante e da natureza e extensão temporal da responsabilidade atribuída ao empreiteiro, faz-se necessário um resgate histórico das principais discussões levantadas ainda ao tempo do Código Civil de 1916 sobre o assunto, de maneira a se estabelecer um quadro evolutivo-comparativo da matéria e se evidenciar a influência de antigos e renegados posicionamentos sobre a intepretação do dispositivo em vigor.

2.3.1.1 *Natureza da Responsabilidade: Negocial e/ou Aquiliana*

Conforme as disposições presentes no Código Civil de 2002, bem como naquele que o antecedeu, a natureza da responsabilidade influi diretamente sobre a forma como se distribui o ônus da prova; a contagem dos juros de mora; a extensão do prazo prescricional bem como a existência de solidariedade entre os participantes de determinado evento danoso. Ingerência esta que justifica a importância de se delimitar apropriadamente o regime jurídico a que determinado fato se encontra vinculado, bem como a atenção prestada pela doutrina e jurisprudência para a solução desse problema no âmbito da empreitada e das relações jurídicas integralmente.

De fato, em virtude do regime de responsabilidade adotado, uma mesma pretensão pode assumir proporções completamente diferentes e, até mesmo, ver-se comprometida, por força da prescrição, constituindo fator de insucesso ou êxito em demandas judiciárias em geral.

Concretamente, e a título exemplificativo, veja-se os reflexos econômicos advindos da aplicação desses diferentes regimes para a solução de demanda relativa à indenização de vícios construtivos ocultos. Atribuindo-se à responsabilidade caráter negocial, segundo o parágrafo único do artigo 397 do Código Civil de 2002,[598] equivalente ao parágrafo único do artigo 960 da codificação passada,[599] a contagem dos juros de mora só principiaria com a interpelação do empreiteiro relativamente aos vícios constatados, fato esse que, em concordância com a teoria da vida útil dos bens, poderia levar mais de dez anos, desde a entrega das obras, para se realizar, gerando um enorme distanciamento entre a ocorrência do ilícito e a aplicação dos respectivos consectários legais. Nada obstante, tendo-se estabelecido a natureza aquiliana da responsabilidade do empreiteiro, a mora se computa desde a data em que o ilícito aconteceu, conforme disposto no artigo 398,[600] análogo ao artigo 962 da antiga lei,[601] ou seja, desde a entrega do trecho de obra viciado. Muito antes do que se verifica na hipótese de responsabilidade negocial.

Para fácil referência, imagine-se o seguinte cenário em que os dois regimes de responsabilidade são colocados à prova. Tendo-se entregue

---

[598] Art. 397. O inadimplemento da obrigação, positiva e líquida, no seu termo, constitui de pleno direito em mora o devedor. (Vide Lei nº 13.105, de 2015) (Vigência) Parágrafo único. Não havendo termo, a mora se constitui mediante interpelação judicial ou extrajudicial.

[599] Art. 960. O inadimplemento da obrigação, positiva e líquida, no seu termo constitui de pleno direito em mora o devedor. [Parágrafo único] Não havendo prazo assinado, começa ela desde a interpelação, notificação, ou protesto.

[600] Art. 398. Nas obrigações provenientes de ato ilícito, considera-se o devedor em mora, desde que o praticou.

[601] Art. 962. Nas obrigações provenientes de delito, considera-se o devedor em mora desde que o perpetrou.

PRESCRIÇÃO, DECADÊNCIA E VÍCIOS OCULTOS

a obra em janeiro de 2004 e se percebido os primeiros sinais de que a construção apresenta defeitos em dezembro de 2009, o proprietário pericia seu imóvel e constata a necessidade de reformas, avaliadas estas em R$ 100.000,00. Devidamente interpelado, em fevereiro de 2010, o empreiteiro deixa de proceder às reparações requisitadas, o que leva à judicialização da contenda em outubro daquele mesmo ano e à condenação do profissional em abril de 2015. Considerando-se a aplicação de juros de mora de 1% ao mês e correção monetária pelo Índice Nacional da Construção Civil composto pela Fundação Getúlio Vargas desde o momento em que as falhas construtivas começaram a se evidenciar, em atendimento à Súmula 43 do Superior Tribunal de Justiça,[602] a obrigação do empreiteiro, no regime negocial, somaria a importância de R$ 247.058,63. Todavia, sob o regime da responsabilidade aquiliana, a pretensão reivindicada pelo dono da obra alcançaria o montante de R$ 346.506,07, correspondente à 40,25% a mais do que seria pago ao empreitante no regime de responsabilidade legal.

Ainda no tocante às vantagens e desvantagens de cada um desses regimes no contexto dos contratos de empreitada, mais precisamente na solução dos vícios construtivos ocultos, veja-se que na responsabilidade negocial pressupõe-se, relativamente, a culpa do devedor pelo inadimplemento verificado, enquanto na responsabilidade aquiliana, cabe ao autor demonstrar que o agente concorreu com dolo, negligência, imprudência ou imperícia para a causação do dano, o que, a depender da idade ou complexidade da obra, pode significar um esforço hercúleo por parte de quem pleiteia.[603]

No que concerne à prescrição, da mesma maneira, as diferenças são gritantes. Conforme mais bem aprofundado no subcapítulo 1.1.4 deste trabalho, tem-se entendido, com respaldo no julgamento do EREsp 1.281.594/SP, que pretensões aquilianas se encerram no prazo de três anos e pretensões negociais em dez, na forma dos artigos 203, § 3º, V e

---

[602] Súmula 43: Incide correção monetária sobre dívida por ato ilícito a partir da data do efetivo prejuízo.

[603] Vale registrar, por oportuno, que esta lógica não se aplica à garantia por vícios de solidez e segurança prevista no artigo 618 do Código Civil. Nesta hipótese, conforme melhor se aprofundará no curso deste subcapítulo, a responsabilidade do empreiteiro de lavor e materiais reputa-se objetiva desde a entrega das obras até o encerramento do prazo quinquenal estabelecido no *caput* do dispositivo.

A RESPONSABILIDADE NEGOCIAL DO EMPREITEIRO POR VÍCIOS CONSTRUTIVOS...

205 do Código Civil, evidenciando uma desigualdade de sete anos referente ao tempo proporcionado ao empreitante para fazer valer os seus direitos. Desigualdade essa que, a toda evidência, pode-se revelar crucial para o triunfo ou fracasso de uma ação que só venha a ser proposta tardiamente.

Por fim, quanto à solidariedade dos agentes de obra para a indenização dos prejuízos causados, ela não se presume, na seara contratual, conforme disposto no artigo 265 do Código Civil de 2002,[604] mas é legalmente instituída nos casos de responsabilidade aquiliana, segundo artigo 942 dessa mesma legislação.[605] Neste ponto, vale destacar que a solidariedade dos agentes até pode ser estabelecida por mútuo acordo entre as partes no âmbito negocial. Nada obstante, trata-se de uma realidade bastante improvável, na medida em que não seja comum que subempreiteiros concordem em se responsabilizar diretamente pelos danos eventualmente causados ao dono da obra ou que outros empreiteiros, concorrentes para a construção de um mesmo empreendimento, assumam riscos maiores do que aqueles ínsitos ao seu próprio escopo contratual.

Nos casos em que a patologia constatada se revele singela ou não comprometa a integridade física do dono da obra, parece não haver dúvida de que a responsabilidade do empreiteiro possua caráter negocial. Ademais, esse sempre foi o entendimento firmado pelo Superior Tribunal de Justiça em mais de dezessete anos de atuação.[606] O desem-

---

[604] Art. 265. A solidariedade não se presume; resulta da lei ou da vontade das partes.

[605] Art. 942. Os bens do responsável pela ofensa ou violação do direito de outrem ficam sujeitos à reparação do dano causado; e, se a ofensa tiver mais de um autor, todos responderão solidariamente pela reparação.

Parágrafo único. São solidariamente responsáveis com os autores os co-autores e as pessoas designadas no art. 932.

[606] A pesquisa considerou todos os acórdãos proferidos pelo Superior Tribunal de Justiça entre o período de 11 de março de 2003 a novembro de 2019, em cuja ementa constassem as palavras chaves "Vícios Construtivos"; "Vício de construção"; "Defeito de Construção"; "construtor". Dos resultados encontrados, foram selecionados apenas aqueles acórdãos em que se discutia, indubitavelmente, a respeito de vícios que não afetassem a segurança ou estabilidade da obra assim como a saúde e integridade física de seus usuários. O enquadramento da responsabilidade do empreiteiro em um ou outro regime foi possibilitada tanto em virtude de manifestação expressa por parte dos ministros, como em razão dos consectários legais aplicados na hipóteses ou em razão do prazo prescricional atribuído à pretensão: STJ, 3ª T., **REsp 1290383/SE**, rel.: Paulo de Tarso Sanseverino, j. em 11/02/2014; STJ, 4ª

penho insuficiente de uma usina termoelétrica, o levantamento de pisos em um prédio residencial e mesmo certas rachaduras inofensivas, desde que não afetem a integridade estrutural da construção, são todos vícios inerentes à empreitada e que a outras pessoas não interessam senão ao dono da obra ou a quem mediatamente a adquiriu.

Tal obviedade, contudo, não se observa da mesma maneira nas hipóteses de vícios de solidez e segurança e naquelas hipóteses outras as quais a jurisprudência e parcela substanciosa da doutrina insistem em atribuir a mesma qualificação. Seja por se tratar de obrigação prevista expressamente em lei, seja em razão da envergadura dos prejuízos que um semelhante vício possa vir ocasionar, arriscando, inclusive, a vida de terceiros estranhos ao contrato, muito se discute a respeito da natureza negocial ou aquiliana da responsabilidade do empreiteiro.

Entre os defensores da responsabilidade negocial, durante a vigência da legislação passada, levantam-se influentes vozes, como as de Costa Sena[607] e José de Aguiar Dias,[608] cujas defesas, mais sucintas, contentam--se em afirmar a culpa contratual do empreiteiro pela entrega de obra defeituosa, bem como as de Pontes de Miranda[609] e Mário Moacyr do Porto,[610] segundo as quais dita responsabilidade decorreria da pós-eficácia contratual da empreitada.

De modo diverso, e pautados na concepção de que a responsabilidade por vícios de solidez e segurança decorre diretamente da lei e teria sido instituída em defesa e segurança tanto dos contratantes como de terceiros alheios ao contrato, Alfredo de Almeida Paiva,[611] Hely Lopes Meirelles[612] e Carvalho Santos,[613] por sua vez, afirmaram a natureza aquiliana dessa mesma obrigação.

T., **AgRg no AREsp 176664/SC**, rel.: Paulo de Tarso Sanseverino, j. em 18/02/2014; STJ, 4ª T., **AgRg no Ag 1366111/MG**. Rel: Luis Felipe Salomão, j. em 06/09/2012; STJ, 1ª T., AgInt no REsp 1112357/SP, rel.: Ministro Sérgio Kukina, j. em 14/06/2016; STJ, 4ª T., **AgInt no AREsp 1125919/MG**, rel. Ministro Lázaro Guimarães, j. em 18/09/2018; STJ, 4ª T., **AgInt no AREsp 1355163/GO**, Rel. Ministro Raul Araújo, j. em 16/05/2019.

[607] Sena, Costa. **Da Empreitada no Direito Civil**. 1ª ed. Rio de Janeiro: Graphica S. Jorge, 1935, p. 68.

[608] Dias, 1994, p. 316.

[609] Pontes de Miranda, 1984, p. 405-406.

[610] Porto, 1987.

[611] Paiva, 1997, p. 76.

[612] Meirelles, 2013, p. 307-308.

[613] Carvalho Santos, 1988, p. 350.

A RESPONSABILIDADE NEGOCIAL DO EMPREITEIRO POR VÍCIOS CONSTRUTIVOS...

Hodiernamente a controvérsia se perpetua, embora pareça ter sido bastante negligenciada pela doutrina recente. De fato, dentre os doutrinados contemporâneos ao presente código, nomeadamente Orlando Gomes,[614-615] Caio Mário da Silva Pereira,[616] Rodolfo Pamplona Filho, Pablo Stolze Gagliano,[617] Carlos Roberto Gonçalves,[618] Nelson Nery Júnior, Rosa Maria de Andrade Júnior,[619] Fábio Ulhoa Coelho,[620] Flávio Tartuce,[621] Paulo Jorge Scartezzini Guimarães,[622] Ralpho Waldo de Barros Monteiro Filho,[623] Daniel Eduardo Camacchioni,[624] Nelson Rosenvald, Cristiano Chaves,[625] Arnoldo Wald[626] e Sérgio Cavalieri Filho,[627] somente os dois últimos dedicaram algumas poucas linhas de suas obras para o enfrentamento específico da matéria e, ainda assim, alcançaram conclusões diametralmente dissonantes: estando este inclinado a conferir natureza aquiliana à responsabilidade do empreiteiro, e aquele, negocial, pelos exatos mesmos motivos já explorados pelos grandes mestres que os antecederam.

Quanto às discussões travadas junto às turmas do Superior Tribunal de Justiça, nestes últimos dezessete anos, também não se vislumbra um amadurecimento real da problemática. A bem da verdade, dos mais de quinze acórdãos[628] encontrados por meio das palavras-chave

---

[614] GOMES, 2008, p. 362-372.

[615] GOMES, 2011.

[616] PEREIRA, 2014, p. 291-301.

[617] GAGLIANO; PAMPLONA FILHO, 2014.

[618] GONÇALVES, 2016, p. 375-384.

[619] NERY JÚNIOR, Nelson; NERY, Rosa Maria de A. **Instituições de Direito Civil:** contratos. V. III. 1ª ed. em E-book na 1ª ed. impressa. São Paulo: RT, 2016, [E-book], Parte II, Capítulo VII.

[620] COELHO, 2016, Quarta Parte, Capítulo 34, Item 2.

[621] TARTUCE, 2013, p. 707-715.

[622] GUIMARÃES, 2007, p. 163-168.

[623] MONTEIRO FILHO, Ralpho Waldo. **Contratos Cíveis.** Ed. 1ª. em e-book na 1ª ed. impressa. São Paulo: Revista dos Tribunais, 2017, [E-book], Capítulo 10.

[624] CAMACCHIONI, Daniel Eduardo. **Curso de direito civil:** contratos em espécie. 1ª ed. São Paulo: Revista dos Tribunais, 2015, [E-book], Capítulo 13.

[625] CHAVES DE FARIAS, Cristiano; ROSENVALD, Nelson. **Curso de Direito Civil:** direito dos contratos. 2ª ed. Rio de Janeiro: Lumen Juris, 2012, v.4, p. 817-860.

[626] WALD, 2012.

[627] CAVALIERI FILHO, 2014, p. 406-427.

[628] STJ, 3ª T., **REsp 1.711.581/PR,** rel. Ricardo Villas Bôas Cueva, j. em 19/06/2018; STJ, 4ª T., **AgInt no AREsp 495.031/RJ,** rel. Lázaro Guimarães, j. em 19/06/2018; STJ, 3ª T., **AgRg no Ag 1208663/DF,** Rel.: Ministro Sidnei Beneti, j. em 18/11/2010; STJ. 3ª T., **AgRg no Ag**

PRESCRIÇÃO, DECADÊNCIA E VÍCIOS OCULTOS

"vícios construtivos", "vícios de construção", "defeito de construção" e "construtor", considerando-se apenas os resultados em que a responsabilidade por vícios de solidez e segurança se encontrava em debate, observa-se que em nenhum julgado se confrontou, verdadeiramente, a natureza da obrigação do empreiteiro, em que pese o teor dos votos levantarem fortes indícios de que a corte estaria inclinada a conferir caráter negocial ao ilícito perpetrado pelo profissional.

Efetivamente, embora não se disponha, de maneira expressa, que a responsabilidade do empreiteiro, nos termos do artigo 618 do Código Civil, antigo 1.245, decorra do contrato, o modo como os ministros computam os juros de mora, estabelecem meios alternativos para a reparação dos danos e definem o prazo prescricional atribuído ao empreitante para a reclamação de aludidos prejuízos diz muito sobre a forma como a obrigação do construtor é encarada pelo tribunal.

Veja-se o julgamento do REsp 611.991/DF[629] pela quarta turma de direito privado do Superior Tribunal de Justiça, por exemplo.

Dentre outros pontos explorados pelo primeiro acórdão, discutiu-se, em referido julgado, qual o termo inicial para a contagem dos consectários legais decorrentes da imperícia do empreiteiro na construção da laje de proteção do fosso de ventilação de determinado prédio, cuja ruptura resultou na queda livre e consequente morte de um dos seus moradores. No caso, indiferentemente do posicionamento adotado quanto à natureza da responsabilidade do empreiteiro pelos vícios de solidez e segurança verificados, não se pode discordar da repercussão supracontratual do ilícito, que transcende o âmbito da relatividade dos

---

1347946/PE, Rel.: Ministro Paulo de Tarso Sanseverino, j. em 28/02/2012; STJ, 4ªT., **AgRg no REsp 1344043/DF**, rel.: Maria Isabel Gallotti, j. em 17/12/2013; STJ, 3ª T., **AgRg no AREsp 661.548/RJ**, rel. Ministro Marco Aurélio Bellizze, j. em 26/05/2015; STJ, 3ª T., **AgRg no REsp 1551621/SP**, rel.: Ministro Moura Ribeiro, j. em 24/05/2016; STJ, 4ª T., **REsp 611991/DF**, rel.: Hélio Quaglia Barbosa, j. em 11/09/2007; STJ, 3ª T., **REsp 903771/SE**, rel.: Paulo de Tarso Sanseverino, j. em 12/04/2011; STJ, 4ª T., **AgInt no AREsp 971.279/SP**, rel. Ministro Luis Felipe Salomão, j. em 21/08/2018; STJ, 4ª T., **REsp 215832/PR**, rel.: Sálvio de Figueiredo Teixeira, j. em 06/03/2003; STJ, 4ª T., **AgRg no Ag 991883/SP**, rel.: Aldir Passarinho Junior, j. em 12/06/2008; STJ, 3ª T., **AREsp 661548/RJ**, rel.: Marco Aurélio Bellizze, j. em 25/02/2015; STJ, 4ª T., **AgRg no REsp 866435/MG**, rel.: Antonio Carlos Ferreira, j. em 20/03/2012; STJ, 4ª T., **AgRg no AREsp 66734/SP**, rel.: Antonio Carlos Ferreira, j. em 18/12/2014.

[629] STJ, 4ª T., **REsp 611991/DF,** rel.: Hélio Quaglia Barbosa, j. em 11/09/2007.

A RESPONSABILIDADE NEGOCIAL DO EMPREITEIRO POR VÍCIOS CONSTRUTIVOS...

contratos para atingir direito indisponível e absoluto, no caso, a vida. De fato, o resultado morte observado, ainda que decorra do cumprimento imperfeito da obra, prescinde da empreitada para suscitar o interesse dos familiares da vítima a perseguirem a devida indenização, tornando a relação suscetível de tutela, a um só tempo, pelas disposições gerais de direito relativas à responsabilidade aquiliana bem como pelas normas específicas pertinentes ao inadimplemento contratual, na hipótese, do artigo 618 do Código Civil.

Nada obstante, mesmo reconhecendo o concurso ideal dos dois regimes de responsabilidade e, presumidamente, as imbricações que dessa disputa decorrem, entenderam os ministros da corte superior, em consonância com o voto do ministro relator, Hélio Quaglia Barbosa, por computar os juros de mora aplicáveis desde a citação, como costuma ocorrer nas hipóteses de responsabilidade negocial, notadamente nos casos em que não ocorre a interpelação extrajudicial prévia do devedor, tendo-se, inclusive, registrado em ementa que "Nos casos de ilícito contratual, a correção monetária incidirá desde a data do evento danoso e os juros moratórios serão devidos a contar da citação, conforme entendimento pacificado no colendo Superior Tribunal de Justiça. (Súmula 43 do STJ)".

No julgamento do REsp 903.771/SE,[630] de modo parecido, a inclinação dos ministros em atribuir caráter negocial à responsabilidade do empreiteiro por vícios de solidez e segurança também se revela. No caso, o empreiteiro recorria do acórdão do tribunal de origem, o qual teria afastado a prefacial de prescrição e condenado o profissional a ressarcir o morador de um condomínio pelos "aluguéis que teria deixado de receber no período em que, pela má-execução da construção, ocorreram reformas estruturais em seu prédio". Em suas razões, arrazoou que os vícios de solidez e segurança haveriam que ser constatados nos cinco primeiros anos seguintes à entrega das obras para o exercício da pretensão vintenária do artigo 1.245 da codificação passada. Daí porque o acórdão recorrido deveria ser reformado.

Segundo o voto do ministro relator, Paulo de Tarso Sanseverino, contudo, seria dado ao dono da obra outra alternativa para a responsabilização do construtor pelos vícios relativos à solidez e segurança: demandar

---

[630] STJ, 3ª T., **REsp 903771/SE**, rel.: Paulo de Tarso Sanseverino, j. em 12/04/2011.

PRESCRIÇÃO, DECADÊNCIA E VÍCIOS OCULTOS

o empreiteiro, nos termos do artigo 1.056 da antiga lei, pelo inadimplemento consubstanciado na má-execução dos trabalhos. Pretensão essa a ser exercida dentro do prazo de vinte anos "do conhecimento – ou desde quando possível o conhecimento – do defeito construtivo (art. 177 do CC/16), independentemente se tenha ocorrido ou não nos primeiros cinco anos da entrega".

Respeitadas as particularidades de cada caso, o conteúdo de referido acórdão se repete nos acórdãos REsp 1.711.581/PR,[631] AgInt no AREsp 495.031/RJ,[632] os quais reconhecem a possibilidade de o empreiteiro ser demandado pelo incumprimento incorrido, em virtude dos vícios de solidez e segurança materializados.

Não bastasse isso, desde a entrada em vigor do Código Civil de 2002,[633] foram diversos os recursos analisados pelo Superior Tribunal de Justiça nos quais se estabeleceu que a pretensão do dono da obra para reparação dos vícios de solidez e segurança se encerraria no prazo prescricional de dez anos correspondente às pretensões negociais.

Os acórdãos mencionados, entretanto, não justificam quais as razões para se atribuir à responsabilidade uma ou outra natureza, servindo apenas a elucidar uma possível orientação da corte caso a controvérsia viesse a julgamento por uma de suas turmas.

De toda forma, entende-se que o problema da responsabilidade do profissional encontra solução bastante simples ao se constatar que nem todo vício de solidez e segurança ocasionará a ruína da construção ou um risco a integridade do dono da obra, bem como que o Código Civil destinou dispositivo próprio para tutelar o interesse de terceiros prejudicados pelo desabamento da construção.

De fato, como sobredito no subcapítulo 2.2, a noção dos vícios de solidez e segurança dispensa a destruição total da obra para se concretizar, de modo que nem sempre sua verificação acarretará violação de

---

[631] STJ, 3ª T., **REsp 1.711.581/PR,** rel. Ricardo Villas Bôas Cueva, j. em 19/06/2018.

[632] STJ, 4ª T., **AgInt no AREsp 495.031/RJ,** rel. Lázaro Guimarães, j. em 19/06/2018.

[633] STJ, 3ª T., **AgRg no Ag 1208663/DF,** Rel.: Ministro Sidnei Beneti, j. em 18/11/2010.; STJ. 3ª T., **AgRg no Ag 1347946/PE,** Rel.: Ministro Paulo de Tarso Sanseverino, j. em 28/02/2012; STJ, 4ªT., **AgRg no REsp 1344043/DF,** rel.: Maria Isabel Gallotti, j. em 17/12/2013; STJ, 3ª T., **AgRg no AREsp 661.548/RJ,** rel. Ministro Marco Aurélio Bellizze, j. em 26/05/2015; STJ, 3ª T., **AgRg no REsp 1551621/SP,** rel.: Ministro Moura Ribeiro, j. em 24/05/2016.

A RESPONSABILIDADE NEGOCIAL DO EMPREITEIRO POR VÍCIOS CONSTRUTIVOS...

um direito absoluto, notadamente a vida e a incolumidade física de seus usuários. A bem da verdade, mesmo o colapso de determinadas estruturas pode acontecer sem arriscar a segurança do dono da obra, de terceiros, assim como dos bens que esses titularizam – a exemplo de parque eólico que sucumbe em local ermo e afastado da civilização, ou mesmo embarcações destripuladas que afundam em decorrência de problemas em sua fabricação.

Por mais sedutora que seja a teoria segundo a qual a responsabilidade do empreiteiro assume matizes supranegociais, sobretudo nos casos em que a imperícia do profissional resulta na morte ou violação física de quem o contratou, não se pode negar que a ruína de edifícios ou outras construções consideráveis seja ocorrência isolada no universo da construção civil; que, em boa parte dos casos, as patologias constatadas não se agravam de semelhante maneira, permitindo-se ao empreiteiro remediar as falhas praticadas; e que referida garantia se particulariza e se individualiza na forma do artigo 618 do Código Civil, antigo 1.245 da legislação anterior, para tutela exclusiva do empreitante, e a ninguém mais – reforçando o entendimento de que a responsabilidade contratual prevalece sobre a responsabilidade extracontratual nesses casos.

Entre lesante e lesado preexiste uma relação obrigacional na qual ocorreu o fato lesivo, e não se pode tomar como regra o desmoronamento de edifícios quando este se constitui em exemplo isolado dentro de um universo muito mais amplo em que os vícios de solidez e segurança podem se manifestar.

Ademais, o Código Civil de 2002, à semelhança do Código Civil de 1916, instituiu regra própria para salvaguardar o direito de terceiros pela ruína da edificação, daí que se conclua que os danos sofridos pelo dono da obra, independentemente da sua configuração e localização, originam sempre uma responsabilidade contratual, enquanto que os danos sofridos por terceiros encontram-se sujeitos ao regime da responsabilidade extracontratual, nos termos do artigo 937, correspondente ao 1.528 da legislação passada.[634]

---

[634] Art. 1.528. O dono do edifício ou construção responde pelos danos que resultarem de sua ruína, se esta provier de falta de reparos, cuja necessidade fosse manifesta.

2.3.1.2 *Natureza do Prazo Quinquenal e a Evolução Histórica das Tutelas Conferidas ao Empreitante pelos Vícios de Solidez e Segurança Constatados*

Curioso pensar que o projeto primitivo do Código Civil de 1916 estabelecia dinâmica muito semelhante à firmada no atual diploma para a garantia dos vícios de solidez e segurança. Idealizado por Clóvis Beviláqua, o artigo 1.397 do projeto originário[635] previa dois prazos distintos para a responsabilização do empreiteiro e para seu acionamento pelos prejuízos causados, sendo o primeiro, de oito anos, contado a partir da entrega e aceitação dos trabalhos, e o segundo, de dois anos, do momento em que constatados os vícios que arruinaram ou que ameaçam arruinar a construção.[636]

Como a história comprova, no entanto, referida proposição não perseverou até a versão final do antigo código. Ao final das discussões travadas junto ao congresso, optou o legislador originário por adotar uma abordagem mais tradicional à matéria, reformulando-a em consonância com os ordenamentos francês[637] e português[638] vigentes naquele tempo e dispensando a bipartição dos prazos de responsabilidade e para o exercício da ação inicialmente idealizada.[639]

O resultado final, nada obstante, é conhecido. Uma cópia profundamente influenciada pelo artigo 1.792 original do *Code Civil* francês[640]

---

[635] Artigo 1.397: Se um edifício ou outra construção de valor considerável arruinar-se ou ameaça arruinar-se por defeito de execução ou do solo, dentro de oito anos seguintes ao seu recebimento pelo dono, este pode acionar por perdas e danos ao arquiteto ou ao construtor, dentro de dois anos seguintes à verificação da ruína ou da ameaça de ruína.

[636] BEVILAQUA, 1934, p. 437.

[637] PORTO, 1987.

[638] RODRIGUES, Silvio. **Direito Civil**: dos contratos e das declarações unilaterais da vontade. 30ª. Ed. Atual de acordo com o novo Código Civil. São Paulo: Saraiva, 2004, vol. 3, p. 253.

[639] WAINER, Ann Helen. Responsabilidade Civil do Construtor – Natureza Jurídica do Prazo Quinquenal. In: **Revista dos Tribunais**. Vol. 643. Maio/1989. Disponível em: <https://revistadostribunais.com.br/maf/app/resultList/document?&src=rl&srguid=i0ad82d9a0 000016d79b898bc922ec8c8&docguid=I4388d910f25811dfab6f010000000000&hitguid =I4388d910f25811dfab6f010000000000&spos=2&epos=2&td=3&context=13&crumb-action=append&crumb-label=Documento&isDocFG=false&isFromMultiSumm=&startCh unk=1&endChunk=1>. Acesso em: 28.09.2019.

[640] Article 1792: Si l'édifice construit à prix fait, périt en tout ou em partie par le vice de la construction, même par le vice du sol, les architect et entrepreneur em sont responsables pendant dix ans.

A RESPONSABILIDADE NEGOCIAL DO EMPREITEIRO POR VÍCIOS CONSTRUTIVOS...

e praticamente idêntica ao artigo 1.399 do Código Civil lusitano de 1867,[641] do qual o artigo 1.245 do Código Civil passado espelhou seus pressupostos, suas exceções e seus preceitos.

A modificação do dispositivo pelas câmaras revisoras, todavia, não veio sem embaraços, trazendo consigo diversos inconvenientes de cunho prático e normativo, sobretudo em virtude da realidade material que cerca o aparecimento desse tipo de vício e da sistemática adotada pelo próprio legislador ordinário para a identificação e operacionalização dos prazos extintivos no Código Civil de 1916.

Com efeito, salvo em casos de imperícia grosseira do empreiteiro, a beira do dolo eventual,[642] dificilmente vícios dessa magnitude se manifestam dentro do prazo estabelecido na norma, tornando o dispositivo inócuo para os fins pretendidos e, a princípio, destituindo as vítimas de meios de defesa para a reparação dos prejuízos experimentados, tão logo esgotado o quinquênio legal.

Lado outro, ao se tomar por empréstimo a redação dos artigos 1.792 e 1.399 das codificações francesa e portuguesa sem se considerar a indiferenciação dos prazos de prescrição e decadência do Código Civil de 1916, bem como a concentração dos prazos extintivos no rol dos artigos 177 e 178, muitas dúvidas surgiram a respeito da natureza do prazo quinquenal estabelecido no artigo 1.245 e de qual seria o prazo atribuído ao dono da obra para reclamar a responsabilização do empreiteiro pelos vícios de solidez e segurança constatados.

---

[641] Artigo 1399: nos contractos de empreitada de edifícios ou de outras construções consideráveis, o empreiteiro de materiais e de execução será responsável pelo espaço de cinco anos, pela segurança e solidez do edifício ou construção, tanto em rasão da qualidade dos materiaes, como da firmeza do solo, excepto se houver prevenido com tempo o dono da obra de não achar dicto solo suficientemente firme.

[642] A interpretação atribuída à expressão no presente caso equivale àquela instituída na seara criminal. Neste sentido, veja-se a definição apresentada por Luiz Regis Prado para fins puramente ilustrativos. "Dolo eventual: o agente não quer diretamente a realização do tipo objetivo, mas a aceita como provável ou possível – assume o risco da produção do resultado (teoria do consentimento – art. 18, I, in fine, CP). O agente conhece a probabilidade de que sua ação efetive o tipo. O que o caracteriza é a representação de um possível resultado (elemento cognitivo)" (PRADO, Luiz Regis. **Comentário ao Código Penal**: jurisprudência, conexões lógicas com vários ramos do direito. 3ª ed. em E-book baseada na 11ª ed. impressa. São Paulo: Revista dos Tribunais, 2017, Comentários ao artigo 18).

PRESCRIÇÃO, DECADÊNCIA E VÍCIOS OCULTOS

Nesse ponto em particular, a doutrina se dividia entre aqueles que defendiam que o prazo ali estabelecido se referia a um prazo de garantia e outros que certificavam a natureza decadencial de referido termo.

Para Carvalho Santos, por exemplo, o prazo quinquenal estabelecido no artigo 1.245 não dispõe a respeito do tempo que o dono da obra teria para acionar o empreiteiro pelos vícios de solidez e segurança certificados, mas determina o período durante o qual a responsabilidade do empreiteiro se presume caso esses sobrevenham ou se verifique a ruína da obra.[643] José de Aguiar Dias, da mesma maneira, afirma que o artigo 1.245 estabeleceu "responsabilidade de caráter excepcional" e que o prazo a que se encontra vinculado se "refere à garantia". Lapso esse que não se confunde com o fixado para "o exercício da ação que essa garantia porventura fundamente. De forma que a prescrição da ação é a comum de 30 anos".[644] De modo semelhante, mas não menos simplório, Alfredo Almeida Paiva contenta-se em anunciar que a garantia estabelecida no artigo 1.245 faz presumir a responsabilidade do empreiteiro pelos vícios de solidez constatados nos primeiros cinco anos da entrega da obra,[645] os quais, uma vez verificados, devem ser reclamados dentro do prazo prescricional comum estabelecido para os direitos pessoais. Clóvis Beviláqua, embora não seja peremptório em afirmar que o prazo previsto no artigo 1.245 se trate de um prazo de garantia, também concorda que o prazo para a propositura da ação pelo dono da obra deve se subordinar à prescrição do direito comum.[646] Enquanto Washington de Barros Monteiro defende que a "teoria da unidade de prazo para a ação e para a garantia não tem apoio em nosso sistema legal", concluindo que o prazo de cinco anos previsto no artigo 1.245 do Código Civil de 1916 seria de garantia, e que o empreitante teria vinte anos para promover a competente ação indenizatória, mesmo depois de ultrapassado o quinquênio legal.[647]

---

[643] CARVALHO SANTOS, 1988, p. 348.

[644] DIAS, José de Aguiar. **Da responsabilidade Civil**. Rio de Janeiro: Forense, 1994, p. 315.

[645] PAIVA, Alfredo de Almeida. **Aspectos do contrato de empreitada**. Rio de Janeiro: Forense, 1997. p. 81-83.

[646] BEVILAQUA, 1934, p. 437.

[647] MONTEIRO, Washington de Barros. **Curso de Direito Civil:** Direito das Obrigações. 19ª Ed. São Paulo: Saraiva, 1984, p. 200.

A RESPONSABILIDADE NEGOCIAL DO EMPREITEIRO POR VÍCIOS CONSTRUTIVOS...

Costa Sena, não obstante, chega à conclusão diametralmente diversa, ao se utilizar de uma interpretação histórico-legislativa do dispositivo em questão. Para o autor, a Câmara suprimiu deliberadamente o prazo prescricional de dois anos previsto no dispositivo original de maneira a alinhá-lo à doutrina da unidade do prazo consagrada pela jurisprudência francesa, não sendo crível que "se alterasse fundamentalmente o dispositivo, sem a intenção de mudar a forma de proteção jurídica".[648] Mário Moacyr do Porto, por idêntico fundamento, também pressupõe que o prazo quinquenal estabelecido pela norma não se sujeita à interrupção, ao impedimento ou à suspensão, "o que leva o intérprete a concluir que o prazo de garantia em referência marca o termo ou período em que o proprietário poderá exercer as suas ações contra o empreiteiro e o arquiteto"[649] após o qual se opera a decadência, ao passo que Caio Mário só firma tal entendimento uma vez que o prazo prescricional de vinte anos seria demasiado longo e prejudicial para a segurança da relação existente entre empreiteiro e dono da obra.

Perante os tribunais superiores, a celeuma foi colocada em discussão, pela primeira vez, em 1º de dezembro de 1987, oportunidade em que a primeira turma do Supremo Tribunal Federal, mediante relatoria do ministro Sydney Sanches, julgou o RE 106.143/SP.[650] Na ocasião, em que se discutia se o dono da obra deveria manejar a competente ação reparatória em seis meses, como previsto no artigo 178, § 5, IV, ou em vinte anos, nos termos do artigo 177, decidiu-se que seria possível propor ação de responsabilidade com fundamento no inadimplemento relativo do empreiteiro, e não propriamente no artigo 1.245 da mesma legislação, e que o prazo extintivo aplicado à hipótese seria o referente às ações pessoais, de vinte anos, porquanto o prazo enxuto de seis meses seria destinado unicamente às ações de cunho redibitório e estimatório, o que não era exigido na hipótese.

Posteriormente, em ordem cronológica, julgou-se o RE 105.835/SP,[651] também pelo Supremo Tribunal Federal, pela segunda turma e sob relatoria do ministro Aldir Passarinho, e, mais adiante, com a instituição

---

[648] SENA, 1935, p. 73.
[649] PORTO, 1987.
[650] STF, 1ª T., **RE 106143/SP**, rel.: Min. Sydney Sanches, j. em 01/12/1987.
[651] STF, 2ª T., **RE 105835**, rel.: Min. Aldir Passarinho, j. em 17/06/1988.

do Superior Tribunal de Justiça, os recursos:[652-653] REsp 1.473/RJ, REsp 2.302/RJ, REsp 8.489/RJ, REsp 5.522/MG, REsp 9.375/SP, REsp 15.540/SP, REsp 32.676/SP, REsp 37.556/SP, REsp 72.482/SP, REsp 73.022/SP, REsp 62.278/SP, REsp 66.565/MG, REsp 140.251/SP, REsp 76.190/SP, REsp 161.351/SC, REsp 47.208/SP, REsp 210.237/SP, REsp 411.535/SP, REsp 215.832/PR, REsp 611.991/DF, AgRg no REsp 744.332/SP, AgRg no REsp 1.101.996/MG, REsp 903.771/SE, AgRg

---

[652] STJ, 4ª T., **REsp 1.473/RJ**, rel. Ministro Fontes de Alencar, j. em 12/12/1989; STJ., 3ª T., **REsp 2.302/RJ**, rel. Ministro Waldemar Zveiter, j. em 14/05/1990; STJ, 3ª T., **REsp 8.489/ RJ**, rel. Ministro Waldemar Zveiter, j. em 29/04/1991; STJ, 4ª T., **REsp 5.522/MG**, rel. Ministro Sálvio de Figueiredo Teixeira, j. em 14/05/1991; STJ, 3ª T., **REsp 9.375/SP**, rel.: Ministro Claudio Santos, j. em 17/12/1991; STJ, 1ª T., **REsp 15.540/SP**, Rel. Ministro Humberto Gomes de Barros, j. em 17/05/1993; STJ, 4ª T., **REsp 32.676/SP**, rel. Ministro Athos Carneiro, Rel. p/ Acórdão Ministro Fontes de Alencar, Quarta Turma, j. em 09/08/1993; STJ, 3ª T., **REsp 37.556/SP**, rel. Ministro Eduardo Ribeiro, j. em 13/12/1994; STJ, 4ª T., **REsp 72.482/SP**, Rel. Ministro Ruy Rosado de Aguiar, j. em 27/11/1995; STJ, 3ª T., **REsp 73.022/SP**, rel. Ministro Waldemar Zveiter, j. em 14/05/1996; STJ, 3ª T., **REsp 62.278/SP**, rel. Ministro Nilson Naves, j. em 03/09/1996; STJ, 4ª T., **REsp 66.565/MG**, Rel. Ministro Sálvio de Figueiredo Teixeira, j. em 21/10/1997; STJ, 4ª T., **REsp 140.251/SP**, rel. Ministro Ruy Rosado de Aguiar, j. em 02/12/1997; STJ, 4ª T., **REsp 76.190/SP**, rel. Ministro Sálvio de Figueiredo Teixeira, Quarta Turma, j. em 24/03/1998; STJ, 3ª T., **REsp 161.351/SC**, rel.: Ministro Waldemar Zveiter, j. em 20/08/1998; STJ, 4ª T., **REsp 47.208/SP**, rel. Ministro Barros Monteiro, j. em 18/02/1999; STJ, 3ª T., **REsp 210.237/SP**, rel. Ministro Carlos Alberto Menezes Direito, j. em 25/10/1999; STJ, 4ª T., **REsp 411.535/SP**, rel. Ministro Ruy Rosado de Aguiar, j. em 20/08/2002; STJ, 4ª T., **REsp 215832/PR**, rel.: Sálvio de Figueiredo Teixeira, j. em 06/03/2003; STJ, 4ª T., **REsp 611991/DF**, rel.: Hélio Quaglia Barbosa, j. em 11/09/2007; STJ, 3ª T., **AgRg no REsp 744332/SP**, rel.: Sidnei Beneti, j. em 17/09/2009; STJ, 3ª T., **AgRg no REsp 1101996/MG**. Agravante: Canopus Empreendimentos e Incorporações Ltda. Agravados: Condomínio Edifício Serra da Canastra, rel.: Massami Uyeda, j. em 16/11/2010; STJ, 3ª T., **REsp 903771/SE**, rel.: Paulo de Tarso Sanseverino, j. em 12/04/2011; STJ, 3ª T., **AgRg no Ag 1347946/PE**, rel.: Paulo De Tarso Sanseverino, j. em 28/02/2012; STJ, 4ª T., **AgRg no REsp 866435/MG**, rel.: Antonio Carlos Ferreira, j. em 20/03/2012; STJ, 3ª T., **REsp 1711581/PR,** rel.: Ministro Ricardo Villas Boas Cueva, j. em 19/06/2018; STJ, 3ª T., **AgInt no AREsp 495031/RJ** , rel. Ministro Ricardo Villas Bôas Cueva, j. em 19/06/2018; STJ, 4ª T., **AREsp 971279/SP**, rel. Min. Luis Felipe Salomão, j. em 21/08/2018.

[653] A estes acórdãos se poderia acrescentar o REsp 7.363/SP, julgado em 8 de outubro de 1991 pela quarta turma, sob relatoria do Ministro Athos Carneiro e o REsp 63.941/SP, de 26 de junho de 1996, de relatoria do Ministro Eduardo Ribeiro, da terceira turma do Superior Tribunal de Justiça. Nada obstante, entendeu-se melhor segregar estes acórdãos dos demais resultados pois, embora afirmem que o prazo quinquenal do artigo 1.245 seja um prazo de garantia, deixam de estipular o prazo prescricional que a ação do empreitante está vinculada.

A RESPONSABILIDADE NEGOCIAL DO EMPREITEIRO POR VÍCIOS CONSTRUTIVOS...

no Ag 1.347.946/PE, AgRg no REsp 866.435/MG, REsp 1.711.581/PR, AgInt no AREsp 495.031/RJ e AREsp 971.279/SP, todos profundamente influenciados pela doutrina de Carvalho Santos e José de Aguiar Dias, sobretudo os mais antigos, e, guardadas suas particularidades, conhecedores que o prazo previsto no artigo 1.245 seria referente ao termo durante o qual o empreiteiro seria objetivamente responsável pelos vícios de solidez e segurança eventualmente atestados, cumprindo ao empreitante, com fundamento na responsabilidade por inadimplemento, reclamar os prejuízos suportados dentro de vinte anos, a contar do conhecimento do vício.

A jurisprudência dos tribunais superiores, nesse sentido, sempre se mostrou bastante sólida quanto ao entendimento de que o prazo descrito no artigo 1.245 do Código Civil de 1916 corresponderia a um prazo de garantia. Percepção essa que, vale destacar, restou, inclusive, sedimentada, em 1997, na forma da Súmula 194, segundo a qual "prescreve em vinte anos a ação para obter, do construtor, indenização por defeitos da obra". Para fácil referência, tomam-se os acórdãos dos REsp 15.540/SP, REsp 210.237/SP e REsp 903.771/SE como representativos da controvérsia, correspondentes, respectivamente, ao período compreendido entre a vigência do Código Civil de 1916 e a consolidação do enunciado sumular n. 194; da vigência da Súmula 194 até a entrada em vigor do Código Civil de 2002; e da vigência do Código Civil de 2002 até os dias de hoje, embora a discussão travada fosse orientada pelas normas da codificação passada.

No REsp 15.540/SP, julgado pela primeira turma do Superior Tribunal dc Justiça em maio de 1993, os ministros entenderam por desprover o recurso apresentado pela empreiteira recorrente, uma vez que o artigo 1.245 não trataria, propriamente, de um prazo de decadência, mas de um prazo de garantia, o qual estabelece a responsabilidade objetiva do agente enquanto perdurar. Nesse contexto, a responsabilidade do profissional não se encerra uma vez esgotado o prazo de cinco anos previsto na famigerada norma, mas sim no prazo prescricional de vinte anos fixado no artigo 177, para as ações de cunho pessoal, uma vez detectadas as patologias em comento. No REsp 210.237/SP, por sua vez, duas foram as razões apresentadas pela construtora recorrente para que o acórdão hostilizado fosse reformado e sua condenação afastada: (i) a prescrição da ação, por força do disposto no artigo 178, §5º, IV, uma vez que passa-

PRESCRIÇÃO, DECADÊNCIA E VÍCIOS OCULTOS

dos mais de seis meses desde a entrega das chaves do edifício, ou, subsidiariamente, da constatação das patologias construtivas e; (ii) o fato de a obra ter sido contratada sob o regime de administração, estando, pois, sujeita às determinações e fiscalizações do condomínio recorrido. Como era de se imaginar, no entanto, a terceira turma, em outubro de 1999, negou provimento ao recurso, com fundamento na Súmula 194 do próprio tribunal, cujo conteúdo preceptivo dissocia o prazo de garantia de cinco anos disposto no artigo 1.245 do prazo extintivo de vinte anos atribuído ao particular para a reclamação dos prejuízos eventualmente advindos das falhas verificadas, na forma e termos do artigo 159 e 177 do Código Civil de 1916. Enquanto no julgamento do REsp 903.771/SE pela terceira turma do Superior Tribunal de Justiça, já nos idos do ano de 2011, entenderam os ministros, novamente, por desprover o recurso apresentado pelo empreiteiro, tendo em vista que os vícios foram detectados dentro do prazo quinquenal estabelecido no artigo 1.245 e a pretensão ajuizada no prazo de vinte anos, conforme determinado pela Súmula 194 desse mesmo tribunal.

Como se pode perceber, o posicionamento das cortes finais se releva indiscutivelmente mais estável e coeso do que os suscitados pela doutrina de sua época no que toca à natureza do prazo estabelecido no artigo 1.245 do Código Civil de 1916.

A bem da verdade, não fosse um único e singelo julgado, poder-se-ia mesmo falar que a jurisprudência pátria permaneceu intocada durante quase um século, no sentido de afirmar que seja de garantia o termo indicado no artigo 1.245 e que a pretensão do dono da obra pelos vícios de solidez e segurança observados se encerra em vinte anos, na forma do artigo 177. Fala-se do REsp 411.535/SP, julgado pela quarta turma em agosto de 2002, sob relatoria do ministro Ruy Rosado de Aguiar, o qual, embora atribua ao prazo estabelecido no artigo 1.245 natureza de garantia e concorde com a possibilidade de se demandar o empreiteiro, dentro do prazo de vinte anos fixado no artigo 177, pelo incumprimento incorrido (artigo 159 do Código Civil de 1916), estabelece que o dono da obra teria cinco anos para agir contra o empreiteiro antes de esgotar seu direito, aproximando o prazo do artigo 1.245, na prática, à prescrição. Uma ocorrência isolada e estranha a todos os acórdãos proferidos pela quarta turma desde a sua instituição, e extravagante para o próprio

A RESPONSABILIDADE NEGOCIAL DO EMPREITEIRO POR VÍCIOS CONSTRUTIVOS...

ministro Ruy Rosado de Aguiar, o qual jamais replicou sobredito entendimento em nenhum outro acórdão de sua relatoria.

No que toca à possibilidade de o empreiteiro ser demandado em razão de vícios que só venham a ser constatados depois de cinco anos do recebimento das obras, os julgados encontrados não se revelam tão claros quanto, num primeiro momento, possam parecer. De fato, embora o conteúdo dos acórdãos deem a entender que a pretensão indenizatória por vícios de solidez e segurança possa ser exercida ainda que ditas patologias só venham a se constatar após transcorrido o prazo quinquenal do artigo 1.245, sobretudo ao se afirmar que referido termo seria de garantia, não de decadência ou prescrição, e que a ação promovida em juízo decorreria do cumprimento imperfeito da empreitada, nos termos do artigo 1.056 da legislação passada, o primeiro julgado que se deparou com tema, no caso o REsp 5.522/MG, afastou essa possibilidade, tendo desprovido recurso interposto por seguradora que buscava a reparação pelos defeitos construtivos verificados após doze anos da entrega das obras. Na hipótese, a corte entendeu, em consonância com o acórdão recorrido, que a parte requerente sequer teria interesse processual na causa, visto que os alegados vícios só se manifestaram após o decurso de mais de sete anos desde o encerramento da garantia estabelecida pela norma, por isso improcedentes as razões apresentadas pela parte recorrente.

O acórdão proferido pela quarta turma em 14 de maio de 1991, sob relatoria do ministro Sálvio de Figueiredo Teixeira, entretanto, foi superado pelo mesmo órgão fracionário no ano de 1995, oportunidade em que o ministro relator Ruy Rosado de Aguiar, no julgamento do REsp 72.482/SP, consignou expressamente que a responsabilidade objetiva do artigo 1.245 "não exclui a ação do lesado que se proponha a provar a culpa do construtor, por defeitos que resultem do cumprimento imperfeito, proposta a ação de indenização com base na cláusula geral sobre a responsabilidade contratual, expressa no artigo 1.056 do CC".

Em 1998, no entanto, quando do julgamento do REsp 161.351/SC, a terceira turma retomou o entendimento de que as patologias construtivas precisam se manifestar nos primeiros cinco anos da entrega das obras para fins de responsabilização do empreiteiro, tendo disposto expressamente que, "Se os danos ocorreram após esse lapso, [...] extingue-se o direito de reclamar pela imperfeição da obra, não podendo a lei acobertar um estado permanente de insegurança para o empreiteiro".

Quatro anos depois, já em agosto de 2002, e abrindo nova divergência, a quarta turma do Superior Tribunal de Justiça volta a afirmar que o término da garantia não encerra o direito do dono da obra de pleitear a indenização pelos vícios constatados, podendo mesmo vindicá-la através da cláusula geral de responsabilidade insculpida no artigo 159 do Código Civil de 1916, como bem registrado no julgamento do REsp 411.535/SP.

A partir de então a controvérsia parece ter se estabilizado, sobretudo após o enfrentamento do REsp 903.771/SE pela terceira turma do Superior Tribunal de Justiça, sob a relatoria do Ministro Paulo de Tarso Sanseverino, o qual consignou expressamente que, "além de se valer da garantia prevista no art. 1.245 do CC/16 (art. 618/02), cuja natureza é objetiva, pode o dono da obra obter a responsabilização do construtor mediante a comprovação da prática de um ilícito contratual, consistente na má-execução da obra (art. 1056 do CC/16) (art. 389/02)", independentemente de os vícios constatados terem se verificado nos cinco primeiros anos da obra ou não. O último acórdão registrado sobre o tema, no caso o REsp 1.711.581/PR, julgado em junho de 2018, só veio a reiterar o quanto já decidido, aquiescendo com a concorrência das duas tutelas e reforçando a desnecessidade dos vícios se apresentarem "nos primeiros 5 (cinco) anos da entrega da obra".

Hodiernamente, como antecipado no subcapítulo 2.3.1 do presente trabalho, a controvérsia a respeito da natureza do prazo quinquenal conferido ao empreitante restou definitivamente superada em virtude da redação do artigo 618 do Código Civil de 2002.

De fato, ao estabelecer dois prazos distintos para a responsabilização do empreiteiro e o exercício do direito correspondente, não há dúvida de que o prazo quinquenal estabelecido no *caput* do artigo 618 trata-se de lapso de garantia, à semelhança dos termos de um ano e cento e oitenta dias fixados no § 1º do artigo 445 da legislação atual.

A bem da verdade, mesmo o prazo decadencial previsto no parágrafo único de referido dispositivo parece ter sido pensado de maneira a delimitar um período específico durante o qual a responsabilidade do empreiteiro seria objetiva, eliminando o absurdo de se manter o profissional responsável pelo prazo de vinte anos, o que acabava por invia-

A RESPONSABILIDADE NEGOCIAL DO EMPREITEIRO POR VÍCIOS CONSTRUTIVOS...

bilizar sua defesa em virtude da deterioração das provas com o tempo, e compelindo o empreitante a buscar a solução do problema o quanto antes, de modo a não se agravarem as patologias detectadas, cuja ruína poderia colocar em risco sua própria vida e a de terceiros.

Perceba-se que é interesse do empreiteiro ser acionado no menor tempo possível para a eliminação dos vícios e para evitar que estes se alastrem ou ocasionem danos subsequentes; do próprio dono da obra, que pode vir a suportar prejuízos extraordinários, para além de sua esfera patrimonial, caso a construção venha abaixo; e da sociedade abstratamente considerada como um todo, uma vez que paga com a vida daqueles soterrados com o desabamento do Edifício Palace II, no Rio de Janeiro/RJ,[654] e do Edifício Andreá, em Fortaleza/CE,[655] com o patrimônio público e privado devastado em catástrofes como as ocorridas em Brumadinho/MG[656] e Mariana/MG,[657] sem contar o custo astronômico com a reestruturação das cidades atingidas, programas assistenciais empenhados pelo governo para reestabelecimento das famílias desalojadas, serviços de resgate e procura de corpos, bem como de todo o aparato investigativo e judicial empenhado na tarefa de apontar os verdadeiros responsáveis por semelhantes tragédias.

Veja-se, não se está aqui a imputar ao empreiteiro a responsabilidade por todos os desastres supramencionados. É certo que essa tenha sido a realidade no caso do Edifício Palace II, cujo processo criminal concluiu pela absoluta imperícia da incorporadora ré, que, conforme registrado em perícia, teria despejado restos de madeira, sacos de cimento, jornal e plástico na estrutura de concreto armado que compreendia os pilares do edifício. Mas não se pode dizer o mesmo nos demais casos, até porque

---

[654] Ávilla, Edmilson et al. **Desabamento do Palace II**. Disponível em: http:/ memoriaglobo. globo.com/programas/jornalismo/coberturas/desabamento-do-palace-ii/a-historia.htm. Acesso em 03/03/2019.

[655] ROMANO, Giovanna. Quarta morte em desabamento de prédio em Fortaleza é confirmada. Disponível em: https://veja.abril.com.br/brasil/quarta-morte-em-desabamento-de-predio-em-fortaleza-e-confirmada/. Acesso em: 24.10.2019.

[656] SENRA, Ricardo. **Brumadinho, a história de uma tragédia que poderia ter sido evitada**. Acesso em: https://www.bbc.com/portuguese/brasil-47399659. Disponível em: 24/10/2019.

[657] LIMA, Paulo. **Em 2015, rompimento da barragem em Mariana matou 19 pessoas**. Disponível em: https://noticias.r7.com/brasil/em-2015-rompimento-da-barragem-em-maria na-matou-19-pessoas-25012019. Acesso em: 24/10/2019.

PRESCRIÇÃO, DECADÊNCIA E VÍCIOS OCULTOS

referidos desastres não tiveram seus processos investigativos concluídos e existem fortes indícios de que teriam sido os próprios proprietários os responsáveis pelos desabamentos referenciados. Novamente, vícios de solidez e segurança podem ser ocasionados pelo dono da obra e, verdade seja dita, não é incomum que o sejam. Basta uma reforma grosseira em determinado apartamento ou que se deixe de efetuar os devidos serviços de manutenção em determinado empreendimento para que estes venham abaixo. Circunstâncias essas que deverão ser analisadas por competente perícia.

De uma forma ou de outra, fato é que a opção legislativa de se acrescer um parágrafo único ao artigo 618 do Código Civil de 2002, o qual estabelece um prazo de natureza decadencial e relativamente enxuto para o exercício da garantia conferida ao empreitante contra vícios de solidez e segurança, não decorreu, senão, de uma escolha consciente e minuciosamente arquitetada pelas comissões e pelos coordenadores responsáveis pela elaboração do presente diploma.

De sua origem, como parágrafo único do artigo 627 do Projeto de Lei 634/1975,[658] ao parágrafo único do artigo 618 que conhecemos hoje, o dispositivo só sofreu alteração relativamente ao seu prazo que, de seis meses passou a ser de cento e oitenta dias, nos termos das emendas parlamentares n. 49 e 332, promovidas pelo senado federal (Projeto de Lei Complementar 118/1984). Modificação essa que só acentua o intento do legislador originário em prescrever um prazo decadencial reduzido para que o dono da obra persiga sua pretensão, sobretudo se considerar que a redação do dispositivo permaneceu praticamente intocada, desde a sua concepção, nada obstante os quase trinta anos em que o projeto seguiu em debate junto às casas do congresso nacional.

Ademais, o próprio Miguel Reale, coordenador geral do Projeto de Lei 634/1975, em artigo referente à estrutura e sistemática do código civil atual,[659] afirma que a solução legislativa empregada privilegiou pela estipulação de um prazo de natureza decadencial para a tutela do dono da obra, de forma que não houvesse dúvida, quer na jurisprudência,

---

[658] Art. 627 Parágrafo único. Decairá do direito assegurado neste artigo o dono da obra que não propuser a ação contra o empreiteiro, nos seis meses seguintes ao aparecimento do vício ou defeito.

[659] REALE, Miguel. **Visão Geral do Projeto de Código Civil**. Disponível em www.miguel reale.com.br-artigos-vgpcc.htm.pdf. Acesso em 03/11/2018.

A RESPONSABILIDADE NEGOCIAL DO EMPREITEIRO POR VÍCIOS CONSTRUTIVOS...

quer entre os atores do tráfico jurídico, a respeito da extensão da responsabilidade do empreiteiro no tempo. Primou-se, assim, pela operabilidade da norma: pelo critério topológico inaugurado pelo Código Civil de 2002 para a dissociação dos prazos de prescrição e decadência, não obstante se reconheça que o dispositivo em questão aparente trata-se de norma prescritiva segundo os métodos tradicionais.

A opção por um prazo decadencial enxuto para a tutela de vícios de solidez e segurança não é ineditismo da legislação brasileira, tendo o Código Civil Português se utilizado dessa mesma técnica para fixar termo à denúncia do dono da obra com relação aos vícios constatados. Nesse sentido, dispõe o artigo 1.220, 1, da legislação lusitana,[660] que "o dono da obra deve, sob pena de caducidade dos direitos conferidos nos artigos seguintes, denunciar ao empreiteiro os defeitos da obra dentro dos trinta dias seguintes ao seu descobrimento". Só a partir de então é que o empreitante teria alguma pretensão ou direito potestativo contra o construtor, o que dá ao empreiteiro oportunidade de sanear os vícios apresentados e impedir seu alastramento no menor tempo possível, e revela que a denúncia, para o direito civil português, é *conditio iuris* sem a qual os direitos conferidos ao dono da obra, dentre os quais se inclui o direito à indenização pelos vícios verificados, nos termos do artigo 1.223, não podem ser exigidos.[661]

No entanto, por mais inequívoca que seja a redação do artigo 618 do Código Civil de 2002 e do parágrafo único que o acompanha, os quais encerram, respectivamente, uma garantia para a responsabilização objetiva do empreiteiro durante o prazo de cinco anos e um termo decadencial de cento e oitenta dias para o exercício dessa mesma tutela, e por mais claras que tenham sido as razões legislativas que permearam sua elaboração, premiando a operabilidade da norma em detrimento de critérios obscuros e obsoletos para a determinação dos prazos, bem como sua brevidade, de maneira a atender ao melhor interesse de ambas as partes envolvidas no litígio e de toda uma coletividade indeterminada e diretamente afetada pela situação jurídica considerada pelo dispositivo, nada disso foi suficiente para impedir a proliferação de entendi-

---

[660] Artigo 1220º (Denúncia dos defeitos) 1. O dono da obra deve, sob pena de caducidade dos direitos conferidos nos artigos seguintes, denunciar ao empreiteiro os defeitos da obra dentro dos trinta dias seguintes ao seu descobrimento.

[661] MARIANO, 2008, p. 109.

PRESCRIÇÃO, DECADÊNCIA E VÍCIOS OCULTOS

mentos diversos e dissidentes a respeito da interpretação do artigo 618 do Código Civil de 2002 – certamente o dispositivo mais problemático dentre todos os relacionados no capítulo da empreitada da lei civil.

2.3.1.3 O Conteúdo Eficacial do Artigo 618 do CC/02 e seu Parágrafo Único, o Atual Estado da Arte de sua Interpretação e o Cumprimento Imperfeito da Empreitada

Com efeito, se por um lado a redação do artigo 618 pôs fim à contenda referente à natureza do prazo de cinco anos previsto no equivalente 1.245 da lei anterior, estabelecendo ser esse um prazo de garantia, o parágrafo único que o acompanha, e que não encontra correspondente na codificação passada, inaugurou uma série de controvérsias a respeito do tempo durante o qual o empreiteiro continuaria responsável pelos vícios de solidez e segurança eventualmente constatados, do conteúdo eficacial da garantia prevista no artigo 618 bem como da própria natureza do prazo decadencial introduzido.[662]

Partindo da premissa de que somente as ações edilícias se sujeitam à caducidade, Nancy Andrighi[663] defende que a intenção legislativa por detrás do parágrafo único do artigo 618 residiria no estabelecimento de um prazo decadencial para que o comitente requisitasse a redibição do contrato ou sua revisão com abatimento no preço, ressalvando que a dicção do dispositivo não deve obstruir o manejo de ações ressarcitórias decorrentes da insegurança ou falta de solidez das obras, pois estas se subordinariam à prescrição, em atendimento ao enunciado sumular n. 194 do Superior Tribunal de Justiça, cujo preceito precisa ser atualizado à realidade normativa presente para apropriada aplicação.

Dedutivamente, a autora parece pressupor que o prazo decadencial previsto no parágrafo único do artigo 618 possuiria o condão de alterar a garantia estatuída no *caput* correspondente. Quer dizer, ao conjecturar que somente as ações constitutivas se subordinariam à decadência, a autora modula o conteúdo do próprio *caput* do artigo 618 para conferir-lhe tratamento idêntico ao estatuído às ações edilícias previstas nos artigos 441 e seguintes do Código Civil de 2002, superando o entendimento anterior, segundo o qual a garantia prevista no artigo 1.245

---

[662] ANDRIGHI, 2008, p. 317.
[663] ANDRIGHI, 2008, p. 318-319.

A RESPONSABILIDADE NEGOCIAL DO EMPREITEIRO POR VÍCIOS CONSTRUTIVOS...

referir-se-ia a uma garantia de responsabilidade e, portanto, relacionada a uma ação condenatória, justificando o porquê de se ressalvar a pretensão do empreitante pelo inadimplemento através de tutela diversa daquela prevista no artigo 618 e submetida a prazo extintivo igualmente diverso.

Pablo Stolze Gagliano e Rodolfo Pamplona Filho,[664] no que lhes concerne, subordinam abertamente o direito previsto no *caput* do artigo 618 ao prazo decadencial previsto no parágrafo único que o acompanha, à semelhança do entendimento formulado por Nancy Andrighi, à única diferença que especificam o prazo prescricional atribuído ao empreitante para manejo das ações reparatórias decorrentes dos vícios verificados, sendo este de três anos, na forma do artigo 206, § 3º, V, do Código Civil, em relações paritárias, e de cinco anos, a teor do artigo 27 do Código de Defesa do Consumidor, caso a empreitada esteja encerrada dentro de uma relação de consumo.

Cristiano Chaves de Farias e Nelson Rosenvald,[665] por sua vez, acompanham integralmente o posicionamento defendido por Pablo Stolze Gagliano e Rodolfo Pamplona Filho, replicando-se, aqui, as mesmas considerações realizadas com relação à construção doutrinária proposta por esses autores.

Pressupondo que somente as ações constitutivas seriam subordinadas à decadência, Tereza Ancona Lopes[666] sustenta que o prazo decadencial previsto no parágrafo único do artigo 618 apenas limitaria o exercício da garantia edilícia prevista no *caput* da corresponde norma, nada havendo que impeça o dono da obra de postular a condenação do empreiteiro pelos danos verificados no prazo prescricional de três anos do artigo 206, § 3º, V, do Código Civil, seguindo José Fernando Simão esse mesmo posicionamento, embora admita que, algumas vezes, o prazo prescricional conferido ao empreitante não seja de três anos, mas de dez, nas hipóteses em que o ilícito verificado possua natureza puramente contratual.[667]

Ao se contrapor as premissas às conclusões alcançadas pelos autores, emenda-se que mais uma vez observa-se a inversão da ordem inter-

---

[664] GAGLIANO, PAMPLONA FILHO, 2014, Capítulo 8, item 7.
[665] CHAVES DE FARIAS, ROSENVALD, 2012, p. 846.
[666] LOPES, 2003, p. 299.
[667] SIMÃO, 2013, p. 271.

pretativa do artigo 618, cuja garantia estabelecida no *caput* tem seus efeitos alterados em função do prazo de decadência estabelecido no parágrafo único que o segue, a despeito dos dispositivos em discussão enunciarem exatamente o contrário.

Declaradamente amparados pelas lições de Agnelo Amorim Filho a respeito da diferenciação dos prazos, Nelson Nery Júnior e Rosa Maria de A. Nery apresentam posicionamentos diferentes a depender da bibliografia consultada. Por mais contraditório que pareça ser, os autores defendem, em seu "Código Civil Comentado",[668] que o prazo decadencial previsto no parágrafo único do artigo 618 só limitaria o exercício de ações constitutivas (v.g ação de rescisão contratual), sendo que esse mesmo prazo deveria ser interpretado como se de prescrição fosse caso a ação proposta detivesse caráter condenatório (v.g ação de responsabilidade civil), ressalvadas as ações indenizatórias advindas dos defeitos constatados (sic), cujo prazo prescricional seria de três anos, conforme disposto no artigo 206, § 3º, V, do Código Civil, e cujo termo só principiaria após o término do prazo de garantia previsto no *caput* do artigo 618. A par da contrariedade que semelhante entendimento implicava, notadamente porque previa dois prazos prescricionais distintos para o exercício de uma mesma pretensão, a solução proposta no livro "Instituições de Direito Civil" considera que, surgido o vício durante o prazo de garantia, nasceriam para o dono da obra "pretensões constitutiva/desconstitutivas e pretensões condenatórias, que se regulam, conforme o caso, pelo prazo decadencial (do CC 618 par. ún. – 180 dias para as pretensões constitutivas/desconstitutivas) e por prazo prescricional (CC 206 § 3º – 3 anos, para pretensões condenatórias)",[669] tendo-se destacado que, não havendo descobrimento de nenhum vício oculto durante o período de cinco anos estabelecido no *caput* artigo 618, a garantia estatuída pelo dispositivo se encerra, "ficando o empreiteiro exonerado de suas obrigações pós-contratuais".[670]

---

[668] Nery Júnior, Nery, 2014, p. 1763-1765; Nery Júnior, Nelson; Nery, Rosa Maria de A. **Código Civil Comentado**. 3ª Ed. em e-book baseada na 13ª edição impressa. São Paulo: Revista dos Tribunais, 2019., Comentários ao artigo 618.

[669] Nery Júnior, Nery, 2016, Parte II, Capítulo VII.

[670] Id. Ibid.

A RESPONSABILIDADE NEGOCIAL DO EMPREITEIRO POR VÍCIOS CONSTRUTIVOS...

Os atualizadores da obra "Direito de Construir" de Hely Lopes Meirelles,[671-672] por sua vez, considerando demasiado exíguo o prazo decadencial de cento e oitenta dias para a avaliação das patologias eventualmente constatadas em obra, interpretam que o parágrafo único do artigo 618 refere-se exclusivamente ao direito do dono da obra de requisitar a redibição do contrato, acrescentando que o empreitante poderia, alternativamente, reclamar a indenização pelas falhas construtivas apresentadas, devendo fazê-lo no prazo prescricional de três anos do artigo 206, § 3º, V, do Código Civil.

Lado outro, com relação aos defensores de que a garantia estabelecida no artigo 618 seja atinente à responsabilização objetiva do empreiteiro e que, portanto, seu parágrafo único apenas limitaria o exercício da correspondente pretensão no tempo, pode-se dividir a doutrina em três diferentes grupos. Um primeiro, muito mais numeroso, compreendido pelos que assim o afirmam, mas nada acrescentam a respeito da possibilidade de se demandar o empreiteiro em razão de vícios só constatados após o término do período de garantia. Um segundo, mais reduzido, segundo o qual o empreitante poderia valer-se tanto da garantia prevista no artigo 618 para fins indenizatórios, como da ação comum por inadimplemento, hipótese essa em que o construtor poderia vir a ser responsabilizado mesmo em razão de vícios constatados após o encerramento da garantia. E um terceiro que, embora reconheça que a garantia prevista no artigo 618 relaciona-se à responsabilidade objetiva do empreiteiro e que o parágrafo único que o acompanha só limitaria o exercício da correspondente pretensão no tempo, objeta qualquer possibilidade de se demandar o construtor fora dos prazos estabelecidos no dispositivo discutido.

Nesse primeiro grupo, é possível referenciar: Orlando Gomes,[673] Caio Mário da Silva Pereira,[674] Sílvio Rodrigues,[675] Arnoldo Wald,[676]

---

[671] Hely Lopes Meirelles faleceu em 4 de agosto de 1990, daí ser impossível que os comentários ao artigo 618 do Código Civil 2002 existentes em sua obra "Direito de Construir" sejam de sua autoria.

[672] MEIRELLES, 2013, p. 309-310.

[673] GOMES, 2008, p. 369.

[674] PEREIRA, 2015, p. 297.

[675] RODRIGUES, 2004, p. 254-255.

[676] Wald, 2012, Capítulo 4, item 5.

PRESCRIÇÃO, DECADÊNCIA E VÍCIOS OCULTOS

Arnaldo Rizzardo,[677] Fábio Ulhoa Coelho,[678] Carlos Roberto Gonçalves,[679] Ralpho Waldo de Barros Monteiro Filho[680] e Rodrigo Toscano de Brito.[681] No segundo, Maria Helena Diniz[682] e Daniel Eduardo Camacchioni,[683] ressalvando-se que este admite que "o dono da obra pode acionar o empreiteiro/construtor pelos prejuízos decorrentes da má execução da obra, mas nesse caso deverá demonstrar a má execução do trabalho decorrente de ato culposo", sem se preocupar em fixar o prazo prescricional que lhe seria atribuído, enquanto Maria Helena Diniz estabelece que a prescrição pode ser de três ou dez anos, a depender da natureza do ilícito constatado. E, no último, solitariamente, Paulo Jorge Scartezzini Guimarães,[684] segundo o qual "o prazo para a propositura da ação, mesmo a ação de indenização, será o de cento e oitenta dias, prejudicada a Súmula 194 do STJ".

Perante a jurisprudência do Superior Tribunal de Justiça, os resultados encontrados não se mostram mais animadores, constatando-se verdadeiro descompasso entre as disposições normativas presentes no vigente código civil e a orientação seguida por boa parte dos ministros que compõem a respeitada corte. Para fácil referência e compreensão, relaciona-se abaixo, em ordem cronológica, todos os recursos julgados pelo Superior Tribunal de Justiça entre 11 de janeiro de 2003 e 1º de novembro de 2019 referentes ao tema,[685] desconsiderados os casos em que os vícios foram constatados em período anterior a 11 de janeiro de 1993, pois inteiramente regulados pelo Código Civil de 1916, nos termos do artigo 2.028 do Código Civil de 2002.[686]

---

[677] RIZZARDO et al., 2015, p. 603.

[678] COELHO, 2016, Quarta Parte, Capítulo 34, Item 2.

[679] GOLÇALVES, 2016, p. 352.

[680] MONTEIRO FILHO, 2017, Capítulo 10.

[681] RODRIGUES JÚNIOR et al, 2011, p. 216-271.

[682] DINIZ, 2014, p. 527.

[683] CAMACCHIONI, 2015, Capítulo 13.

[684] GUIMARÃES, 2007, p. 167.

[685] Para realização da pesquisa considerou-se o uso das palavras chaves "Vícios Construtivos"; "Vício de construção"; "Defeito de Construção"; "construtor", na ferramenta de busca disponibilizada pelo Superior Tribunal de Justiça, restringindo-se a investigação ao ementário dos acórdãos.

[686] Art. 2.028. Serão os da lei anterior os prazos, quando reduzidos por este Código, e se, na data de sua entrada em vigor, já houver transcorrido mais da metade do tempo estabelecido na lei revogada.

A começar pelo AgRg no Ag 991.883/SP,[687] primeiro recurso que veio a tratar do prazo decadencial previsto no parágrafo único do artigo 618 do Código Civil de 2002, o acórdão, de relatoria do ministro Aldir Passarinho, é claríssimo ao suprimir a eficácia do dispositivo em questão e consignar que o dono da obra, em atendimento à jurisprudência firmada pela corte, teria vinte anos para pleitear a competente indenização, "ainda que o fato tenha ocorrido posteriormente à entrada em vigor do atual Código Civil", nos termos da Súmula 194 do Superior Tribunal de Justiça.

Sucede, entretanto, que o código civil atual não previu prazo prescricional tão dilatado para pretensões deste jaez, tampouco admite que o empreiteiro permaneça objetivamente responsável por período tão extenso. Conforme disposto no artigo 205 de suas disposições, o termo máximo estipulado para a prescrição se encerra em dez anos, metade do que restou consignado no acórdão, ao passo que a legislação vigente previu prazo específico e de natureza decadencial para o exercício da garantia por vícios de solidez e segurança, nos termos do parágrafo único do artigo 618, circunstância essa que, por si só, vedaria a utilização de um prazo prescricional genérico para a limitação do direito do dono da obra, e revela a dupla incorreção da decisão proferida pela terceira turma do Superior Tribunal de Justiça em seu acórdão inaugural.

Posteriormente, no julgamento do AgRg no Ag 1.208.663/DF,[688] em novembro de 2010, entendeu a terceira turma por fixar em dez anos o prazo para ajuizamento da ação reparatória em decorrência de vícios de solidez e segurança. Na ocasião, sob relatoria do ministro Sidnei Beneti, entenderam os julgadores por afastar a caducidade alegada pelo recorrente, com fundamento no artigo 26 do Código de Defesa do Consumidor, uma vez que a ação proposta teria caráter puramente condenatório, e não constitutivo, motivo pelo qual, em obediência ao critério científico formulado por Agnelo Amorim Filho, conjugou-se a garantia estabelecida no artigo 618 do Código Civil com prazo previsto no artigo 205 de igual diploma para a delimitação da pretensão do dono da obra no tempo.

O tema só voltaria à discussão perante a quarta turma em 6 de setembro de 2012, por ocasião do AgRg no Ag 1.366.111/MG,[689] oportunidade

---

[687] STJ, 4ª T., **AgRg no Ag 991883/SP**, rel.: Aldir Passarinho Junior, j. em 12/06/2008.
[688] STJ, 3ª T., **AgRg no Ag 1208663/DF**, Rel.: Ministro Sidnei Beneti, j. em 18/11/2010.
[689] STJ, 4ª T., **AgRg no Ag 1366111/MG**. Rel: Luis Felipe Salomão, j. em 06/09/2012.

PRESCRIÇÃO, DECADÊNCIA E VÍCIOS OCULTOS

em que o órgão colegiado, à semelhança da terceira turma no último acórdão proferido, julgou que a pretensão do empreitante prescreveria em dez anos, uma vez tendo os vícios se revelado dentro do prazo de cinco anos estabelecido no artigo 618 do Código Civil de 2002.

Na contramão de tudo que já se havia decidido (e de tudo que se estaria por decidir), sob relatoria do ministro Ricardo Villas Bôas Cueva, entendeu a terceira turma, no julgamento do AgRg no REsp 1.161.677/RS,[690] por limitar a pretensão do empreitante a três anos, na forma do artigo 206, § 3º, V, visto ser esse o prazo prescricional estabelecido em lei para a propositura das ações de reparação civil.

Ulteriormente, quando do julgamento do AgRg no REsp 1.344.043/DF[691] pela quarta turma e sob a relatoria da Ministra Maria Isabel Gallotti, reafirmou-se o entendimento de que o prazo previsto no *caput* do artigo 618 seria de garantia e que o construtor poderia ser acionado no prazo prescricional de dez anos, não em três como tencionava o profissional recorrente limitar.

Seguindo em ordem cronológica, quando do julgamento do REsp 1.290.383/SE,[692] o ministro relator Paulo de Tarso Sanseverino parece ter atualizado suas velhas razões, replicando, quase por completo, a fundamentação delineada no REsp 903.771/SE, julgado três anos antes. Nessa oportunidade, além de ter sido afastada a prescrição trienal reconhecida pelo magistrado de piso, com fundamento no artigo 206, § 3º, V, do Código Civil, entendeu a terceira turma que ao dono da obra caberiam duas tutelas distintas para salvaguardar seus interesses: demandar o empreiteiro no prazo decadencial de cento e oitenta dias estabelecido no parágrafo único do artigo 618, hipótese em que a responsabilidade do profissional seria objetiva, desde que o empreitante tomasse conhecimento da fragilidade da obra nos cinco anos seguintes a sua entrega, ou, alternativamente, demandá-lo dentro do prazo prescricional de dez anos em virtude do inadimplemento incorrido, nos termos dos artigos 205 e 389 da legislação de regência, ocasião em que caberá ao dono da obra comprovar a culpa de sua contraparte, tendo sido essa a pretensão deduzida pela parte.

---

[690] STJ, 3ª T., **AgRg no REsp 1161677/RS**, rel.: Ricardo Villas Bôas Cueva, j. em 19/09/2013.

[691] STJ, 4ªT., **AgRg no REsp 1344043/DF**, rel.: Maria Isabel Gallotti, j. em 17/12/2013.

[692] STJ, 3ª T., **REsp 1290383/SE**, rel.: Paulo de Tarso Sanseverino, j. em 11/02/2014.

A RESPONSABILIDADE NEGOCIAL DO EMPREITEIRO POR VÍCIOS CONSTRUTIVOS...

No julgamento do AgRg no AREsp 176.664/SC,[693] em 18 de fevereiro de 2014, também pela terceira turma do Superior Tribunal de Justiça e sob relatoria do ministro Paulo de Tarso Sanseverino, replicou-se novamente a tese de que ao dono da obra seriam dadas duas tutelas para a responsabilização do empreiteiro, tendo-se desprovido o recurso apresentado, uma vez que a pretensão autoral teria sido exercida dentro do prazo prescricional de dez anos fixado no artigo 205 do Código Civil de 2002.

O posicionamento do órgão fracionário, contudo, durou apenas trinta e sete dias, ocasião em que, por meio do julgamento do AgRg no AREsp 431.493/PR,[694] sob relatoria do ministro Sidnei Beneti, a Súmula 194 do Superior Tribunal de Justiça voltou à cena como a principal causa de decidir, prolongando por vinte anos a pretensão indenizatória do dono da obra pelos vícios de solidez e segurança constatados. Entendimento este seguido pela quarta turma, na sequência, com a decisão do AgRg no AREsp 66.734/SP,[695] em 18 dezembro daquele mesmo ano.

Depois disso, com exceção de um julgado apenas, todos os demais acórdãos do Superior Tribunal de Justiça se parecem, decidindo de maneira uniforme que caberia ao dono da obra acionar o empreiteiro nos dez anos seguintes à constatação dos vícios para que proceda a sua responsabilização, afastando ora o prazo prescricional de três anos aventado pelas construtoras recorrentes,[696] ora o prazo decadencial de cento e oitenta previsto no parágrafo único do artigo 618,[697] ora o prazo decadencial de noventa dias fixado no artigo 26 do Código de Defesa do Consumidor.[698] No penúltimo caso, sob a justificativa de que "não se aplica o prazo de decadência previsto no parágrafo único" do artigo 618, visto que "sem correspondente no código revogado". No último, com o fundamento de que a decadência do artigo 26 da legislação consume-

---

[693] STJ, 4ª T., **AgRg no AREsp 176664/SC**, rel.: Paulo de Tarso Sanseverino, j. em 18/02/2014.

[694] STJ, 3ª T., **AgRg no AREsp 431493/PR**, rel.: Sidnei Beneti, j. em 27/03/2014.

[695] STJ, 4ª T., **AgRg no AREsp 66734/SP**, rel.: Antonio Carlos Ferreira, j. em 18/12/2014.

[696] STJ, 3ª T., **AREsp 661548/RJ**, rel.: Marco Aurélio Bellizze, j. em 25/02/2015; STJ, 3ª T., **AgRg no REsp 1551621/SP**, rel.: Ministro Moura Ribeiro, j. em 24/05/2016; STJ, 4ª T., **AgInt no AREsp 1355163/GO**, rel. Ministro Raul Araújo, j. em 16/05/2019.

[697] STJ, 1ª T., **AgInt no REsp 1112357/SP**, rel.: Ministro Sérgio Kukina, j. em 14/06/2016.

[698] STJ, 4ª T., **AgInt no AREsp 1125919/MG**, rel.: Ministro Lázaro Guimarães, j. em 18/09/2018.

PRESCRIÇÃO, DECADÊNCIA E VÍCIOS OCULTOS

rista estaria atrelada a uma tutela constitutiva, e não a uma ação condenatória, como a pretendia pelo empreitante. Em todos, sem reservas, justificando o uso do prazo de prescrição decenal de maneira a respeitar e atualizar o entendimento sumular n. 194 formulado por aquele mesmo tribunal.

O julgamento do REsp 1.296.849/MG[699] pela quarta turma, em fevereiro de 2017, nada obstante se destaca por uma única e relevantíssima razão. Trata-se do único acórdão, dentre um universo de quinze outros proferidos pelo Superior Tribunal de Justiça no intervalo de quase dezessete anos que, efetivamente, reconheceu e aplicou o prazo decadencial de cento e oitenta dias previsto no parágrafo único do artigo 618 para a responsabilização objetiva do empreiteiro, abstraindo-se do entendimento sumular n. 194 e da teoria científica para a dissociação dos prazos prescrita por Agnelo Amorim Filho.

Com isso se percebe que o entendimento do Superior Tribunal de Justiça, com relação ao tempo conferido ao empreiteiro para a reclamação de seus prejuízos, reformulou-se em, ao menos, nove oportunidades distintas; pela prescrição em vinte anos, com fundamento na Súmula 194 do Superior Tribunal de Justiça, de 12 de junho de 2008 a 18 de novembro de 2010; pela prescrição decenal, por meio da combinação da garantia do artigo 618 com o prazo prescricional delineado no artigo 205 do Código Civil, de 18 de novembro de 2010 até 19 de setembro de 2013; pela prescrição de três anos, nos termos do artigo 206, § 3º, V, de 19 de setembro de 2013 até o julgamento seguinte, em 17 de dezembro daquele mesmo ano; novamente pela prescrição de dez anos combinada com a garantia quinquenal estabelecida no *caput* do artigo 618, de dezembro de 2013 a fevereiro de 2014; pela prescrição em dez anos, caso a pretensão seja exercida com fundamento no cumprimento imperfeito da empreitada, nos termos do artigo 389, hipótese em que a responsabilidade do profissional considera-se subjetiva, podendo o empreitante demandá-lo de forma objetiva, desde que o faça dentro do prazo decadencial de cento e oitenta dias e do prazo quinquenal de garantia, de fevereiro de 2014 a 27 de março daquele mesmo ano; mais uma vez pelo prazo prescricional de vinte anos, por força do enunciado sumular n. 194 do Superior Tribunal de Justiça, de março a 18 dezembro

---

[699] STJ, 4ª T., **REsp 1296849/MG**, rel.: Ministra Maria Isabel Galloti, j. em 14/02/2017.

A RESPONSABILIDADE NEGOCIAL DO EMPREITEIRO POR VÍCIOS CONSTRUTIVOS...

de 2014; entre dezembro de 2014 a 14 de fevereiro de 2017, renovando-se o entendimento de que o empreitante teria dez anos para exercer sua pretensão em juízo; no prazo decadencial de cento e oitenta dias, de fevereiro de 2017 a 18 de setembro de 2018. A partir de então aos dias de hoje, limitada a pretensão em dez anos.

Em termos estatísticos, e compreendendo-se todo o período estudado, observa-se que o prazo prescricional de vinte anos foi aplicado em três ocasiões distintas: logo em 2008, quando do julgamento inaugural do problema[700] e, depois, em dois acórdãos seguidos, em março[701] e dezembro de 2014;[702] o de dez anos, pulverizado ao longo dos últimos dezesseis anos, em dez julgados, entre novembro de 2010 e maio de 2019;[703] o de três em apenas uma oportunidade, em 19 de setembro de 2013;[704] e o prazo decadencial de cento e oitenta em uma única ocasião, em 14 de fevereiro de 2017,[705] revelando a predileção da corte pelo prazo prescricional genérico do artigo 205 para a limitação da pretensão do dono da obra no tempo, situação essa completamente avessa à verificada na doutrina, que oscila, predominantemente, entre o prazo decadencial de cento e oitenta dias e a prescrição de três anos estatuídos no parágrafo único do artigo 618 e no artigo 206, § 3º, V, do Código Civil de 2002, respectivamente.

Conquanto avesso ao ordenamento jurídico vigente percebeu-se também que o prazo de garantia do artigo 618 restou combinado com a

---

[700] STJ, 4ª T., **AgRg no Ag 991883/SP**, rel.: Aldir Passarinho Junior, j. em 12/06/2008.

[701] STJ, 3ª T., **AgRg no AREsp 431493/PR**, rel.: Sidnei Beneti, j. em 27/03/2014.

[702] STJ, 4ª T., **AgRg no AREsp 66734/SP**, rel.: Antonio Carlos Ferreira, j. em 18/12/2014.

[703] STJ, 3ª T., **AgRg no Ag 1208663/DF**, Rel.: Ministro Sidnei Beneti, j. em 18/11/2010; STJ, 4ª T., **AgRg no Ag 1366111/MG**. Rel: Luis Felipe Salomão, j. em 06/09/2012; STJ, 4ªT., **AgRg no REsp 1344043/DF**, rel.: Maria Isabel Gallotti, j. em 17/12/2013; STJ, 3ª T., **REsp 1290383/SE**, rel.: Paulo de Tarso Sanseverino, j. em 11/02/2014; STJ, 4ª T., **AgRg no AREsp 176664/SC**, rel.: Paulo de Tarso Sanseverino, j. em 18/02/2014; STJ, 3ª T., **AREsp 661548/RJ**, rel.: Marco Aurélio Bellizze, j. em 25/02/2015; STJ, 3ª T., **AgRg no REsp 1551621/SP**, rel.: Ministro Moura Ribeiro, j. em 24/05/2016; STJ, 4ª T., **AgInt no AREsp 1355163/GO**, rel. Ministro Raul Araújo, j. em 16/05/2019; STJ, 1ª T., **AgInt no REsp 1112357/SP**, rel.: Ministro Sérgio Kukina, j. em 14/06/2016; STJ, 4ª T., **AgInt no AREsp 1125919/MG**, rel. Ministro Lázaro Guimarães, j. em 18/09/2018.

[704] STJ, 3ª T., **AgRg no REsp 1161677/RS**, rel.: Ricardo Villas Bôas Cueva, j. em 19/09/2013.

[705] STJ, 4ª T., **REsp 1296849/MG**, rel. Ministra Maria Isabel Galloti, j. em 14/02/2017.

PRESCRIÇÃO, DECADÊNCIA E VÍCIOS OCULTOS

prescrição decenal do artigo 205 em ao menos quatro oportunidades[706] e com o prazo prescricional da Súmula 194 em outras duas,[707] dando a entender que a responsabilidade do profissional permaneceria objetiva no curso de vinte ou dez anos, algo absolutamente impensado pelo legislador originário; que o prazo de decadência previsto no artigo 26 do Código de Defesa do Consumidor deixou de ser aplicado duas vezes,[708] sob a justificativa de que as tutelas a que estariam atrelados possuiriam natureza constitutiva e, portanto, não se coadunariam com a tutela condenatória pleiteada; que o prazo de decadência do parágrafo único do artigo 618 deixou de ser aplicado, também, duas vezes,[709] pelo simples motivo de que, alegadamente, não seria aplicável "aos defeitos constatados anos antes da entrada em vigor do novo Código Civil"; e que em nenhum julgado a possibilidade de se demandar o empreiteiro fora do prazo quinquenal de garantia foi questionada, o que permite concluir que, ao menos até a presente data, inexiste qualquer obstáculo que impeça a responsabilização do empreiteiro pelo inadimplemento absoluto ou relativo praticado.

2.3.1.4 *A Garantia por Vícios de Solidez e Segurança e a Responsabilidade pelo Cumprimento Imperfeito da Empreitada: Considerações e Críticas ao Tratamento do Tema pela Doutrina e Jurisprudência*

Nada obstante à variedade de entendimentos distintos para a solução de um mesmo problema, observa-se que muito da polêmica existente acerca da interpretação da garantia por vícios de solidez e segurança se justifica em razão da perseverança da doutrina e dos tribunais pátrios em se utilizar de esquemas interpretativos que não mais subsistem perante a sistemática instituída, sobretudo das formulações de Agnelo Amorim

---

[706] STJ, 3ª T., **AgRg no Ag 1208663/DF**, Rel.: Ministro Sidnei Beneti, j. em 18/11/2010; STJ, 4ª T., **AgRg no Ag 1366111/MG**. Rel: Luis Felipe Salomão, j. em 06/09/2012; STJ, 4ªT., **AgRg no REsp 1344043/DF**, rel.: Maria Isabel Gallotti, j. em 17/12/2013; STJ, 4ª T., **AgInt no AREsp 1125919/MG**, rel. Ministro Lázaro Guimarães, j. em 18/09/2018.

[707] STJ, 4ª T., **AgRg no Ag 991883/SP**, rel.: Aldir Passarinho Junior, j. em 12/06/2008; STJ, 4ª T., **AgRg no AREsp 66734/SP**, rel.: Antonio Carlos Ferreira, j. em 18/12/2014.

[708] STJ, 3ª T., **AgRg no Ag 1208663/DF**, Rel.: Ministro Sidnei Beneti, j. em 18/11/2010; STJ, 1ª T., **AgInt no REsp 1112357/SP**, rel.: Ministro Sérgio Kukina, j. em 14/06/2016.

[709] STJ, 1ª T., **AgInt no REsp 1112357/SP**, rel.: Ministro Sérgio Kukina, j. em 14/06/2016; STJ, 4ªT., **AgRg no REsp 1344043/DF**, rel.: Maria Isabel Gallotti, j. em 17/12/2013.

A RESPONSABILIDADE NEGOCIAL DO EMPREITEIRO POR VÍCIOS CONSTRUTIVOS...

Filho para a identificação dos prazos extintivos e do entendimento sumulado pelo Superior Tribunal de Justiça de que "prescreve em vinte anos a ação para obter, do construtor, indenização por defeitos da obra" – ambos os quais serviram como valiosíssimos guias orientativos para a solução da responsabilidade civil do empreiteiro no tempo, durante décadas e décadas, mas que precisam ser superados em virtude da atualização objetiva das normas que regulamentam essas duas matérias.

De fato, como exaustivamente trabalhado no capítulo 2 do presente trabalho, o Código Civil de 2002 não adotou o critério científico firmado por Agnelo Amorim Filho para a dissociação dos prazos, tampouco o Código de Defesa do Consumidor utilizou-se de semelhante construção teórica ao tratar das hipóteses de vícios e defeitos do produto ou serviço. O critério recepcionado pelo legislador do Código Civil de 2002 pautou-se pela operabilidade – pela disposição topológica dos prazos de prescrição e decadência – ao tempo que a legislação consumerista optou por associar referidos termos à qualidade dos vícios constatados: se prejudicial à integridade física ou psíquica do consumidor, é fato do produto ou serviço e, por via de consequência, a pretensão que lhe é associada limita-se temporalmente por um prazo de prescrição; ao passo que, se circunscrito ao próprio produto ou serviço, é vício, logo a tutela condenatória ou constitutiva a ela atrelada se encerra num prazo decadencial.

Mais uma vez, a disposição dos prazos extintivos se justifica, antes de mais nada, por razões de políticas legislativas, não por elucubrações sofisticadíssimas sistematizadas de forma profusa e incompatíveis com o sistema normativo vigente.

A teoria científica se adequou muito bem à realidade da codificação passada, pois contemplava um contexto de indissociação absoluta dos prazos, em que inexistia qualquer orientação normativa que permitisse a diferenciação do que fosse prescrição do que seria decadência. A bem da verdade, a teoria formulada por Agnelo Amorim Filho se justificava, justamente, como uma forma de contornar esse problema criado pelo legislador. Equívoco esse que não se repetiu nas legislações que a sucederam: nem no Código de Defesa do Consumidor, no início da década de 1990, nem na Lei 9.279/96, referente à propriedade industrial, menos ainda no Código Civil de 2002, tendo cada codificação se estruturado de modo diferente para lidar com os famigerados institutos jurí-

PRESCRIÇÃO, DECADÊNCIA E VÍCIOS OCULTOS

dicos, motivo pelo qual as razões que levaram à elaboração e admissão do critério formulado por Agnelo Amorim Filho, num primeiro lugar, não mais subsistem.

No caso específico do artigo 618 do Código Civil de 2002, a solução de se conferir eficácia constitutiva à garantia por vícios de solidez e segurança revela-se tanto mais absurda, porque a redação do seu *caput* permaneceu praticamente idêntica à prevista no artigo 1.245 da legislação passada, cujo preceito sempre se associou a uma garantia de responsabilidade – a uma tutela condenatória – não se reputando coerente a modulação feita pela doutrina pelo simples fato de a garantia do artigo 618 vir acompanhada de um prazo de decadência.

Lado outro, não há nenhum indicativo na redação do artigo 618 que permita a aproximação da garantia ali instituída com aquela correspondente aos vícios redibitórios. Novamente, o suporte fático do dispositivo informa que "o empreiteiro de materiais e execução responderá" pelos vícios de solidez e segurança apontados durante o prazo de cinco anos, remetendo a uma ideia de responsabilidade. Não que o dono da obra decairá do "do direito de obter a redibição ou abatimento no preço" como expressamente registrado no artigo 445 do Código Civil, sendo vedada a analogia, tendo em vista não haver omissão no artigo 618.

Com relação à influência da Súmula 194 do Superior Tribunal de Justiça sobre os julgados em análise, ela se verifica não só nas hipóteses em que o prazo prescricional de vinte anos restou aplicado, como também nas oportunidades em que a prescrição decenal teve o mesmo destino, afastando o prazo de decadência previsto no parágrafo único do artigo 618 ou, ainda, quando conjugada a garantia de cinco anos prevista no seu respectivo *caput* com o termo de prescrição do artigo 205 do Código Civil.

Todavia, por tudo quanto já aprofundado no presente trabalho, em especial no subcapítulo 2.3.1.2 anterior, sabe-se que o expediente aplicado pela jurisprudência é incompatível com a regulação presente.

Veja-se, não é que não seja possível demandar o empreiteiro no prazo prescricional de dez anos ou mesmo no prazo de vinte anos da legislação passada, em obediência à norma de transição estabelecida no artigo 2.028 do Código Civil de 2002. Com efeito, a garantia estabelecida no artigo 618 não impede a responsabilização genérica do empreiteiro pelo inadimplemento de suas obrigações, nos termos do artigo 389 do

A RESPONSABILIDADE NEGOCIAL DO EMPREITEIRO POR VÍCIOS CONSTRUTIVOS...

Código Civil, e inexiste qualquer outro dispositivo que assim regulamente, como visto genericamente nos subcapítulos 1.2 e 1.4.

Na realidade, a admissão de semelhante tutela se revela até mesmo necessária, considerada a insuficiência do artigo 618 em resguardar o empreitante, não consumidor, contra patologias que não arrisquem a integridade das obras ou que só venham a arriscá-la após o término do prazo de garantia. Salvo cláusula contratual em sentido diverso (subcapítulo 1.4.3), por mais evidentes que sejam as falhas do profissional contratado, o proprietário sobeja desamparado contra toda sorte de defeitos de menor gravidade e deformidades agressivas que só venham a se revelar tardiamente, sem referido expediente, algo que, em hipótese alguma pode ser aceito, sob pena de se prestigiar o sucateamento dos trabalhos do empreiteiro em detrimento da legítima expectativa do dono da obra em receber empreendimento sem defeitos e em harmonia com os dispêndios realizados.

O que não se admite, e aqui se realça, é que o construtor continue objetivamente responsável por prazos tão dilatados, em virtude de uma inapropriada simbiose entre a garantia prescrita no *caput* do artigo 618 e a prescrição estatuída nos artigos 205 do Código Civil de 2002 e 177 do Código Civil de 1916. Solução essa em tudo evitada pelo legislador do Código Civil de 2002, que, buscando equilibrar os interesses de empreiteiros, empreitantes e de toda uma coletividade indeterminada, reduziu o tempo para o exercício da aludida garantia a um prazo decadencial específico e enxuto, nos termos do parágrafo único do artigo 618 do código civil atual.

A responsabilidade do construtor pelo cumprimento imperfeito da obra, nesse sentido, presta serventia parecida com aquela atribuída aos *dommages intermédiaires* do direito francês: assegurar o dono da obra contra defeitos ocultos, sem distinção de gravidade, e que só venham a se manifestar uma vez esgotados os prazos de garantia e extintivos previstos em lei. Um remédio jurídico elaborado pela jurisprudência para assegurar a reparação ao dono da obra, a despeito da falta de previsão específica no capítulo destinado à empreitada nos respectivos ordenamentos.

Sobre o assunto, vale destacar, reputa-se mais que apropriada a escolha do tribunal superior ao vincular referido expediente ao artigo 389 do Código Civil, relativo às hipóteses de inadimplemento absoluto e mora, e ao prazo prescricional de dez anos atribuído às pretensões negociais.

PRESCRIÇÃO, DECADÊNCIA E VÍCIOS OCULTOS

De fato, se com a ocorrência de vícios de solidez e segurança eleva-se uma pretensão de natureza puramente contratual, conforme anteriormente exposto no subcapítulo 2.3.1.1. do presente trabalho, não poderia ser diferente no caso do cumprimento imperfeito da obra, tendo em vista que daí resultam defeitos de toda sorte, e que, ordinariamente, revelam-se menos agressivos do que aqueles tutelados pelo artigo 618.

Mais do que isso, ao se depreender que do cumprimento imperfeito da empreitada possa advir tanto a mora como o inadimplemento absoluto da avença, conferiu-se ao empreitante toda uma miríade de tutelas para melhor salvaguardar seus interesses, em conformidade com as particularidades do defeito constatado, e se prestigiou a redação do artigo 394 do Código Civil, segundo o qual a mora do devedor não se resume ao atraso no cumprimento da prestação, mas também se estende às hipóteses em que a obrigação é parcialmente cumprida, porém de maneira diversa da pactuada.[710-711]

Ao dono da obra, nessas condições, seria dado requerer a eliminação dos defeitos, traduzindo-se este num direito de reparação *in natura* do dano;[712] a indenização pecuniária correspondente aos prejuízos absorvidos com a reparação da coisa ou sua irreversível desvalorização; bem como a resolução do contrato, na hipótese excepcionalíssima de os vícios constatados serem de tal maneira graves que tornem o empreendimento inútil para os fins contratados ou acarretem na quebra superveniente da confiança do dono da obra no negócio, em um e todos os casos sem perder de vistas eventuais danos emergentes e lucros cessantes advindos da indisponibilidade temporária do bem e danos colaterais infligidos ao empreitante e a terceiros, valendo-se o mesmo raciocínio para a garantia especial por vícios de solidez e segurança, à semelhança do previsto no artigo 1.668 do *Codice Civil Italiano*.[713]

---

[710] GUIMARÃES, 2007, p. 103.

[711] SILVA, Rafael Peteffi. **Teoria do adimplemento e modalidades de inadimplemento, atualizado pelo novo Código Civil**. Disponível em: https://www.gontijofamilia.adv.br/2008/artigos_pdf/Rafael_Peteffi_da_Silva/Teoriaadimplemento.pdf. Acesso em: 22/10/2019.

[712] MARIANO, 2008, p. 129.

[713] Article 1.668: *Il committente può chiedere che le difformità o i vizi siano eliminati a spese dell'appaltatore (1), oppure che il prezzo sia proporzionalmente diminuito, salvo il risarcimento del danno (2) nel caso di colpa (3) dell'appaltatore [1223]. Se però le difformità o i vizi dell'opera sono tali da renderla del tutto inadatta alla sua destinazione, il committente può chiedere la risoluzione del contratto (4).*

A RESPONSABILIDADE NEGOCIAL DO EMPREITEIRO POR VÍCIOS CONSTRUTIVOS...

Há que se destacar, entretanto, que, apesar de nos encontrarmos perante uma situação de incumprimento, o fato de o profissional contratado já ter desenvolvido suas atividades e atingido certo resultado acaba por limitar as hipóteses em que o inadimplemento absoluto do contrato se verifica e, com isso, o direito do empreitante à resolução do contrato.

Nessas situações, segundo o professor João Cura Mariano, exige-se maior cuidado do julgador na composição dos interesses das partes, pois, embora os serviços realizados pelo empreiteiro não correspondam inteiramente com o resultado exigido pelo dono da obra, pode acontecer, e normalmente acontece, de o empreendimento ainda possuir alguma serventia e poder ser aproveitado na obtenção da obra acordada,[714] devendo-se evitar soluções disruptivas, como a resolução contratual, salvo ruptura evidente do interesse ou da confiança do empreitante no contrato.[715]

É o que acontece, por exemplo, com a residência que, logo depois de entregue, vê seus pisos levantados, mas mantém a integridade de sua estrutura sólida, com o shopping center que, a despeito de atender perfeitamente as exigências estruturais e arquitetônicas convencionadas, apresenta problemas em seu sistema de climatização e, mesmo em casos de vícios mais severos, como a falta de desempenho de um complexo fabril, se passível de reparação, não sendo dado ao empreitante, de pronto, requisitar o desfazimento do contrato.

Não obstante, isso não se sucede nas hipóteses em que a obra venha abaixo, em que o empreiteiro se negue ou atrase injustificadamente a realização dos reparos que se comprometeu ou em que se verifique a quebra da confiança na execução do contrato, como no caso em que um empreendimento industrial é paralisado diversas vezes para saneamento de um mesmo defeito, a despeito dos reiterados e malsucedidos reparos promovidos pelo construtor. Nesses cenários, nos quais a prestação se torna irrecuperável ou inútil para os fins legitimamente esperados por quem a contratou, verifica-se o esgotamento do interesse do empreitante na obra e, por via de consequência, o inadimplemento absoluto[716] do empreiteiro, não assistindo ao dono da obra senão outro direito que

---

[714] MARIANO, 2008, p. 13.
[715] MARTINEZ, 2016, p. 271.
[716] SILVA, 2008.

a própria resolução do contrato. Algo muito parecido com o que ocorre nas hipóteses de vícios redibitórios em que a coisa venha a perecer nas mãos do credor, mas por causa inteiramente ligada ao incumprimento do devedor, nos termos do artigo 444 do Código Civil.[717]

A construção jurisprudencial da responsabilidade subjetiva do empreiteiro pela má execução dos trabalhos merece, assim, os mais meritórios elogios, não só por contornar às insuficiências da garantia estabelecida no artigo 618 do presente código, como também pela aguçada fundamentação jurídica empregada e a correlação que se faz da pretensão advinda do inadimplemento discutido com o prazo extintivo mais apropriado.

A admissão de referida tutela para a responsabilização do empreiteiro e sua harmonização com a garantia prevista no artigo 618, nada obstante, possui seus revezes, sobretudo no que toca ao comprometimento do senso de urgência que o curto prazo decadencial do artigo 618 busca provocar e no deslocamento do problema da insuficiência da garantia por vícios de solidez e segurança do plano dos prazos para o plano das provas.

Especificamente nos casos de vícios de solidez e segurança constatados durante o prazo de garantia previsto no artigo 618 do Código Civil de 2002, admitindo-se a simultaneidade da tutela pelo cumprimento imperfeito da obra, não teria porque o empreitante apressar-se no exercício de sua pretensão, uma vez que, tendo deixado de exercê-la no prazo decadencial de cento e oitenta dias, o proprietário teria ainda nove anos e cento e oitenta e cinco dias para exigir idêntica pretensão, nos termos do artigo 205 do Código Civil, isso sem considerar eventuais causas suspensivas, impeditivas ou interruptiva do prazo prescricional, as quais poderiam dilatar ainda mais o tempo de exercício da pretensão.

Na realidade, mesmo a responsabilização objetiva do empreiteiro fixada no artigo 618 parece não possuir grande serventia no presente cenário, tendo em vista a presunção relativa de culpa que recai sobre o profissional. Nessa conjuntura, considerada a contemporaneidade da construção e a obrigação de resultado que é atribuída ao construtor, estabelecer-se-ia contra o profissional uma presunção quase que inven-

---

[717] Art. 444. A responsabilidade do alienante subsiste ainda que a coisa pereça em poder do alienatário, se perecer por vício oculto, já existente ao tempo da tradição.

cível de culpa, o que esvaziaria por completo a utilidade da tutela prevista no artigo 618.

É claro que se poderia objetar, eventualmente, que o empreiteiro não responde pelo agravamento dos vícios verificados no curso dos nove anos e cento e oitenta e cinco dias seguintes à conclusão do prazo decadencial do parágrafo único do artigo 618 do Código Civil, pois caberia ao dono da obra acioná-lo, no menor tempo possível, para saneamento emergencial dos defeitos constatados. Nessa hipótese, no entanto, não se estaria mais a discutir um problema de prazo, mas um problema de prova do nexo de causalidade entre os vícios observados e a conduta culposa do empreiteiro e do dono da obra, transportando um problema relativo à insuficiência do prazo de garantia previsto no artigo 618 à seara da investigação da responsabilidade civil. Inconveniente este que se repete especialmente no caso de vícios de solidez e segurança visualizados após o encerramento da garantia legal e, de forma genérica, com relação a todos os vícios ocultos que não se enquadrem nessa categoria e venham a ser constatados posteriormente à entrega e ao recebimento dos trabalhos.

Nesses casos, salvo garantia contratual ajustada em sentido diverso, ampliando a garantia legal por vícios de solidez e segurança e/ou especificando prazos de garantia particularizados para a reclamação de defeitos construtivos de outra ordem, o intérprete e julgador deverá sopesar muito bem o tempo de vida útil da estrutura, do sistema ou componente comprometido, bem como o atendimento, pelo empreitante, de seus deveres de manutenção e conservação da obra adquirida, para a avaliação da culpa do profissional contratado.

Novamente, conforme examinado no subcapítulo 1.4.2 e reiterado no subcapítulo 2.1.1.1, é natural que as obras se desgastem pelo simples transcurso do tempo e bastante comum que esse processo seja acelerado por mau uso do bem por quem contratou sua realização ou quem quer o tenha sucedido, não se devendo responsabilizar o empreiteiro pelos defeitos constatados em nenhum desses dois cenários. Por trivial que pareça ser, o empreiteiro deve responder pelos vícios constatados na exata medida de sua participação na sua causação, não sendo esse o caso das obras deterioradas, naturalmente, pelas intempéries do tempo ou dos vícios provocados pelo próprio dono da obra por ato omissivo ou comissivo seu.

O que se observa é que, a partir da entrega da obra, a presunção de responsabilidade que recai sobre o empreiteiro, de pouco em pouco, desfaz-se. Quer dizer, à medida que o empreendimento se consome por razões alheias à atuação do profissional, torna-se cada vez mais improvável que as patologias reveladas tenham como causa sua imperícia, não se podendo responsabilizar o empreiteiro da mesma maneira em razão de vícios constatados nos primeiros meses de obra e após 14 anos de sua entrega, uma vez que as chances desses defeitos decorrerem do mau uso da coisa são muito elevadas[718] e a prova de que resultaram da imprudência ou imperícia reiterada do proprietário, praticamente, impossível – notadamente se sobrevier à ruína.

É factível que se presuma a responsabilidade do construtor em razão de vícios de solidez e segurança verificados nos primeiros dois anos do recebimento de um edifício. Não o é depois de transcorridos mais de vinte anos, ao tempo em que a construção já passou por diversas reformas, eventual mau uso e toda sorte de efeito depreciativo decorrente da natureza e do passar dos anos.

O problema, na realidade, consiste em identificar em que momento referida presunção de responsabilidade esvanece, de modo a abrandar o pesado ônus probatório que recai sobre o empreiteiro, que não possui condições nem o direito de acompanhar todas as interações da obra após sua entrega. Essa celeuma, como visto no subcapítulo inaugural deste trabalho, compete, justamente, aos prazos extintivos sanear, sendo função precípua da prescrição estabilizar as relações jurídicas duradouramente consolidadas pelo tempo, de forma a liberar o devedor da árdua tarefa de provar que satisfez a obrigação de modo adequado, quando os elementos de prova que o favoreceriam se perderam ou desapareceram com os anos.

Solução muito mais inteligente e, ao nosso ver, muito mais segura é a definida pela legislação portuguesa, a qual, ao longo dos artigos 1.220 e 1.225 do seu código civil, estabeleceu prazo decadencial próprio para a denunciação dos defeitos e outro prazo decadencial subsequente para caso o empreiteiro não promova os competentes reparos no tempo e

---

[718] Souza, Vicente Custodio Moreira de. **Deterioração Estrutural em um Estádio de Futebol no Rio de Janeiro.** In: Cunha, Albino João Pimenta da et al., Acidentes Estrutura na Construção Civil. São Paulo: Pini, 1996, v. 1, p. 199.

A RESPONSABILIDADE NEGOCIAL DO EMPREITEIRO POR VÍCIOS CONSTRUTIVOS...

modo oportuno, funcionando a denúncia, assim, como uma condição de que depende o exercício dos direitos estabelecidos nos artigos 1.221 e seguintes da lei civil portuguesa.[719]

Mais do que isso, a solução lusitana é igualmente digna de aplausos por estabelecer termos decadenciais distintos e sistemática própria para sua operacionalização, em concordância com a natureza e gravidade dos vícios construtivos ocultos verificados.

Fixando em trinta dias o prazo para a apresentação da denúncia no caso de vícios construtivos ocultos *lato sensu*, o dono da obra teria um ano, a contar da denúncia, para propor a competente ação condenatória ou constitutiva, observado o prazo máximo de dois anos contados da entrega das obras, nos termos dos artigos 1.220 e 1.224 do Código Civil português. Para o caso de vícios de solidez e segurança, diferentemente, conferiu-se ao dono da obra três prazos distintos para o exercício de seu direito. Um prazo de garantia de cinco anos para que os vícios venham a se manifestar, nos termos do artigo 1.225 de suas disposições, outro decadencial de um ano para denunciá-los, a partir de sua verificação, e mais um prazo de decadência de um ano, contado do momento da denúncia, para acionamento do construtor. Formulação essa construída para aliar o interesse de ambos os integrantes da relação jurídica, bem como de toda uma coletividade indefinida que se previne dos infortúnios da ruína.[720]

Como é de se ver, todavia, as disposições normativas presentes no código civil brasileiro não permitem semelhante interpretação, não havendo outra saída para compelir o empreiteiro à reparação dos vícios de solidez e segurança constatados após o quinquênio legal ou em razão de vícios outros que venham a se apresentar em qualquer outro momento senão por intermédio da pretensão pelo cumprimento perfeito da empreitada. Remédio esse que possui lá seus reveses, como destacado antes, mas cujos méritos compensam o mal maior de abandonar o dono da obra à própria sorte, na eventualidade de esses vícios se manifestarem e não se ter previsto nenhum gatilho contratual para salvaguardá-lo da imperícia do profissional contratado.

A garantia por vícios de solidez e segurança se encerra, assim, nos estritos termos do artigo 618 e do parágrafo único que o acompanha,

---

[719] MARIANO, 2008, p. 109.
[720] Id., Ibid.

PRESCRIÇÃO, DECADÊNCIA E VÍCIOS OCULTOS

assegurando o dono da obra contra referidas patologias pelo prazo de cinco anos, contados da entrega das obras ou suas frações, mas incumbindo-lhe de reclamá-los no prazo de cento e oitenta dias do seu surgimento, sob pena de caducidade. Referida tutela, entretanto, não inibe, de forma alguma, o direito do empreitante de demandar o construtor com base no mau cumprimento da empreitada, conforme sedimentado no Enunciado 181 da III Jornada de Direito Civil[721] e na jurisprudência inaugurada pelo Ministro Paulo de Tarso Sanseverino ainda ao tempo do Código Civil de 1916, tampouco o direito do dono da obra de exigir a redibição do contrato ou o abatimento do preço, observadas as disposições dos artigos 441 e seguintes do Código Civil 2002, ou de reclamar as tutelas condenatórias e constitutivas fixadas nos artigo 14 e seguintes do Código de Defesa do Consumidor, caso se trate de relação consumerista e desde que obedecidos os prazos fixados nos artigos 26 e 27 correspondentes.

2.3.2 As Ações Edilícias: As Tutelas Estimatórias e Redibitórias

Já se antecipou em subcapítulos anteriores que, lateralmente às garantias previstas nos artigos 389 e 618 do Código Civil, é dado ao dono da obra optar pela redibição do contrato ou pelo abatimento em seu preço em virtude dos vícios ocultos verificados, na forma do artigo 445 da lei civil.

Já se explorou, também, no curso do subcapítulo 1.4.1 do presente trabalho, como os prazos de garantia e decadência relacionados a essas tutelas se coordenam, tendo-se concluído que o prazo atribuído ao adquirente para reclamar vícios redibitórios se encerra em trinta ou cento e oitenta dias, a depender da natureza da coisa adquirida, sendo esses termos contados do momento de sua descoberta, que deve ocorrer dentro do prazo máximo de garantia previsto no § 1º do artigo 445.

Por fim, ao longo do subcapítulo 2.2, minudenciou-se os pressupostos para a caracterização dos vícios redibitórios, suas particularidades, tendo-se apresentado exemplos de sua visualização no seio de contratos

---

[721] "Enunciado 181 – Art. 618: O prazo referido no art. 618, parágrafo único, do CC refere-se unicamente à garantia prevista no caput, sem prejuízo de poder o dono da obra, com base no mau cumprimento do contrato de empreitada, demandar perdas e danos." (BRASIL. Conselho da Justiça Federal. III Jornada de Direito Civil. Disponível em http://daleth.cjf.jus. br/revista/enunciados/IIIJornada.pdf. Acesso em 12/02/2017, p. 06)

construtivos, de modo a individualizá-los dos vícios de solidez e segurança e das hipóteses de vícios e defeitos do produto ou serviço.

Feitas todas essas considerações, falta agora evidenciar a utilidade de referidas tutelas no contexto dos contratos de empreitada, o modo como as tutelas estimatórias e redibitórias se relacionam nesse contexto e, em especial, destacar as vantagens e desvantagens de seu exercício, comparativamente com as tutelas estabelecidas nos artigos 389 e 618 do Código Civil, referentes ao cumprimento imperfeito e à garantia contra vícios de solidez e segurança.

Para tanto, antecipa-se que não serão feitas maiores incursões a respeito de como essas tutelas são trabalhadas no direito francês,[722-723-724] e isso por uma razão muito simples. Embora o Código Civil brasileiro tenha tomado muitas das suas disposições por empréstimo, sobretudo no que toca ao livro das obrigações, a disciplina dos vícios redibitórios em referido ordenamento é tratada de forma isolada e dirigida, exclusivamente, aos contratos de compra e venda. Não sendo esse o caso da lei civil brasileira, que estendeu a aplicação dos vícios redibitórios a todos os contratos comutativamente ajustados, de maneira que as lições emprestadas pela legislação gaulesa não possuem grande valia para a elucidação da matéria, no âmbito da empreitada, notadamente na ordem jurídica nacional.

No direito português, alemão e italiano, entretanto, semelhante incompatibilidade não se repete, tendo sido previstas disposições específicas para o tratamento de referidos vícios nas disposições destinadas aos contratos de empreitada.

Com efeito, em que pese a disciplina dos vícios redibitórios não tenha sido prevista na parte geral dos contratos, como ocorre no direito

---

[722] LABARTHE, Françoise; NOBLOT, Cyril. **Traités des Contrats**: le contrat de enterprise. 4ª Ed. Paris: LGDJ, 2008, p. 372-373.

[723] Article 1648: *L'action résultant des vices rédhibitoires doit être intentée par l'acquéreur dans un délai de deux ans à compter de la découverte du vice. Dans le cas prévu par l'article 1642-1, l'action doit être introduite, à peine de forclusion, dans l'année qui suit la date à laquelle le vendeur peut être déchargé des vices ou des défauts de conformité apparents.*

[724] A disciplina dos vícios redibitórios não se estende aos contratos de empreitada, conforme já decidido em importante acórdão da corte de cassação em importante, datado de junho de 1982: Cour de Cassation. Prémiere chambre civile. **Arrêt nº 81-11743**, Rapporteur: M. Béteille, du 2 juin 1982.

civil brasileiro,[725] tanto o artigo 1.222 do Código Civil Português como o artigo 1.668 do *Codice Civil* italiano e a seção 624 do BGB permitem ao dono da obra redibir o contrato ou solicitar o abatimento em seu preço, caso referidos vícios venham a se manifestar e comprometer a destinação útil da obra. Ademais, todas as três legislações estipulam que referidos direitos são subsidiários ao direito de eliminação dos defeitos[726-727-728] salvo hipótese de perda superveniente do interesse pelo dono da obra no contrato,[729] asseverando, em todos os cenários, que a redibição apenas pode ser exercida nas hipóteses em que os defeitos constatados venham a tornar obra inadequada ou absolutamente inadequada ao fim a que se destina, como referido no artigo 1.222 do Código Civil português, na seção 636 do BGB e no artigo 1.668 do *Codice Civil*, respectivamente.[730]

No direito brasileiro, não há propriamente uma ordem de preferência ou subsidiariedade para o uso das tutelas previstas nos artigos 389, 445 e 618 do Código Civil, embora a resolução e a redibição dos contratos sejam sempre o último remédio conferido ao dono da obra para a satisfação de seus interesses.

Mais uma vez, o desfazimento do contrato é expediente extremo contra o cumprimento imperfeito da obrigação, sendo vedado na hipótese em que os vícios apresentados sejam insignificantes e, em geral, evitados, em observância ao fim social do contrato e à conservação dos ajustes celebrados.[731-732]

É certo que o adquirente da coisa viciada não terá alternativa senão redibir a avença e reaver o preço pago pelo bem caso a restituição do que recebera torne-se impossível por causa exclusiva do alienante. Mas

---

[725] GUIMARÃES, 2007, p. 139.

[726] MARTINEZ, 2016, p. 133-134.

[727] MARIANO, 2008, p. 130.

[728] ROPPO, Enzo. **O contrato**. Coimbra: Almedina, 2009, p. 281.

[729] MARTINEZ, 2016, p. 271.

[730] MARIANO, 2008, p. 135-136.

[731] GUIMARÃES, 2007, p. 226.

[732] Art. 395. Responde o devedor pelos prejuízos a que sua mora der causa, mais juros, atualização dos valores monetários segundo índices oficiais regularmente estabelecidos, e honorários de advogado. Parágrafo único. Se a prestação, devido à mora, se tornar inútil ao credor, este poderá enjeitá-la, e exigir a satisfação das perdas e danos.

essa é uma conjuntura extraordinária, não se podendo tomar como regra um preceito tão excepcional.

Nessas hipóteses, em que a coisa perece em consequência dos defeitos ocultos constatados, o adquirente exime-se da obrigação de prestar o que recebera, mas se conserva a responsabilidade do alienante de restituir o que recebeu, mais as despesas do contrato,[733] nos termos do artigo 444 do Código Civil,[734] sendo, por tudo, inadmissível que o adquirente responda por vícios originados anteriormente à conclusão e ao encerramento do contrato e para os quais não contribuiu com culpa para sua manifestação.

Quanto à tutela estimatória, como reiteradamente examinado ao longo da dissertação, esta tem por fito reconstituir o sinalagma do negócio firmado, reconduzindo-o à prestação efetivamente realizada por quem a prestou de forma irregular e, por via de consequência, restituir à parte prejudicada a parcela da contraprestação correspondente à desvalorização do bem viciado.[735]

Em que pese a sofisticação de sua formulação, o resultado econômico advindo da ação *quanti minoris* revela-se bastante insatisfatório quando comparado com o decorrente da responsabilização do alienante pelo cumprimento imperfeito da obrigação, notadamente em razão de seu reduzido espectro compensatório, o qual, em regra, restringe-se ao valor da desvalorização do bem e das despesas contratuais incorridas pelo pleiteante, excluído todo tipo de perdas e danos estranhos a essas duas rubricas.

Com efeito, nos termos do artigo 443 do Código Civil, o alienante só responderá pelas perdas e danos decorrentes de sua mora caso a conhecesse ao momento da realização ou cumprimento do negócio, pressupondo uma espécie de dolo de aproveitamento para fins de indenização – exigência essa inexistente nos casos tutelados pelo artigo 389, o qual inclusive permite a reparação *in natura da coisa* ou a compensação pecuniária pelos reparos realizados, tornando este mecanismo compensatório em tudo mais atraente aos olhos de quem quer que tenha sido

---

[733] GOMES, 2008, p. 115.
[734] Art. 444. A responsabilidade do alienante subsiste ainda que a coisa pereça em poder do alienatário, se perecer por vício oculto, já existente ao tempo da tradição.
[735] GUIMARÃES, 2007, p. 222.

PRESCRIÇÃO, DECADÊNCIA E VÍCIOS OCULTOS

preterido pelo cumprimento imperfeito da obrigação e não busque ou não possa requisitar a plena redibição do contrato.

Para fácil referência e ilustração, basta pensar no vício de desempenho que afeta determinado parque fabril, reduzindo ou inviabilizando, momentaneamente, o exercício da atividade empresária, ou ainda nos casos em que defeitos no sistema elétrico de um edifício acabam por queimar os equipamentos eletrodomésticos que o guarnecem. Em um ou outro caso, fazendo uso da ação *quanti minoris*, o proprietário teria direito a receber, unicamente, o valor referente à desvalorização do bem e às despesas relacionadas ao contrato, nada mais. Já o montante referente à ociosidade ou improdutividade da fábrica, bem como os dispêndios relativos ao conserto dos equipamentos queimados ou sua substituição, usualmente, não estariam contemplados por referida tutela, por mais consideráveis que semelhantes prejuízos pudessem vir a ser.

Outro problema que afeta a eficácia compensatória da ação *quanti minoris*, em geral, e das ações condenatórias dirigidas à compensação decorrente da desvalorização da coisa, em particular, diz respeito à fórmula de cálculo do abatimento de preço pleiteado. Ponto esse simplesmente ignorado pelo legislador originário do Código Civil de 2002 e que não encontra consenso em doutrina.

Partindo-se das análises dos Professores Pontes de Miranda,[736] Orlando Gomes,[737] Paulo Jorge Scartezzini,[738] João Cura Mariano[739] e Pedro Romano Martinez,[740] e sintetizando suas considerações quanto ao assunto, cinco seriam as soluções possíveis para o saneamento do problema, embora divirjam os autores com relação ao expediente preferível: restituir o adquirente na diferença entre a prestação paga e o valor do bem depreciado; compensá-lo na diminuição exata de valor que a coisa sofreu, considerando seu valor ideal e desprezando as considerações das partes quanto ao valor ajustado; deduzir do preço parte proporcional à diminuição do valor bem, considerando sua avaliação ao momento da conclusão do contrato e após a constatação do vício,

---

[736] Pontes de Miranda, 1984, p. 302-303.

[737] Gomes, 2008, p. 114.

[738] Guimarães, 2007, p. 223.

[739] Mariano, 2008, p. 133-134.

[740] Martinez, 2016, p. 332-335.

A RESPONSABILIDADE NEGOCIAL DO EMPREITEIRO POR VÍCIOS CONSTRUTIVOS...

nos termos da seção 638, 3, do Código Civil Alemão[741] e do artigo 50 da Convenção de Viena sobre Contratos de Venda Internacionais (CISG);[742] ressarcir o contratante na dissemelhança entre o preço acordado e aquele que teria sido hipoteticamente fixado acaso as partes soubessem do vício que afeta o bem e; renegar a celeuma para perícia, a qual teria meios mais apropriados para a realização do cálculo, à semelhança do direito francês[743] e espanhol.[744]

Exemplifica-se, para ilustrar melhor os vários métodos mencionados e evidenciar as diferenças materiais entre uns e outros. Suponha que os contratantes ajustaram o preço de R$ 3.000.000,00 para construção de um pequeno, mas luxuoso, edifício residencial. O valor ideal da coisa, considerando sua avaliação de mercado, gira em torno de R$ 2.500.000,00. Seu preço real, com defeito, R$ 1.750.000,00, e seu preço hipotético, considerada a vontade virtual das partes acaso tivessem previstos os vícios constatados, R$ 2.000.000,00. Utilizando-se do primeiro método, a redução do preço corresponderia a R$ 1.250.000,00, referente à subtração do valor acordado e do preço real da coisa viciada; do segundo, a indenização se reduziria a R$ 750.000,00, haja vista a sobreavaliação do bem pelas partes contratantes; do terceiro ao importe de R$ 900.000,00 [Valor a ser restituído = R$ 3.000.000,00 – (R$ 3.000.000,00 X R$ 1.750.000,00 / R$ 2.500.000,00)]; do quarto

---

[741] Section 638 *Reduction of price (3) In the case of reduction of price, the payment is to be reduced in the proportion which, at the time when the contract was entered into, the value of the work in a state free of defects would have had to the actual value. To the extent necessary, the price reduction is to be established by appraisal.*

[742] *Article 50: If the goods do not conform with the contract and whether or not the price has already been paid, the buyer may reduce the price in the same proportion as the value that the goods actually delivered had at the time of the delivery bears to the value that conforming goods would have had at that time. However, if the seller remedies any failure to perform his obligations in accordance with article 37 or article 48 or if the buyer refuses to accept performance by the seller in accordance with those articles, the buyer may not reduce the price.*

[743] Article 1644: *Dans le cas des articles 1641 et 1643, l'acheteur a le choix de rendre la chose et de se faire restituer le prix, ou de garder la chose et de se faire rendre une partie du prix.*

[744] Artículo 1486. *En los casos de los dos artículos anteriores, el comprador podrá optar entre desistir del contrato, abonándosele los gastos que pagó, o rebajar una cantidad proporcional del precio, a juicio de peritos. Si el vendedor conocía los vicios o defectos ocultos de la cosa vendida y no los manifestó al comprador, tendrá éste la misma opción y además se le indemnizará de los daños y perjuicios, si optare por la rescisión.*

PRESCRIÇÃO, DECADÊNCIA E VÍCIOS OCULTOS

R$ 1.000.000,00; e do quinto, por evidente, não se poderia precisar, pois impossível pressupor qual o critério a ser adotado pela perícia.

Relativamente aos três primeiros critérios, percebe-se que os resultados alcançados serão todos idênticos na hipótese de o preço acordado coincidir com o valor da coisa sem defeitos, sendo que, em todos os casos, sempre haverá o inconveniente de se relegar à perícia a definição do preço da coisa, considerados seus vícios.

Por mais que se concorde que a metodologia adotada por profissionais diversos possa resultar em indenizações completamente diferentes, não caberia ao operador do direito imiscuir-se em tarefas inerentes à esfera da engenharia e economia, tanto mais em razão de empreendimentos complexos como os que costumam advir dos contratos de empreitada. Ao árbitro e ao intérprete compete identificar os meios mais seguros e apropriados para resolver esse problema com base no ordenamento jurídico a sua disposição e nas vantagens e desvantagens inerentes a cada um dos métodos abordados, não interferir em matérias cujas atribuições técnicas e profissionais não alcança.

Nesse sentido, observa-se que os primeiros três critérios revelam-se mais confiáveis que os dois últimos, pois fundados em parâmetros puramente objetivos para a valoração pretendida, com destaque para o primeiro e o terceiro, porquanto prediletos pela doutrina, encerrando cada qual suas vantagens e desvantagens.

Para Pontes de Miranda,[745] Orlando Gomes[746] e João Cura Mariano,[747] o abatimento do preço pela diferença entre a contraprestação paga e o valor do bem depreciado seria simplesmente impossível, pois conduziria a soluções injustas quando o valor ajustado pela coisa diferisse do seu valor real de mercado, ora indenizando o dono da obra em quantia maior do que lhe caberia receber, ora reduzindo ou deixando-o a mercê de qualquer retribuição.

Para fácil ilustração, imagine o caso de obra que vale "mais de dez por cento do que a contraprestação e a diminuição de valor foi de dez por cento da contraprestação" e o caso em que "o bem valia menos de dez por cento do que a contraprestação e o resultado do vício do objeto

---

[745] PONTES DE MIRANDA, 1984, p. 302.
[746] GOMES, 2008, p. 114.
[747] MARIANO, 2008, p. 132.

A RESPONSABILIDADE NEGOCIAL DO EMPREITEIRO POR VÍCIOS CONSTRUTIVOS...

foi de vinte por cento".[748] No primeiro cenário, adotando-se o primeiro critério como preferível, o proprietário não receberia indenização alguma, a despeito da falta do empreiteiro na execução dos seus trabalhos; no segundo, o dono da obra receberia mais do que vinte por cento do valor do bem, enriquecendo injustificadamente às custas do construtor.

Tendo isso em vista, e considerando que o cálculo para o abatimento do preço deve repousar sobre juízos de proporcionalidade, Pontes de Miranda, Orlando Gomes e João Cura Mariano concluem que a terceira solução deva prevalecer sobre todas as demais, pois ela, e somente ela, atende simultaneamente ao verdadeiro valor do objeto e ao que o adquirente pagou para tanto.

Conquanto reconheçam que a terceira solução faça o melhor juízo de proporcionalidade quanto às vantagens e desvantagens do negócio jurídico celebrado, Pedro Romano Martinez e Paulo Jorge Scartezzini Guimarães, por motivos ligeiramente diferentes, alcançam entendimento diverso, concordando ambos os autores que o valor do contrato seja mais preciso do que o valor de mercado da transação, e que, por advir da vontade das partes, deva prevalecer, em todas as hipóteses, sobre o valor econômico da operação.

A despeito de todas as desvantagens apresentadas com relação ao exercício das ações edilícias comparativamente às tutelas pelo cumprimento imperfeito da empreitada e, da mesma maneira, à garantia contra vícios de solidez e segurança, uma vez que também esta possui prazos e espectro indenizatório muito mais amplos que os estabelecidos artigos 441 e seguintes do Código Civil, as ações redibitórias e estimatórias possuem, sim, suas vantagens quando contrapostas aos demais meios de defesa conferidos ao empreitante nos termos da lei civil.

Com efeito, somente a ação redibitória permite o desfazimento do contrato, independentemente de culpa do profissional contratado, em razão de vícios que não afetem a solidez e segurança da obra, e, apesar dos reveses reparatórios inerentes à *quanti minoris,* seu exercício possui a serventia de presumir, absolutamente, a responsabilidade do empreiteiro pelos vícios constatados, o que não ocorre de forma tão certeira no caso das ações fundadas no artigo 389 do Código Civil.

[748] PONTES DE MIRANDA, 1984, p. 302.

PRESCRIÇÃO, DECADÊNCIA E VÍCIOS OCULTOS

Como assinalado por Orlando Gomes[749] e Clóvis Bevilaqua,[750] é irrelevante que o empreiteiro ignore ou conheça o vício ao momento da entrega da obra. A responsabilidade por vícios redibitórios não procede de culpa ou má fé, e sim da própria natureza do contrato comutativo, no qual devem as partes conhecer a extensão de suas vantagens e perdas.

Nada obstante, é preciso ser crítico com as conclusões parciais alcançadas acima. Notadamente porque o proveito da disciplina dos vícios redibitórios perante a do cumprimento imperfeito da empreitada é apenas virtual, aplicando-se, no presente contexto, todas as ressalvas minudenciadas no subcapítulo anterior relativamente à harmonização das disposições previstas nos artigos 389 e 618 do Código Civil, não surpreendendo o fato de não haver um único julgado em que o dono da obra tenha optado pelo exercício das ações edilícias em detrimento da tutela ordinária pelo cumprimento imperfeito da empreitada.

2.3.3 Os Vícios e Fatos do Produto ou Serviço

Devido a tudo o que foi exposto ao longo deste trabalho, o objeto deste tópico praticamente se esgotou, tornando bastante breves as considerações realizadas sobre o assunto a partir de então.

Conforme antecipado no subcapítulo 1.3, o Código de Defesa do Consumidor estabeleceu dinâmica diferenciada para a sistematização dos prazos extintivos, relacionando à decadência os direitos e as pretensões decorrentes de um vício do produto ou serviço e à prescrição as pretensões advindas de um fato do produto ou serviço, na forma dos artigos 26 e 27 de suas disposições.[751]

Nesse mesmo subcapítulo, examinou-se, também, que a distinção entre o que seja fato e vício do produto ou serviço reside na dimensão material da desconformidade encontrada, denominando-se fatos ou defeitos as falhas que acabam por afetar a integridade física ou psíquica do consumidor,[752] e vícios as falhas ocultas ou aparentes encerradas no próprio produto ou serviço fornecido.[753]

---

[749] GOMES, 2008, p. 112.
[750] BEVILÁQUA, 1924, p. 272.
[751] PRUX, 1998, p. 774-780.
[752] LIMA, 2004.
[753] Id., Ibid.

Por fim, de maneira a sanear um dos maiores desafios ao estudo da responsabilidade do empreiteiro no tempo, referente à concorrência dos prazos e das tutelas inscritas na lei civil e consumerista para a solução de um mesmo vício construtivo, elucidou-se, no subcapítulo 1.3.2, que a harmonização entre as disposições presentes no Código Civil e no Código de Defesa do Consumidor é, sim, uma realidade possível, desde que respeitadas as particularidades de cada sistema no que toca às tutelas, aos fatores de imputação e prazos extintivos correspondentes, sendo dado ao consumidor eleger o expediente constitutivo ou reparatório que melhor lhe aprouver, em atenção ao disposto no artigo 7º da lei consumerista.[754]

Nesse sentido, o presente tópico se dedica, exclusivamente, a identificar as tutelas conferidas ao empreitante em razão dos defeitos construtivos constatados, seja fatos, seja vícios do produto ou serviço, e, mais uma vez, evidenciar os bônus e reveses que referidos direitos e pretensões trazem consigo, comparando-os com todos os demais aclarados nos dois subcapítulos anteriores, inerentes às relações privadas.

Como indicado no subcapítulo 2.1, a empreitada possui a peculiaridade de encerrar as idiossincrasias próprias dos contratos de prestação de serviço e compra e venda, comprometendo-se o empreiteiro a não só fazer como entregar obra certa.

Embora se reconheça que a prestação principal se dirija à entrega objetiva de uma obra material ou imaterial, móvel ou imóvel,[755] a dualidade do tipo abre um leque de direitos e pretensões distintas ao consumidor, que, nos termos dos artigos 12, 14, 18 e 20 do Código de Defesa do Consumidor, pode valer-se tanto das disposições inerentes ao fornecimento de um produto quanto àquelas relativas ao fornecimento de um serviço, para o atendimento de seus interesses.

A variedade, a coordenação e o modo de exercício de referidos direitos e pretensões, não obstante, devem ser analisados com cautela, sobretudo se considerada a relativa identidade entre as diversas tutelas estabelecidas nos artigos 18 e 20 de sobredita legislação e a desarmonia existente entre os aludidos dispositivos, na medida em que o primeiro subordina o exercício dos direitos e pretensões regulados ao encerra-

---

[754] SANSEVERINO, 2010, p. 330.
[755] LOBO, 2012, p. 368.

PRESCRIÇÃO, DECADÊNCIA E VÍCIOS OCULTOS

mento do prazo mínimo de trinta concedido ao fornecedor para a reme-diação de suas falhas, enquanto o segundo não.

Conquanto evidente a inconsistência dos dispositivos referidos para regulação das espécies de vícios construtivos, causa estranhamento que a doutrina especializada não trabalhe a problemática de forma mais aprofundada. De fato, do pouco material disponível a respeito da res-ponsabilidade do empreiteiro por vícios do produto ou serviço, não se encontrou nenhum que abordasse, diretamente, esse imbróglio, limi-tando-se a doutrina ora a defender que as disposições do Código de Defesa do Consumidor têm exclusividade para tratar da matéria,[756-757] ora a disciplinar que o empreiteiro responde nos termos do artigo 18 de referida legislação,[758] sem especificar, contudo, como os direitos e as pretensões ali descritas se articulam, tanto menos em razão dos direitos e das pretensões presentes no artigo 20 da mesma regulação.

O problema, não obstante, parece resolver-se de maneira bastante simples se considerado que o empreiteiro não pode ter seu direito sub-jetivo à reparação das obras obstaculizado unicamente porque o artigo 20 do Código de Defesa do Consumidor, que conta com tutelas idênti-cas às previstas no artigo 18, assim não o preveja.

Como melhor explorado no subcapítulo 1.3.1 do presente trabalho, o direito conferido ao empreiteiro de remediar suas próprias falhas no prazo de trinta dias previsto no § 1º do artigo 18 do Código de Defesa do Consumidor opõe-se à diversidade e ao rigor das tutelas conferi-das ao dono da obra nos termos da legislação de regência, reputando--se verdadeiramente inconcebível que uma incorporadora seja obrigada a entregar nova unidade edilícia por conta de pequenos defeitos cons-tatados em obra, como a existência de trincas e fechaduras defeituosas cujos reparos ou substituição não se oportunizou ao empreiteiro reali-zar, tanto menos que a transação seja simplesmente desfeita em razão de pequenas infiltrações constatadas e que poderiam ser resolvidas em alguns poucos dias sem grandes prejuízos ao desfrute do bem.

À diferença das hipóteses de vícios do produto ou serviço, a disci-plina do fato do produto no contexto de vícios construtivos não guarda

---

[756] NAVARRO, 2011, p. 80.
[757] SIMÃO, 2013, p. 270-271.
[758] RODRIGUES, MAMEDE, ROCHA, 2011, p. 217.

A RESPONSABILIDADE NEGOCIAL DO EMPREITEIRO POR VÍCIOS CONSTRUTIVOS...

maiores complicações com relação à harmonização de sua tutela, seus prazos e sua extensão.

Efetivamente, o tipo não encontra nenhum equivalente junto ao Código de Defesa do Consumidor que possa confundir seu suporte fático e preceito, o prazo de prescrição quinquenal do artigo 27 se encontra muito bem estabelecido, e o escopo reparatório do dispositivo é suficientemente claro, pois expresso no próprio texto da norma, de modo que se dispensam maiores divagações quanto ao assunto.

Feita essa breve digressão a respeito do enquadramento da responsabilidade negocial do empreiteiro nas hipóteses de vício e fato do produto ou serviço, o que se observa, todavia, é que a variedade de tutelas conferidas pelo Código de Defesa do Consumidor não é párea para a tutela conferida ao consumidor, ora proprietário ou dono da obra, nos termos ordinários do artigo 389 do Código Civil.

Com efeito, o próprio fato de as tutelas previstas nos artigos 12, 14, 18 e 20 jamais terem sido empregadas nos acórdãos levados a julgamento perante o Superior Tribunal de Justiça é sintomático da dispensabilidade dessas medidas frente às benesses dimanadas da disciplina do inadimplemento, nos termos da lei civil.

Outra vez, fala-se de pretensão praticamente invencível, subordinada a termo extintivo muito mais amplo e elástico do que o estabelecido pela lei consumerista e que ainda admite a possibilidade de resolução contratual caso o vício constatado resulte no inadimplemento absoluto da avença, elevando seu escopo de tutela quase ao mesmo nível de direitos potestativos e pretensões relacionadas nos artigos 12, 14, 18 e 20 do Código de Defesa do Consumidor.

Mais que isso, o que se observa é que, em todas as hipóteses em que o construtor aventou a exclusividade da legislação consumerista para o regulamento do assunto, o Superior Tribunal de Justiça tratou de afastar referido diploma e aplicar o disposto nos artigo 389 e 205 da lei civil, por considerar que os artigos 18 e 20 da lei consumerista não se prestariam a regular ações indenizatórias decorrentes da má-execução do contrato.[759]

---

[759] STJ, 3ª T., **REsp 1717160/DF**, rel.: Ministra Nancy Andrighi, j. em 22/03/2018; STJ, 3ª T., **AgInt no AREsp 1315509/PR**, rel.: Ministro Ricardo Villas Bôas Cueva, j. em 19/08/2019; STJ, 3ª T., **AgInt no REsp 1710184/SP**, rel.: Ministro Paulo de Tarso Sanseverino, j. em 01/07/2019; STJ, 3ª T., **AgRg no Ag 1208663/DF**, Rel.: Ministro Sidnei Beneti,

2.4 Considerações Finais sobre a Responsabilidade Negocial do Empreiteiro no Tempo

Ante todo o exposto, resta evidente que a disciplina dos vícios construtivos ocultos não foi bem estabelecida pelo ordenamento jurídico brasileiro e que os resultados que a matéria alcança são, em tudo, insatisfatórios e obnubilados pela tutela genérica do cumprimento imperfeito, secundada pelo artigo 389 e 205 do Código Civil de 2002.

Como se pôde perceber no curso deste último capítulo, a solução jurídica apresentada pela lei civil é antiquada. Continua sendo um reflexo indireto do artigo 1.399 do Código Civil Português de 1867, e apenas uma sombra do que poderia ter sido o artigo 1.397 do projeto de código civil idealizado por Clóvis Beviláqua, acaso suas formulações seguissem inalteradas após revisão pelo congresso nacional.

De fato, o legislador do Código Civil de 2002 pecou ao reduzir toda a disciplina dos vícios construtivos em uma única norma, notadamente no artigo 618 de suas disposições. Continuou no erro ao limitar sua aplicação aos casos de vícios de solidez e segurança e restringir seu escopo aos ajustes em que o empreiteiro assume, a um só tempo, a responsabilidade pelos serviços e materiais empregados. E, por fim, assegurou a falência da matéria, ao permitir que fossem aplicadas as disposições gerais referentes à mora e ao inadimplemento absoluto para a solução do problema, de forma irrestrita, a despeito das particularidades que encerram a responsabilidade negocial do empreiteiro por vícios construtivos ocultos.

Embora se reconheça possível e até mesmo recomendável a tutela pelo cumprimento imperfeito em decorrência das insuficiências do artigo 618, a maneira como a matéria se encontra posta é grosseira, atenta contra a própria organicidade do sistema e, simplesmente, esvazia a utilidade dos demais direitos e das pretensões conferidas ao dono da obra em virtude dos vícios ocultos constatados, nos termos da legislação civil e consumerista.

Haja vista seu prazo extintivo mais dilatado, sua contagem flutuante, bem como o fato de contar com uma presunção de responsabilidade bastante conveniente e um espectro indenizatório e constitutivo espe-

j. em 18/11/2010; STJ, 1ª T., **AgInt no REsp 1112357/SP**, rel.: Ministro Sérgio Kukina, j. em 14/06/2016.

A RESPONSABILIDADE NEGOCIAL DO EMPREITEIRO POR VÍCIOS CONSTRUTIVOS...

cialmente amplo, ao fim e ao cabo, todos os problemas de vícios construtivos ocultos se resolvem pela disciplina do cumprimento imperfeito da empreitada, consubstanciada no artigo 389 da lei civil, e não sobra espaço para a doutrina dos vícios redibitórios, dos vícios de solidez e segurança e nem mesmo para a doutrina dos vícios e defeitos de produto ou serviços, a despeito das previsões insertas no Código de Defesa do Consumidor serem, em regra, mais benéficas ao consumidor do que as previstas na lei civil.

O problema é que a construção doutrinário-jurisprudencial da responsabilidade pelo cumprimento imperfeito da empreitada deveria constituir-se em um remédio alternativo e subsidiário, em decorrência das deficiências da lei para tratamentos das hipóteses de vícios construtivos ocultos, não no expediente reparatório preponderante, independentemente da extensão e gravidade dos defeitos verificados, como se verifica pela leitura dos acórdãos de nossos tribunais superiores.

Há, sem dúvida, um problema de banalização da tutela pelo cumprimento imperfeito por parte do judiciário, conforme minudenciado no subcapítulo 2.3.1, mas, sobretudo, um problema legislativo que sequer permite aos juízes encontrar soluções mais apropriadas para o enfrentamento do imbróglio com as disposições normativas ao seu alcance.

A título comparativo, veja-se como essa mesma situação se resolve no direito civil português e francês, onde a solução encontrada se apresenta muito mais aderente à realidade dos contratos de empreitada, embora a responsabilização do empreiteiro pelas disposições gerais do inadimplemento ainda seja uma alternativa, mesmo que residual ou subsidiária.

A começar pelo exemplo lusitano, só é possível acionar o empreiteiro pelos termos gerais da responsabilidade negocial em duas ocasiões: para a indenização dos prejuízos colaterais decorrentes dos vícios constatados,[760] dentre os quais se incluem danos anímicos, avarias em bens assessórios, bem como estragos provocados pela remodelação ou reparação da coisa e; para reembolso dos dispêndios com os trabalhos de eliminação dos defeitos ou reconstrução promovidos pelo próprio dono da obra ou terceiro contratado.[761] Em todas as outras hipóteses, devem ser aplicados os prazos e as tutelas meticulosamente desenhados

[760] MARIANO, 2008, p. 144.
[761] Id, ibid, p. 172.

PRESCRIÇÃO, DECADÊNCIA E VÍCIOS OCULTOS

a partir do artigo 1.218 daquela legislação, referentes aos contratos de empreitada, os quais se organizam em razão da extensão e gravidade do vício verificado e em ordem decrescente de prioridade das tutelas.

Nesse sentido, como já aprofundado no subcapítulo 2.3.1.4, uma vez constatados os defeitos, deve o dono da obra denunciá-los no prazo de trinta dias ou um ano, a depender das características do vício (se de solidez e segurança ou se vício genérico), após o que se abre novo prazo decadencial para a propositura das ações condenatórias e constitutivas mencionadas nos artigos 1.221, 1.222 e 1.223, observado o prazo máximo de dois anos contados da entrega das obras para o caso de vícios construtivos genéricos, e a garantia de cinco para o caso de vícios de solidez e segurança.

No direito francês, ao seu turno, a possibilidade de se acionar o empreiteiro pelos termos gerais da responsabilidade contratual só é admitida nos casos não contemplados pelas disposições específicas concernentes à empreitada.[762] Isso quer dizer: nos casos não identificados pelas hipóteses dos artigos 1.792 e seguintes do *Code Civil,* tornando a aplicação das disposições de direito comum bastante restrita, haja vista a abrangência do suporte fático de referidas normas, como mencionado no subcapítulo 2.3.

A solução pelas disposições ordinárias, nessas condições, só é concebível nos casos de *dommages intermédiaires,* nos quais os vícios verificados não possuam a gravidade exigida para integrar o suporte fático da garantia decenal prevista no artigo 1.792 do *Code Civil,* tampouco as particularidades da garantia bienal descrita no mesmo dispositivo.

Na realidade, surpreende o fato de o legislador brasileiro não ter integrado semelhantes avanços quando da elaboração do Código Civil de 2002, a despeito da profunda influência que ditos ordenamentos exerceram em diversos outros capítulos da lei civil e da semelhança que o artigo 1.245 da legislação passada guardava com os artigos 1.399 do Código Civil lusitano de 1867 e do artigo 1.792 do diploma francês.

À diferença da legislação brasileira, que pouquíssimo se desenvolveu entre a vigência do código passado e a entrada em vigor do presente, a disciplina dos vícios construtivos ocultos nos ordenamentos português e francês evoluiu muito a partir da década de 1970, tendo sido subs-

---

[762] LABARTHE; NOBLOT, 2008, p. 378.

A RESPONSABILIDADE NEGOCIAL DO EMPREITEIRO POR VÍCIOS CONSTRUTIVOS...

tancialmente aperfeiçoada em Portugal, após a sanção do Decreto-Lei n. 267/94, e absolutamente reformulada em França, a partir da Lei Spinetta de 4 de janeiro de 1978, posteriormente retocada pela Ordenança n. 658/2008. Com efeito, foi por meio do Decreto-Lei n. 267/94 que se resgatou muitas das ideias originais do Anteprojeto de Vaz de Serra,[763] como a extensão da responsabilidade do empreiteiro a toda espécie de vício oculto e o estabelecimento de prazos diversos para a denúncia dos defeitos e o acionamento do empreiteiro, ao passo que se atribuem à Lei Spinetta e à Ordenança n. 658/2008 os méritos pela variedade e riqueza das garantias conferidas ao dono da obra em virtude dos vícios construtivos verificados no direito francês.[764]

A falta de avanços reais no tratamento da matéria junto ao ordenamento nacional, entretanto, não implica dizer que o legislador brasileiro permaneceu inerte esses anos todos, sem apresentar alternativas à maneira como a responsabilidade do empreiteiro por vícios construtivos ocultos era regulamentada.[765]

Efetivamente, durante o período em que o projeto do Código Civil de 2002 permaneceu em discussão perante o senado federal, até se tentou diversificar as tutelas à disposição do dono da obra em virtude dos vícios verificados, como faz prova a Emenda n. 49,[766] de iniciativa dos

---

[763] MARIANO, 2008, p. 185-188.

[764] LABARTHE; NOBLOT, 2008, p. 376-377.

[765] MENCK. José Theodoro Marcarenhas (org). **Código civil brasileiro no debate parlamentar**: elementos históricos da elaboração da Lei nº 10.406, de 2002. Brasília: Câmara dos Deputados, Edições Câmara, 2012-2015. 2 v, p. 163-164.

[766] Art. 618. Nos contratos de empreitada de edifícios ou outras construções consideráveis, o empreiteiro de materiais a execução responderá, durante dez anos, a contar da data do "habite-se", pelos defeitos estruturais que ameacem ou provoquem a sua ruína, devendo a ação ser proposta dentro daquele prazo.

§ 1º Por todos os demais defeitos encontrados na obra, salvo os aparentes que deverão ser objeto de identificação no ato da entrega, o empreiteiro responde pelo prazo de 6 (seis) meses, devendo a ação ser proposta no curso desse prazo.

A responsabilidade consignada neste parágrafo e no **caput** do artigo é objetiva e independe de prova de culpa do empreiteiro.

§ 2º O "habite-se" pode ser substituído por documento idôneo que comprove a efetiva entrega da obra, pelo empreiteiro ao encomendante.

§ 3º Por todos os defeitos da obra, que derivarem de dolo ou culpa do empreiteiro, que desatendeu as regras de sua profissão e arte, ou do contratante ou do interveniente técnico-profissional, ou de fabricante de material e equipamento, que, direta ou indiretamente,

PRESCRIÇÃO, DECADÊNCIA E VÍCIOS OCULTOS

senadores Milton Cabral e Marcelo Miranda, mediante a qual se buscava reestruturar o disposto no artigo 618 da legislação atual por completo.[767]

Profundamente influenciada pelas lições de Silvio Rodrigues a respeito da evolução da construção civil e das atividades desempenhas pelo empreiteiro no tempo, a proposta legislativa previa que o construtor permaneceria objetivamente responsável pelo prazo decadencial de seis meses em razão de vícios que não comprometessem a integridade estrutural da construção, por dez anos em virtude de patologias mais agressivas e que ameaçassem ou provocassem a ruína do bem e, comprovada a culpa do profissional, pelo período de dois anos em razão de quaisquer defeitos verificados na obra – bem delineando as responsabilidades do construtor e, mais importante, afastando a responsabilidade genérica do artigo 389 do Código Civil, ao prever tutela específica para os casos em que o empreiteiro responde por culpa pelo incumprimento verificado.

Não bastasse isso, a emenda ainda era digna dos mais vigorosos elogios por particularizar o termo a partir do qual os prazos extintivos seriam contados; prever, expressamente, que referidos termos corresponderiam à decadência – o que pouparia uma série de discussões junto à doutrina caso tivesse sido aprovada; e permitir a denunciação da lide aos demais subcontratados do empreiteiro, para melhor salvaguardar o profissional de suas responsabilidades e viabilizar o mais amplo contraditório, tendo em vista que o construtor nem sempre teria aprofundado conhecimento técnico para defender a qualidade dos materiais e equipamentos empregados na obra.

Como a história nos conta, no entanto, a Emenda n. 59 foi rechaçada ainda no Senado, segundo parecer do então senador Josaphat Marinho, que, em termo de fundamentação, reduzia-se a pouco mais de

---

participe do processo da construção, estes respondem por um período de 2 (dois) anos. O ônus da prova de dolo ou culpa é encargo de quem o alega.

§ 4º A ação referida no parágrafo anterior será proposta contra o empreiteiro que poderá, se lhe aprouver, chamar à autoria o interveniente técnicoprofissional ou o fabricante de material e equipamento utilizado na construção, de modo que a condenação seja proferida contra aquela das partes que for responsável pelo dano.

§ 5º Todos os prazos referidos neste artigo e seus parágrafos são de decadência e não de prescrição.

[767] MENCK, José Theodoro Marcarenhas (org). **Código civil brasileiro no debate parlamentar**: elementos históricos da elaboração da Lei nº 10.406, de 2002. Brasília: Câmara dos Deputados, Edições Câmara, 2012-2015. 2 v, p. 163-164.

A RESPONSABILIDADE NEGOCIAL DO EMPREITEIRO POR VÍCIOS CONSTRUTIVOS...

uma linha: "Não há que incluir tais pormenores no projeto, à vista do alegado. O que a experiência indicar de acréscimo próprio ser previsto, oportunamente, em lei especial."[768] Justificativa absolutamente genérica e que, a bem da verdade, poderia ser replicada a qualquer dispositivo expresso ao longo do código civil, tendo-se dispensado excelente oportunidade para sistematizar e conferir a profundidade apropriada ao tema discutido neste trabalho.

---

[768] LIMA, João Alberto de Oliveira; PASSOS, Edilenice. **Memória Legislativa do Código Civil**. V.3. Brasília: Senado Federal, 2012. p. 36-37.

Conclusões

Para a resolução do problema proposto e o atendimento de seus objetivos principais, erigiu-se e se associou uma série de macropremissas, as quais se elevam à condição de conclusões parciais deste trabalho, haja vista o processo analítico dedutivo pelo qual perpassaram.

Referidas conclusões parciais, como não poderia deixar de ser, são distribuídas ao longo dos diversos subcapítulos que compreendem o estudo, os quais, por sua vez, organizam-se em grau decrescente de generalidade, respeitada a estrutura e os objetivos inerentes a cada capítulo.

No primeiro capítulo, dedicado à disciplina dos termos extintivos e dos prazos de garantia, conclui-se que:

1) tanto prescrição quanto decadência compreendem normas de ordem pública cujo fim precípuo reside na pacificação da ordem social e na segurança das relações jurídicas duradouramente constituídas pela força estabilizadora do tempo;

2) o Código Civil de 2002 elevou a pretensão jurídica, em seu sentido material, ao objeto da prescrição, mas deixou, deliberadamente, de estatuir o objeto da decadência, propiciando-lhe campo de aplicação muito mais amplo, o qual se estende desde os direitos potestativos até pretensões e direitos de garantia, à semelhança da estabelecida no *caput* do artigo 618, referente à responsabilidade do empreiteiro de serviços e materiais pelos vícios de solidez e segurança causados;

3) os prazos de prescrição se revelam muito mais elásticos do que os concernentes à decadência, na medida em que somente aqueles seriam passíveis de suspensão, impedimento e interrupção;

PRESCRIÇÃO, DECADÊNCIA E VÍCIOS OCULTOS

4) considerada a operabilidade e a maneira como os prazos decadenciais foram distribuídos pelo Código Civil, o termo inicial para sua contagem costuma ser indicado pelas próprias normas em que referidos prazos se encontram discriminados;

5) a prescrição da pretensão reparatória conferida ao empreitante em razão de vícios construtivos ocultos só principia a partir do momento em que o dono da obra ou proprietário toma conhecimento da existência de referidas patologias. Circunstância essa que deve ser analisada com cautela, observando-se as condições subjetivas da vítima no que toca a sua expertise técnica e às circunstâncias objetivas reveladas na expressividade do vício apresentado;

6) a prescrição das pretensões de caráter negocial encerra-se em dez anos;

7) a despeito da discordância da doutrina e da jurisprudência sobre o assunto, cujos representantes, em sua larga maioria, persistem em dissociar prescrição e decadência em razão do conteúdo eficacial da ação proposta, os legisladores do Código de Defesa do Consumidor e do Código Civil de 2002 adotaram critérios bastante diversos para esse mesmo fim, diferenciando os prazos extintivos, na legislação consumerista, em função da qualidade dos vícios observados, vinculando os defeitos à prescrição e os vícios do produto ou do serviço à decadência, e, na lei civil, mediante critério puramente topológico, reservando-se à prescrição as hipóteses mencionadas nos artigos 205 e 206 de suas disposições, exclusivamente, e à decadência todas as demais hipóteses pontualmente indicadas em seu inteiro teor;

8) o prazo de trinta dias estabelecido no § 1º do artigo 18 do Código de Defesa do Consumidor confere ao consumidor o privilégio de exigir e ver recomposta a coisa viciada no menor tempo possível, ao mesmo tempo em que concede ao fornecedor o direito de proceder à rápida eliminação do vício, evitando o agravamento das inadequações constatadas, a consumação de danos subsequentes e o descrédito de sua reputação perante o mercado de consumo;

9) verificado o vício, é dado ao consumidor optar pela tutela que melhor lhe aprouver, dentre as dispostas pela legislação civil e

246

CONCLUSÕES

consumerista, mas se lhe proíbe combinar as disposições normativas inerentes a um e outro diploma, em atenção ao princípio da conservação dos sistemas;

10) os prazos de garantia não integram a categoria dos termos extintivos, à semelhança da prescrição e da decadência, pois não servem para limitar ou pôr fim a um direito ou a uma pretensão jurídica. Os prazos de garantia correspondem à própria duração, ao próprio período de existência destes direitos especiais e temporários denominados direitos de garantia – reservando-se à prescrição e, sobretudo, à decadência a limitação temporal para o exercício desses mesmos direitos;

11) os prazos de garantia estabelecidos nos artigos 445 e 618 do Código Civil correspondem aos limites temporais máximos dentro dos quais referidos vícios devem se manifestar para que possam ser objeto de tutela pelas respectivas normas. Quer-se dizer, verificado o vício dentro do prazo garantia, o comitente tem o prazo de decadência que lhe é atribuído por lei para o exercício da pretensão (artigo 618) ou dos direitos potestativos (artigo 445) que lhe são concedidos, funcionando os prazos de garantia como uma espécie de fato impeditivo da decadência;

12) tratando-se de relações de consumo, parcela expressiva da doutrina e da jurisprudência considera que a garantia de adequação dos produtos e serviços deva se orientar em razão da vida útil do bem comercializado;

13) a garantia contratual não se confunde com a garantia legal, sendo usualmente diferentes seus escopos de eficácia, as tutelas conferidas, os meios e requisitos para o seu exercício, suas fontes e mesmo os seus modos de constituição;

No segundo capítulo, no qual se concentram as principais conclusões deste trabalho e se resolve seu problema, chegou-se às seguintes conclusões:

14) o empreiteiro deve responder pelos resultados alcançados com os seus serviços, presumindo-se sua culpa caso a obra realizada se distancie dos padrões estéticos, de segurança e qualidade pré-estabelecidos. O empreiteiro só será responsabilizado obje-

PRESCRIÇÃO, DECADÊNCIA E VÍCIOS OCULTOS

tivamente pelos defeitos provocados em situações expressamente previstas em lei ou no ajuste celebrado (garantia);

15) nas hipóteses de cumprimento imperfeito, notadamente nos casos de vícios construtivos ocultos, em regra bastará ao dono da obra demonstrar a materialidade do dano observado para o contentamento de seus interesses, recaindo sobre o empreiteiro o pesado ônus de provar que não concorreu com culpa para o surgimento da patologia construtiva observada, o qual, salienta-se, não se satisfaz com a simples demonstração de que atuou diligentemente para consecução das obras;

16) a partir do uso, a obra se reputa verificada e, por via de consequência, isenta de vícios ou defeitos aparentes, nos termos do § 2º do artigo 614 do Código Civil, partindo daí a pretensão do empreiteiro quanto ao pagamento dos serviços prestados, conforme o *caput* do mesmo dispositivo, e contando-se, desde então, o período de garantia referente às estruturas entregues bem como o gradual enfraquecimento da responsabilidade do empreiteiro no que toca a essas mesmas frações de obra, uma vez que, com sua utilização, passam estas a se desgastar mais aceleradamente;

17) a garantia estabelecida no artigo 618 do Código Civil é aplicável apenas nas empreitadas em que o construtor se compromete com a realização das obras e o fornecimento de seus materiais. Circunstância essa que não impede a responsabilização do empreiteiro de lavor pelos vícios de solidez e segurança eventualmente certificados, com fundamento no artigo 389 do Código Civil, referente à disciplina do inadimplemento;

18) a disposição presente no artigo 389 se aplica a toda sorte de defeitos ocultos e ajustes construtivos. A estatuída no artigo 618 se restringe àquelas patologias que coloquem em risco a estabilidade da obra;

19) vícios construtivos ocultos são anomalias objetivas da obra, traduzidas em estados patológicos que comprometem o valor ou a utilidade da unidade construída e sejam impassíveis de serem detectados ao momento de sua entrega. Correspondem à materialização física do cumprimento imperfeito da empreitada, quando provocado pelo empreiteiro, ou, ainda, da imprudência

CONCLUSÕES

do empreitante que tenha insistido na utilização de materiais inadequados para a consecução do empreendimento;

20) vícios de solidez e segurança sempre poderão ser taxados de vícios redibitórios quando ocultos, preexistentes à entrega das obras e provocados pela imperícia do empreiteiro. Vícios redibitórios, por sua vez, podem ser classificados tanto na categoria dos vícios de produto ou serviço como na dos fatos de produto ou do serviço, conforme o resultado danoso se alastre para a esfera extrapatrimonial do consumidor prejudicado ou não. Os vícios previstos no Código de Defesa do Consumidor, por sua vez, podem não se enquadrar em nenhuma das categorias supramencionadas, ao serem rotulados dentre os vícios aparentes;

21) a responsabilidade do empreiteiro perante o dono da obra detém caráter negocial, independentemente da gravidade dos vícios verificados e de sua extensão;

22) em virtude do cumprimento imperfeito dos trabalhos (artigo 389 do Código Civil), o dono da obra tem o prazo prescricional de dez anos para exercer sua pretensão, cuja contagem se inicia a partir da verificação dos vícios reclamados. Na hipótese prevista no artigo 618 do Código Civil, o prazo possui natureza decadencial, reduz-se a cento e oitenta dias e pressupõe que sejam constatados dentro dos primeiros cinco anos da entrega da obra;

23) pelo cumprimento imperfeito da empreitada (inadimplemento), o construtor responde por culpa. Pela garantia estabelecida no *caput* do artigo 618, a responsabilidade do empreiteiro reputa-se objetiva;

24) em que pese suas diferenças, o conteúdo eficacial da tutela prevista no artigo 618 do Código Civil não se diferencia profundamente da pretensão conferida ao dono da obra pelo cumprimento imperfeito da empreitada, nos termos do artigo 389 do Código Civil, sendo-lhe dado, em um ou outro caso: requerer a eliminação dos defeitos, traduzindo-se este num direito de reparação *in natura* do dano; pleitear a indenização pecuniária correspondente aos prejuízos absorvidos com a reparação da coisa ou sua irreversível desvalorização; bem como reivindicar a resolução do contrato, na hipótese excepcionalíssima de os vícios constatados serem de tal maneira graves que tornem o em-

PRESCRIÇÃO, DECADÊNCIA E VÍCIOS OCULTOS

preendimento inútil para os fins contratados ou acarretem na quebra superveniente da confiança do dono da obra no negócio, em um e todos os casos sem perder de vistas eventuais danos emergentes e lucros cessantes advindos da indisponibilidade temporária do bem e de danos colaterais infligidos ao empreitante e a terceiros;

25) é dado ao dono da obra se utilizar das ações edilícias previstas no artigo 445 do Código Civil para a reclamação dos vícios ocultos constatados, nada obstante não se enxergue vantagem em assim se proceder, haja vista as limitações de seu escopo eficacial e de seus prazos extintivos e de garantia;

26) estando a empreitada inserida numa relação de consumo, também é dado ao dono da obra acionar o construtor nos termos dos artigos 12, 14, 18 e 20 da legislação consumerista. Mais uma vez, entretanto, referidos direitos e pretensões acabam por ser sumariamente suplantados em razão da pretensão pelo cumprimento imperfeito da empreitada, nos termos do artigo 389 do Código Civil, a qual se subordina a termo extintivo muito mais amplo e elástico do que o estabelecido pela lei consumerista e que ainda admite a possibilidade de resolução contratual caso o vício constatado resulte no inadimplemento absoluto da avença.

Ao final, a despeito da variedade de tutelas distintas conferidas ao dono da obra para a reclamação dos vícios construtivos detectados, nomeadamente as ações edilícias previstas no artigo 445 do Código Civil, a pretensão por responsabilidade objetiva prevista no artigo 618 do Código Civil, para o caso de vícios de solidez e segurança constatados em empreitadas mistas, bem como as ações condenatórias e constitutivas conferidas ao consumidor em razão dos vícios ou fatos do produto ou do serviço verificados, todos os problemas acabam por ser resolvidos mediante a disciplina do cumprimento imperfeito da empreitada, nos termos gerais do artigo 389 do Código Civil. Incoerência essa que se atribui antes a uma solução legislativa insuficiente para a regulação da matéria do que em virtude dos pronunciamentos realizados pelos tribunais superiores a respeito do assunto.

REFERÊNCIAS

ALVES, Vilson Rodrigues. **Da prescrição e da Decadência no Novo Código Civil.** 2ª Ed. Campinas: Bookseller, 2003.

ALVIM, Arruda; ALVIM, Thereza; ALVIM, Eduardo Arruda; MARINS, James. **Código do Consumidor Comentado.** 2ª Ed., rev. e ampl. São Paulo: Revista dos Tribunais, 1995.

AMARAL, Francisco. **Direito Civil**: Introdução. 6ª ed. rev. e aum de acordo com o novo código civil e leis porteriores. São Paulo: Renova, 2006.

AMORIM FILHO, Agnelo. **As ações constitutivas e os direitos potestativos.** In: Doutrinas Essenciais de Processo Civil. Vol. 2. Out/2012. Disponível em: https://revistadostribunais.com.br/maf/app/resultList/document?&src=rl&srguid=i0ad82d9a0000016a0e53b79b70fdf34c&docguid=I79fc2ce044c311e699b0010000000000&hitguid=I79fc2ce044c311e699b001000000000&spos=2&epos=2&td=3&context=64&crumb-action=append&crumb-label=Documento&isDocFG=false&isFromMultiSumm=&startChunk=1&endChunk=1. Acesso em: 01.01.2019.

_____. **Critério Científico para Distinguir a Prescrição da Decadência e para Identificaras Ações Imprescritíveis. Revistas dos Tribunais**, vol. 300, São Paulo: Revista dos Tribunais, 1960. Disponível em: https://www.revistadostribunais.com.br/maf/app/resultList/document?&src=rl&srguid=i0ad82d9a0000016a116919913f7d78e8&docguid=I79fc2ce044c311e699b0010000000000&hitguid=I79fc2ce044c311e699b0010000000000&spos=2&epos=2&td=3&context=103&crumb-action=append&crumb-label=Documento&isDocFG=false&isFromMultiSumm=&startChunk=1&endChunk=1. Acesso em: 01.06.2018.

AMORIM, Tatiana Tenório de. **Prescrição e decadência** – Análise da distinção à luz da teoria geral do direito civil. Revista Fórum de Direito Civil – RFDC,

Belo Horizonte, ano 2, n. 4, set./dez. 2013. Disponível em: http://www. editoraforum.com.br/wp-content/uploads/2014/02/artigo-Prescricao-decadencia.pdf. Acesso em: 24/03/2019.

ANCONA LOPEZ, Teresa. **Comentários ao Código civil:** das várias espécies de contratos. São Paulo: Saraiva, 2003, v. 7.

ANDRIGHI, Nancy; TEIXEIRA, Sálvio de Figueiredo (Coord.). **Comentários ao novo Código civil:** das várias espécies de contratos, do empréstimo, da prestação de serviço, da empreitada, do depósito. Rio de Janeiro: Forense, 2008, v. 9.

ARRUDA ALVIM PINTO, Teresa Celina de. **Prescrição e decadência**. In: REPRO n. 29, Jan-Mar/1983. Disponível em: https://www.revistadostribunais.com. br/maf/app/resultList/document?&src=rl&srguid=i0ad6adc50000016a4 b4644831c058f57&docguid=Id1f41320f25511dfab6f010000000000&hit guid=Id1f41320f25511dfab6f010000000000&spos=32&epos=32&td=39 &context=37&crumb-action=append&crumb-label=Documento&isDoc FG=false&isFromMultiSumm=&startChunk=1&endChunk=1. Acesso em 23.08.2018.

ARRUDA ALVIM, José Manoel de. **Curso de Direito Processual Civil.** vol. I. São Paulo: Revista dos Tribunais, 1971.

ARRUDA, Alvim; ALVIM, Thereza; CLÁPIS, Alexandre Laizo (Coord.). **Comentários ao Código Civil brasileiro:** do direito das obrigações. Rio de Janeiro: Forense, 2009, v. 6.

AUBRY, Charles. RAU, Charles-Frédéric. **Cours de Droit Civil Français.** tome. 2. Paris: Marchal et Billard, 1869.

AURELIANO GUIMARÃES in (a prescrição extintiva) FRANCO, Ary de Azevedo. **A prescrição Extintiva no Código Civil Brasileiro (Doutrina e Jurisprudência).** 3ª Edição, revista e aumentada. Rio de Janeiro: Forense, 1956.

ÁVILLA, Edmilson et al. **Desabamento do Palace II**. Disponível em: http://memoriaglobo.globo.com/programas/jornalismo/coberturas/desa bamento-do-palace-ii/a-historia.htm. Acesso em 03/03/2017.

AYNÉES, Laurent; Malaurie, Philippe; STOFFEL-MUNCK, Philippe. **Droit des obligation.** 10ª Ed. Paris: LGDJ, 2018.

BAPTISTA, Luiz Olavo. Contratos de Engenharia e Construção. In: BAPTISTA, Luiz Olavo.

BAUDRY-LACANTINIERER, Gabriel; TISSIER. Albert. **Traité théorique et pratique de droit civil:** De la Prescription. 3ª ed. Paris: L. Larose, 1895.

BDINE JÚNIOR, Hamid Charaf. Da empreitada. In: **Revista dos Tribunais.** vol. 858/2007 | p. 82-102 | Abr / 2007.

BESSA, Leonardo Roscoe. **Vício do Produto e as três tutelas do consumidor.** In: Revista de Direito do Consumidor, vol.100, jul-ago 2015. Disponível em:

REFERÊNCIAS

https://www.revistadostribunais.com.br/maf/app/resultList/document?
&src=rl&srguid=i0ad6adc60000016a26a6b436a24e1041&docguid=I
865d89706c3d11e5bc13010000000000&hitguid=I865d89706c3d11e5
bc13010000000000&spos=12&epos=12&td=25&context=18&crumb-
action=append&crumb-label=Documento&isDocFG=false&isFromMultiS
umm=&startChunk=1&endChunk=1. Acesso em: 16.04.2019.

BEVILAQUA, Clóvis. **Código Civil comentado**. V. V. 6ª Ed. Rio de Janeiro: Francisco Alves, 1940.

BEVILAQUA, Clóvis. **Código Civil dos Estados Unidos do Brasil commentado**: volume II. Rio de Janeiro: Francisco Alves, 1917.

BEVILAQUA, Clóvis. **Código Civil dos Estados Unidos do Brasil.** V. 1. 2ª Ed.
Livraria Francisco Alves: Rio de Janeiro, 1921.

BEVILAQUA, Clóvis. **Código Civil dos Estados Unidos do Brasil.** V. IV. 2ª Ed.
Livraria Francisco Alves: Rio de Janeiro, 1924.

BEVILAQUA, Clóvis. **Direito das Obrigações**. 6ª Ed. Rev. e Atual. Rio de
Janeiro: Livraria Francisco Alves, 1945.

BEVILAQUA, Clóvis. **Teoria Geral do Direito Civil**. V.1. 2ª ed. Rio de Janeiro:
Francisco Alves, 1921.

BOAVENTURA, Marcelo Fonseca. **Os institutos da prescricao e da decadencia
no Código Civil e no Código de Defesa do Consumidor**. In: Revista
de Direito Privado, vol. 14, Abr-Jun/2003. Disponível em: https://
revistadostribunais.com.br/maf/app/resultList/document?&src=rl&srg
uid=i0ad6adc50000016aa93f215e30919156&docguid=I2dbf2aa0f25111d
fab6f010000000000&hitguid=I2dbf2aa0f25111dfab6f010000000000&
spos=1&epos=1&td=2&context=13&crumb-action=append&crumb-label=
Documento&isDocFG=false&isFromMultiSumm=&startChunk=1&endCh
unk=1. Acesso em: 11/05/2019.

BODIN DE MORAES, Maria Celina; GUEDES, Gisela Sampaio da Cruz; SOUZA,
Eduardo Nunes de. **A juízo do tempo:** estudos atuais sobre prescrição. Rio
de Janeiro: Processo, 2018.

BRASIL. Câmara dos Deputados. **Parecer Final**: PL 3863/89. Disponível
em: https://camara.custhelp.com/app/utils/login_form/redirect/account
%252Fquestions%252Fdetail%252Fi_id%252F175426/session/
L3RpbWUvMTU1NzM2MzIyMC9zaWQvZlVTTVdzQXplSkR
Qa1BXVFI0WEhKMkgzdGFQV1ZvY0NxS2g5YUloNmlHMzhz
ZU92VmtOdkttbTFuRDZoZDV0ZUlacFlGSXlYa1IlN0VuQTdSRU
dJY251enN3b2gxeEVOcnRTZWVnb0t2STNMS0xxZlRnWmN2OHNi
NVElMjElMjE=. Acesso em: 03/04/2019.

CAHALI, Yussef Said. **Prescrição e Decadência**. 2. ed. São Paulo: Revista dos
Tribunais, 2012.

CAMACCHIONI, Daniel Eduardo. **Curso de direito civil:** contratos em espécie. 1ª ed. São Paulo: Revista dos Tribunais, 2015, [E-book].

CÂMARA LEAL, Antônio Luiz da. **Da prescrição e da decadência.** 3ª ed. Rio de Janeiro: Forense, 1978.

CARVALHO SANTOS, João Manoel de. **Código Civil brasileiro interpretado.** V.3. 7ª ed. Rio de Janeiro: Freitas Bastos, 1958.

_____. **Código Civil brasileiro interpretado.** V.3. 14ª ed. Rio de Janeiro: Freitas Bastos, 1991.

_____. **Código Civil brasileiro interpretado.** V.17. 13ª ed. Rio de Janeiro: Freitas Bastos, 1988.

_____. BARRETO, Plínio; ESPÍNOLA, Eduardo; DANTAS, San Tiago. Empreitada: construção por administração e pelo preço custo. In: **Doutrinas essenciais:** obrigações e contratos. vol. VI. São Paulo: Ed. RT, 2011.

CARVALHO, José Carlos Maldonado de. **Garantia Legal e Garantia Contratual:** vício oculto e decadência no cdc. In: Doutrinas Essenciais de Direito do Consumidor. vol. 4. Abr/2011. Disponível em: https://revistadostribunais.com.br/maf/app/resultList/document?&src=rl&srguid=i0ad6adc60000016b15f2553e87c351c2&docguid=Ifae117e0f25211dfab6f010000000000&hitguid=Ifae117e0f25211dfab6f010000000000&spos=2&epos=2&td=2&context=13&crumb-action=append&crumb-label=Documento&isDocFG=false&isFromMultiSumm=&startChunk=1&endChunk=1. Acesso em: 12.08.2018.

CAVALIERI FILHO, Sergio. **Programa de Responsabilidade Civil.** 11ª ed. Rio de Janeiro: Atlas, 2014.

CAYOL, Amandine. **Le Contrat D'Ouvrage.** París: IRJS Éditions, 2012.

CHALUB, Melhim Namem. **Da incorporação imobiliária.** 3ª Ed. Rev. e Atual. Rio de Janeiro: Renovar, 2012.

CHAVES DE FARIAS, Cristiano; ROSENVALD, Nelson. **Curso de Direito Civil:** direito dos contratos. 2ª ed. Rio de Janeiro: Lumen Juris, 2012, v.4.

_____. **Direito Civil: teoria geral.** 9ª ed. Rio de Janeiro: Lumen Juris, 2011.

CHAVES, Antônio. **Tratado de Direito Civil.** V.1. Tomo 2. 3ª Ed. Revista dos Tribunais: São Paulo, 1982.

_____. **Tratado de Direito Civil.** V.3. Revista dos Tribunais: São Paulo, 1985.

CHIOVENDA, Giuseppe. **Instituições de Direito Processual Civil:** as relações processuais e a relação ordinária de cognição. Tradução da 2ª edição italiana por Paolo Capitanio. 3ª ed. São Paulo: Sariva, 1969.

CIAN, Giorgio; TRABUCCHI, Alberto. **Commentario breve al Codice Civile.** 8ª Ed. Padova: CEDAM, 2007.

CIANCI, Mirna (Coord.). **Prescrição no Novo Código Civil:** Uma Análise Interdisciplinar. 3ª ed. rev. e atual. São Paulo: Saraiva, 2011.

REFERÊNCIAS

CINTRA, Antonio Carlos de Araujo; DINAMARCO, Cândido Rangel; GRINOVER, Ada Pelegrini. **Teoria Geral do Processo**. 8ª Ed., rev., e atual. São Paulo: Revista dos Tribunais, 1991.

COASE, Ronald H. (1960). **The problem of social cost**. 3º Journal of Law and Economics, Disponível em: http://www.jstor.org/stable/724810?read-now =1&seq=1#page_scan_tab_contents. Acesso em 21.05.2018.

COELHO, Fábio Ulhoa. **Curso de Direito Civil**. Vol. 3. 1ª Ed. em e-book baseada na 8ª Ed. impressa. São Paulo: Revista dos Tribunais, 2016.

COLIN, Ambroise; Capitant, Henri. **Cours** Élémentaire **de Droti Civil Français**. Tome 2. Paris: Dalloz, 1915.

COMPARATO, Fabio Conder. **Ensaios e Pareceres de Direito Empresarial**. Rio de Janeiro: Forense. 1978.

_____. **Obrigações de Meios, de Resultado e de Garantia**. Doutrinas Essenciais de Responsabilidade Civil, vol. 5, 2011.

CORDEIRO, António Menezes. **Tratado de Direito Civil**: parte geral, legitimidade, representação, prescrição, abuso do direito, colisão de direitos, tutela privada e provas. V. 5. 2ª reimp. da ed. de maio/2005. Lisboa: Almedina, 2011,

COVIELLO, Nicola. Manuale di Diritto Civile Italiano, 1924. In: CÂMARA LEAL, Antônio Luiz da. **Da prescrição e da decadência**. 3ª ed. Rio de Janeiro: Forense, 1978.

DEL MAR, Carlos Pinto. **Falhas responsabilidades e garantias na construção civil**. São Paulo: Pini, 2007.

DEMOGUE, René. **Traité des Obligations en** Générale: source des obligations. Tome. 5. Paris: Rousseau et Cie, 1925.

DINIZ, Maria Helena. **Código Civil Anotado**. 15ª Ed. São Paulo: Saraiva.

_____. **Código Civil anotado**. 17ª ed. São Paulo: Saraiva, 2014.

DO VALE, Antonio Henrique. **Dos vícios Redibitórios**. Doutrinas Essenciais de Obrigações e Contratos. Vol. 4. Jun/2011. Disponível em: https://revis tadostribunais.com.br/maf/app/resultList/document?&src=rl&srguid=i0a d6adc60000016e7ca001114c6a068f&docguid=I277df080682111e181fe000 085592b66&hitguid=I277df080682111e181fe000085592b66&spos=2&epo s=2&td=32&context=14&crumb-action=append&crumb-label=Document o&isDocFG=true&isFromMultiSumm=true&startChunk=1&endChunk=1. Acesso em: 18.08.2019.

FERREIRA, Willian Santos. **Prescrição e Decadência no Código de Defesa Do Consumidor**. In: Revista de Direito do Consumidor. Vol. 10, Abr – Jun/1994. Disponível em: https://www.revistadostribunais.com.br/maf/ app/resultList/document?&src=rl&srguid=i0ad82d9b0000016a2b92f2dc4

PRESCRIÇÃO, DECADÊNCIA E VÍCIOS OCULTOS

c7ab15d&docguid=Ic36dfe90f25211dfab6f010000000000&hitguid=Ic36d fe90f25211dfab6f010000000000&spos=11&epos=11&td=18&context=198 &crumb-action=append&crumb-label=Documento&isDocFG=false&isFr omMultiSumm=&startChunk=1&endChunk=1. Acesso em: 17.04.2019.

FIGUEIREDO, Eduardo Fin de; SILVA, Marcos Alves da. **A análise econômica do direito contratual e a função social do contrato**. Revista de Direito, Economia e Desenvolvimento Sustentável. Disponível em: http://indexlaw. org/index.php/revistaddsus/article/view/1671. Acesso em 21.05.2018

FRANCESCHINI. José Gaspar Gonzaga. **Prescrição e Decadência**: análise do problema conjuntamente com a teoria da ação. In: Revista de Processo. Vol. 16. Out-dez/1979. Disponível em: https://www.revista dostribunais.com.br/maf/app/resultList/document?&src=rl&srguid=i0 ad82d9b0000016a11664d26666f322d&docguid=Ic4436fa0f25511dfab6 f010000000000&hitguid=Ic4436fa0f25511dfab6f010000000000&spos=2&epos=2&td=2&context=32&crumb-action=append&crumb-label=D ocumento&isDocFG=false&isFromMultiSumm=&startChunk=1&endCh unk=1. Acesso em : 02.02.2019.

FREIRE, Homero. Estudos de Direito Processual in Memoriam do Min. Costa Manso. In: SANTOS, Antonio Carlos Viana. **Prescrição e Decadência** – teorias existentes. sua crítica. análise do problema conjuntamente com a teoria da ação. Revista de Processo. Vol. 18. Abr-jun/1980. Disponível em: https://www.revistadostribunais.com.br/maf/app/resultList/document ?&src=rl&srguid=i0ad82d9a0000016a1165cad82a3301c4&docguid =Icf4f74d02d4111e0baf30000855dd350&hitguid=Icf4f74d02d4111 e0baf30000855dd350&spos=1&epos=1&td=1&context=16&crumb-action=append&crumb-label=Documento&isDocFG=false&isFromMultiS umm=&startChunk=1&endChunk=1. Acesso em: 01.01.2019.

GAGLIANO, Pablo Stolze; PAMPLONA FILHO, Rodolfo. **Novo curso de direito civil**: contratos em espécie. V. 4. T. II. 7ª Ed. Rev. e Atual. São Paulo: Saraiva, 2014, [E-book].

GARCIA, Leonardo de Medeiros. **Código de Defesa do Consumidor Comentado**: artigo por artigo. 14ª ed., rev., atual, e ampl. Salvador: JusPODIVM, 2019.

GAZZONI, Francesco. **Manuale di diritto privato**. 17. Ed. Napoli: ESI, 2015.

GIORGI, Giorgio. **Teoria dele Obbligazioni nel diritto moderno italiano**. V. VIII. 5ª Ed. Firenze: Fratelli Cammeli, 1901.

GOMES, Orlando. **Responsabilidade Civil do Fabricante.** In: Doutrinas Essenciais de Direito do Consumidor. vol. 5. Abr / 2011. Disponível em: https:// www.revistadostribunais.com.br/maf/app/resultList/document?&src=rl&

srguid=i0ad82d9a0000016a1167a4cda98d80be&docguid=Iea5515c06dad
11e1bee40000851797 1a&hitguid=Iea5515c06dad11e1bee400008517971a&
spos=1&epos=1&td=1&context=48&crumb-action=append&crumb- label
=Documento&isDocFG=false&isFromMultiSumm=&startChunk=1&endC
hunk=1. Acesso em: 12.07.2018.

_____. **Introdução ao direito civil**. 19ª Ed. Rio de Janeiro: Forense, 2007.

_____. Brito, Edvaldo; azevedo, Antônio Junqueira de; Marino, Francisco
Paulo De Crescenzo (Atual.). **Contratos**. 26. ed. Rio de Janeiro: Forense,
2008.

Gonçalves, Carlos Roberto. **Direito Civil brasileiro:** contratos e atos unilaterais. 13ª ed. São Paulo: Saraiva, 2016, v. 3.

_____. **Direito Civil Brasileiro:** parte geral. 14ª ed. São Paulo: Saraiva, 2016,
v. 1.

Grandiski, Paulo. **Perícias em Edificações:** aspectos técnico-legais polêmicos
envolvendo a atividade da construção civil, apostila elaborada para curso
especial do IBAPE de Santa Catarina, abril/2004.

Grinberg, Rosana. Dos prazos no Código do Consumidor. In: **Revista de
Direito do Consumidor**. vol. 33/2000, Jan-Mar/2000. Disponível em:
https://www.revistadostribunais.com.br/maf/app/resultList/docume
nt?&src=rl&srguid=i0ad82d9a0000016a2b1fbb0b22de71db&docgui
d=Ic8f490702d411 1e0baf30000855dd350&hitguid=Ic8f490702d411
1e0baf30000855dd350&spos=1&epos=1&td=1&context=21&crumb-
action=append&crumb-label=Documento&isDocFG=false&isFromMultiS
umm=&startChunk=1&endChunk=1. Acesso em: 17.04.2019.

Grinover, Ada Pelegrini; Benjamin, Antônio Herman de Vasconcellos; Fink,
Daniel Roberto; Filomeno, José Geraldo Brito; Nery Júnior, Nelson;
Denari, Zelmo. **Código Brasileiro de Defesa do Consumidor:** comentado pelos autores do anteprojeto. V I. 9ª ed. Revista, atualizada e reformulada. Rio de Janeiro: Forense, 2007.

Guimarães, Carlos da Rocha. **Prescrição e decadência.** Rio de Janeiro:
Forense, 1980.

Guimarães, Paulo Jorge Scartezzini. **Vícios do produto e do serviço por qualidade, quantidade e insegurança: cumprimento imperfeito do contrato**. 2ª ed. rev., atual., e ampl. São Paulo: Revista dos Tribunais, 2007.

Harold, Kerzner. **Project management**: a systems approach to planning,
scheduling and controlling. 10ª Ed. New Jersey: Wiley, 2009.

Júnior, Marcos Ehrhardt. **Direito Civil:** LICC e Parte Geral. Salvador: JusPodium, 2009.

Labarthe, Françoise; Noblot, Cyril. **Traités des Contrats**: le contrat de
enterprise. 4ª Ed. Paris: LGDJ, 2008.

PRESCRIÇÃO, DECADÊNCIA E VÍCIOS OCULTOS

LARENZ, Karl. **Derecho de Obligaciones**. T. II. Versión Española y notas de Jaime Santos Briz. Madrid: Revista de Derecho Privado, 1959.

LEITÃO, Luíz Manuel Tele de Menezes. **Direito das obrigações**. 12ª Ed. Vol. II. Lisboa: Almedina, 2018.

LIMA, Clarissa Costa de. **Dos Vícios do Produto no Novo Código Civil e no Código de Defesa do Consumidor e suas Repercussões no Âmbito da Responsabilidade Civil**. In: Doutrinas Essenciais de Direito do Consumidor. vol. 4. Abr/2011. Disponível em: https://www.revistadostribunais.com.br/ maf/app/resultList/document?&src=rl&srguid=i0ad82d9a0000016a116 8326357004b1b&docguid=Icb3aafe02d4111e0baf30000855dd350&hit guid=Icb3aafe02d4111e0baf30000855dd350&spos=7&epos=7&td=27& context=65&crumb-action=append&crumb-label=Documento&isDocF G=false&isFromMultiSumm=&startChunk=1&endChunk=1. Acesso em: 12.08.2018.

LIMA, Fernando Andrade Pires de; VARELA, João Antunes de Matos. **Código Civil anotado**. V. 2. Coimbra: Coimbra Editora, 1968.

LIMA, João Alberto de Oliveira; PASSOS, Edilenice. **Memória Legislativa do Código Civil**. V.3. Brasília: Senado Federal, 2012.

LIMA, João Alberto de Oliveira; PASSOS, Edilenice. **Memória Legislativa do Código Civil**. V.2. Brasília: Senado Federal, 2012.

LOBO, Paulo. **Direito Civil**: Contrato. 1ª Ed. 2ª Tir. São Paulo: Saraiva, 2012, p. 379.

LOBO, Paulo. **Direito Civil:** parte geral. 5ª ed. São Paulo: Saraiva, 2015.

LOBO, Paulo. **Responsabilidade por vícios do produto ou do serviço**. Brasília-DF: Brasília Jurídica, 1996.

LOPES, Miguel Maria de Serpa. **Curso de Direito Civil:** fontes acontratuais das obrigações. 4ª Ed. Rio de Janeiro: Freitas e Barros, 1995.

_____. **Curso de Direito Civil:** fontes das obrigações. 6ª Ed. Rio de Janeiro: Freitas e Barros, 1996.

_____. **Curso de Direito Civil:** introdução parte geral e teoria dos negócios jurídicos. 7ª Ed. Rio de Janeiro: Freitas e Barros, 1989.

LOTUFO, Renan; NANNI; Giovanni Ettore; RODRIGUES MARTINS, Fernando. **Temas relevantes do direito civil contemporâneo:** reflexões sobre os 10 anos do Código Civil. São Paulo Atlas, 2012.

MALUF, Carlos Alberto Dabus et al. **Responsabilidade Civil** – Responsabilidade Civil e sua Repercussão nos Tribunais. 2ª Ed. Saraiva: São Paulo, 2009.

MARIANO, João Cura. **Responsabilidade Contratual do Empreiteiro Pelos Defeitos da Obra**. 3ª Ed. Rev. e Ampl. Coimbra: Almedina, 2008.

REFERÊNCIAS

MARINONI, Luis Guilherme. **Curso de Processo Civil**: teoria geral do processo. 1ª ed. em e-book baseada na 6ª edição impressa. São Paulo: Revista dos Tribunais, 2012, V.I.

MARQUES, Cláudia Lima. **Contratos no Código de Defesa Consumidor**: o novo regime das relações contratuais. 6ª Ed., rev., e ampl. São Paulo: Revista dos Tribunais, 2011.

_____. **Contratos no Código de Defesa do Consumidor:** o novo regime das relações contratuais. 8ª ed. rev., atual. e ampl. São Paulo: Revista dos Tribunais, 2016.

_____; BENJAMIN, Antônio Herman; MIRAGEM, Bruno. **Comentários ao Código de Defesa do Consumidor**. 4ª. ed. rev., atual. e ampl. São Paulo: Revista dos Tribunais, 2013.

_____. **Comentários ao Código de Defesa do Consumidor**. 6ª. ed. rev., atual. e ampl. São Paulo: Revista dos Tribunais, 2019, [E-book].

MARQUES, Cláudia Lima. Diálogo entre o Código de Defesa do Consumidor e o Novo Código Civil: do "diálogo das fontes" no combate às cláusulas abusivas. In: **Revista de Direito do Consumidor, v.** 12, n. 45, jan/mar, 2003.

MARTINEZ, Pedro Romano. **Cumprimento Defeituoso:** em especial na compra e venda e na empreitada. 3ª Reimpressão. Coimbra: Almedina, 2016.

MARTINS-COSTA, Judith. O novo Código Civil brasileiro: em busca da "ética da situação". In: BRANCO, Gerson Luiz Carlos e MARTINS-COSTA, Judith. **Diretrizes teóricas do novo Código Civil brasileiro**. São Paulo: Saraiva, 2002.

MARTINS COSTA, Judith; ZANETTI, Cristiano de Souza. Responsabilidade Contratual: prazo prescricional de dez anos. In: **Revistas dos Tribunais**, vol. 979/2017, p. 215-241. Maio/2017.

MAXIMILIANO, Carlos. **Direito intertemporal ou teoria da retroatividade das leis**. Rio de Janeiro: Freitas Bastos, 1946.

MEIRELLES, Hely Lopes. Contrato de Gerenciamento: novo sistema para a realização de obras públicas. In: **Doutrinas Essenciais Obrigações e Contratos**. RT 533/11, mar./1980 p. 2. Disponível em: <<https://revis tadostribunais.com.br/maf/app/resultList/document?&src=rl&srguid=i0a d82d9b0000016f1f3f8fcb213288df&docguid=Ib7af8a106dad11e1bee40000 8517971a&hitguid=Ib7af8a106dad11e1bee400008517971a&spos=2&epos= 2&td=974&context=5&crumb-action=append&crumb-label=Documento &isDocFG=true&isFromMultiSumm=true&startChunk=1&endChunk=1>. Acesso em 17.08.2018.

_____. **Direito de construir**. 11ª ed. São Paulo: Malheiros, 2013.

MELLO, Oswaldo Aranha Bandeira de. **Princípios gerais de direito administrativo**: volume I – introdução. 2ª ed. Rio de Janeiro: Forense, 1979.

MENCK. José Theodoro Marcarenhas (org). **Código civil brasileiro no debate parlamentar**: elementos históricos da elaboração da Lei nº 10.406, de 2002. Brasília: Câmara dos Deputados, Edições Câmara, 2012-2015. 2 v.

MIRAGEM, Bruno. **Curso de Direito do Consumidor**. 5ª Ed. em E-book baseada na 7ª Ed. impressa. São Paulo: Thompson Reuters, 2018.

MONATERI. Giuseppe. **La prescrizione.** In: SACCO, Rodolfo. Trattato de diritto civile. La Parte Generale del Diritto Civile, vol. V. Torino: UTET, 2009.

MONTEIRO FILHO, Ralpho Waldo. **Contratos Cíveis**. Ed. 1ª. em e-book na 1ª ed. impressa. São Paulo: Revista dos Tribunais, 2017.

MONTEIRO, Washington de Barros. **Curso de Direito Civil**. V.1. 26ª ed. São Paulo: Saraiva, 1986.

_____. **Curso de Direito Civil:** Direito das Obrigações. 19ª Ed. São Paulo: Saraiva, 1984, V.5.

_____; PINTO, Ana Cristina de Barros Monteiro França. **Curso de direito civil:** parte geral. 42ª ed. São Paulo: Saraiva, 2009, V. 1.

MOREIRA ALVES, José Carlos. **A parte geral do projeto de Código Civil brasileiro.** São Paulo: Saraiva, 1986.

_____. **Direito Romano.** 18ª ed. Rio de Janeiro: Forense, 2018, p. 254.

NERY JÚNIOR, Nelson; NERY, Rosa Maria de A. **Código Civil Comentado**. 1ª Ed. em e-book baseada na 11ª edição impressa. São Paulo: Revista dos Tribunais, 2014.

_____. **Código Civil Comentado**. 3ª Ed. em e-book baseada na 13ª edição impressa. São Paulo: Revista dos Tribunais, 2019.

_____. **Instituições de Direito Civil:** contratos. V. III. 1ª ed. em E-book na 1ª ed. impressa. São Paulo: RT, 2016.

NERY JÚNIOR, Nelson. Prescrição de pretensão no sistema do código civil vigente e do código de defesa do consumidor. In: **Soluções Práticas de Direito**. Vol. 4. Set /2014. Disponível em: https://revistadostribunais. com.br/maf/app/resultList/document?&src=rl&srguid=i0ad6adc60 000016a65bb797bab25bd15&docguid=I390a6930453e11e4a3be010 000000000&hitguid=I390a6930453e11e4a3be010000000000&spos=1&epos=1&td=1&context=16&crumb-action=append&crumb-label=D ocumento&isDocFG=false&isFromMultiSumm=&startChunk=1&endCh unk=1. Acesso em 21/04/2019.

NEVES, Gustavo Klhoh Muller. **Prescrição e Decadência no Direito Civil**. 2ª ed. Rio de Janeiro: Lumen Juirs, 2008.

NORONHA, Fernando. **Direito das obrigações**. 3ª ed., rev. e atual. São Paulo: Saraiva, 2010.

REFERÊNCIAS

PEREIRA, Caio Mário da Silva; GAMA, Guilherme Calmon Nogueira da. **Instituições de direito civil**: volume II – teoria geral das obrigações. 27. ed. Rio de Janeiro: Forense, 2015.

_____; MORAES, Maria Celina Bodin de. **Instituições de direito civil**: teoria geral de direito civil. 29. ed. rev. e atual. Rio de Janeiro: Forense, 2016, v. 1.

_____; TEPEDINO, Gustavo (Atual.). **Responsabilidade Civil.** 12ª Ed. rev. atual. e ampl. Rio de Janeiro: Forense, 2018.

_____; MULHOLLAND. Caitlin. **Instituições de direito civil:** contratos, declaração unilateral de vontade e responsabilidade Civil. 18 ª ed. rev. e atual. Rio de Janeiro: Forense, 2014, v. 3.

PRADO, Luiz Regis. **Comentário ao Código Penal**: jurisprudência, conexões lógicas com vários ramos do direito. 3ª ed. em E-book baseada na 11ª ed. impressa. São Paulo: Revista dos Tribunais, 2017.

NUNES, Lydia Neves Bastos Telles. **Dos efeitos dos vícios redibitórios à luz do código civil brasileiro e do código de defesa do consumidor**. Disponível em: https://bdjur.stj.jus.br/jspui/bitstream/2011/19744/Dos %20efeitos%20dos%20v%C3%ADcios%20redibit%C3%B3rios%20 %C3%A0%20luz%20do%20c%C3%B3digo%20civil%20brasileiro%20%20 e%20do%20c%C3%B3digo%20de%20defesa%20do%20consumidor%20. pdf. Acesso em: 30.03.2019.

NUNES, Rizzatto. **Comentário ao Código de Defesa do Consumidor**. 8ª Ed. Rev., Atual. e Ampl. São Paulo: Saraiva, 2015.

OLIVA, Milena Donato; GENTILE, Isabela Reimão. A proteção quanto aos vícios ocultos e o critério da vida útil. In: **Revista de Direito Privado**. Vol. 88/2018. Abril/2018. Disponível em: https://revistadostribunais.com.br/ maf/app/resultList/document?&src=rl&srguid=i0ad6adc60000016f478c 0a43b6120410&docguid=Iccb06290396211e8b422010000000000&hitg uid=Iccb06290396211e8b422010000000000&spos=3&epos=3&td=10& context=19&crumb-action=append&crumb-label=Documento&isDocF G=false&isFromMultiSumm=&startChunk=1&endChunk=1. Acesso em: 18.08.2019.

PFEIFFER, Roberto; PASQUALOTTO, Adalberto (coord.). **CDC e Código civil.** São Paulo: RT, 2005.

PINTO, Nélson Luiz. O fundamento da pretensão processual como objeto da prescrição e da decadência. In: **Doutrinas Essenciais de Direito Civil**. Vol. 5. Out/2010. Disponível em: https://revistadostribunais.com.br/maf/app/ resultList/document?&src=rl&srguid=i0ad82d9a0000016a0e51a735f1727 095&docguid=Id8828aa0f25511dfab6f010000000000&hitguid=Id8828aa 0f25511dfab6f010000000000&spos=1&epos=1&td=864&context=27&cr

PRESCRIÇÃO, DECADÊNCIA E VÍCIOS OCULTOS

umb-action=append&crumb-label=Documento&isDocFG=true&isFromM
ultiSumm=true&startChunk=1&endChunk=1. Acesso em: 01.01.2019.

PONTES DE MIRANDA, Francisco Cavalcanti. **Tratado das Ações**. T. I. 2ª Ed. São
Paulo: Revistas dos Tribunais, 1972.

_____. **Tratado de Direito Privado**. T. VI. São Paulo: Revista dos Tribunais,
1955.

_____. **Tratado de Direito Privado**. T. VI. 3ª Ed. Rio de Janeiro: Borsoi,
1970.

_____. **Tratado de Direito Privado**. T. V. 4ª Ed. São Paulo: Revista dos Tri-
bunais, 1983.

_____. **Tratado de Direito Privado**. T. XXXVIII. 3ª Ed. São Paulo: Revista
dos Tribunais, 1984.

_____. **Tratado de Direito Privado**. T. XLIV. 3ª Ed. São Paulo: Revista dos
Tribunais, 1984.

PORTO, Mario Moacyr. **Responsabilidade Civil do Construtor – o art.
1.245 do CC**. In: Revista dos Tribunais. Vol. 623. Set/1987. Disponível em:
<https://revistadostribunais.com.br/maf/app/resultList/document?&src=rl
&srguid=i0ad82d9b0000016c8e0fb36687bb0fa8&docguid=I2c8a7700f25
811dfab6f010000000000&hitguid=I2c8a7700f25811dfab6f010000000000
&spos=13&epos=13&td=15&context=29&crumb-action=append&crumb-
label=Documento&isDocFG=false&isFromMultiSumm=&startChunk=1&
endChunk=1>. Acesso em: 13/08/2019.

PRADO, Maurício Almeida. **Construção Civil e Direito**. São Paulo: Lex Magister, 2011.

PRUX, Oscar Ivan. Garantias e o prazo dos artigos 26 e 27 do cdc. In: **Ajuris**,
Porto Alegre. V.Ed. Especial, mar. 1998.

REALE, Miguel. **Visão Geral do Projeto de Código civil**. Disponível em www.
miguelreale.com.br-artigos-vgpcc.htm.pdf. Acesso em 03/11/2018.

RENTERÍA, Pablo. **Obrigações de Meios e de Resultado**: Análise Crítica. vol. 9
São Paulo: Editora Método, 2011.

RIZZARDO, Arnaldo. **Contratos**. 13ª Ed. Rev. e Ampl. Rio de Janeiro: Forense,
2013.

_____; RIZZARDO, Carine Ardissone; RIZZARDO FILHO, Arnaldo. **Prescrição
e Decadência**. Rio de Janeiro: Forense, 2015.

RODRIGUES, Silvio. **Direito civil:** dos contratos e das declarações unilaterais da
vontade. 29ª. ed. São Paulo: Saraiva, 2003, v. 3.

_____. **Direito Civil**: dos contratos e das declarações unilaterais da vontade.
30ª. Ed. Atual de acordo com o novo Código Civil. São Paulo: Saraiva, vol. 3,
2004.

REFERÊNCIAS

_____. **Direito Civil**: Parte Geral. 34ª ed. São Paulo: Saraiva, 2003, v. 1.

_____. **Direito Civil**: Responsabilidade Civil. 20ª ed. São Paulo: Saraiva, 2003, v. 4.

ROPPO, Enzo. **O contrato**. Coimbra: Almedina, 2009

RUGGIERO, Roberto de. **Instituições de direito civil:** direito das pessoas. Tradução da 6ª edição italiana, com notas remissivas aos Códigos Civil Brasileiro e Português pelo Dr. Ary dos Santos. 3ª ed. São Paulo: Saraiva, 1971, v. 1.

SANTOS, Claiz Maria Pereira Gunça dos; SILVA, Joseane Souzart Lopes da (ORG). **Garantias legal e contratual dos bens de consumo**. Salvador: Paginae, 2012.

SANTOS, Moacyr Amaral. **Primeiras Linhas de Direito Processual Civil**. V. 1. 14ª Ed. atual nos termos da Constituição Federal de 1988. São Paulo: Saraiva, 1990.

SANTOS. Ulderico Pires dos. **Prescrição:** doutrina, jurisprudência e prática. 2ª ed. rev. atual. Rio de Janeiro: Forense, 1990.

SAVIGNY, Friederich Carl. **Traité de Droit Romain: Tome III**. Traduzido do alemão por M. Ch. Guenoúx. Paris: Firmin Didot Frères, 1845.

SAVIGNY, Friederich Carl. **Traité de Droit Romain: Tome VIII**. Traduzido do alemão por M. Ch. Guenoúx. 2ª Ed. Paris: Firmin Didot Frères, 1845.

SCARPINELA BUENO, Cassio. **Comentários ao Código de Processo Civil – Vol.3.** São Paulo: Saraiva, 2017.

SCHREIBER, Anderson. **Novos paradigmas da responsabilidade civil:** da erosão dos filtros da reparação à diluição dos danos. 6ª ed. São Paulo: Atlas, 2015.

SOUZA, Vicente Custodio Moreira de. **Deterioração Estrutural em um Estádio de Futebol no Rio de Janeiro**. In: CUNHA, Albino João Pimenta da et al., Acidentes Estrutura na Construção Civil. São Paulo: Pini, 1996, v. 1.

SILVA, Ovídio A. Baptista da. Direito subjetivo, pretensão de direito material e ação. In: **Ajuris**, Porto Alegre, v. 29, 1983.

SILVA, Rafael Peteffi. **Teoria do adimplemento e modalidades de inadimplemento, atualizado pelo novo Código Civil**. Disponível em: https://www. gontijofamilia.adv.br/2008/artigos_pdf/Rafael_Peteffi_da_Silva/Teoriaadimplemento.pdf. Acesso em: 22/10/2019.

SIMÃO, José Fernando. **Direito Civil:** contratos. 5ª Ed. São Paulo: Atlas, 2011.

_____. **Prescrição e Decadência:** início dos prazos. São Paulo: ATLAS, 2013.

SIMÃO, José Fernando. **Vícios do Produto no Novo Código Civil e no Código de Defesa do Consumidor**. São Paulo: Atlas, 2003.

STOCO, Rui. **Tratado de responsabilidade civil**: doutrina e jurisprudência. 7ª Ed. Rev. Atual e Ampl. São Paulo: Revista dos Tribunais, 2007.

_____. **Tratado de responsabilidade civil**: doutrina e jurisprudência. 2ª Ed. em E-book baseada na 10ª impressa. São Paulo: Revista dos Tribunais, 2015.

TARTUCE, Flávio. **Direito Civil:** teoria geral dos contratos e contratos em espécie. 10ª ed. Revista, atualizada e ampliada. Rio de Janeiro: Forense, 2016, v. 3.

_____. **Manual de Direito Civil**: volume único. 3ª Ed. Rev. e Atual. São Paulo: Gen, 2013.

_____; NEVES, Daniel Amorim Assumpção. **Manual de direito do consumidor**: direito material e processual. 6ª Ed. Rev. Ampl. Em E-book. São Paulo: Método, 2017.

TEPEDINO, Gustavo. **Prescrição aplicável à responsabilidade contratual**: crônica de uma ilegalidade anunciada. Editorial. RTDC, vol. 27, 2009. Disponível em: https://www.ibdcivil.org.br/volume/RTDC.Editorial.v.037.pdf. Acesso em 09/03/2019.

_____; BARBOZA, Heloisa Helena; MORAES, Maria Celina Bodin de. **Código Civil Interpretado:** Parte Geral e Obrigações (arts. 1º a 420). 2. ed. São Paulo: Renovar, 2007.

_____. **Código Civil Interpretado Conforme a Constituição da República.** Vol. Rio de Janeiro: Renovar, 2006.

THEODORO JÚNIOR, Humberto. **Prescrição e Decadência.** 1ª Ed. Rio de Janeiro: Forense, 2018.

_____; TEIXEIRA, Sálvio de Figueiredo (Coord.). **Comentários ao novo Código civil**: dos atos jurídicos lícitos, dos atos ilícitos, da prescrição e da decadência, da prova. 4ª ed. Rio de Janeiro: Forense, 2008, v. 3.

VENOSA, Sílvio de Salvo. **Direito Civil:** contratos em espécie. 18 ª ed. São Paulo: Atlas, 2018, v. 3.

_____. **Direito Civil**: teoria geral das obrigações e teoria geral dos contratos. São Paulo: Atlas, 2001.

_____. **Direito Civil**: teoria geral das obrigações e teoria geral dos contratos. 13ª Ed. São Paulo: Atlas, 2013.

VIANA SANTOS, Antonio Carlos. **Prescrição e Decadência**: teorias existentes, sua crítica, análise do problema conjuntamente com a teoria da ação. In: Revista de Processo. Vol.18/1980. Abri-Jun/1980. Acesso em: https://revistadostribunais.com.br/maf/app/resultList/document?&src=rl&srgu id=i0ad82d9a0000016a0e52fc9ca98d2b16&docguid=Icf4f74d02d411e 0baf30000855dd350&hitguid=Icf4f74d02d411e0baf30000855dd350& spos=1&epos=1&td=1&context=51&crumb-action=append&crumb-label=

REFERÊNCIAS

Documento&isDocFG=false&isFromMultiSumm=&startChunk=1&endCh unk=1. Visualizado em 01.01.2019.

WAINER, Ann Helen. Responsabilidade Civil do Construtor – Natureza Jurídica do Prazo Quinquenal. In: **Revista dos Tribunais**. Vol. 643. Maio/1989. Disponível em: <https://revistadostribunais.com.br/maf/app/resultList/ document?&src=rl&srguid=i0ad82d9a0000016d79b898bc922ec8c8&d ocguid=I4388d910f25811dfab6f010000000000&hitguid=I4388d910f25 811dfab6f010000000000&spos=2&epos=2&td=3&context=13&crumb-action=append&crumb-label=Documento&isDocFG=false&isFromMultiS umm=&startChunk=1&endChunk=1>. Acesso em: 28.09.2019.

WALD, Arnoldo. **Curso de direito civil brasileiro**: obrigações e contratos. 10ª Ed. São Paulo: Revista dos Tribunais, 1992.

_____. **Direito Civil**: contratos em espécie. V. 3. 19ª Ed. São Paulo: Saraiva, 2012, [E-book].

WILLIS, Alfred. Design-build and building efficiency in the earlytwentieth century United States. In: HUERTA, Santiago (Ed.). **Proceedings of the First International Congress on Construction History**. Madrid: Instituto Juan de Herrera, 2003. Disponível em: <http://www.sedhc.es/biblioteca/actas/ CIHC1_198_Willis A.pdf>. Acesso em: 17/11/2019, p. 2.119.

ZIMMERMANN, Reinhard. **The New German Law of Obligations**: Historical and Comparative Perspectives. ,New York: Oxford University Press, 2005.

JURISPRUDÊNCIA CONSULTADA

BRASIL, Superior Tribunal de Justiça. **Ag 1.334.648/MT**. Agravante: Nico Ortiz. Agravado: Tokio Marine Brasil Seguradora S.A. Rel.: Ministra Maria Isabel Gallotti, Quarta Turma, julgado em 02/12/2013.

_____. **AgInt no AREsp 1.125.919/MG**. Agravante: Construtora Primacasa Ltda. Agravado: Paulo Henrique de Oliveira Pedrosa. Rel.: Ministro Lázaro Guimarães, Quarta Turma, julgado em 18/09/2018.

_____. **AgInt no AREsp 1.315.509/PR**, Rel.: Ministro Ricardo Villas Bôas Cueva, Agravante: Construtora e Incorporadora Greenwood Ltda. Agravado: Rejane Luiza Lodi. Rel.: Ministro Ricardo Villas Bôas Cueva, Terceira Turma, julgado em 19/08/2019.

_____. **AgInt no AREsp 1.355.163/GO**. Agravante: Dinamica Engenharia Ltda. Agravados: Sousa Andrade Construtora e Incorporadora Ltda, Praça T-23 Incorporações Imobiliárias Ltda, Condominio do Moment Living Square. Rel.: Ministro Raul Araújo, Quarta Turma, julgado em 16/05/2019.

_____. **AgInt no AREsp 495.031/RJ**. Agravante: SOINCO – Sociedade Incorporadora e Construtora Ltda. Agravado: Condomínio do Edifício Catamaran. Rel.: Lázaro Guimarães, Quarta Turma, julgado em 19/06/2018.

_____. **AgInt no AREsp 794.821/RS**. Agravante: Cotrijui – Cooperativa Agropecuária e Industrial. Agravado: Sirlei Rosane De Carvalho Rakowski. Rel.: Ministro Marco Aurélio Bellizze, Terceira Turma, julgado em 25/10/2016.

_____. **AgInt no AREsp 870.122/DF**. Agravante: Servcont Serviços Contábeis Ltda – ME. Agravado: OI S.A. Rel.: Ministro Moura Ribeiro. Terceira Turma, julgado em 06/10/2016.

_____. **AgInt no AREsp 876.731/DF**. Agravante: Marilza Braga Chaves. Agravado: Walter Vieira Chaves. Rel.: Ministro Marco Aurélio Bellizze, Terceira turma, 15/09/2016.

PRESCRIÇÃO, DECADÊNCIA E VÍCIOS OCULTOS

_____. **AgInt no AREsp 891505/RS**. Agravante: Metropolitan Life Seguros e Previdência Privada SA. Agravado: Samuel Da Trindade. Rel.: Min. Marco Aurélio Bellizze, Terceira Turma, julgado em 04/08/2016.

_____. **AgInt no AREsp 971.279/SP**. Agravante: Construcap Ccps Engenharia e Comércio S/A. Agravado: Ministério Público do Estado de São Paulo. Rel.: Ministro Luis Felipe Salomão, Quarta Turma, julgado em 21/08/2018.

_____. **AgInt no REsp 1.112.357/SP**. Agravante: Etemp Engenharia Indústria e Comércio Ltda. Agravado: Município de São José do Rio Preto. Rel: Sérgio Kukina, Primeira Turma, julgado em 16/06/2016.

_____. **AgInt no REsp 1.150.102/PR**. Agravante: Marcos Leo de Albuquerque Vellozo – Espólio. Agravado: Sabrina Peretti Gurtensten e Outro. Rel.: Ministro Antonio Carlos Ferreira, Quarta Turma, julgado em 29/09/2016.

_____. **AgInt no REsp 1.398.691/RS**. Agravante: Caixa Econômica Federal. Agravado: Jocinei Paitch. Rel.: Ministro Ricardo Villas Bôas Cueva, Terceira Turma, jugado em 27/09/2016.

_____. **AgInt no REsp 1.501.191/RJ**. Agravante: Hiron Fernandes de Resende. Agravado: Petrobrás Distribuidora S/A. Rel.: Ministro Ricardo Villas Bôas Cueva, Terceira Turma, julgado em 18/08/2016.

_____. **AgInt no REsp 1.627.901/PR**. Agravante: Mapfre Vera Cruz Seguradora S.A. Agravado: Cleber Martinho de Moraes. Rel. Ministro Ricardo Villas Bôas Cueva, Terceira Turma, julgado em 03/12/2018.

_____. **AgInt no REsp 1.710.184/SP.** Agravante: Holdenn Construcoes Assessoria e Consultoria Ltda. Agravado: Condominio Quality Place. Rel.: Ministro Paulo de Tarso Sanseverino, Terceira Turma, j. em 01/07/2019.

_____. **AgInt no REsp 1.747.204/PR.** Agravante: Seguradora Lider do Consorcio do Seguro DPVAT S.A. Agravado: Agnaldo Rolandi. Rel.: Nancy Andrighi, Terceira Turma, julgado em 11/02/2019.

_____. **AgInt no REsp 1.754.090/SP**. Recorrente: Cerâmica Villagres Ltda. Recorido: Nove de Julho Veílho Brigui. Rel.: Ministro Marco Aurélio Bellizze, Terceira Turma, julgado em 12/11/2018.

_____. **AgRg no Ag 1.347.946/PE**. Agravante: Daher Construtora Ltda. Agravado: Condomínio do Edifício Kilimanjaro. Rel.: Ministro Paulo de Tarso Sanseverino, Terceira Turma, julgado em 28/02/2012.

_____. **AgRg no Ag 1.366.111/MG**. Agravante: Andares Engenharia e Serviços Ltda. Agravado: Condomínio do Edifício Antares. Rel.: Luis Felipe Salomão, Quarta Turma, julgado em 06/09/2012.

_____. **AgRg no Ag 1208663/DF**. Agravante: Pallissander Engenharia Ltda. Agravado: Condomínio Residencial Recanto dos Pássaros, Edifício Rouxinol. Rel.: Ministro Sidnei Beneti, TERCEIRA TURMA, julgado em 18/11/2010.

JURISPRUDÊNCIA CONSULTADA

_____. **AgRg no Ag 991.883/SP**. Agravante: Gafise S/A. Rel.: Aldir Passarinho Junior, Quarta Turma, julgado em 12/06/2008.

_____. **AgRg no AgRg no AREsp 411.291/MG**. Agravante: Maria Amélia de Andrade Fortini Toscano. Agravado: Claudio Ferreira Cotta. Rel.: Ministro Paulo de Tarson Sanseverino, Terceira Turma, julgado em 04/02/2016.

_____. **AgRg no AREsp 108.473/PR**. Agravante: Banco Bradesco S.A. Agravado: Afonso Marcelino de Quadros. Rel.: Ministro Sidnei Beneti, Terceira Turma, julgado em 26/06/2012.

_____. **AgRg no AREsp 176.664/SC**. Agravante: Hantei Construções e Incorporações Ltda. Agravado: Condomínio Residencial Waldemiro Tholl. Rel.: Paulo de Tarso Sanseverino, Quarta Turma, julgado em 18/02/2014.

_____. **AgRg no AREsp 338.201/PR**. Agravante: CCP XXI Empreendimentos Imobiliários S/A. Agravado: Selvino Kalfels – Microempresa. Rel.: Ministro Antonio Carlos Ferreira, Quarta Turma, julgado em 16/09/2014.

_____. **AgRg no AREsp 389.488/SP**. Agravante: Irmandade da Santa Casa de Misericórdia de São José Dos Campos. Agravado: Sagra Produtos Farmacêuticos Ltda. Rel.: Ministro Raul Araújo, Quarta Turma, julgado em 17/05/2016.

_____. **AgRg no AREsp 399.977/SP**. Agravante: Associação de Produtores Orgânicos e Outros. Agravado: Banco Bradesco S/A. Rel.: Ministro Raul Araújo, Quarta Turma, julgado em 06/11/2014.

_____. **AgRg no AREsp 415.244/SC**. Agravante: São Cristovão Comércio de Caminhões e Estacionamento Ltda. Agravado: Antônio dos Santos. Rel.: Ministro Antonio Carlos Ferreira, Quarta Turma, julgado em 07/05/2015.

_____. **AgRg no AREsp 426.563/PR**. Agravante: Sponchiado Veículos e Transportes Ltda. Agravado: Gilmar Bonifácio. Rel.: Ministro Luis Felipe Salomão, Quarta Turma, julgado em 03/06/2014.

_____. **AgRg no AREsp 431.493/PR**. Agravante: Jberman S/A Engenharia e Construções. Agravado: Condomínio Edifício Solar Verona e Florença. Rel.: Sidnei Beneti, Terceira Turma, julgado em 27/03/2014.

_____. **AgRg no AREsp 439.263/SP**. Agravante: Associação de Produtores Orgânicos e Outros. Agravado: Banco Bradesco S/A. Rel.: Ministro João Otávio de Noronha, Terceira Turma, julgado em 27/03/2014.

_____. **AgRg no AREsp 52.038/SP**. Agravante: Empresa Brasileira de Consultoria Imobiliária S/C LTDA. Agravado: Júlio Marques Kohler e Outro. Rel.: Luis Felipe Salomão, Quarta Turma, julgado em 25/20/2011.

_____. **AgRg no AREsp 527.979/SC**. Agravante: Luciano Carneiro Baldan – Microempresa. Agravado: Nacional Gás Butano Distribuidora Ltda. Rel.: Ministro Paulo de Tarso Sanseverino, Terceira Turma, julgado em 15/12/2015.

PRESCRIÇÃO, DECADÊNCIA E VÍCIOS OCULTOS

_____. **AgRg no AREsp 557.718/SP**. Agravante: Hair Center Processos Capilares S/S Ltda – Microempresa. Agravado: Auric Empresa de Fomento e Participações Ltda. Rel.: Ministro Raul Araújo. Quarta Turma, julgado em 24/05/2016.

_____. **AgRg no AREsp 601.234/DF**. Agravante Autotrac Comércio e Telecomunicações S.A. Agravado: Severino Aureliano dos Santos. Rel.: Ministro Marco Aurélio Bellizze, Terceira Turma, julgado em 12/05/2015.

_____. **AgRg no AREsp 602.851/SC**. Agravante: Adolfo MS Consultoria Empresarial Sociedade Civil. Agravado: Cerâmica Urussanga S/A – CEUSA. Rel.: Ministro Marco Aurélio Bellizze. Terceira Turma, julgado em 16/12/2014.

_____. **AgRg no AREsp 614.673/ES**. Agravante: Akla Indústria de Cosméticos Ltda. Agravao: Unimed Vitória Cooperativa de Trabalho Médico. Rel.: Ministro Moura Ribeiro, Terceira Turma, julgado em 21/05/2015.

_____. **AgRg no AREsp 615.735/RS**. Agravantes: Maria Teresa Brunelli e Maria Lucia Brunelli. Agravado: Paulo Barcelos – Espólio. Rel.: Ministro Marco Aurélio Bellizze. Terceira Turma, julgado em 17/11/2015.

_____. **AgRg no AREsp 626.223/RN**. Agravante: Banco Nacional de Desenvolvimento Econômico e Social BNDES. Agravado: José Antão do Nascimento Filho – Microempresa. Rel.: Min. Paulo de Tarso Sanseverino, Terceira Turma, julgado em 08/09/2015.

_____. **AgRg no AREsp 633.623/SP**. Agravante: Raízen Energia S/A. Agravado: Francis Roberto Dinamarco Smith. Rel.: Ministro Raul Araújo. Quarta Turma, julgado em 18/08/2015.

_____. **AgRg no AREsp 636.729/RJ**. Agravante: Souza Cruz S/A. Agravado: Luiz Carlos Cabral da Rosa. Rel.: Ministro Luis Felipe Salomão, Quarta Turma, julgado em 14/04/2015.

_____. **AgRg no AREsp 646.466/ES**. Agravante: Espírito Santo Centrais Elétricas S/A. Agravado: Odontoscan Centro de Radiologia e Imagens em Odontologia Ltda. Rel.: Ministro Moura Ribeiro. Terceira Turma, jugaldo em 07/06/2016.

_____. **AgRg no AREsp 66.734/SP**. Agravante: Schahin Empreendimentos Imobiliários Ltda. Agravado: Condomínio Edifício The Special Residence Flat. Rel.: Antonio Carlos Ferreira, Quarta Turma, julgado em 18/12/2014.

_____. **AgRg no AREsp 661.548/RJ**. Agravante: João Fortes Engenharia S/A, CNR Empreendimentos Imobiliários Ltda. Agravado: Condomínio do Edifício Les Jardins De Cap Ferrat. Rel.: Ministro Marco Aurélio Bellizze, Terceira Turma, j. em 26/05/2015.

JURISPRUDÊNCIA CONSULTADA

_____. **AgRg no AREsp 667.205/RS**. Agravante: Júlio César Martins da Silva. Agravado: Banco do Brasil S/A. Rel.: Ministro Moura Ribeiro. Terceira Turma, julgado em 15/09/2015.

_____. **AgRg no AREsp 696.269/SP**. Agravante: Cooperativa Central de Laticinios de Ribeirao Preto Coocelarp. Agravado: Casa de Carnes Bragaia Ltda. Rel.: Ministro Luis Felipe Salomão. Quarta Turma, julgado em 09/06/2015.

_____. **AgRg no AREsp 707.342/MG**. Agravante: Viação Arcos Ltda – ME. Agravado: Martins Comércio e Serviços de Distribuição S/A. Rel.: Ministro João Otávio de Noronha. Terceira Turma, julgado em 04/02/2016.

_____. **AgRg no AREsp 731.525/RS**. Agravante: Maria de Lourdes Fulber. Agravado: OI S.A. Rel.: Ministro Moura Ribeiro. Terceira Turma, julgado em 23/06/2016.

_____. **AgRg no AREsp 735.249/SC**. Agravante: Copex Importacao e Comercio Ltda. Agravado: Comercial de Explosivos Davi Ltda e Etzold e Companhia Ltda. Rel.: Ministro Ricardo Villas Bôas Cueva, Terceira Turma, julgado em 15/12/2015.

_____. **AgRg no AREsp 740.588/SP**. Agravante: Itau Unibanco S/A. Agravado: Josildo Isidio de Melo. Rel.: Ministro Marco Aurélio Bellizze. Terceira Turma, julgado 27/10/2015.

_____. **AgRg no AREsp 749.992/RS**. Agravante: Seguradora Líder dos Consórcios do Seguro DPVAT S.A. Agravado: Cleci Kemp Schneider. Rel.: Ministro Paulo de Tarso Sanseverino, Terceira Turma, julgado em 06/12/2016.

_____. **AgRg no AREsp 837.871/SP**. Agravante: Picinini & Bellas Ltda. – ME. Agravado: Plaspira – Industria e Comercio de Plastico Limitada. Rel.: Ministro Marco Aurélio Bellizze, Terceira Turma, julgado em 26/04/2016.

_____. **AgRg no REsp 1.021.221/PR**. Agravante: Banco do Brasil S.A. Agravado: Osvaldo Abdao do Espirito Santo. Rel. Ministro Luis Felipe Salomão, Quarta Turma, julgado em 03/08/2010.

_____. **AgRg no REsp 1.064.135/PR**. Agravante: HSBC Bank Brasil S.A Banco Múltiplo. Agravado: Milton Marques Da Silva. Rel.: Ministro Raul Araújo, Quarta Turma, julgado em 01/03/2012.

_____. **AgRg no REsp 1.064.246/PR**. Agravante: Banco Itaú S.A. Agravado: Mangold Hansel. Rel. Ministro Sidnei Beneti, Terceira Turma, julgado em 05/03/2009.

_____. **AgRg no REsp 1.101.996/MG**. Agravante: Canopus Empreendimentos e Incorporações Ltda. Agravados: Condomínio Edifício Serra da Canastra. Rel.: Massami Uyeda, Terceira Turma, julgado em 16/11/2010.

_____. **AgRg no REsp 1.105.631/PR**. Agravante: Banco Bradesco S.A. Agravado: Marcos Antonio da Costa Tortorelli. Rel.: Ministro Ricardo Villas Bôas Cueva, Terceira Turma, julgado em 09/04/2013.

_____. **AgRg no REsp 1.114.586/PR**. Agravante: Banco Bradesco S.A. Agravado: Maria Jose Covalski. Rel.: Ministro Sidnei Beneti, Terceira Turma, julgado em 26/06/2012.

_____. **AgRg no REsp 1.161.677/RS**. Agravante: Condomínio Edifício Centro Profissional Armando Michielon. Agravados: Blokus Construções E Incorporações Ltda e Outros. Rel.: Ricardo Villas Bôas Cueva, Terceira Turma, julgado em 19/09/2013.

_____. **AgRg no REsp 1.209.271/MT**. Agravante: Fertilizantes Heringer LTDA. Agravado: Márcio Roberto Brianti. Rel.: Min. Luis Felipe Salomão, Quarta Turma, julgado em 17/12/2015.

_____. **AgRg no REsp 1.321.083/PR**. Agravante: Líder Táxi Aéreo S/A – Air Brasil. Agravado: Skipton S/A. Rel.: Ministro Paulo de Tarso Sanseverino, Terceira Turma, julgado em 09/09/2014.

_____. **AgRg no REsp 1.324.764/PB**. Agravante: Itau Unibanco S/A. Agravado: Ailton Queiroz de Farias. Rel.: Ministro Luis Felipe Salomão. Quarta Turma, julgado em 15/10/2015.

_____. **AgRg no REsp 1.344.043/DF**. Agravante: Emarki Caenge e Basevi Construtoras Associadas Ltda. Agravado: Condomínio do Edifício Central Park. Rel.: Maria Isabel Gallotti, Quarta Turma, julgado em 17/12/2013.

_____. **AgRg no REsp 1.413.889/SC**. Agravante: Banco do Empreendedor. Agravado: Sandro Luiz Silva. Rel.: Ministro Sidnei Beneti, Terceira Turma, julgado em 27/03/2014.

_____. **AgRg no REsp 1.413.939/SC**. Agravante: Pedro Modolon Bressan. Agravado: Pozolana Indústria e Comércio LTDA. Rel.: Ministro Antonio Carlos Ferreira, Quarta Turma, julgado em 24/03/2015.

_____. **AgRg no REsp 1.551.621/SP**. Agravante: Mabell Empreendimentos Ltda – Me. Agravado: Condomínio do Edifício Belmonte, Engos Engenharia e Projeto Ltda – Me. Rel.: Ministro Moura Ribeiro, Terceira Turma, julgado em 24/05/2016.

_____. **AgRg no REsp 319.242/RJ**. Agravante: Benedito Luiz. Agravado: Bradesco Seguros S.A. Rel.: Ministro Humberto Gomes de Barros, Terceira Turma, julgado em 24/05/2005.

_____. **AgRg no REsp 655.759/SP**. Agravante: Maria Aparecida Marchicolli. Agravada: Fazenda do Estado de São Paulo. Rel.: Ministro Mauro Campbell Marques, Segunda Turma, julgado em 23/06/2009.

JURISPRUDÊNCIA CONSULTADA

_____. **AgRg no REsp 744.332/SP**. Agravante: José Maria Pimentel Pereira Lima. Agravado: Sasse Companhia Nacional de Seguros Gerais. Rel.: Sidnei Beneti, Terceira Turma, julgado em 17/09/2009.

_____. **AgRg no REsp 866.435/MG**. Agravante: Lanna Valle Engenharia e Construções Ltda. Agravado: Condomínio do Edifício Liberty Trade Center. Rel.: Antonio Carlos Ferreira, Quarta Turma, julgado em 20/03/2012.

_____. **AgRg nos EAg 1.370.994/MT**. Agravante: Bunge Fertilizantes S/A. Agravado: Dimitri Kuzmin. Rel.: Min. Isabel Gallotti, Quarta Turma, julgado em 01/03/2016.

_____. **AgRg nos EDcl no REsp 1.413.595/RS**. Agravante: Porto Seguro Companhia de Seguros Gerais. Agravado: Sut-Sistema Urgente de Transporte Ltda. Rel.: Ministro Ricardo Villas Bôas Cueva. Terceira Turma, julgado em 10/05/2016.

_____. **AREsp 235.825/SP**. Agravante: Bradesco Seguros S/A. Agravado: Maurício Martins Vieira. Rel.: Ministro Paulo de Tarso Sanseverino, Terceira Turma, julgado em 18/11/2013.

_____. **AREsp 661.548/RJ**. Agravante: João Fortes Engenharia S/A, CNR Empreendimentos Imobiliários Ltda. Agravado: Condominio do Edificio Les Jardins de Cap Ferrat. Rel.: Marco Aurélio Bellizze, Terceira Turma, julgado em 25/02/2015.

_____. **AREsp 971.279/SP**. Agravantes: Construcap CCPS Engenharia e Comércio S.A e Cooperativa Habitacional dos Bancários de Ribeirão Preto e Região. Agravado: Ministério Público do Estado de São Paulo. Rel.: Ministro Luis Felipe Salomão, julgado em 21/08/2018.

_____. **CC 41056/SP**. Suscitante: Juízo de Direito da 27ª Vara Cível de São Paulo – SP. Suscitado: Juízo de Direito da 16ª Vara Cível do Rio de Janeiro – RJ. Rel.: Min. Aldir Passarinho, Segunda Seção, julgado em 12/05/2004.

_____. **EDcl no REsp 1336916/RS**. Embargante: Maria Paulina Dias. Embargado: Fundação dos Economiários Federais Funcef. Rel.: Ministro Luis Felipe Salomão, Quarta Turma, julgado em 17/12/2015.

_____. **EDcl nos EDcl no AgRg no Ag 991883/SP**. Embargante: Gafisa S/A. Rel: Aldir Passarinho Junior, Quarta Turma, julgado em 14/12/2010.

_____. **REsp 1.020.801/SP**, Recorrente: Maria do Socorro Souza dos Santos. Recorrido: Alberico José de Barros Pires. Rel.: Ministro João Otávio de Noronha, Quarta Turma, julgado em 26/04/2011.

_____. **REsp 1.086.969/DF**. Recorrente: Central Service Instalações Tecnicas Ltda, Sérgio Luiz Del Monte e Sonia Regina Gerhard Barrocas. Recorrido: Banco de Brasília S/A – BRB. Rel.: Ministro Marco Buzzi, Quarta Turma, julgado em 16/06/2015.

PRESCRIÇÃO, DECADÊNCIA E VÍCIOS OCULTOS

_____. **REsp 1.095.882/SP**. Recorrente: Transpublic Eletrônica Ltda. Recorrido: Orielec Comércio e Importação de Componentes Eletrônicos Ltda. Rel.: Ministra Maria Isabel Gallotti, Quarta Turma, julgado em 09/12/2014.

_____. **REsp 1.117.614/PR.** Recorrente: Altair Luiz Ehrlich. Recorrido: Banco do Brasil S.A. Rel.: Ministra Maria Isabel Gallotti, Segunda Seção, julgado em 10/08/2011.

_____. **REsp 1.123.004/DF.** Recorrente: PROCON/DF. Recorrido: B2W Comércio Global de Varejo S/A. Rel.: Ministro Mauro Campbell Marques, Segunda Turma, julgado em 01/12/2011.

_____. **REsp 1.203.109/MG.** Recorrente: Telefônica Brasil S.A. Recorrido: Leonardo Rodrigo Seabra Pedrosa – Microempresa. Rel.: Ministro Marco Aurélio Bellizze, Terceira Turma, julgado em 05/05/2015.

_____. **REsp 1.263.528/SC.** Recorrente: Companhia Hering. Recorrido: Lojas Hering S.A. Rel.: Ministro Ricardo Villas Bôas Cueva. Terceira Turma, julgado em 21/08/2014.

_____. **REsp 1.281.594/SP.** Recorrente: Buchalla Veículos Ltda. Recorrido: Ford Motor Company Brasil Ltda. Rel.: Marco Aurélio Bellizze, julgado em 22/11/2016.

_____. **Resp 1.281.594/SP.** Recorrente: Buchalla Veículos Ltda. Recorrido: Ford Motor Company Brasil Ltda. Rel.: Marco Aurélio Bellizze, Terceira Turma, julgado em 22/11/2016.

_____. **REsp 1.282.969/SC.** Recorrentes: Parjom Comércio de Roupas Ltda., Limited Malhas Ltda, Companhia Hering, Lojas Hering S.A. Recorridos: Parjom Comércio de Roupas Ltda., Limited Malhas Ltda, Companhia Hering, Lojas Hering S.A. Rel.: Ministro Ricardo Villas Bôas Cueva. Terceira Turma, julgado em 21/08/2014.

_____. **REsp 1.290.383/SE.** Recorrentes: Associação de Ensino e Cultura Pio Décimo Ltda e Construtora Solo Ltda. Recorridos: Associação de Ensino e Cultura Pio Décimo Ltda e Construtora Solo Ltda. Rel.: Paulo de Tarso Sanseverino, Terceira Turma, julgado em 11/02/2014.

_____. **REsp 1.296.849/MG.** Recorrente: Construtora Liderança Ltda. Recorrido: Condomínio do Edifício Jasmim. Rel.: Ministra Maria Isabel Gallotti, julgado em 14/02/2017.

_____. **REsp 1.297.425/MT.** Recorrente: Cimento Portland Mato Grosso S/A. Recorrido: Aurelina Lourenço Videira. Rel.: Ministro João Otávio de Noronha. Terceira Turma, julgado em 24/02/2015.

_____. **REsp 1.298.576/RJ.** Recorrente: Manoel Lima Dos Santos Cunha. Recorrido: Antônio Lopes da Silva Cunha. Rel.: Ministro Luis Felipe Salomão, Quarta Turma, julgado em 21/08/2012.

JURISPRUDÊNCIA CONSULTADA

_____. **REsp 1.321.614/SP**. Recorrente: Javier Figols Costa. Recorrido: General Eletric Company. Rel.: Ministro Paulo De Tarso Sanseverino, Rel. p/ Acórdão Ministro Ricardo Villas Bôas Cueva, Terceira Turma, julgado em 16/12/2014.

_____. **Resp 1.322.977/SP**, Recorrente: Sul America Companhia Nacional de Seguros. Recorrido: Franciberto Rodrigues da Silva. Rel.: Ministro João Otávio de Noronha, Decisão Monocrática, julgado em 28/04/2015.

_____. **REsp 1.334.442/RS**. Recorrente: Banco do Brasil S/A. Recorrida: Lúcia Helena Leães Vargas. Rel.: Ministro Raul Araújo. Quarta Turma, julgado em 07/06/2016.

_____. **REsp 1.347.715/RJ**. Recorrente: André Luiz Souto Albuquerque. Recorrido: Cláudio Antônio Mattos de Souza. Rel.: Ministro Marco Aurélio Bellizze. Terceira Turma, julgado em 25/11/2014.

_____. **REsp 1.352.419/SP**. Recorrentes: Vivendas Comércio de Veículos Ltda. Recorrido: Allianz Seguros S/A. Rel.: Ministro Ricardo Villas Bôas Cueva, Terceira Turma, julgado em 19/08/2014.

_____. **REsp 1.354.348/RS**. Recorrente: AES Sul Distribuidora Gaúcha de Energia S/A e Outro. Recorrido: Paulo Rodrigues de Mello. Rel.: Ministro Luis Felipe Salomão. Quarta Turma, julgado em 26/08/2014.

_____. **REsp 1.373.391/PR**. Recorrente: Lirio Maggioni. Recorrente: Banco Bradesco S.A. Rel.: Ministro Sidnei Beneti, Terceira Turma, julgado em 18/06/2013.

_____. **REsp 1.388.030/MG**, Recorrente: Seguradora Lider do Consorcio do Seguro Dpvat Sa. Recorrido: Edna Marina Nascimento Passos. Rel.: Ministro Paulo de Tarso Sanseverino, Segunda Seção, julgado em 11/06/2014.

_____. **REsp 1.393.699/PR**. Recorrente: Mitra Diocesana de Umuarama. Recorrido: Rodolfo Aurélio Trassi. Rel.: Ministra Nancy Andrighi. Quarta Turma, julgado em 19/11/2013.

_____. **REsp 1.419.386/PR**. Recorrente: Ipiranga Produtos de Petróleo S/A. Recorrido: Carmela Maria Vieira Pedalino Pinheiro e Outros. Rel.: Ministra Nancy Andrighi. Terceira Turma, julgado 18/10/2016.

_____. **REsp 1.442.597/DF**. Recorrente: Audirene Pereira de Azevedo. Recorrido: Campeão Multimarcas Locadora e Veículos Ltda. Rel. Ministra Nancy Andrighi. Terceira Turma, julgado em 24/10/2017.

_____. **REsp 1.453.410/RS**. Recorrente: Banco do Brasil S/A. Recorrido: Augostinho Smaniotto. Rel.: Ministro Moura Ribeiro. Terceira Turma, julgado em 14/10/2014.

_____. **REsp 1.473/RJ.** Recorrente: Carvalho Hosken S.A Engenharia e Construções e Sérgio Dourado Empreendimentos Imobiliários S.A. Recor-

PRESCRIÇÃO, DECADÊNCIA E VÍCIOS OCULTOS

rido: Condomínio do Edifício Itanhangá Hills – Blocos I eII. Rel.: Ministro Fontes de Alencar, Quarta Turma, julgado em 12/12/1989.

_____. **REsp 1.504.969/SP**. Recorrente: George Bykoff. Recorrido: João Baptista Monteiro. Rel.: Ministro Ricardo Villa Bôas Cueva. Terceira Turma, julgado em 10/03/2015.

_____. **REsp 1.520.500/SP**. Recorrente: Monyk Sorrini Protic. Recorrido: EZ Multimarcas Veículos Ltda. Rel.: Ministro Marco Aurélio Bellizze, Terceira Turma, julgado em 27/10/2015.

_____. **REsp 1.525.732/RS**. Recorrente: Valmir Tarciso Pizzutti. Recorrido: Caixa de Previdência dos Funcionários do Banco do Brasil – PREVI. Rel.: Ministro Ricardo Villas Bôas Cueva. Terceira Turma, julgado em 06/10/2015.

_____. **REsp 1.534.831/DF**. Recorrente: Simone Alves Cardoso. Recorridos: MRV Engenharia e Participações S.A e Prime Incorporações e Construções S.A. Rel.: Ministro Ricardo Villas Bôas Cueva, Rel. p/acórdão: Ministra Nancy Andrighi, Terceira Turma, julgado em 20/02/2018.

_____. **REsp 1.534.831/DF**. Recorrente: Simone Alves Carodoso. Recorridos: MRV Engenharia e Participaçõese Prime Incorporações e Consutrções S/A. Rel.: Ministro Ricardo Villas Bôas Cueva, julgado em 02/03/2018.

_____. **REsp 1.565.847/PA**. Recorrente: Hospital Celina Gonçalves S/A. Recorrido: Marlon Lopes Pidde. Rel.: Ministro Ricardo Villas Bôas Cueva. Terceira Turma, julgado em 23/01/2016.

_____. **REsp 1.711.581/PR**. Recorrente: Concorde Administração de Bens Ltda. Recorrido: Condominio Edificio Princesa Caroline. Rel.: Ministro Ricardo Villas Bôas Cueva, Terceira Turma, julgado em 19/06/2018.

_____. **REsp 1.711.581/PR**. Recorrente: Concorde Administração de Bens Ltda. Recorrido: Condomínio Edifício Princesa Caroline. Rel.: Ministro Ricardo Villas Boas Cueva, julgado em 19/06/2018.

_____. **REsp 1.717.160/DF**. Recorrente: Rosana Clemente Cardoso. Recorridos: MRV Engenharia e Participaçõese Prime Incorporações e Construções S/A. Rel.: Ministra Nancy Andrighi, Terceira Turma, julgado em 26/03/2019.

_____. **REsp 1.717.160/DF**. Recorrentes: Everton Luis Pinheiro da Silva e Rosana Clemente Cardoso. Recorridos: MRV Engenharia e Participações S.A e Prime Incorporações e Construções S.A. Rel.: Ministra Nancy Andrighi, Terceira Turma, julgado em 22/03/2018.

_____. **REsp 1.734.541/SE**. Recorrente: GNC Comercio de Veículos Ltda. e Toyota do Brasil Ltda. Recorrido: Victor Hugo Cavalheiro Menezes. Rel.: Ministra Nancy Andrighi, Terceira Turma, julgado em 13/11/2018.

JURISPRUDÊNCIA CONSULTADA

_____. **REsp 1.819.058/SP**. Recorrente: Copema Engenharia e Construções LTDA. Recorrido: Aldo Biagini. Rel. Ministra Nancy Andrighi, Terceira Turma, julgado em 03/12/2019.

_____. **REsp 140.251/SP**. Recorrente: Olimpia Comercial Imobiliária Ltda. Recorrido: Thomas Hsia e Cônjuge. Rel.: Ministro Ruy Rosado de Aguiar, Quarta Turma, julgado em 02/12/1997.

_____. **REsp 15.540/SP**. Recorrente: Construtora Andrade Gutierrez S.A. Recorrido: Municipalidade de Jundiaí. Rel.: Ministro Humberto Gomes de Barros, Primeira Turma, julgado em 17/05/1993.

_____. **REsp 161.351/SC**. Recorrente: Atlântica Seguros S.A. Recorrido: Construtora e Imobiliária Habitacional Ltda. Rel.: Ministro Waldemar Zveiter, Terceira Turma, julgado em 20/08/1998, DJ 03/11/1998.

_____. **REsp 2.302/RJ. Recorrente**: Cunha Mello Imóveis LTDA. Recorrido: Condomínio do Edifício Ribot. Rel.: Ministro Waldemar Zveiter, Terceira Turma, julgado em 14/05/1990.

_____. **REsp 207.789/RJ**. Recorrente: Sul América Bandeirante Seguros S.A. Recorrido :José Mariano Ferreira Filho. Rel.: Ministro Carlos Alberto Menezes Direito. Rel.: p/acórdão Ministro Aldir Passarinho Junior, Segunda Seção, julgado em 27/06/2001.

_____. **REsp 208.793/MT**. Recorrente: Fertiza Companhia Nacional de Fertilizantes. Recorrido: Edis Fachin. Rel.: Min. Carlos Alberto Menezes Direito, Terceira Turma, julgado em 18/11/1999.

_____. **REsp 210.237/SP**. Concima S.A. Construções Civis. Recorrido: Condomínio Edifício Araguaia. Rel.: Ministro Carlos Alberto Menezes Direito, Terceira Turma, julgado em 25/10/1999.

_____. **Resp 210.237/SP**. Recorrente: Concima S/A Construções. Recorrido: Condomínio Edifício Araguaia. Rel.: Ministro Carlos Alberto Menezes Direito, Terceira Turma, julgado em 25/10/1999.

_____. **REsp 215.832/PR**. Recorrentes: Construtora e Imobiliária Glória Ltda e Outros. Recorridos: Condomínio Edifício Veneto e Outros. Rel.: Sálvio de Figueiredo Teixeira, Quarta Turma, julgado em 06/03/2003.

_____. **REsp 218.505/MG**. Recorrente: Moauto Veículos Peças e Serviços LTDA. Recorrido: Banco do Progresso S/A. Rel.: Min. Barros Monteiro, Quarta Turma, julgado em 16/09/1999.

_____. **REsp 264.126/RS**. Recorrente: Banco BCN S/A. Recorrido: Flash do Brasil Química LTDA e outro. Rel.: Min. Barros Monteiro, Quarta Turma, julgado em 08/05/2001.

_____. **REsp 278.893/DF**. Recorrente: Eurovip's Operadora Internacional de Turismo Ltda. Recorrido: Paulo Roberto Coitinho de Sá. Rel.: Ministra Nancy Andrighi, Terceira Turma, julgado em 13/08/2002.

PRESCRIÇÃO, DECADÊNCIA E VÍCIOS OCULTOS

_____. **REsp 286.441/RS.** Recorrente: Faprol Indústria de Alimentos LTDA. Recorrido: Transroll Navegação S/A. Rel.: Min. Antonio de Pádua Ribeiro, Rel. p/ac. Min. Carlos Alberto Menezes Direito, Terceira Turma, julgado em 07/11/2002.

_____. **REsp 32.676/SP.** Recorrente: Mencasa Construtora S.A. Recorrido: Condomínio Edifício San Remo. Rel.: Ministro Athos Carneiro. Rel p/ Acórdão: Ministro Fontes de Alencar, Quarta Turma, julgado em 09/08/1993.

_____. **REsp 329.587/SP.** Recorrente: Interamericana Companhia de Seguros Gerais. Recorrido: Fritz do Brasil Transportes Internacionais LTDA. Rel.: Min. Carlos Alberto Menezes Direito, Terceira Turma, julgado em 02/05/2002.

_____. **REsp 37.556/SP.** Recorrente: Hidrovolt Engenharia e Construções Ltda. Recorrido: Condomínio Edifício Barão de Aiuruoca. Rel.: Ministro Eduardo Ribeiro, Terceira Turma, julgado em 13/12/1994.

_____. **REsp 411.535/SP.** Recorrente: CIMOB Companhia Imobiliária. Recorrido: Arturo Ferres Arrospide. Rel.: Ministro Ruy Rosado de Aguiar, Quarta Turma, julgado em 20/08/2002.

_____. **REsp 468.148/SP.** Recorrente: SBC Serviços de Terraplanagem LTDA. Recorrido: Forchester do Brasil LTDA. Rel.: Min. Carlos Alberto Menezes Direito, Terceira Turma, julgado em 02/09/2003.

_____. **REsp 47.208/SP.** Recorrente: Racional Engenharia S.A. Recorrido: Condomínio Edifício Residencial Parque do Estado. Rel.: Ministro Barros Monteiro, Quarta Turma, julgado em 18/02/1999.

_____. **REsp 475.220/GO.** Recorrente: Raízen Combustíveis S/A. Recorrido: Auto Posto Kakareko V LTDA. Rel.: Min. Paulo Medina, Sexta Turma, julgado em 24/06/2003.

_____. **REsp 488.274/MG.** Recorrente: Pastifício Santa Amália LTDA. Recorrido: Baan Brasil Sistemas de Informática LTDA. Rel.: Min. Nancy Andrighi, Terceira Turma, julgado em 22/05/2003.

_____. **REsp 5.522/MG.** Recorrente: Itaú Seguradora S.A. Recorrida: Emisa Empreendimentos Imobiliários Ltda. Rel.: Ministro Sálvio de Figueiredo Teixeira, julgado em 14/05/1991.

_____. **REsp 547.794/PR.** Recorrente: Spartaco Puccia Filho. Recorrido: General Motors do Brasil Ltda. Rel.: Min. Maria Isabel Gallotti, Quarta Turma, julgado em 15/02/2011.

_____. **REsp 579.941/RJ.** Recorrente: Itavema France Veículos Ltda. Recorrido: Tatiana Spinelli El Jaick. Rel.: Ministro Carlos Alberto Menezes Direito. Rel. p/acórdão: Ministra Nancy Andrighi, Terceira Turma, julgado em 28/06/2007.

JURISPRUDÊNCIA CONSULTADA

_____. **REsp 611.991/DF**. Recorrentes: Paulo Octávio Investimentos Imobiliários Ltda e Emosa Engenharia Melman Osório Ltda. Recorrido: Gildete Brito Ramalho. Rel.: Hélio Quaglia Barbosa, Quarta Turma, julgado em 11/09/2007.

_____. **REsp 62.278/SP.** Recorrente: Neto Construtora e Incorporadora Ltda. Recorrido: Condomínio Edifício Triunfo. Rel.: Ministro Nilson Naves, Terceira Turma, julgado em 03/09/1996.

_____. **REsp 63.941/SP.** Recorrente: Edel Engenharia e Incorporações S.A. Recorridos: Condomínio do Edifício Louvre e Gomes de Almeida Fernandes S.A. Rel.: Ministro Eduardo Ribeiro, Terceira Turma, julgado em 26/06/1996.

_____. **REsp 66.565/MG.** Recorrente: Arco Engenharia e Comércio Ltda. Recorrido: Condomínio do Edifício Dom Giordano Bruno. Rel.: Ministro Sálvio de Figueiredo Teixeira, Quarta Turma, julgado em 21/10/1997.

_____. **REsp 683.809/RS.** Recorrente: Helenyr Guedes de Albuquerque. Recorrido: Companhia Geral de Acessórios. Rel.: Luis Felipe Salomão, Quarta Turma, j. em 15/04/2010.

_____. **REsp 694.287/RJ**, Recorrente: União. Recorrido: Eduardo Leitão Maia da Silva. Rel.: Ministro Franciulli Netto, Segunda Turma, julgado em 23/08/2005.

_____. **REsp 72.482/SP.** Recorrente: Estrutura Incorporadora e Construtora Ltda. Recorrido: Condomínio Edifício Orion. Rel.: Ministro Ruy Rosado de Aguiar, Quarta Turma, julgado em 27/11/1995.

_____. **REsp 73.022/SP.** Recorrente: Dino Citti Construtora e Incorporadora Ltda. Recorrido: Condomínio Edifício Moradas da Califórnia. Rel.: Ministro Waldemar Zveiter, Terceira Turma, julgado em 14/05/1996.

_____. **REsp 734.520**. Recorrentes: O E K Orenstein E Koppel Aktiengesellschaft; PWH Anlagen + Systeme Gmbh; Pohlig Heckel do Brasil Indústria e Comércio LTDA – PHB. Recorridos: Os Mesmos e Minerações Brasileiras Reunidas S/A – MBR. Rel.: Ministro Hélio Quaglia Barbosa, Quarta Turma, julgado em 21/06/2007.

_____. **REsp 746.885/SP.** Recorrente: Banco Industrial e Comercial S/A. Recorrido: A Cardozo Comércio e Importação Ltda. Rel.: Ministro Antonio Carlos Ferreira, Quarta Turma, julgado em 18/12/2014.

_____. **REsp 76.190/SP.** Recorrentes: Entel S.A, Koncreta – Engenharia e Construções Ltda. Recorrido: Condomínio Edifício Paineiras. Rel.: Ministro Sálvio de Figueiredo Teixeira, Quarta Turma, julgado em 24/03/1998, DJ 08/06/1998.

PRESCRIÇÃO, DECADÊNCIA E VÍCIOS OCULTOS

_____. **REsp 8.489/RJ.** Recorrente: CBPI-CIA Brasileira de Participações e Investimentos. Recorrido: Condomínio do Edifício Flamboyant. Rel.: Ministro Waldemar Zveiter, julgado em 29/04/1991.

_____. **REsp 805.151/SP.** Recorrente: José Carlos Barbuio. Recorrido: Calendário Serviços e Abastecimentos Automotivos Ltda. Rel.: Ministro Antônio Carlos Ferreira. Quarta Turma, jugaldo em 12/08/2014.

_____. **REsp 9.375/SP.** Recorrente: Enplanta Engenharia Ltda. Recorrido: Condomínio Edifício Largo do Ouvidor. Rel.: Ministro Cláudio Santos, Terceira Turma, julgado em 17/12/1991.

_____. **REsp 903.771/SE.** Recorrente: Construtora Celi Ltda. Recorrido: José Joaquim Cuto de Brito . Rel.: Paulo De Tarso Sanseverino, Terceira Turma, julgado em 12/04/2011.

_____. **REsp 967.623/RJ.** Recorrente: Marco Antônio Barros Botelho. Recorridos: Land Rio Veículos LTDA e Ford Motor Company Brasil LTDA. Rel.: Nancy Andrihi, Terceira Turma, julgado em 06/03/2008.

_____. **REsp 984.106/SC.** Recorrente: Sperandio Máquinas e Equipamentos Ltda. Recorrido.

_____. **REsp 995.995/DF..** Recorrente: AMIL Assistência Médica Internacional LTDA. Recorrido: Ministério Público do Distrito Federal e Territórios. Rel.: Nancy Andrighi, Terceira Turma, julgado em 19/08/2010.

_____. Supremo Tribunal Federal. **RE 76.233-GO.** Recorrente: João Cardoso Castilho. Recorrido: Benjamin Ferreira Guimarães Neto. Relator. Min Thompson Flores. 2ª Turma, julgado em 28/09/1973.

_____. **RE 79.263-MG.** Recorrentes: SERMECO – Serviços Mecanizados de Engenharia e Construção S.A. e outra. Recorrido: Carlos Alberto da Silva. Relator: Xavier de Albuquerque. 2ª Turma, julgado em 26/08/1974.

_____. **RE 105.835/SP.** Recorrente: Espólio de Nicolau. Recorridos: Joaquim Moraes Filho e Outro. Relator: Min. Aldir Parrasarinho, Segunda Turma, julgado em 17/06/1988.

_____. **RE 106.143/SP.** Recorrente: Construtora Guarantã S.A. Recorrido: Condomínio Edifício Maria Eugênia. Relator: Min. Sydney Sanches, Primeira Turma, julgado em 01/12/1987.

DISTRITO FEDERAL. Tribunal de Justiça do Distrito Federal. **AC 20120111584027.** Apelante: Condomínio do Edifício Residencial Lindberg Cury e Outros. Apelados Condomínio do Edifício Residencial Lindberg Cury e Outros. Rel.: Ana Cantarino, 6ª Turma Cível, julgado em 22/01/2014.

_____. **AC 20140111623230.** Apelante: Direcional Engenharia SA. Apelado: Condominio do Lake View Resort. Rel.: Alfeu Machado, 3ª Turma Cível, julgado em 06/05/2015.

FRANCE. Cour de Cassation. **Arrêt nº 668**. Demandeur(s): M. Pierre X...; et autres. Défendeur(s) : société Sanofi-Aventis France; et autres. Rapporteur: M. Truchot, Première chambre civile, jugé le 15 juin 2016.

_____. **Arrêt nº 16-27288**. Demandeur(s): Allianz IARD. Défendeur(s): Axa France. Rapporteur : M. Chauvin, Troisieme chambre civile, jugé le 25 janvier 2018.

_____. **Arrêt nº 81-11743**. Demandeur(s): Fournier. Défendeur(s): M. Charles. Rapporteur : M. Béteille, Prémiere chambre civile, jugé le 2 juin 2018.

_____. **Arrêt nº 01-10482**. Demandeur(s): M. et Mme X. Défendeur(s): Grobost . Rapporteurs: Mme Lardet, Mme Fossaet-Sabatier, Troisieme chambre civile, jugé le 16 octobre 2002.

_____. **Arrêt nº 93-15233**, Demandeur: Maisons ENEC. Défendeur(s): Époux X. Rapporteurs: Mme Fossereau, Troisieme chambre civile, du 22 mars 1995.

LISBOA. Tribunal da Relação de Lisboa. **1/15.4T8ALQ.L1-2.** Apelante: Companhia de Seguros S.A. Apelada: Casa Agrícola. Rel.: Ondina de Oliveira do Carmo Alves, 2ª Seção Civil, julgado em 27.04.2017.

MARANHÃO. Tribunal de Justiça do Maranhão. **AC 108772007**. Apelante: Antonio Nonato Duailibe Sálem e Marise Cruz Sálem. Apelado: Lourival Leandro dos Santos e Elaine Ferreira dos Santos. Rel.: Maria das Graças de Castro Duarte Mendes, 1ª Câmara Cível, julgado em 21/08/2008.

MATO GROSSO. Tribunal de Justiça do Mato Grosso. **AC 35639/2013**. Apelante: Condomínio Civil do Pantanal Shopping. Apelado: Itagral – Itapemirim Granitos LTDA. Rel.: Clarice Claudino da Silva, 2ª Câmara Cível, julgado em 11/06/2014.

_____. **AC 00007628520098110012 28756/2013**. Apelantes: Celídio Matade Lima e Sua Esposa. Apelado: José Vidal de Oliveira. Rel.: Clarice Claudino da Silva, 2ª Câmara Cível, julgado em 16/10/2013.

MATO GROSSO DO SUL. Tribunal de Justiça do Mato Grosso do Sul. **AC 00092783220118120001**. Apelantes: NBL – Incorporações de Imóveis Ltda, Diego Silva Destro e outro. Apelados NBL – Incorporações de Imóveis Ltda, Diego Silva Destro e outro. Rel. Oswaldo Rodrigues de Melo, 3ª Câmara Cível, julgado em 30/09/2014.

MINAS GERAIS. Tribunal de Justiça de Minas Gerais. **AC 10106070267674001**. Apelante: Gioconda Eulalia Dias Shine e outro(a) (s) e outros. Apelado: Atlanta Imoveis Ltda. Rel.: Otávio Portes, 16ª Câmara Cível, julgado em 09/01/2008.

PARANÁ. Tribunal de Justiça do Paraná. **AC 6897970**. Apelantes: Luzia Mine Fiqueira; Aparecido Figueira; Célia Figueira De Lima e Jorge Figueira

PRESCRIÇÃO, DECADÊNCIA E VÍCIOS OCULTOS

Filho. Apelados: Antônio de Faro Teixeira e Lúcia Helena Mendes Rotta Teixeira. Rel.: Clarice Claudino da Silva, 2ª CÂMARA CÍVEL, julgado em 29/11/2010.

PORTUGAL. Supremo Tribunal de Justiça. **125/06.9TBMMV-C.C1.S1.** Recorrente: DD. Recorrido: Ministério Público. Rel.: Ministro António Joaquim Piçarra, julgado em 22/09/2016.

RIO GRANDE DO SUL. Tribunal de Justiça do Rio Grande do Sul. **AC 70063476097.** Apelante: Oscar Amadeu Brand. Apelados: Ana Laize Cariolando Lourega e outro. Rel.: João Moreno Pomar, 18ª Câmara de Direito Cível, julgado em 18/06/2015.

_____. **Recurso Cível 71001594662.** Recorrente: Roquelino da Silva Zuliani. Recorrido: Tamborena Assistencia Automotiva Ltda. rel.: Des. Ricardo Torres Hermann, j. em 05.06.2008.

SANTA CATARINA. Tribunal de Justiça de Santa Catarina. **AC 00003808420138240014.** Apelante: Fernando Roberto Walmórbida. Apelada: Ivone Almeida Ribeiro e Osvaldo Ribeiro. Rel.: Gerson Cherem II, 1ª Câmara de Direito Cível julgado em 11/08/2015.

_____. **AC 0002370-62.2013.8.24.0030.** Apelante: Priscila Carvalho Kunast. Apelado: Microsoft Mobile Tecnologia Ltdade Imbituba. Rel.: Des. Newton Trisotto, Segunda Câmara de Direito Civil, j. em 02/08/2018.

_____. **AC 0002413-95.2014.8.24.0019.** Apelante: Nédio Francisco Predabon. Apelado: Ivanir Johann .Rel. Des. Carlos Roberto da Silva, Câmara Especial Regional de Chapecó, julgado em 30.10.2017.

_____. **AC 0002515-75.2011.8.24.0067.** Apelante: Alessandro Arconti e outros. Apelado: Sidinei Rode e outro. Rel.: Luiz Felipe Siegert Schuch, Câmara Especial Regional de Chapecó, julgado em 07/11/2016.

_____. **AC 0007935-78.2007.8.24.0139.** Apelante: Savoia Construção Civil Ltda. Apelado: Condomínio Edifício Residencial San Francisco. Rel.: Jorge Luis Costa Beber, Segunda Câmara de Direito Civil, julgado em 12/05/2016.

_____. **AC 0015150-98.2008.8.24.0033.** Apelantes/Apeladas: Le Monde Comércio de Veículos Ltda e Marta Regina Paixão Lovato. Rel. Des. Jairo Fernandes Gonçalves, Quinta Câmara de Direito Civil, j. em 04/07/2016 (ementa diverge do conteúdo).

_____. **AC 0032928-71.2005.8.24.0038.** Apelante RDM Material de Construção Ltda. Apelado: Schumacher Bombas e Direções Hidráulicas Ltda. de Joinville. Rel.: Des. Stanley da Silva Braga, Quarta Câmara de Direito Civil, j. em 02/06/2016.

JURISPRUDÊNCIA CONSULTADA

_____. **AC 0160099-13.2014.8.24.0000.** Apelante/Apelado: Cleilamar Biazebetti e Nalin Comércio de Automóveis Ltda ME. Rel.: Des. José Maurício Lisboa, 1ª Câmara de Enfrentamento de Acervos, j. em 05/09/2018.

_____. **AC 0300021-41.2018.8.24.0061.** Apelante: Antônio Guilherme Mittelmann. Apelado: Ângela Antonieta Athanázio Laurino e outros. Rel.: Des. Saul Steil, Terceira Câmara de Direito Civil, julgado em 15.05.2018.

_____. **AC 0300158-23.2018.8.24.0061.** Apelantes: Paulo Henrique Santiago e outro. Apelados: Cláudio Frederico Juchem e outros. Rel.: Des. Saul Steil, Terceira Câmara de Direito Civil, julgado em 24.04.2018.

_____. **AC 0300250-73.2016.8.24.0189.** Apelante: Oi S.A. Apelada: Ana Borba Réus. Rel.: Stanley da Silva Braga, Sexta Câmara de Direito Civil, j. em 06/11/2018.

_____. **AC 0300289-96.2017.8.24.0072.** Apelante: Alexsandro Madeira. Apelados: Dimas Comércio de Automóveis Ltda e outro. Rel.: Des. Luiz Cézar Medeiros, Quinta Câmara de Direito Civil, julgado em 04/12/2018.

_____. **AC 0300422-54.2015.8.24.0058.** Apelantes: Mabe Brasil Eletrodomésticos Ltda, Clair Adilson Lis e Cia Ltda. e Angeloni e Cia Ltda. Apelado: Edson de Lima. Rel.: Des. Rodolfo Cezar Ribeiro Da Silva Tridapalli, Quarta Câmara de Direito Civil, j. em 09/02/2017.

_____. **AC 0302240-61.2017.8.24.0061.** Apelante: Bruno César Soares. Apelados: Antônio de Santes e outros. Rel. Des. Saul Steil, Terceira Câmara de Direito Civil, julgado em 24.04.2018.

_____. **AC 0302548-97.2017.8.24.0061,** Apelante: Celmi Dei Grabner. Apelados: Sebastião Miranda e outros. Rel.: Des. Fernando Carioni, Terceira Câmara de Direito Civil, julgado em 20.11.2018.

_____. **AC 0302560-14.2017.8.24.0061.** Apelantes: Daniel Santana Luzia e outro. Apelados: João Dijigon e outros. Rel.: Des. Fernando Carioni, Terceira Câmara de Direito Civil, julgado em 16.10.2018.

_____. **AC 0302568-88.2017.8.24.0061.** Apelante: Jean Carlos Morell. Apelados: Aroldo Meirelles e outros. Rel.: Des. Fernando Carioni, Terceira Câmara de Direito Civil, julgado em 22.05.2018.

_____. **AC 0335194-85.2014.8.24.0023.** Apelante: Banco Bradesco S.A. Apelado: Anastáio Augusto Martins. Rel.: Raulino Jacó Brüning, Primeira Câmara de Direito Civil, j. em 31/01/2019.

_____. **AC 0500068-74.2011.8.24.0029.** Apelante: Coldbras S/A. Apelada: Marepesca Indústria Exportação e Importação Ltda. Rel.: Des. Joel Figueira Júnior, Quarta Câmara de Direito Civil, julgado em 19/04/2018.

_____. **AC 0500176-77.2011.8.24.0070.** Apelantes: Indyana Comércio de Veículos Ltda ME. Apelados: Emídio Hellmann. Rel.: Des. André Luiz Dacol, Sexta Câmara de Direito Civil, j. em 23/01/2018.

PRESCRIÇÃO, DECADÊNCIA E VÍCIOS OCULTOS

_____. **AC 10338140016837001**. Apelante: Raul Fernando Vasconcelos Silva. Apelado: Joaquim Antunes Primo e Outra . Rel.: Estevão Lucchesi, 14ª Câmara Cível, julgado em 03/03/2016.

_____. **AC 1996.004637-2**. Apelante: Griti Informática Ltda. Apelado: Clube da Música da Capital, Rel.: Des. Jorge Schaefer Martins, Segunda Câmara de Direito Civil, j. em 11/12/2003.

_____. **AC 2002.005982-5**. Apelante: Cascaes Engenharia Ltda. Apelado: Município de Angelina. Rel.: Vanderlei Romer, Primeira Câmara de Direito Público, julgado em 13/02/2003.

_____. **AC 2003.016498-7**. Apelante: Estância Construções e Incorporações Ltda. Apelado: Nelzir Ferreira Cordeiro. Rel.: José Volpato de Souza, Terceira Câmara de Direito Civil, julgado em 20/10/2003.

_____. **AC 2004.012294-2**. Apelante: RCS Construções e Incorporações Ltda. Apelado: Condomínio Edifício Residencial Itapema. Rel.: Jânio Machado, Câmara Especial Temporária de Direito Civil, julgado em 09/01/2009.

_____. **AC 2004.034510-2**, Apelante: Linda Zappalaglio Vicari. Apelada: Dalila Aparecida Izoton. Rel. Des. Marcus Tulio Sartorato, Terceira Câmara de Direito Civil, julgado em 26.08.2005.

_____. **AC 2005.001385-1**. Apelantes: Luza Construções e Empreendimentos Imobiliários Ltda e outros. Apelado: Condomínio Residencial Ilhas Gregas. Rel.: Sérgio Izidoro Heil, Terceira Câmara de Direito Civil, julgado em 08/04/2005.

_____. **AC 2006.040312-5**. Apelante: Moacir Luiz Romani. Apelado: Vinícius Colpani de Xanxerê. Rel.: Des. Gilberto Gomes de Oliveira, Câmara Especial Regional de Chapecó, julgado em 25/11/2010.

_____. **AC 2007.004115-5**. Apelante: JAT Engenharia e Construções Ltda. Apelado: Centro Executivo Maxim's. Rel.: Ronei Danielli, Sexta Câmara de Direito Civil, julgado em 07/07/2011.

_____. **AC 2007.031125-8** Apelante: Colussi e Cia Ltda. Apelado: Alexandre Marcos Casagrande. Relator: Des. Denise Volpato, Primeira Câmara de Direito Civil, julgado em 01/11/2011.

_____. **AC 2007.031201-6**. Apelante: Construtora Espaço Aberto Ltda. Apelado: Momento Engenharia de Construção Civil Ltda. Rel.: Henry Petry Junior, Quinta Câmara de Direito Civil, julgado em 20/10/2011.

_____. **AC 2007.056955-0**. Apelante: RS Engenharia e Empreendimentos Imobiliários S/A. Apelado: Condomínio Edifício Boulevard de Lyon e outros. Rel.: Henry Petry Junior, Terceira Câmara de Direito Civil, julgado em 09/12/2008.

_____. **AC 2007.060658-0**. Apelante: Richardt Inácio Schwartz. Apelado: Ricardo dos Santos. Rel.: Des. Joel Figueira Júnior, Primeira Câmara de Direito Civil, julgado em 15/03/2011.

_____. **AC 2008.006474-7**. Apelantes: Emir Alixandre e outro. Apelado: Santos Manoel da Silva. Rel.: Des. Cláudio Valdyr Helfenstein, Terceira Câmara de Direito Comercial, julgado em 01/07/2010.

_____. **AC 2008.017624-8**. Apelante: Roberto Leitzke. Apelado: Luis Carlos Behrend. Relator: Des. Jairo Fernandes Gonçalves, Quinta Câmara de Direito Civil, j. em 19/04/2012.

_____. **AC 2008.019178-3**. Apelante: Pedro Goryup e outro. Apelado: Dekorvale Construtora Incorporadora Comércio e Representações Ltda. Rel.: Henry Petry Junior, Terceira Câmara de Direito Civil, julgado em 30/09/2008.

_____. **AC 2008.031307-3**. Apelante: Gambatto Veículos Ltda. Apelado: Abrahão Damo. Rel. Des. Guilherme Nunes Born, Câmara Especial Regional de Chapecó, j. 11/11/2011.

_____. **AC 2008.055593-2**. Apelante: José Antônio Marques Corrêa. Apelado: Ailton Fernandes Pereira. Rel.: Cinthia Beatriz da Silva Bittencourt Schaefer. Primeira Câmara de Direito Civil, julgado em 25/10/2011.

_____. **AC 2008.057306-4**. Apelante: Prisma Engenharia S/A. Apelado: Condominio do Edificio Tocantins. Rel.: Luiz Fernando Boller, Quarta Câmara de Direito Civil, julgado em 07/03/2013.

_____. **AC 2008.058536-8**. Apelante: Bercon Hotéis Ltda. Apelado: Condomínio Edifício Camboriú Park Residence. Rel.: Ronei Danielli, Sexta Câmara de Direito Civil, julgado em 01/09/2011.

_____. **AC 2008.067633-9**. Apelante: Irani Valentim Alberton Junior. Apelado: Auto Sport Veículos – Veículos Multimarcas. Rel.: Des. Monteiro Rocha, Quinta Câmara de Direito Civil, j. em 08/11/2012.

_____. **AC 2008.082008-0**. Apelante: Portobello S/A. Apelado: Flávio Campanelli. Rel. Des. Maria do Rocio Luz Santa Ritta, Terceira Câmara de Direito Civil, j. em 21/09/2010.

_____. **AC 2009.003817-8**. Apelantes: Márcio André Schumacker. Apelada: Eloisa Batista Souza. Rel.: Henry Petry Junior, Terceira Câmara de Direito Civil, julgado em 10/08/2010.

_____. **AC 2009.009977-4**. Apelante: Prisma Engenharia S.A. Apelado: Condomínio do Edifício José de Alencar. Rel.: Fernando Carioni, Terceira Câmara de Direito Civil, julgado em 28/04/2009.

_____. **AC 2009.036857-6**. Apelante: Tânia Denise Hammes Rambo. Apelado: Darwin Serviços Ltda. Rel.: Des. Guilherme Nunes Born, Câmara Especial Regional de Chapecó, j. em 27/03/2012.

PRESCRIÇÃO, DECADÊNCIA E VÍCIOS OCULTOS

_____. **AC 2009.052915-0**. Apelante: Leopoldo Gmach. Apeladas: Betha Eletrônica Ltda. e Universal Leaf Tabacos Ltda. Rel.: Des. Stanley da Silva Braga, Sexta Câmara de Direito Civil, j. em 06/06/2013.

_____. **AC 2009.062419-9**. Apelante: Construtora e Incorporadora Rambo Ltda. Apelado: Condomínio Edifício Marrocos. Rel.: Gilberto Gomes de Oliveira, Segunda Câmara de Direito Civil, julgado em 22/03/2012.

_____. **AC 2009.076425-9**. Apelante: Ronei Nadósio Vieira de Medeiros. Apelado: Jaison Germano Corrêa., Relator: Des. Odson Cardoso Filho, Quinta Câmara de Direito Civil, j. em 12/03/2015.

_____. **AC 2009.076426-6**. Apelante: Ronei Nadósio Vieira de Medeiros. Apelado: Jaison Germano Corrêa., Relator: Des. Odson Cardoso Filho, Quinta Câmara de Direito Civil, j. em 12/03/2015.

_____. **AC 2010.006419-1**. Apelantes: Maia Construção Civil Ltda, Newton José Schwindem. Apelada: Marly de Sá Potrich. Rel.: Fernando Carioni, Terceira Câmara de Direito Civil, julgado em 06/04/2010.

_____. **AC 2010.043695-2**. Agravante: João Cipriani Construtora e Incorporadora Ltda. Agravado: Condomínio Edifício Fonte de Trevi. Rel.: Carlos Prudêncio, Primeira Câmara de Direito Civil, julgado em 07/06/2011.

_____. **AC 2010.047379-2**. Apelante: Adolfo Wili Karrer. Apelado: Condomínio Edifício Washington. Rel. Des. Jaime Luiz Vicari, Sexta Câmara de Direito Civil, julgado em 03.11.2011.

_____. **AC 2010.049182-4**. Apelante: Napo Comércio de Pisos e Azulejos Ltda. Apelado: Marcelo Nilo Flores. Rel.: Des. Jaime Luiz Vicari, Sexta Câmara de Direito Civil, j. em 26/07/2012.

_____. **AC 2010.058576-7**. Apelante: Espólio de Adair Lima. Apelada: Gama Mineração S/A. Rel. Des. Jaime Luiz Vicari, Sexta Câmara de Direito Civil, julgado em 28.04.2011.

_____. **AC 2010.070329-3**. Apelante: PBTech Comércio e Serviços de Revestimentos Cerâmicos Ltda. Apelada: Eletro Contato Ltda. Rel.: Des. Marcus Tulio Sartorato, Terceira Câmara de Direito Civil, j. em 30/11/2010.

_____. **AC 2010.072688-2**. Apelante: Serra Pneus Comércio e Representações Ltda. Apelada: Aline Coelho. Rel. Des. Maria do Rocio Luz Santa Ritta, Terceira Câmara de Direito Civil, j. em 30/10/2012.

_____. **AC 2011.015157-6**. Apelante: Dimasa Distribuidora de Máquinas Automotoras Serviços e Autopeças Ltda. Apelada: Orlei Antônio Belolli. Relator: Des. Sebastião César Evangelista, Primeira Câmara de Direito Civil, julgado em 23/10/2014.

_____. **AC 2011.015742-0**. Apelante: Fábio Floriano. Apelado: Mevepi – Mecânica de Veículos Piçarras Ltda. Rel. Des. Marcus Tulio Sartorato, Terceira Câmara de Direito Civil, j. em 26/04/2011.

JURISPRUDÊNCIA CONSULTADA

_____. **AC 2011.026355-8**. Apelante: Pavei & Hassemer Construtora Ltda. Apelado: Condomínio Residencial San Raphael. Rel.: Denise Volpato, Sexta Câmara de Direito Civil, julgado em 25/02/2014.

_____. **AC 2011.031157-4**. Apelante: José Cláudio Machado. Apelado: João Assis Floriani e Ana Maria Floriani. Rel.: Luiz Fernando Boller, Quarta Câmara de Direito Civil, julgado em 22/08/2013.

_____. **AC 2011.043410-2**. Apelante: Ricardo Florzino Cunha. Apeladas: BV Financeira S/A Crédito Financiamento e Investimento e Chaveco Veículos Ltda. Rel.: Des. Monteiro Rocha, Segunda Câmara de Direito Civil, j. em 10/10/2013.

_____. **AC 2011.062239-8**. Apelante: Laércio Carlos Blanger. Apelado: KMP Comércio de Caminhões Ltda. Rel. Des. Stanley Braga, Quarta Câmara de Direito Civil, j. em 04/02/2016.

_____. **AC 2011.075342-8**. Apelante: Fábrica de Móveis Florense Ltda. Apelado: Paulo Cézar Machado. Rel.: Des. Luiz Carlos Freyesleben, Segunda Câmara de Direito Civil, j. em 27/10/2011.

_____. **AC 2011.081742-3**. Apelante: Guzzi Construtora e Incorporadora Ltda. Apelado: Espólio de Rolland Antonio Mohr. Rel.: Ronei Danielli, Sexta Câmara de Direito Civil, julgado em 12/09/2013.

_____. **AC 2012.013683-8**. Apelantes: Eliseu Vescovi e outro. Apelantes/ Apelados: Shark S/A Máquinas para Construção e outros. Apelada: Alfa Lia Prestadora de Serviços Ltda ME. Relator: Des. Saul Steil, Terceira Câmara de Direito Civil, julgado em 17/11/2015.

_____. **AC 2012.020613-5**. Apelantes: Antônio Russi Construtora e Incorporadora Ltda. Apelados: Edir Alves e outro. Rel.: Luiz Fernando Boller, Quarta Câmara de Direito Civil, julgado em 17/10/2013.

_____. **AC 2012.030815-4**. Apelante: Odelson Giovanni Jacobi e Cia Ltda. Apelado: Maquesso Liano Morais. Rel.: Des. Eduardo Mattos Gallo Júnior, Sexta Câmara de Direito Civil, julgado em 15/12/2015.

_____. **AC 2012.036333-2**. Apelante: Celso Ricardo Zimmermann. Apelado: Recaredo Valinas Ogando e outro. Rel.: Ronei Danielli, Sexta Câmara de Direito Civil, julgado em 17/10/2013.

_____. **AC 2012.049713-8**. Apelante: Cassiano Ricardo Brescovici. Apelado: Bradesco Auto/Re Companhia de Seguros S/A. Rel.: Des. Eduardo Mattos Gallo Júnior, Câmara Especial Regional de Chapecó, j. em 17/01/2013.

_____. **AC 2012.055146-3**. Apelante: Condomínio Araras. Apelado: Valdir Püschel, Amazilda Bozzano e Paulo Roberto Salles de Oliveira. Rel.: Fernando Carioni, Terceira Câmara de Direito Civil, julgado em 25/09/2012.

PRESCRIÇÃO, DECADÊNCIA E VÍCIOS OCULTOS

_____. **AC 2012.069633-4**. Apelante: Maria Terezinha Pacheco. Apelada: Lojas Salfer SA. Rel.: Des. Luiz Carlos Freyesleben, Segunda Câmara de Direito Civil, j. em 25/10/2012.

_____. **AC 2013.005586-1**. Apelante: Cleber João de Sousa. Apelado: Terracasa Empreendimentos Imobiliários Ltda. Rel.: Des. Eládio Torret Rocha, Quarta Câmara de Direito Civil, j. em 16/10/2014.

_____. **AC 2013.046399-6**. Apelante: Edinei dos Santos. Apelado: Paulo Sergio Jacovas. Relator: Des. Trindade dos Santos, Segunda Câmara de Direito Civil, julgado em 03/10/2013.

_____. **AC 2013.075925-1**. Apelante: Moacir Antonio Sachett – FI. Apelada: Construtora Oliveira Ltda. Relator.: Des. Luiz Antônio Zanini Fornerolli, Câmara Especial Regional de Chapecó, julgado em 14/03/2016.

_____. **AC 2013.078849-6**. Apelante: Jugasa Comercial de Veículos S/A. Apelado: José Ghedin Sobrinho. Relator: Des. Jairo Fernandes Gonçalves, Quinta Câmara de Direito Civil, julgado em. 13/02/2014.

_____. **AC 2013.083082-9**. Apelante: Construtora Norte Velho Ltda. Apelado: Município de Itajaí. Rel.: Vanderlei Romer, Terceira Câmara de Direito Público, julgado em 24/02/2015.

_____. **AC 20130460804**. Apelante: Marie Dominique Claire Piu Domergue. Apelados: Antônio Carlos Cabral e outro. Rel.: Sebastião César Evangelista, 1ª Câmara de Direito Cível, julgado em 02/10/2014.

_____. **AC 2014.004436-6**. Apelante: Ayrton Egídio Mattos Brandão. Apelado: Leila Simone Peruchi. Rel.: Domingos Paludo, Primeira Câmara de Direito Civil, julgado em 10/09/2015.

_____. **AC 2014.075626-5**. Apelante: Passarin & Filho Ltda. Apelado: Tiago Lorenci & Cia LTDA. Relator: Des. Rubens Schulz, Câmara Especial Regional de Chapecó, julgado em 15/02/2016.

_____. **AC 2015.017195-8**. Apelantes: Reinaldo Cordeiro e Alaíde Wilbert. Apelada: Center Automóveis Ltda. Rel.: Des. Monteiro Rocha, Segunda Câmara de Direito Civil, julgado em 30/07/2015.

_____. **AC 2015.051823-5**. Apelantes/Apelados: Peugeot Citroën do Brasil Automóveis Ltda, Santa Paulina Strasbourg Veículos Juliano Luiz Zimmerman. Rel.: Des. Marcus Tulio Sartorato, Terceira Câmara de Direito Civil, j. em 26/04/2016.

_____. **AC. 2008.037676-9**. Apelantes: César Augusto Ribeiro e outro. Apelados: Edelbert Kluge e outro. Rel.: Des. Carlos Adilson Silva, Primeira Câmara de Direito Civil, julgado em 19/01/2010.

_____. **AC. 2012.003554-3**. Apelante: KLC Pinturas em Metal Ltda. Apelado: Protech do Brasil Ltda. Rel.: Des. Altamiro de Oliveira, Quarta Câmara de Direito Comercial, julgado em 02/12/2014.

JURISPRUDÊNCIA CONSULTADA

_____. **AI 0033051-03.2016.8.24.0000**. Agravante: Superauto Sc Distribuidora Ltda. Agravado: Anderson Rafael Woijde Mafra. Rel.: Des. Marcus Tulio Sartorato, Terceira Câmara de Direito Civil, j. em 08/11/2016.

_____. **AI 2006.037599-8**. Agravante: Nokia do Brasil Tecnologia Ltda. Agravado: Jackson de Oliveira Padilha de Blumenau. Rel.: Des. Fernando Carioni, Terceira Câmara de Direito Civil, j. em 06/02/2007.

_____. **AI 2009.067170-3**. Agravante: Itasa Construções e Incorporações Ltda. Agravado: Genny Uhlein Bortolotti. Rel.: Henry Petry Junior, Terceira Câmara de Direito Civil, julgado em 25/02/2012.

_____. **AI 20120681120**. Agravante Ieza Geraldo Bento. Agravados: Jucelino Eulina Torquato e outro. Rel.: Maria do Rocio Luz Santa Ritta, 3ª Câmara de Direito Cível, julgado em 21/05/2013.

_____. **AI 2013.025945-2**. Agravante: Joinville Comércio de Acessórios para Veículos Ltda. ME. Agravada: Oceânica Empreendimentos e Participações Ltda. Rel.: Des. João Batista Góes Ulysséa, Segunda Câmara de Direito Civil, j. em 12/06/2014.

_____. **AI 2014.013773-3**. Agravante: Construtora Deschamps Ltda. Agravado: Condomínio do Edifício Residencial Avalon. Rel.: Fernando Carioni, Terceira Câmara de Direito Civil, julgado em 09/09/2014.

_____. **AI 2014.028901-8**. Agravante: CNH Latin América Ltda. Agravado: Inovar Prestadora de Serviços de Máquinas Ltda ME. Rel.: Des. Júlio César M. Ferreira de Melo, Câmara Especial Regional de Chapecó, j. em 11/08/2014.

_____. **AR 2010.063689-9**. Agravante: Condomínio Residencial Joana do Mar. Agravado: Pecon Construtora e Incorporadora Ltda. Rel.: Jaime Luiz Vicari, Sexta Câmara de Direito Civil, julgado em 18/10/2012.

_____. **ED em AC 2010.002752-6**. Embargante: Vantec Indústria de Máquinas Ltda. Embargado: Laminados Dali Ltda. Relator: Des. Janice Goulart Garcia Ubialli, Primeira Câmara de Direito Comercial, julgado em 06/02/2014.

_____. **EI 0130204-07.2014.8.24.0000**. Embargante: BV Financeira S/A – Crédito, Financiamento e Investimento. Embargada: Suzana Pla Bilharva Senger. Rel.: Des. João Batista Góes Ulysséa, Grupo de Câmaras de Direito Civil, j. em 13/09/2017.

SÃO PAULO. Tribunal de Justiça de São Paulo. **AC 00009136020138260637**. Apelante: Banco do Brasil S.A. Apelados: Santo Braulio Visintin e outros. Rel.: Álvaro Torres Júnior, 20ª Câmara de Direito Privado, julgado em 22/08/2016.

PRESCRIÇÃO, DECADÊNCIA E VÍCIOS OCULTOS

_____. AC 0001587-64.2009.8.26.0318. Apelante: Banco do Brasil S.A. Apelado: Irani Pultz. Rel.: Ana de Lourdes Coutinho Silva da Fonseca, 13ª Câmara de Direito Privado; julgado em 09/05/2012.

_____. AC 0001729-19.2011.8.26.0053. Apelante/Apelado: Estado de São Paulo. Apelado/Apelante: Andre Manzoli. Relatora: Vera Angrisani, 2ª Câmara de Direito Público, julgado em 30/11/2017.

_____. AC 0002326-28.2014.8.26.0620. Apelante/Apelado: Jose Eduardo Pozza e Osmar de Oliveira. Rel.: Alcides Leopoldo, 2ª Câmara de Direito Privado, julgado em 16/02/2018.

_____. AC 0004227-67.2012.8.26.0081. Apelante: Cerâmica Buschinelli Ltda. Apelado: Luiz Formaio Filho. Rel.: Neto Barbosa Ferreira, 29ª Câmara de Direito Privado, julgado em 16/08/2017.

_____. AC 0004490-22.2008.8.26.0637. Apelante: Unimed de Tupã – Cooperativa de Trabalho Médico; Apelados: Xerox Comércio e Indústria Ltda e OX Do Brasil Equipamentos e Suprimentos LTDA. Rel.: Mendes Gomes, 35ª Câmara de Direito Privado, julgado em 26/11/2012.

_____. AC 0016891-97.2009.8.26.0223. Apelante: Manoel Francisco dos Santos. Apelado: Mobiliadora Imigrantes Ltda. Rel.: Neto Barbosa Ferreira, 29ª Câmara de Direito Privado, julgado em 18/05/2016.

_____. AC 0026892-26.2011.8.26.0562. Apelante José Pipa Rodrigues. Apelados: Condomínio Edifício Trieste e J.P.C. Incorporações e Construções Ltda. Rel.: Carlos Alberto de Salles, 3ª Câmara de Direito Privado, julgado em 02/02/2016.

_____. AC 0031821-32.2011.8.26.0068. Apelantes: André Bicego Martins EPP, Fca Fiat Chrysler Automoveis Brasil SA, Mercedes Do Brasil Ltda e Itatiaia Automóveis Ltda. Apelados: Rogério Costa Ferreira e Flavio Christensen Nobre. Rel.: Adilson de Araujo, 31ª Câmara de Direito Privado, julgado em 08/05/2018.

_____. AC 1000547-59.2018.8.26.0562. Apelantes: Banco Bradesco S.A e Via Varejo S.A. Apelados: Via Varejo S.A e Ivanilson da Silva Santos Santo Braulio Visintin. Relator (a): Francisco Giaquinto, 13ª Câmara de Direito Privado, julgado em 12/03/2019.

_____. AC 1000946-49.2017.8.26.0457. Apelante: Elektro Eletricidade e Serviços S.A. Apelada: Tokio Marine Seguradora S.A. Rel.: Antonio Rigolin, 31ª Câmara de Direito Privado, julgado em 27/02/2018.

_____. AC 10013617320148260348. Apelante: Bruna da Silva Chagas Nunes. Apelado: MRV Engenharia e Participações SA. Rel.: Francisco Loureiro, 1ª Câmara de Direito Privado, julgado em 11/08/2015.

JURISPRUDÊNCIA CONSULTADA

_____. **AC 1002954-51.2017.8.26.0084**. Apelante: Elektro Eletricidade e Serviços S.A. Apelado: Liberty Seguros S.A. Rel.: Antonio Rigolin, 31ª Câmara de Direito Privado, julgado em 31/01/2018.

_____. **AC 1004875-66.2015.8.26.0132**. Apelante: Edilson Anunciação Monteiro. Apelado: Constroeste Contrutora e Participações LTDA. Relator: Flavio Abramovici, 35ª Câmara de Direito Privado, julgado em 10/04/2018.

_____. **AC 1005145-57.2014.8.26.0510**. Apelante: Claripel Indústria de Papéis e Embalagens LTDA. Apelado: GSV Comercio de Rolamentos LTDA. Relator: Ana de Lourdes Coutinho Silva da Fonseca, 13ª Câmara de Direito Privado, julgado em 26/10/2016.

_____. **AC 10056620720148200000**. Apelantes: Krut Empreendimentos Imobiliários e Participações Ltda. e ANK Empreendimentos Imobiliários e Participações Ltda. Apelado: Condomínio Villa Dell Acqua. Rel.: J.B Paulo Lima, 10ª Câmara de Direito Privado, julgado em 04/10/2016.

_____. **AC 1005677-06.2016.8.26.0625**. Apelante: Lucas Ferreira Barbosa. Apelado: Neiton Gomes Rodrigues. Rel.: Luiz Eurico; Órgão Julgador, 38ª Câmara Extraordinária de Direito Privado, j. em 22/03/2018.

_____. **AC 1006184-11.2017.8.26.0114**. Apelante: Zurich Santander Brasil Seguros S.A. Apelado: Elektro Eletricidade e Serviços S.A. Rel.: Antonio Rigolin, 31ª Câmara de Direito Privado, julgado em 29/05/2018.

_____. **AC 1006241-56.2016.8.26.0084**. Apelante: Itaú Seguros de Auto e Residência S.A. Apelado: Elektro Redes S.A. Rel.: Antonio Rigolin, 31ª Câmara de Direito Privado, julgamento em 29/05/2018.

_____. **AC 1007259-15.2016.8.26.0084**. Apelante: Sul América Companhia Nacional de Seguros. Apelado: Elektro Eletricidade e Serviços S.A. Rel: Antonio Rigolin, 31ª Câmara de Direito Privado, julgado em 12/06/2018.

_____. **AC 1012824-83.2014.8.26.0001**. Apelante: Fernando Lourenço. Apelada: Erika Dudler Freitas. Relator: Luis Fernando Nishi, 38ª Câmara Extraordinária de Direito Privado, julgado em 25/05/2018.

_____. **AC 1022412-61.2017.8.26.0114**. Apelante: Zurich Santander Brasil Seguros S.A. Apelado: Elektro Redes S.A. Rel.: Antonio Rigolin, 31ª Câmara de Direito Privado, julgado em 12/06/2018.

_____. **AC 1022488-85.2017.8.26.0114**. Apelante: Elektro Redes S.A. Apelado: Zurich Santander Brasil Seguros S.A. Rel.: Antonio Rigolin, 31ª Câmara de Direito Privado, julgado em 12/06/2018.

_____. **AC 1053724-71.2015.8.26.0002**. Apelante: Murilo Perrone. Apelado: Eric Pedrazzani. Relator: Bonilha Filho, 26ª Câmara de Direito Privado, julgado em 14/06/2018.

_____. **AC 9149773-88.2008.8.26.0000**. Apelante: Amazonas Leste Ltda e Companhia Itauleasing de Arrendamento Mercantil SA. Apelado: Maurício Moreira. Rel.: Hamid Bdine, 32ª Câmara de Direito Privado, julgado em 30/08/2012.

_____. **AC 9293722-73.2008.8.26.0000**. Apelante: Aderbal Pereira dos Santos Veículos. Apelado: Ivan Lourenço Ferreira Filho. Rel.: Hamid Bdine, 32ª Câmara de Direito Privado, julgado em 09/05/2013.

_____. **AI 0083099-14.2013.8.26.0000**. Agravantes Carlos Eduardo de Oliveira (e sua mulher) e Andreia Cristina Mota Joaquim. Agravados: Wanderley Lemes Teixeira (e sua mulher) Monica Cristina Laranjo Teixeira. Rel.: Natan Zelinschi de Arruda, 4ª Câmara de Direito Privado, julgado em 08/08/2013.

_____. **AI 2188182-43.2017.8.26.0000**. Agravante: Jeferson Alexandre Xavier. Agravado: Alexandre de Moura Miranda Gonçalves. Rel.: Milton Carvalho, 36ª Câmara de Direito Privado, julgado em 11/10/2017.

_____. **Apelação com Revisão 9064785-57.1996.8.26.0000**. Apelantes/Apelados: Antônio Roque da Silva e outra, Nossa Caixa-Nosso Banco S/A e Bradesco Seguros S/A, Sucessora de Pátria Companhia Brasileira de Seguros Gerais. Relator: Marcus Andrade. 5ª Câmara de Direito Privado, julgado em N/A.

_____. **AC 0008652-57.2009.8.26.0077**. Apelante: Antônio Donizeti de Melo (JUSTIÇA GRATUITA). Apelado: Júlio César Gonçalves Benevides. Rel.: Francisco Casconi, 31ª Câmara de Direito Privado, j. em 07/08/2012.

_____. **AC 0010678-50.2012.8.26.0068**. Apelante: Eduardo de Carvalho. Apelado: Samar Com. Var. de assoalhos e Pisos de Madeira Ltda Me. Rel.: Irineu Fava, 17ª Câmara de Direito Privado, julgado em 23/01/2015.

_____. **AC 1004177-10.2015.8.26.0084**. Apelante: Elektro Eletricidade e Serviços S.A. Apelada: Itaú Seguros de Auto e Residência S.A. Rel.: Antonio Rigolin, 31ª Câmara de Direito Privado, julgado em 27/02/2018.